龚鹏程作品

龚鹏程

江西吉安人，一九五六年生于台北市。

曾任淡江大学文学院院长、南华大学校长、佛光大学校长、中国古典文学研究会会长、世界中国哲学会副会长、中华武侠文学会会长、中华历史文学会会长、联合报主笔、艺术行政学会会长、自然医学学会会长、中华道教学院副院长、国际佛学研究中心主任、少林禅武学会会长、南洋学会会长、龚立逑教育基金会董事长、台湾视障协会会长、中华易学研究院院士、东亚孔庙联谊会召集人、美国欧亚大学校长等。亦曾负责台湾的两岸文教交流业务。

现任北京大学特聘教授、国务院国学中心顾问，有龚鹏程国学院等学术组织及活动，遍及各地。

有文史哲宗教艺术社会学等著作近百种，精博渊懿，为世所称。曾获中山文艺奖、中兴文艺奖章、教材改进奖、朱自清散文双年奖等。亦常在世界各地举办书法展。

四海游思錄

（上）

龚鹏程 著

人民东方出版传媒
東方出版社

总　序

我耽迷于文字，喜欢探索文字中的世界，也乐于以文字记录我对世相的观察、对天道人情的理解。历年涂抹，出版者近百种，主要涵括文、史、哲、宗教、艺术、政治、社会、教育诸领域，未刊稿尚数百万言，佚散难以捡拾，我也不自爱惜。总觉得仍在写作中、仍在努力求学问道中，还不急着作总结报告。

但旧学商量，益加邃密，做过的研究、有过的思虑，统汇起来。便于检核修订，自是进学之良方。对读我书的朋友来说，也未尝无益。因此，劳烦东方出版社帮忙辑成了这套作品集。

说作品，其实甚感歉然。古代以创作为神圣之事，故曰“作者之谓圣，述者之谓明”。高明如孔子，也仅自称述而不作，吾辈小子，何敢妄言作者作品？一时笔谈，多属因机因地之权；偶然墨戏，或邻谤佛谤圣之讥，聊等佯狂，肆此乱世之哀感而已。知者怜其瞀悖，会者通其神韵可也。

甲午秋分写于燕沪旅次

目录

2004年

2005年

2006年

2007 年

2008 年

2004 年

四海游思录(上)

2004.08.20

行者无疆

我属猴。猴儿跟人一样，也有各式各种，有的顽皮、有的怯懦，我则大概比较像《西游记》里那只泼猴。

那猴头，曾自称孙行者。我国小说中号为“行者”的，有两位，一是这猴，另一位就是武松。武松杀了人，家乡无法容身，遂上梁山，做了行者，持戒刀，再去杀更多的人。孙行者却是保护人去西天取经的，虽然那人并不值得他舍了性命去保护。这两位行者，都走得很远，离了家、去了国。花果山、景阳冈，皆只能留在梦中偶一回味罢了。

我亦行者。是准备杀人的武松、未戴上紧箍儿的泼猴。如今也要暂别花果山，去那南瞻部洲的冀北燕赵旧地游历一番。

此番将在北京大学客座，准备讲中国文化史。十余讲，恰好出一小书。此外，游历以访荆轲太子丹旧处，吊狗屠之墓等等，也不可无记。将陆续写几本游记，从北写到南，由山海关外写到海南岛。再者，要写一书，教大家“如何学习中国文学”。另将于兰州大学出版文集，拟编六本：原儒、明道、诠佛、说剑、论文、谈艺。还要去南京师大担任“唐圭璋讲座教授”等等。

总之，行者的本事，就是不必坐在书斋中皓首，即可穷经。我的学问，即成于霜桥征鞍、南樯北马之间，游而学，学而游。孔子说得好：“学而时习之，不亦乐乎！”习，是鸟数飞之意。读书人，要像鸟儿一样常出去飞飞才好。飞呀飞，鸿鹄高飞，不亦快哉！

2004.09.02

八方风雨会金陵

流浪开会记，目前写到南京篇。此次是“中华文化发展论坛”，而且加上了“海峡两岸”的帽子。

不过我一下飞机，就被南京师大派车来接走，并没列会。南师大替我订了房间，也安排了晚宴。副校长、人事处长、所长、书记、副院长都到了，要跟我谈抵南师大担任讲座教授的事。

这是该校百年来新设讲座教授之制度，谁也不晓得该怎么办，所以要商量。但一来我这学期在北大仍要上课，不可能到南京师大太久；二来此次抵宁，乃应江苏省社科联（就是上次在秦淮河请我校同学吃饭看表演的那个团体）之邀，须去开会。因此千道歉万抱憾，请他们放我去会场，才匆匆散摊，赶去社科联的宴会处。

到了才晓得台湾有中时、联合、中广等媒体、文讯月刊；以及王明荪、林信华、尉天骢、应凤凰、吕正惠等人。而明荪由蒙古来，信华自昆明来，余人由台湾来，套句康有为赠吴佩孚的对联，叫“八方风雨会金陵”，齐会南京矣！事亦可喜，且风雨真的来了。酷暑的南京，居然下起了大雨，冥晦昏蒙，替六朝古都刷上了一层阴暗之色。

会议，当然惯例是“乏善可陈，不说也罢”。但安排颇值一提。明日即去徐州，要由盱眙、徐州、镇江、扬州一路玩过去。好不好玩，还不晓得，等玩毕再说。

知佛光大学校内起人事大搬风，感叹自是不免。但此事难以理度、不可以理晓，看来当卜一卦，以测吉凶，所谓“乃有大疑，验诸蓍龟”。天心不可测，只能去问乌龟了。

2004.09.07

文化发展隐忧

由南京往徐州、盱眙，再转往淮安（即从前之淮阴、淮阴侯故地）、扬州，抵镇江，沿途接待，吃喝玩乐，不在话下。详情可另请须文蔚写出。据我所知，他在徐州吃了不少狗肉，包括狗肚、狗蹄子。

但沿途所见，对于大陆之发展仍不免有些忧虑。原因在于大陆经济发展得太好而非太坏。整个社会都在追求经济成长，都在戮力建设，学界也热衷讨论经济形势与文化发展之关系，谈区域经济文化资本、地域特色等，对经济充满了信心与期待。这当然甚好，但对资本主义却太缺乏警惕了，经济发展中出现的贫富不均，或因不公平故不正义之现象，太少关注，也无对策；经济发展中须有相应之社会福利配套措施及制度，亦不足已甚！此皆可忧者也。

其次，是没意识到文化不能去适应或配合经济发展，而是应该去导引、批判的。否则文化就仅会成为经济的工具。由消费文化，再进而消耗文化。大陆的旅游观光，大危机即在于此。

何况，为什么要举国皆商、全民皆商呢？既要讲区域特色，就不可一窝蜂。我们读《汉书·地理志》就知道：人文地理的基本原理，便在“差异”。例如齐与鲁都在山东半岛，齐国大搞开发、发展经济，鲁国就不走这一条路。而鲁之风俗及其文化成就反而远高于齐，为后人所敬重。此即可令吾人深长思。

旅中偶感，随便写写。以文化的追寻，聊寓怀乡之想。

2004.09.09

华文出版中心

大陆最大型的国际书展："中文图书博览会"，九月二日起在北京举行，有四十二个国家和地区的九百多家展商参展，展台近千个，展场面积达到二万七千平方米。在书展前，北京已举办过了"北京国际出版论坛"；在书展期间，国际书展联合会也要在北京举行年会。这个会，是世界上著名的图书博览会组织委员会组成，故对强化北京或大陆书界与国际各书展之间的交流，也会有巨大作用。

北京书展，台湾出版界也有许多业者去参加，对于大陆出版业之发展，大抵是感慨良深的。十年前，大陆出版业来台交流时，对台湾出版之荣景、营销之业绩、物业之管理，无不景羡。而如今，大陆出版市场之发展，一日千里，去年就出版了廿万种书、九千种期刊、廿九亿五千册。音像制品则有录音制品一万三千种、录像制品一万五千种、电子出版物四千九百种。图书总销售额一千七十亿。全大陆人均年购图书达五点二册。仅北京大学出版社一社就有一年四亿以上的业绩，相较之下，台湾显然瞠乎其后了。

如此相较，当然不公平，两岸人口及市场规模不相等，台湾自然不可能也创造那么大的利润。但此不足以为借口，因为人民平均购书消费率，台湾就不比大陆好。读书风气不盛，出版市场如何活络得起来？而读书风气不盛，不是政府鼓励无方、教育出现问题及物流存在缺失所整体造成的吗？再说，台湾出版业本来领先大陆三十年，整个制作水平、编制内容、营销方法，都远胜于大陆，为什么竟在这短短十年中被迎头赶上？大陆书，如今不只卖得多，制作之精，更不乏胜过台湾者；其操作手法、制销形态，也发展出许多新的模式；与国际合作交流之广，更似在台湾之上。此消彼长，孰令致之？难道是台湾出版人忽然都不争气了吗？当然不是。那么，此中就大有可以检讨之处了。

寄语台湾新闻主管部门，不要仍在追究国民党党产上打转。逼迫国民党退出媒体，其实只有政治意义，整个台湾新闻、出版之萧条或萎缩、落后，不再具竞争力，才是重大的问题。明年初的台北书展，亦须开始筹备了，如何办好，才是业者及多数民众所关心的。

2004.09.20

北京病中偶感

自南京返北京，业已二周，上了两次课。中国文化史，由人之体气饮食处讲起，听讲人数太多，遂喊破了喉咙，咳嗽不已。继而头痛。盖南游时已感冒，如今劳累太甚，乃一发不可收拾，委顿了好几天。

病中偶感，略志数事：一是计算机。学生要上网，须去申请、交钱，若想上“国际网”，还须另算费用，大抵非学生所能负担。这是台湾大学生所不能想象之事。原因在于：某些地方，台湾教育资源具有社会福利性质（例如台湾的“教育部”学术网络），而也因为如此，所以台湾大学生能享用的教育及社会资源，远多于大陆大学生。

二是学生。北大的学生与台湾绝大不同之处，是用功。上课前半小时，教室大概就已坐满，迟到者搬桌椅，再晚就鹄立窗边、廊道或贴着墙站，各自静静看书。所以不看讲桌，还会误以为正在上课。而旁听风气甚盛，学生没课时间也多去听讲，故动辄人满为患。台湾呢？选了课还懒得去上哩，谁去听课？拜托学生去听演讲，学生也老觉得你好像要骗他的钱，上课则姗姗来迟、瞌睡、吃零嘴，靡所不至，风气实在不同。我女儿在历史所上课，初不知此地状况，上课准时去，结果根本挤不进教室，只好废然而返。回来向我抱怨，我说："台湾经验不管用啦！客官明日请早！"

三、学校。北大的行政、组织、制度、管理，至为松散，甚至紊乱。乱中有序之故，在于自治。上不上课，没人管；去不去教，也没人问。在哪上？自己查；要做什么？自己想。老师不上班，也无研究室，都在家里，也未必开课。系所也无一定之方向、架构，反正学生自己努力便是，有事径去找老师。颇得"勿刈勿伐，草木怒生"之趣味。我们佛光大学，现在变成这个样儿，恰好可以提倡这种自治之精神。因为团体性的目标与理想已难维系，与其勉强整合、协同共趋，不如自治、自学、自理。大陆的基督教会，号称"三自教会"，我也举此三自以为说，同学师友，当不以吾言为河汉！

2004.09.26

沂水依旧

乘夜车，由北京，经沧州、德州、济南，抵兖州，天才破晓。四野荒寒，玉米田刚采收完毕，一地的枯枝败梗，倍增苍凉。走出月台，出口还用大锁链住，喊醒站务员起来开锁，才能走出车站。

昔年孔德成先生离曲阜时，孔府有清朝所赠“商周十供”，即十件青铜供器，本来也准备运走的，但只运到衮州这个车站就被截了回去。故今日游此，别具感触。

曲阜师大派了车来接。该校另挂一牌，曰“孔子文化大学”。此次系与韩国成均馆大学合办，成均馆派了上百人的团来，声势浩大，还准备在杏坛剧场演出大型歌舞剧《孔子》。看来尊孔比我们还要起劲。

会议内容，照例是没啥好说的。曲阜师大，号称有书260万册，且多地方文献，很想与我们合作，但我不想代佛光签约，也不想揽事，免得又被人说我打了谁的旗号，只答应他们代向北大谈点合作的事。

会中溜出侧门，逛了逛市场，喝了碗羊肉汤，甚妙。曲阜现在到处都是孔子。街上建了孔子经贸商城，店里卖孔子香烟、孔孟煎饼、孔子暖气片，孔府家集团则卖白酒、葡萄酒。唯独在市场里看见有一摊卖“武大郎烧饼”，一元五个，令人倦眼乍明。可惜吃不下，否则当买个十斤八斤，以示支持。

以上是昨天的情况。昨夜孔子研究院来接，故又转至该院。今晨起参观，建筑不俗。江泽民题匾，不敢落款，很不错，懂得轻重。但院中竟然展览毛泽东像章，则大大不妥。此应改置他处去展，而研究院无研究，也亟应改进。

下午无事（我明天才要在孔府演讲），我一个人溜出去把曲阜市逛了个遍。舞雩台仅存一土堆，周公庙半个游客也无。庭园寂寂，我走进去，惊起一院仓庚、野雉、黄雀，毛羽缤纷，如入梦境。这就是“孔子入太庙每事问”的太庙呀！庙内存宋元以来刻石数十方，一一看去，忽见一残石，上刻一诗：

万恶四人帮，十年逞逆狂。少昊像颅碎，鲁故城拆光。
三孔大殿毁，周庙受遭殃。贼罪臭千载，历史诛巨奸。

首凶陈伯达，作伥谭厚兰。留此残石在，铁证代代传。

诗意浅显，不用注释。这就是曲阜。从前痛遭破坏，如今，孔子文化节大庆特庆。抚今追昔，令人感慨难名。唯有路过沂水时，我跑去河边看，逝者如斯，依然不舍昼夜。现在的人，不像孔子那般“浴乎沂”，但仍在那儿垂钓呢!

2004.09.27

寂寞孔孟

26日夜，展开孔子文化节开幕式，场面盛大，我们做贵宾，早一个小时就要进场，检查啦、排场啦，节目呢？哈哈，孔子文化节，凌峰插科打诨；费翔唱歌；宋江武术学校打拳；韩国人唱阿里郎；维吾尔族唱达坂城的姑娘，如是等等。本来还有徐怀钰的《我是女生》，幸而未来。台上翻翻滚滚，如运动竞赛，又如服装表演，声音则震耳欲聋，夹以烟花火炮、钢丝、喷金纸等等。

此次盛会，固然也办讲学、开研讨会，有世界思想家巅峰论坛，但据我体会，尚待改进。省市各界倒不乏想借此做生意之心。孔子文化节开幕，就搭了个“世界旅游日中国主场庆祝式”。此外则有中国专利高新技术产品博览会、中外知名企业联谊及经贸恳谈会、海外联谊及经贸恳谈会、孔子文化节经贸合作项目签约式……。孔子说“富贵如可求，虽持鞭之士，吾为之也；如不可求，从吾所好”，现在，曲阜人把这句话读反了。

27日上午去孔府演讲，孔府设“孔子学术讲堂”已十五年，每年请二位他们认为重要的儒学代表人物来讲，挂起孔子像。讲堂布置得像我在南华大学时，桌椅仿明代书院式，主讲人持木铎而讲。在孔子像前，本来也就不敢乱讲一通。讲毕，他们还把主讲人照片刻在墙上。今年是我与香港孔教学院院长汤恩佳先生。原本另邀了一人，临时打了退堂鼓。汤先生是孔教传教士，热情可感，我则说了“生活的儒学”到底该怎么做。

下午，我跑去邹城，看了孟庙孟府。门庭寥落，车马稀疏，与孔府孔庙没法比。邹城博物馆亦未开，峄山、铁山、岗山诸石刻俱不得见，憾甚！人皆知曲阜，而不知邹城，可悲。此地不仅有孟子故迹，更有大汶口文化以下秦汉隋唐古物甚多，欲知其详，将来看我的旅游书籍罢！

自邹返，往寿丘，轩辕黄帝出生地也。一片荒泽，满庭乱草，仅存二碑，矗立斜阳。

碑为全中国最大，亦即世界最大。宋徽宗刊，无字。其历史甚复杂，也不用说了。由寿丘背后穿过去，走到少昊陵。我十六年前来过，有记游志感。今日见之，犹如曩昔。感叹也不知应如何说起。唉，看来我要约束我的感情！可叹可慨的事太多了，都要感慨起来，那还了得。

2004.09.28

祭孔谬闻

28 日参加祭孔。

此次祭孔，意义重大，因为由政府官员主祭，代表政权对道统的尊崇，所谓“道尊于势”。中国历来传统即是如此，自刘邦祭孔以来皆然，台湾亦仍存此礼意，大陆则今年才第一次。

然而，祭孔典礼，场面一点儿也不庄重，人员杂沓，乱如菜市场。我在大成殿里面往外看，大吃一惊，怎么牛尾巴猪屁股正对着孔子像呢？原来他们把祭品放颠倒了。牛羊猪三牲上供，供给神吃，当然应头面正献神座前，如今，却倒过来，所以孔子就只好瞪着羊尾巴猪屁股了。

祭场未净场、祭礼不正供。祭器，孔庙原有祭器都没用。祭乐，孔庙本有乐器、本有祭孔雅乐，也一律未用。露台上放了小半座仿曾侯乙编钟编磬，乐生着清代官服来吹笛吹笙一番，然后再用扩音器咿唔乱鸣一番，完全不伦不类。

祭祀之礼生，更妙。先是穿灰衣、着长冠的人一堆上台，拱手做孔子状。说是汉代文士打扮，代表学生敬孔。接着衣服上印着汉字的一批妇女上台，长髻高耸，上横一杆，飘着八条带子。再上一批清官服样的人，跳起不像佾舞的佾舞，不但生硬错落，舞具上还套上七彩绒球。然后又上一批女人，又是戏装……

这是祭孔，还是舞台剧？舞台上，就可以这样乱穿乱编吗？司仪穿一套太监服。太监能祭孔呀？而这个太监，居然还穿着代表文官一品的白鹤补服，这是什么？打鼓的乐手，居然也顶戴花翎。礼生乐生，则竟然有朱红、水蓝、碧绿诸服色，清朝有这样的制服吗？人人都着白鹤补服，亦令人不知所云。

凡此等等，不可殚述。总之是令人丧气乃至愤怒。须知祭孔大典非比寻常。观众中，有懂的，例如韩国日本来此祭拜或观摩者甚多，人家可是规规矩矩每年祭孔的，心怀虔敬，远来此地，看你乱搞一气，心中作何感想？观众中自然也不少看热闹、不懂的人，看了这胡说八道的表演，岂不真以为祭孔就是如此？贻害文化教育，岂待言乎？

我越看越生气，索性不看了，请文物局赵局长带我去看孔庙旧存的一些碑刻。他很费了些劲，找了些人，开了门。我进去看了。空庭衰草，两个石人伫立在草中，四边石刻环立。啊，史晨、孔宙、乙瑛、礼器、张猛龙……这些老友都在这儿呀！我来看你们，顺便洗洗眼睛来啦！

2004.09.30

高教发展之忧

在济南，住山东大学国际交流中心。此乃第二次来访，距前次已在十五年前了，岁月可惊，旧识多已不在，山大也变了许多。

山大曾有辉煌的历史，名师辈出，近年扩张更为迅速，光在济南，就有七八个校区，快要变成个托拉斯了。威海新校区据说还要堂皇。招生人数达五万人，大约仅次于吉林大学。学校与世界各国来往也很多，校园里挂满了欢迎这欢迎那来参访或开会的红布条，该校校长据说也表示该校几乎每天都有外校校长在彼处拜会。

我曾在此校图书馆读过书，对这所学校，自然有些特殊的感情。但匆匆闻见所及，对其发展却不免有些忧虑。觉得它发展的方向有点轻重不分，发展的方法则有点本末倒置。

何以说它发展的方向轻重不分呢？该校建校百余年，强项乃是文史哲。不但过去如此，就是现在，该校四个国家基地，也全都在文史哲方面（文艺美学、周易与中国古代哲学、犹太教与跨宗教研究、社会主义）。可是现今学校发展，无论建筑、设备、空间、经费乃至运作模式，却似未能彰显人文大学的气质，反而向工商科技倾斜，我以为这是极可惜的事。不能用其所长，而与一般世俗大学看齐，不免轻重不分了。

何以说它的发展方法本末倒置呢？该校也与其他学校一样，搞评鉴、定标准，以SSCI、SCI、CSCI之类指标来定职称、调薪资，要求每位教授应出多少论文，应争取多少项目……

为什么弄这些是本末倒置呢？要求一位教授每年要出多少成果、有多少业绩则给多少奖励，用孟子的话说，就是“不揣其本而齐其末”。学校要办得好，老师和学生都要有好表现，本务是什么？就是努力改善其研究环境，让每个人都能很方便地利用图书馆，学校有丰富的研究资源，并养成全校之研究风气，如此，教师之研究成果自然就好了。不此之图，只要求老师们交成果，如何交得出？用一点儿钱去鼓励竞争，制造人与人的纷争、忌恨、奢欲，结果一定是制造了一堆垃圾论文、计划，而人心全搞坏了。台湾这些年，不就是如此吗？

办学者，应知所本末轻重，《大学》曰：“知所先后，则近道矣！”

2004.10.09

曲阜与北京

怡静发一信给我，说看我这些杂七杂八的随笔，好像读《老残游记》，可惜没有黑妞白妞的说唱。

哈哈，随手涂鸦，何敢望老残？黑妞白妞，亦非今日所能有。唯在曲阜，某夜借口已困，逃席离开人众，自己一个人去街上闲逛。在路边看见一群人聚坐，我也凑过去看，居然琴、笛、钲、板一应俱全。鼓乐者十余人，一人唱。胡用板胡、中胡。唱的人衣衫不整，似是工人，卷起袖子，趿布鞋。听他讲话，中气不足，声音低哑。待响板、击鼓后，则倏忽一变，叱咤呜咽，苍茫邈远。略带身段动作，亦顾盼生姿。

街边店家也不怕他们妨碍了生意，都站出来听，或坐阶、或持行军椅、或坐路边单车上。人群有老有少，持蒲扇、抱娃儿，汗衫短袴、西装革履，什么人都有。或坐、或倚站、或聊天、或蹲地上，围了上百人。

我听他唱了一会儿，问旁边一位听得入神、不断打拍子的朋友：“他唱的是啥？”回答：“不知道。”我大奇，连问十余人，答案都一样。我大笑，离开这荒唐而又精彩的路边演唱会。

其实他唱的是山东梆子，与河南梆子略同而音高不一。今日想听黑妞白妞，恐不可得，能听到这一类天籁（虽亦人籁，然近乎天然）之音，也就不容易了。

今参加国际儒学联合会所办研讨会，进城住。儒联仍选我任理事，但会议依然无甚可说。会中溜出逛逛朝内小街、东单，在胡同里转了一大圈。北极阁三条宁郡王府，现为话剧会会址，破烂不堪，虽为文物，因无观光客来，故亦未修葺。东堂子胡同几座大院，现为国际战略基金会、台胞联谊会等单位。胡同内，烟仄尘秽，与胡同外雄伟壮丽的高楼，适成两个世界。

大陆儒学之复兴，仍须由民间养生机。此可举二例。一是一批青年办了个“一耽学堂”，今已成立三年。他们办私塾、去孔庙祭孔，一一拜访小学，与各校合作推广儿童经典文化教育，也办义工培训及人文讲座。这批青年以复兴儒学为己任，在北京号召了500名以上的义工，且发行通讯，信箱为：yidanxuetang@yahoo.com.cn，大家可以自己去看。

另一个例子，是社科院研究员王志远告诉我的。志远虬髯，今日穿一唐装，早上去人民大会堂参加开幕式，警卫以他未着西装，又一脸络腮胡，“奇装异服”，竟不准入内，交涉一番才放行。我因早知人民大会堂开幕是例行无聊，故未去。下午碰到他，他说幸而你未去，否则你奇装异服，也不准进。相与大笑。据志远说，1998年他与北京十来位文化人合资在密云办了个小学，以义务教育为骨干，强化传统文化为特色，全日制、寄宿型，现有学生百余人，小班制。其中有来过佛光的前现代文学馆馆长舒乙等人。校名圣陶，是用叶圣陶的名字，也取陶养圣人之意，有古书院养蒙之遗意。听他谈经营学校、实践理想之甘苦，颇动容。约好了找一天去看看。去年王守常曾开车载我去廊坊看中国文化书院在那儿办的民办学校，我也很感动。知识分子，风雨如晦，鸡鸣不已，老是想从教育上复兴传统文化，此心不死，事情总是有希望的。

2004.10.12

金色沈阳

与陈庆英先生联络。陈先生上半年在佛光客座，暑间曾陪本校翁玲玲、刘国威教授的西藏团去西藏，待了两个月，才返北京。与他联络，约定了去藏学中心访问。

中国藏学中心，对面为西藏大厦，附藏区医院、藏药浴中心等，其内有四个研究所：历史、宗教、当代、社经。另在四川还有一个大藏经汉藏对勘局，并有出版社及资料室等，为北京主要藏学机构，间亦提供政府政策参考意见。陈先生即历史所所长，为我介绍该中心业务甚详，亦与其负责人聚餐。谈及两个计划，一是办个藏医研习班，二是可进行藏文大藏经中汉文大藏经所缺文献之汉译工作。至于如何进行，且待我回北京后再想。

离开北京，是因去沈阳开会。沈阳师范大学近年锐意发展，大手笔扩建校地，网罗人才，以每年年薪数十万把原文学所孟繁华等挖去。成立研究所，如今等于挂牌开张，召开“21 世纪：理论建设与批评实践”国际研讨会，知我在北京，要我也去助拳，我亦乐于与一些同行老友见面，故欣然就道，与陈晓明一同飞去沈阳。

抵沈阳时，气温正下降中，空气冷肃，但尚不刺骨。可是木叶已微脱。沿机场入市区公路边上的爬藤荆蔓都变成了一片红色毡毯。白杨则因尚未掉叶，长在树上的叶子全已发黄，在斜阳金黄色光线映射之下，一树树闪着光，仿佛无数金币，让人在这金黄姹红的色调中，忘了天气已寒。

夜饭后，一个人溜去太原街夜市闲逛。见一小店有狗肉炖豆腐、红烧驴板肠，不免又喊了一份来尝尝，几乎撑破肚皮。念前此来沈阳，已在六年前，雨雪泥涂，宿在东北大学，亦单独一人，且由此更去黑龙江。途中闻友人周安托酒后一瞑而逝，大恸，曾作二诗。如今诗似可不必作了，生活中无大悲欢，只是吃肉喝酒，有何好写的呢？

以上是昨日之事。今晨，许明来访。许明、陈晓明皆为昔年旧友，1998 年在卧佛寺办两岸研讨会，主要就是与他们合作的。此后合作甚多，曾拟在大陆设一基金会，当时即交二位操作。后因种种限制，事终不成，人亦星散。如今陈晓明已到北大任教，许明则在上海办“社会科学报”。报办得很不坏，邀我写一专栏，每周一篇。许明现亦正组织上海社会经济文化研究中心，拟将之办成一民间的社科院，如台湾的“台湾综合研究院”或“中华经济研究院”之类。此亦大陆学人活动之一形态，是具代表性的。

另二事值得报道：（1）大陆教育部已发布了“高等学校哲学社会科学研究学术规范”，此规范被称为学术宪章，也引起不少讨论，教育部准备于月底在杭州再召开论坛。（2）教育部正式出面反对教育产业化。二事均甚重要，值得观察。

2004.10.13

文学理论发展之忧

在沈阳开会，有些感触。

我于一九八八年赴大陆参加文学理论研讨会时，大陆的文学理论界正可谓意气风发，不仅论议颇动视听，更成为大陆文化热的推手，整体社会改革的动源。端的是风起云涌，百家争鸣。但如今，凡参加这类会议，听到的却多是对文学理论研究的困惑与质疑。甚至不少人开始呼吁放弃“文艺学”这个学科；不要文学理论，只要有文学批评就可以了。传统上文学研究三分（文学理论、文学史、文学批评）的格局，几乎就要为之崩溃了。

这样的转变，其实亦非大陆独然，在台湾、在北美也都有类似的情况。对文学理论的质疑，一方面延续着老话题，例如，理论并不能创造出作品来，作品靠的是作家的创作而非理论的规定，因此文学研究首先是作家与作品，理论只是对作家与作品的诠释，是从属于作品的等等这些老话。一方面也有新的批判，例如说现在的理论多半艰涩难懂，文章似通非通，宛若翻得很烂的译文，满纸夹揁，不知所云。或说如今之文学理论不断翻新，一套套出台，仿佛时装表演，令人眼花缭乱。但因它仿若时尚流行，故又转瞬褪了流行，使人对它更没了信心。再者，也有不少人认为目前文学理论已走上歧途，越来越跟文学无关了，成天讲什么后现代、后殖民、全球化、女权主义之类，侈谈文化研究，文学审美研究付之阙如，文学仅成为说明文化现象的材料。

由于对文学理论已如此不信任、不耐烦，故提倡重新回到文本，回归作品本身者大有人在，欲以比较细致而实在的阅读来替代那些夸夸其谈的理论。

但平心而论，回归作品云云，在教学上确实能稍抑浮嚣之风，然于理据上并站不住脚。因为事实上并无纯然客观的文本，“细读作品”本身就是一种理论立场，或运用新批评、考证训诂学派之方法。何况，文学理论的功能并不只是对作品的解读，它所要谈的，包括文学与语言、与社会、与人生、与历史的关系等等，远超出对一篇篇作品的解析。而文学，无论它在生产那时，还是阅读这时，又都与其社会文化有关，研究者也不能假装没看见，只注目于作品本身便自以为得计。关联于文化的文学理论，亦因此而终不可废。

文学理论不应放弃，可是问题在于现今理论界要响应挑战尚感力不从心。为什么？

一、台湾与大陆一样，文学比经济更深地镶嵌在依赖世界体系的生产与消费关系中，自己根本缺乏生产力，没什么自己的产品，只能做代工、加工、批发、零售、代理，一个只能消费或代理的文论界，能有什么作为？

二、文论工作者从事的是理论思考的工作，按理说应最有思考力，可是恰好相反。大多数人只是学习了一套套的话语，照着那个学派学说的预设、条件、推理、证例去说话。说起来也头头是道，仿佛很有学问、很有思考力一般，其实仅如鹦鹉之学舌，并没有自己讲话的本领。就像某些人教逻辑课，也可以讲得头头是道、井井有条，但平日处事却见得他满脑子糨糊一般。能说一套话的，不见得是有说话的能力，正是我们文论界缺乏生产力的原因之一。

三、文学理论在中国，并不只是理论而已，它其实是具有现实性的。80 年代以来，靠着文学理论界炸开了意识形态大山，才能带动大陆的改革。台湾自乡土文学运动以来的发展，也显示了文学理论在社会改革上的作用，可是这种作用是两面刃，既让人觉得文论不可轻弃，十分重要；另一方面又可能让文论步向衰亡。因为文学作用于文化批评及实践，逐渐地必然令人将目光转移到真正待处理之社会文化问题的政治、经济、法律、教育等层面，这些社会学科亦比文学更能切应社会文化改革之需。故文论界放完焰火后，继而登场的就是它们。文论工作者夸谈文化批判，可是文化批判之后，文论家就逐渐边缘化，在讨论社会文化发展的领域越来越不重要。大陆文论界的落寞感即来自这种情势。台湾亦是如此，除了搞台湾文学的还能在政治场边分杯羹以外，文论界在社会文化现实、批判实践方面，早已边缘化。

而更糟的是，文论界在面对现实时，也找不到自己的问题。我们现在做文化批评的朋友，操持着后现代、后殖民、解构等理论话语，谈的其实是欧美的问题。那是针对他们社会资本主义"晚期"现象或什么而发的文化思考，我们径自拿来用了，却不管它与我们的社会现实有什么关系，牵合比附一番之后，我们遂也遗忘了该寻找我们自己的问题，并发展足以解释与批判此一社会文化之理论。故吊诡地变成了：强调文学理论的现实实践，却在实践之后被社会遗弃，或在理论中丢掉了现实。

四、文学理论工作者不仅不太了解具体的社会现实，也不太懂文学。大陆的文学理论学科建置，主要是与现当代文学相联结的。从事古典文论的是另外一摊子人，彼此毫不相干。但只有现当代文学的知识与经验，文学理论研究怎么可能做得好？台湾的文学理论，因依赖世界体系之故，以裨贩洋货为主，外文系独占优势，古典文学及文论，罕所取资，亦不为所重。故同样的，文学理论也不可能做得好。迩来两岸都奢谈什么跨文化研究，但跨什么呢？莫说伊斯兰文化、印度文化、东南亚文化、日韩文化，做文论研究或文化研究的人大抵一窍不通，就是中国文化、中国文学，亦所知有限。才具如此，如何能使文学理论之发展令人看好？要振衰起弊，还得大家伙儿一齐努力！

2004.10.18

出版之春？

14 日在人民大学演讲毕，一女学生来约我去海淀剧院看戏。因海淀目前正在办文化节，中国国家话剧院正在海淀演“生死场”。她认为此戏乃大陆舞台剧精品中的精品，被誉为“茶馆”以来最好看的中国式话剧，她又恰好是编剧和导演的朋友，所以邀我去看看。我对话剧素无好感，觉得那是民初乱搞出来的剧种，因为戏本身的形态坏，所以永远也演不成什么好戏，历来名剧名篇，看了都只觉得可笑。但她既如此推荐，当然应去瞧瞧，因此约了昨晚去看。

今则转赴上海。本也没计划去上海，就如原本没打算去看戏一般。只因陈晓林、蔡浪涯邀了，便买机票，与沈昌文先生同去。明人曾鹤龄有诗云“捧领乡书谒九天，偶然趁得浙江船，世间固有偶然事，不意偶然又偶然”，此之谓也。

偶然趁便南游，还另有个原因。我来北大，但迄今图书馆整修，图书证也还没办下来给我，因此我根本无书可看。北大教师无研究室，我由台湾来，也不可能携什么书，如惠施出游“其书五车”那样。故若要看书，便得去中文系资料室。但来去颇有距离，且须携茶水文具，整装以往。而其中资料以大陆期刊为主，对我目前又尚不适用，因我本来就以读原典为主，很少看期刊论文。所以后来大抵就只是去写字。铺好纸，濡墨写几大张，管理人员要去吃中饭了，就束裹而返。如此闲荡晃悠度日，诚亦甚佳；但没读书，终究像没吃饭般，越来越饿得慌。其间写了几十篇游记，有些小考证，谈历史、说掌故，又写了谈冯梦龙“春秋学”

的论文，而其实手边一本书也无。既然无书可读，只好出游。万卷书既无法读，便去行万里路罢。

蔡浪涯原在上海社一印刷厂，如今德国贝塔斯曼集团原总编离职，自立门户，与余秋雨等合办九久读书人俱乐部，蔡兄亦拟经营个类似的平台，故找我来商量。夜遂与上海出版业者聚谈。

大陆出版业目前正在转型期，一方面是集团化业已成型，一方面是书号买卖已发展为产销分离式模式，亦即出版社手中握有书号刊号（产权），但制作、选题，甚或销售都由另外的企划单位处理。此类工作室或合作单位，借壳上市，活力充沛。我们在市面上看到某某出版社出版的书，可能部分甚或全部都出自其他企划公司或工作室之手。将来一旦开放，此类工作室便会立刻转为正式出版商（目前这些工作室实质上颇有些已极具规模，不比台湾的大出版社差，而操作能力或更在台湾出版业之上）。台湾想进军大陆出版业，未来势必遭到巨大竞争者。

而未来大陆之所谓开放，也不乐观，因为必须合资，且中方需占 51% 以上，中方合资者又须由大陆指定，不能由台湾人自找。故他若找一家经营不善的出版社，然后把它的资产估成若干亿，来跟你合资，占 51%，你还怎么玩？在此情况下，台湾出版业到底要如何转进大陆以救亡图存，实在还须仔细思量。

2004.10.22

得天下英才而教之

昨赴北师大演讲，论“科学人文化”，是理科学生的科哲课。今日北大课毕，则得到一些学生给我的信，录于后。

其一：

龚先生讲授“中国文化史专题”视角新颖，焕然不同于平常所见相关书籍结构和内容，强调从中国文化特点出发，立足文化传统来阐发其义，且授课时口齿清晰、材料丰富、妙语频出，与强有力的手势相结合，充分表明教学是一门艺术。

读先生书，不如听先生授课，以先生书中颇多感慨之辞，不如上课来得真切简明。

其二：

龚老师：

我非常喜欢您的中国文化研究专题课。您的课很受欢迎，除了中文系的同学，我的考古系和法学院的同学也都来听的。

我听过的同类课程往往停留在文化史现象的事实层面，而您透过零散的材料而得到相当有深度、有突破性的结论。学力与眼光令人佩服。您的讲解对我突破思维定势、开拓视野是很有帮助的。同时，您的结论建立在扎实的考证上，新颖的观点皆从并不新鲜的材料中得出，也使我更加重视对原典的把握，并在自己读原典的时候，更积极地思考。感谢您的工作！

出于个人学习的需要，建议老师开列一些参考书目并适当介绍一些您的治学经验，使我们在读书治学的道路上有所借鉴。

另外，请老师明确一下课程考核的方式和标准。谢谢！

其三：

致龚鹏程先生书：

某启，自学期始，一直聆听先生的课。在我是一极好的休息。使素日紧绷的神经细胞因为长期的严肃规范的排列而有些僵直时，得有一雍容的空间舒展和透气。所以，上先生一课，心情总是轻松愉快的。这不仅因为先生课题之宏大给了充分透展遐思的余地，也因为先生采用了别于其他中文系先生们正容严肃的教学方式，于侃侃演说中声情并茂（当然，这也许仍与中国文化史广博的课题有关）。

听闻先生任过佛光大学校长，而佛于我是陌生的；海峡彼岸的知识青年的文化精神状况也是隔膜的。而这陌生与隔膜间，往往又带着仿佛的想要探知的兴趣，企盼通过先生的教诲约略有所得。

另外，注意到先生总是身着汉衣。不知是出于课程行头所备，还是本性使然。如是前者，对先生之敬业肃然起敬；若是后者，景仰先生对于中国文化一本能之爱与维护。

有幸蒙教，不任区区向往之至。

其四：

龚老师：

您是我研究生阶段的第一个启蒙老师。很喜欢您的课，希望有一天也能像您这样授业。信手拈来，风度翩翩。

录这些信，并非意在自我陶醉，而是表明教书确是一门艺术：学的人带劲，自然教的人卖力。孔子曰“不愤不启，不悱不发”，举一隅而不以三隅反，则懒得教，是有道理的。与其说我讲得好，不如说北大这些小朋友学得好。而他们一生中可能从没见过台湾人、从没机会听台湾来的人告诉他们中国文化是什么，我不认真点说，行吗？

2004.10.23

德里达哀辞

德里达（Jacques Derrida）于十月八日故世，今清华大学举行“德里达与中国”研讨会追悼之。国际文学理论学会会长米勒亦有长文参与讨论，邀余与会，爰为哀辞一通以悼之，曰：

西方思潮进入中国语境，往往有个时间差。一九六六年德里达发表《人文科学话语中的结构、符号与游戏》批评利瓦伊史特劳斯（Claude Lévi-Strauss）的理论，对其二元对立结构唱起挽歌时，台湾的结构主义却正方兴未艾。

一九七二年杨牧论乐府诗《公无渡河》，即以人与自然的对立冲突来说此诗之悲剧性，采用利瓦伊史特劳斯之说，自不在话下。乐蘅军论中国古典小说的悲剧性，也用同一方法，皆脍炙人口。到一九七八年周英雄重析《公无渡河》，运用结构主义方法更为纯熟，他将此诗纳入中外民间口头歌诗的大系统去，希望通过叙事结构的比较，得出一个共通的模式。类似的工作也见于金荣华领导的一个小组。他们主要是从事中国六朝时期小说"情节单元"的整理。同年，张汉良亦发表《唐传奇〈南阳士人〉的结构分析》。次年，周英雄又作《赋比兴的语言结构》。到一九八三年，结集出版了《结构主义与中国文学》（台北：东大）。其主旨在于反驳"结构主义不适用于中国文学批评"，故以实际的操作运用来说明结构主义方法仍是可行的。

在这个文学场景中，德里达的声音显然并没有被台湾的文学或文化研究者所听受。八十年代，研究德里达的，大概只有一廖炳惠，出版过《解构批评论集》（台北：东大，1985）一书。但那时德里达所抨击的索绪尔（Ferdinand de Saussure）语言学正大行其道，不仅结构主义之风靡未衰，由索绪尔语言学发展来的符号学也刚在台广获介绍。古添洪就在一九八四年出版过《记号诗学》（台北：东大）。因此解构批评虽有廖炳惠等人之译述，在那个环境中，实在并无太大的影响。

而且当时固然介述了德里达对二元对立思想的批判，但这个批评是如何地由反省语文关系而发展至对西方形上学的整体批判，仍语焉未详；德里达与福柯（Michel Foucault）等后结构主义思潮的总体关联，亦面貌模糊。故解构理论要如何运用于文学研究上去，大家均不甚了了。

一九九二年我出版《文化符号学》（台北：学生书局），才首次将德里达的论述带入中文（文字、文学、文化）语境中去发挥。我那本书，既名为符号学，显然与德里达并不同调，仍是要讨论符号的形成与运作方式。但我又与结构主义不同，不是以语言内部结构分析为主，而是讨论文化中的符号，以及符号如何建构了文化。结构主义的方法，看起来是在讨论文化，其实其文化分析就是不做文化分析，只分析语言结构，然后模拟到文学文化事项上去，或根本就把语言结构和现实结构看成是同一的，故与我的看法大相径庭。另一个分歧，则在语言观上。

自索绪尔以降，受其影响之人类学、符号学、诗学各派，基本路数就是由语言来讨论文化。可是，在中国文化中国社会里，文字远比语言更重要，我既不满于索绪尔以下诸符号学流派，自然就会注意到德里达对索绪尔语言观的批评。

这些批评，在今天看，当然都属常识，任何一位略谙思潮的大学生都能琅琅上口。但在十几二十年前，且是信息匮乏、译述甚少的情况下，能注意此一批评，并援用以申明文字符号的重要性，其实亦非易事。

当时我尚未见着《论文字学》（*De la grammato logie*）、《书写与差异》（*Writing and difference*）等书，主要是根据他与克里斯特娃的对话:《符号学与文字学》。在该文中，德里达认为索绪尔之后，大家均把语言学当成符号学的一般模式，这个做法，显示了西方传统的语词中心主义和语音中心主义态度。德里达则主张以文字作为符号学最一般的概念，以中和符号学的语言学倾向，且以为此亦可注意到“超出西方界限之外的文字之历史和系统”。因我所谈的，本来就是超出西方界限的中文（文字、文学、文化），是以理所当然地如他所建议：以文字作为符号学最一般的概念。

虽然如此，我亦自知我与德里达貌合而神离。他谈文字学，旨在瓦解西方柏拉图以来的形上学传统。瓦解此一传统，固为吾人所乐见，故吾人甚愿引用其说，以见西方文化发展内中实存一大病灶，亦不宜遽尔援用二元对立的形上学体系来解说中文（文字、文学、文化）。可是我之用解构，其目的并不在解构而在建构。利用他解构西方之际，另建一整体的、统一的、中心的体系，而以文字为此一体系之核心。此等做法，料当为德里达所诃，完全与他的解构精神相反。

但从另一方面说，此或亦为德里达之发展。因为德里达虽说要建立文字学，要以文字作为符号学最一般的概念，却仅是说说而已，他没能力做到。其后承声嗣响者，也只复述他对索绪尔的批判而止，未能由其批判再进一步，讨论文字中心主义的文化和社会到底是怎么回事。所以我之所为，倒行逆施，既背反了他，又发展了他。若附会点说，恰好便是解构的。解构，本是德里达对海德格（Martin Heidegger）“解体”一词的法文翻译，其含义并不只在表达解体毁灭之意，中文词汇译为解构，既存解义，又有构义，方恰如其分。我之所为，或亦如是。

再进一步说，德里达谈文字学、谈以文字作为符号学最一般的概念、谈新文本主体，都显示了他对文字的重视，但我觉得这也是他最大的弱点。因为西方人没有文字的观念，无论如何说文字，都仍只是书面语，亦即拼音的符号。故所谓以文字、以语言，其实仍是语言间的对诤。欲以此挣脱语言或语音中心主义，宁非奢想？

他与伽达玛（Hans-Georg Gadamer）的争辩，强调后期海德格尔不只说“被理解的存在是语言”，更要说：说话的不是人而是语言。就表明了人不是语言的主人，人不产生语言，只是言语在说话。人说话，则是因着语言在说。既如是，人根本不能逃离语言。则他对西方语言中心主义、逻各斯中心主义、在场的形上学虽然意存颠覆，但又如何能逃离它们呢？扬汤以止沸，抱薪而救火，只是更深地陷于语言的牢笼中而已。

所以我认为依德里达的办法，既无能力真正建立文字学，亦无法以文字为最一般的概念来发展符号学，更无法真正颠覆西方的语音中心主义及其形上学传统。

对于非表音文字，德里达亦非未予留意，然其理解乃顺着莱布尼茨（Gottfried Wilhelm Leibnitz）而来。莱布尼茨设想的非表音文字，亦即象形文字，被黑格尔称为“聋子的阅读和哑巴的书写”，仅诉诸视觉而放弃了听觉。在做此等设想时，莱布尼茨当然是以中文为模型或受中文所启发。德里达则与莱布尼兹一样，以为此种文字便是可以摆脱拼音体系的另一选择。可是，中文根本不是这种非表音文字。中文里，象形文字只有百来个；表音的字，亦即形声字却达百分之九十以上。故中文乃可表音可不表音的表意文字。这种脱离“语音／非语音”二元对立格局的文字，便非德里达所能知。透过这个文字体系来看，宣称要打破二元对立的德里达，不仍陷在语音与非语音的对立框架中吗？

由于对真正的文字体系缺乏了解，也使他的几个观念显得夹缠、晦涩。例如用“分延”讲意义的不定，用“播撒”讲文本的裂缝，用“踪迹”讲始源的迷失，或将写作与解读视为本文的解构游戏，说解万端。但我相信读的人泰半是一头雾水，如“游戏包括了意义的作用，或者说作用的意义，但不是把它们视为知识，而是视为文字：意义是游戏的一种功能，它以无意义的游戏的方式写在某个地方”（见《书写与差异》）云云，说得实在费劲。

可是，这在中国惯常“以文为戏”的传统中都是极容易理解的事。以文为戏的性质正是如此。在以文为戏时，文不再成为作者表达自我和显露意义的工具，文只是他这个文字自身。这个文字只重视书写本身，也不太管表达了什么，因此或滑稽突梯、或叉牙格磔、或回文取巧、或妙对博粲，充分利用或张扬着文义的歧义、不定，文本的戏谐无序、套用等等。这些状况，不就是德里达想要指明的吗？倘或对中文里以文为戏的传统了解得再多些，我相信他持论会更简要清通些，其理论也更易运用于文学批评（不会像现在，主要用在文化批评方面）。

当然，德里达本来其实根本可以不谈文字的。跟声音相对的，不是文字，而是无声。海德格尔曾谈过沉默、无声、失音，德里达没有抓住这一点，只就此说海德格尔在对待在场形上学及逻各斯中心主义时立场模糊，而未顺此发挥之，至为可惜。

且声音其实是复杂的，德里达没有细分，如庄子那样讲天籁、地籁、人籁、大言、小言、大音、希声；也没有注意到无声，如庄子说“渊默”那般。故其对语音中心的批判终不究竟。他不知“道可道，非常道”，存有之本原，既然不在言说处，便当默而识之，乃竟去构思一套无本原的学说，虽以此博得了不朽的声名，却终不能见道。惜哉，伤哉，呜呼尚飨！

2004.11.01

江南旅中杂记

旅中事杂，分项述之：

一、陈亮学术研讨会

浙江社科院主办，由陈亮老家永康市支持。会议惯例是没啥好说的。我写了一文，论词史上的陈亮。

陈亮是个倒霉的人，生时倒霉：考中状元，还没晋官就死了；有志于伊洛理学，而又不被程朱一派所认可，朱熹且以他为大异端；有志作词，而南宋几乎没有一个人评论他。如此衰运之人，近来竟大走老运，牟宗三先生认为他与朱子之辩论乃中国十大论题之一，言思想史者遂多称道之。反对程朱理学的人，又拿他当旗子，大批道学。有心功利者，以他为招牌，大讲经济事功；老乡们则用他为号召，谈永嘉金华浙东学派。如是等等，一个倒霉的陈亮居然咸鱼翻身，大红大紫起来。

可是，哎呀，陈亮可真倒霉，从牟先生以下，谈陈亮的人，基本上就全是误解，什么“义利双行、王霸并用”，陈亮有知，只好再气死一次。至于打他招牌作经济发展之用者，更无论矣。

话虽如此，地方政府有钱没处花，乃现今大陆之普遍现象（恰好与台湾相反）；能把钱用在学术上，仍是可喜的。文化事业，自然也须地方政府之支持。

二、杭州西湖

西湖屡来，而从不觉厌。湖上烟树、云影、天光、水汽，无一不佳。天下湖泊，好看的很多，许多都自称似西湖或赛西湖，而实无一比得上西湖。我 29 日晚上到，住新新饭店秋水山庄，30 日即经断桥、柳浪闻莺去花港观鱼，游章太炎张苍水纪念馆、马一浮蒋庄、俞曲园故居、苏堤、西泠印社，下午又去抱朴道院。西湖游览设施日益完善，湖滨张静江、蒋经国故居、菩提精舍、玛瑙寺、智果寺、镜春厅等，均修葺一新，公厕尤可称道，各旅游点也不收费，实在令人耳目一新。

三、富阳

杭州之美，不只在一湖，在于周边城镇无不可游。31 日与会诸君要去永康玩，我因还要去南京，不能去，乃跑去富阳。

富阳桐庐一带，乃黄公望富春山居图所志之地，山容水貌，没得说的。富春江，在富阳形成了一个湾，浩瀚烟森，竟若一大湖，水色湛青，无怪严子陵在此流连不肯去也。我只有一个上午，故只去了鹳山。

鹳山有书院，郁达夫松筠别墅亦在此。其兄郁曼陀血衣冢也在。两兄弟都被日本人所杀，故有祠祀二郁。山上别有同治年所建“春江第一楼”，下有严子陵钓鱼处，皆可流连。

由富春出，再去龙门古镇。镇号称孙权故里，其实非是，乃孙权后人迁居于此，故居人皆姓孙。孙中山则为孙权弟孙匡之后，不知何代迁至广东。镇多明末建筑，修深可喜，曲折通幽。我见有一酒铺正制酒，遂向老者赊了一碗红高粱新酿的酒喝了，才出往“龙门客栈”午饭。这种古镇，农家菜模式，也是大陆近年普遍的现象。城市周边的农村小镇，借此发展经济，但朴素与粗俗，水平不一。富阳算是朴茂的了。

四、淮安

由富阳返杭州乘火车，经上海、苏州，抵南京，已夜八时，再乘车三小时达淮安。此地我九月初才来，此番再临，乃应“第二届海峡两岸中华文化与现代化研讨会”之邀。这是什么会呢？与陈亮会相同，此会受淮安市政府大力支持。但情况不同者，在于此会名义上是叶圣陶研究会所办，而实际是民主党派民进中央所策划的，故今开幕式上冠盖云集，文化部、统战部、国台办、民进中央都有大批人马届临。会议内容，当然不问可知。我为人情所困，不得不跑此一趟，风尘仆仆，所为何来？唉，为的不是这宏伟的主题，而是那秋风中的大闸蟹呀！

2004.11.03

中华文化现代化？

在淮安二日，独游清晏园、慈云寺、文庙、周信芳故居等处，花树寂寂，半无人迹，而会议亦无甚可述。偶逢一人，问：“会议都有哪些人参加？”答：“多啦，无非是过气官僚、退休教授、不得志的文人。”对方笑道：“那老兄居于何等？”曰：“我三者都是！”相与大笑。

会议谈不出什么名堂，原因当然不在此，主要是这个题目大家对之既烂熟而又不了解。烂熟，指它谈了快一百年，所以每个人对之都可以扯扯；不了解，则没别的含义，就是指大家真的是不懂。

“中国传统文化”与“现代化”，这个题目中的A B两项，乃是全然相斥的关系。因为“现代化”从定义上就是说一个社会要抛弃传统以转型为现代社会，传统文化乃是现代化之障碍，要扬弃之物。从五四运动到文化大革命，我国走的都是这个路子。

把两者之关系解释为非相斥关系，是修正现代化理论者的杰作，这些人都是舍不得把传统文化丢了的，所以各自发展了一些论述策略，欲修正现代化理论。

其一是说，社会固然要现代化，但传统文化也有好的一部分，可以保留，不必倒澡盆水时把婴儿也倒了。因此，此一派便有“取其精华，弃其糟粕论”“现代社会仍须讲伦理道德论”“传统文化不碍现代化论”“以传统文化为中国特色之现代化论等”。

其二则说，传统文化其实无碍于现代化，也可开展出现代化。历史上未开出，并不代表它在质性上不能开，只要经过“良知的自我坎陷”等加工，它也是能开出自由民主科学的。此说已较第一路说法更进一步，认为二者不仅非相斥关系，更是同一关系。

第三说比第二说还要强些，谓传统文化可以积极促进现代化。八十年代“东亚儒学与经济发展”的论调即属此。认为韦伯讲错了，儒学也可以发展资本主义，且可能比西方老牌资本主义发展得更快更好。

这些修正主义的基本问题是，都不敢撄现代化之锋，都承认现代化的价值与必要，所以要以传统文化无碍于或有助于现代化为说。换言之，看起来是传统文化的护卫者，其实是拉传统文化去做现代化的拉拉队。传统文化有没有价值，要以现代化为标准来估量的。既如此，这些修正论者又怎么可能真正动摇、修正得了现代化论？传统文化不正透过现代性的价值重估而被扬弃转化了吗？现代化论者对此类说法嗤之以鼻，良有以也。

因此，这些修正论都是虚软的论述。真正要面对现代化理论，是要问，现代性真是种好东西吗？现代社会真是人所需要、符合人性的吗？我们牺牲文化传统以追求现代化，值得吗？

亦即，现今吾人需要的，不是追求现代化而是批判现代化。

自有现代化，即有批判它的思潮。二十世纪初，文学艺术上的现代主义，便不是教人追求现代，而是去揭露现代人奇特的精神处境，例如丧失了信仰，离开了家庭，活在科层体制和都市水泥丛林中，人与人的关系疏离而陌生，孤立的个我，遂成为失落了意义的无根浮萍等等。厥后各派理论，奇峰迭起，赓续发挥，不胜枚举。

如生态论者，大力批判现代社会的机械宇宙论、竭泽而渔的发展观、宰制自然之科技工业等，形成了自然生态主义。

哈贝马斯认为现代社会的理性观，只是工具理性之扩张，但价值理性、道德实践理性明显不足，故提倡沟通理性以济现代化之穷。

丹尼·贝尔讲后工业社会，则是说资本主义工业社会存在着内在的文化矛盾：它由马克斯·韦伯所说的新教伦理所促动，可是发展下来，却成为刺激欲望、鼓励消费、罗掘资源的形态，与新教伦理的入世禁欲精神恰好相反。故后工业社会所应强调的，不再是现代性，反而是宗教精神。

德里达的解构主义，则全力去瓦解理性所倚赖的逻各斯中心主义、二元对立的形上学。

其他批判现代社会中科层宰制、科技灾难……林林总总，实已蔚为大观。至于马克斯·韦伯一路思想，包括后来的世界体系依赖理论、全球化理论，更都指明了东亚国家之现代化并非其文化内部产生了变迁，而是复杂的国际因素使然。

对这些学说，我们也均予介绍过，或批发或代理或零售，各有名家，但依样画葫芦，学舌一番而已，殊少抓住其总体精神。总体精神是什么？就是对现代文明的不满，而筹思改善之道。

我们的情形恰好相反，我们对现代文明是艳羡的，希望我们能早日拥有这份（西方人大力抨击唾弃的）现代文明。所以包括那些批判现代性的学说，我们都把它当成西方现代文明来拥抱，以促进现代化。

这种总体精神方向上的差异、文化处境上的不同，也让我们根本无法体会到传统文化之扞格于现代文明之处，才正是它有价值的所在。相对于二元对立、人天破裂、宰制自然的形上学，中国本来所讲的天人合一、阴阳相济，不就是当代西方批判现代的生态自然主义者所想要发展的思想吗？相对于现代社会张扬工具理性，而道德理性、价值理性不足，中国原本所强调的伦理精神，不是恰可药此顽疾吗？过去被认为封建、宗法、保守、落伍的那些东西，透过西方后现代情境中一些思想的反思，不是让我们惊觉到中国传统文化其实含有丰富的“先后现代性”（pre-postmodernity）吗？

如此说，当然不是挟洋以自重，而是要告诉仍在讲现代化的先生们：现代化是落伍的论调、现代社会是有缺陷的居所、现代文明是要批判超越的。批判并超越之，其资源就在中华传统文化中。

怎么样，你不服气？觉得我这新国粹派太嚣张了，你偏不肯“蓦然回首”，那也没关系，去看看你那西方宗师门吧，他们可是“眼前无路想回头”了呢！

2004.11.09

文学史迷雾

去苏州大学参加“文学史百年研讨会”，有个发言，谈了一下文学史研究的性质，补录于此：

文学史百年：这个词，可以理解为自林传甲、黄人写作文学史迄今已有一百年了；也可以说是文学史这个学科建置已达百年；或者也可指这一百年间文学的历史；乃至百年来对文学史的理解。第一解，谈的是文学史的写作问题；第二解，讲的是文学史教学问题；第三，指文学创作；第四，论文学观念。这些，大概也都是我们现在必须要讨论的。文学史百年，就得反省这所有的问题。

史学，乃是通古今之变的学问。古代人论文学之变迁，亦曾有南北分疆、文质代变、三统继兴、五行修王诸说。但对文学发展历程的解释，除《文心雕龙》以外，大多囿于文体或朝代，没有通史型综述的文学史。有之，自黄人、林传甲始，这当然是值得纪念之事。当时编写此类著作，主要是教学之需，一时权宜，竟成百年定制，偶然之中，殆亦有必然之因素。

不过，百年来，在林黄诸君著作之基础上踵事增华，固然蔚为大观，但此一学科依然是屡遭诟病的，令人满意的文学史著也仍在期待中。

已有的文学史著虽多，泰半缺乏自觉的历史意识，只是历代文人及文学作品简介罢了，很少人注意到文学史乃是文学的历史研究，仅从文学研究的角度去看。文学研究分成三大块：文学理论、文学史、文学批评（鉴赏），三者彼此相关。殊不知文学史有它独特之处，不尽属文学范畴，文学理论也有许多根本难以用诸文学史。例如结构主义本来就不做历时性研究、原型批评探寻人类共通的心灵象征，都与文学史难予搭挂。解构批评、心理分析，在书写文学史时，也是不易使用的。近年文学理论界不甚讨论文学史问题，或将文学史研究排除在文学研究之外，内在原因即在于此。某些流派，如新批评，根本反对历史传记考证，勉强要说，也仅将之视为文学的外部研究。此固为一偏之见，但亦可见文学史既有文学之性质，又有史的部分，非仅可以一端求之。而不幸的，就是这属于史的部分，恰为我文学研究界所忽略或不熟悉。百年来，史学理论多有嬗递，新史学两次浪潮、年鉴学派、新历史主义、计量史学……在我们的史著中甚少影响，与古代史学之关系也不深。偶用马克思历史唯物辩证史观，或附政治史社会史之框架，参错文学事件而已，此岂足以言史乎？

缺乏自觉的历史意识、甚少参考史学理论之外，我们的文学史写作与研究，似乎也未注意到我们不只是在讨论一物在历代的变化，或文或质、或绮或清，更常是在研究历史中名之为文学的那些不同物事。例如春秋战国时期的文学，指典籍文献；六朝之文，蕴含文笔之辨；唐人之文，亦显与六朝异指。就是林传甲的文学史，所叙亦与今日吾人所云之文学不同，涵文字、声韵、训诂、修辞、诸子等。林氏之后，如谢无量大文学史，所叙亦涵目录学、史传体等。在文学这个词底下，其实指涉着许多不同的东西。因此，说明各个时代把什么东西称为文学，又把什么排除在文学领域之外，这种文学观念之变迁，更是文学史之要务。可是我们在这方面其实致力甚少，通常只是以现在我们定义的文学做个筛网，把历史上符合这个定义的东西筛拣出来叙次一番。或以文学为自明之一物，径说其流变发展。这种缺乏文学观念之探究的文学史，充斥于坊间，自然也是吾人所需改进的。

2004.11.12

儒学发展多元化

吴光兄主编今年春间在杭州所开儒学会议之论文集，要我补一篇开幕讲话。我平日开闭幕说话并没稿子，因此略依记忆补志大要云：

大家都晓得，在全球化的时代，也是地方文化获得重视与发展的时代。因此，国际上均把儒学是否复兴、是否重新得到重视，看成是评估中国是否已恢复民族自信心的具体指标。相较于二十世纪初将儒学看作中国现代化之障碍，欲去之而后快的景象，现今无疑要好得多。虽然仍有不少人担心提倡儒学会不会同时也恢复了封建意识、忧虑文化保守主义会不会迟滞了中国的现代化，但整体趋势毕竟有利于儒学之发展，社会普遍态度是支持中国人仍要重视传统文化的。

儒学发展能有此等基础，得来不易，吾人自当珍惜。可是相应来说，我们的儒学研究，又对此等时势机遇有何把握与发挥？这恐怕正是我辈学人应感到惭愧之处，我们的研究确实颇有不足，尚不足以因应时代之需。

举例言之，在二十世纪八十年代，我们就热烈探讨过儒家伦理与经济发展之问题。因为根据早期马克斯·韦伯的论断：儒家伦理不同于基督教克尔文教派“入世禁欲”之态度，无法产生资本主义，因此，若欲发展资本主义，似乎就只能摆脱儒家之束缚。可是二十世纪七十年代日本与所谓“东亚四小龙”（韩国、台湾、香港、新加坡）的经济发展，却显示了儒家文化圈强盛的经济活力，故刺激了东亚儒学与经济发展这个论题的兴起，不但往上追溯明清时期的商人伦理，也涉及不同资本主义伦理内涵之比较，或世界华人经济网络之讨论等等。可是，由于东亚金融风暴，重挫了“四小龙”的经济荣景，加上日本泡沫经济崩溃，使得这个论题仿佛也戛然中止，迄无进展。其实这个论题本来就可以不那么狭隘，只用来“证明”儒学无害于或有助于资本主义之发展，它应当是要形成一种儒学经济学式的讨论才好。

目前，对儒学与政治的探讨，业已展开，这是继二十世纪八十年代谈新儒家、讲心性论存有论之后，一种关联于社会面的研究，希望能重新探索儒家“内圣”之外的“外王”之学。这当然甚为可喜，也值得期待。但外王并不只表现在政治领域，在经济事务方面，儒家之观点如何？可有助于今日社会发展之取鉴乎？在佛教部分，如苏马赫《美丽小世界》便提倡佛教经济学，欲以药资本主义经济发展之病，可是儒家作为世界一大思想资源，在此却默尔无言，既无法对现今之经济活动提供思想帮助、现象解析，也未闻有何积极经济主张以针砭世俗。仅高谈心性、论析存有，无法介入吾人之生活世界。这样，岂可餍时世之需耶？

又如大陆现在已有六十多个城市、五百万个家庭的儿童接受了读阅经典的教育。这代表了社会上对重新接续传统文化血脉的教育需求，是非常值得重视的现象。但迄今此种儿童读经活动，只有少数学者关心或参与推广，并未获得整个儒学研究的理解或支持。即或参与，也只是推广而已，对于经典之价值、阅读之方法、与教材教法乃至教育体制之配合关系，均乏探析，更不用说持与西方经典教育衡量比量了。我们儒学界，长期以来，只会做研究，不擅长做结合社会实践的具体工作。研究又只集中在做学者思想之分析或某某学说之讨论，用一些抽象术语、概念谈谈道德主体、天人合一，固然可讲得头头是道，可是儒者出于司徒之官的教育本业却不免荒疏了，对儒学教育理论及其应用的探讨显然不足。

而过去二十年来，文明冲突的话题、宗教对谈的活动，都极为热门，跨文明对话已成当今之显学，但平心而论，我儒学界在此成绩为何？儒家与基督宗教的比较与会通，久无进展，近年并没有什么新猷。儒家与伊斯兰教、与印度教，或与道教佛教的交谈对话，绩业亦甚有限。至于儒学与当代学术，如女权主义、后殖民主义、新东方主义等的对话，事实上也是不够的。

凡此等等，非敢苛求，只是表明在这个新的时代、新的环境中，儒学发展多元化的格局业已展开，我们实在还有太多的事要做，需要我们共同携手努力。我想，这也是本届会议最主要的意义所在，谨以此与我道共勉之。

2004.11.25

天寒话诗词

北京已甚寒，据报昨夜零下三度，本云有小雪，并没下，故早起颇觉怅怅。

近来谈孔子谈得太多了，所以今天准备说点有关诗词的事。

读《吴世昌学术文丛》。先生论《红楼梦》之书，昔尝见之；论词则未见，故亟取读。读则失笑，先生盖不知词也。抑何止不知词，盖不通文学。例如况蕙风说作词“一曰多读书，二曰谨避俗。俗者，词之贼也”，他老先生就大骂：“末句大谬。大家不避俗，正如富贵不避布衣，暴发户才不敢穿布衣。”这是什么跟什么嘛？人家说的是俗气、尘俗；他却就不避方言俗语这方面去辩，不是让古人有秀才遇到兵之感吗？

其《词林新话》五卷，大骂常州派的寄托说；痛批陈廷焯的沉郁说；力驳豪放派一辞，谓豪放根本无派……多是此类。

如周邦彦《齐天乐》说“正玉液新登，蟹螯初荐，醉倒山翁，但愁斜照敛”，吴先生说陈廷焯“谬言此词结句‘几于爱惜寸阴’。……此谓及时行乐，与爱惜寸阴正相反。醉后惜阴，能作何事？”他只晓得惜寸阴有努力奋发勿浪费时间之意，竟不知陈廷焯说此词结尾之爱惜寸阴是指饮酒作乐但愁日暮，也就是他所说的及时行乐，遂以陈氏之不误为误，大加呵斥。

李清照《蝶恋花》末句“夜阑犹剪灯花弄”，则被他批评是：“凑韵，已剪灯花，岂复可弄？”不知弄字正是指深夜无聊时剪灯花为戏的动作。如此评词，古人岂不冤哉？

其考证亦可笑，李清照集附录收《浪淘沙》，他以为非李氏作，理由是“此为男子咏歌女之作，不应出自易安”。这是什么考证？咏歌女，乃诗词中常例，何以见得作者定是男人？

吴先生亦有诗话，情况也差不多。谓“风骨”指诗中有具体事实，“建安风骨”就是建安诗多咏故事。仁者乐山、知者乐水，仁为北方之强、知为南方之强，《诗经》代表北、《楚辞》代表南，一阳刚、一阴柔，五言诗即从阴柔之美的妇女歌辞中演变出来，为女子所创；皆妄说。吴先生有高名，门人弟子若爱护其师，此等文字便不应辑存使之流布人间。令我读之，至感憾怅。

徐晋如编《近百年名家词选》，送来给我校阅，并要我写一序。其中也收了吴先生一词。我无太多意见要说，故序终于未写，仅题一封面而已。侧闻晋如叙述，知大陆填词名家仍然不少，光北京市，爱好纳兰性德的人就足够形成一个大队，前几年他还送过我一本《纳兰一族》，内中都是纳兰氏的追星族粉丝（fans）。这真是有趣的现象，因此我也不能以读吴世昌先生词论的印象去概括大陆词坛，“深山大泽，实出龙蛇”，以中国之大，能人想必还是不少的。

2004.11.25

疑疑古

蔡澜涯由上海来，邀青年出版社等出版人聚餐，沈昌文、吴兴文俱在座。我与兴文不见久，知他在北京常住，却一直未见着，今既相逢，不免欢喜。他的藏书票，海内独步，近在此间报刊开专栏谈藏书票，并要在万盛书园展览。沈公开玩笑，说他们已挑好其中五张，值一千万，准备绑架吴兴文，让他家属拿那五张票来赎人。兴文亦欣然乐意以此证明自己的身价。昔年我曾得兴文启发，在佛光创办时也制作过一批藏书票。后来赵丽云让潘播另做了一批。可是他们不懂藏书票是怎么回事，以为画卡就是藏书票，其实大谬不然。今逢兴文，思及往事，竟多喝了不少酒。

饭后，兴文又拉我去烟袋斜街一小酒店坐。老板姓巩，与兴文熟，他喊他老巩，令我分不清在喊我还是喊他。何况彼此均有醉意，他送我一本新版论藏书票之书，还是毛本，页间尚未切开，我很喜欢。但他题签时，把我名字写漏了一个字，他没发现，我很庆幸仍然清醒，所以能看见他写错了。可是后来走时，回来才发觉我根本就忘了把书带回来，可见我也喝糊涂了。

且说这烟袋斜街，全是小酒馆。北京之胡同，多是此类粗名，什么棺材胡同（今改名光彩胡同）、裤子胡同（今改库资）、狗尾巴胡同（今改寿逾百，还真会掰）、扁担胡同（今改平安）、大烟筒胡同（今改大宴乐）、猪尾巴胡同（今改朱韦箔）、擀面杖胡同（今改廉让），干面、烂面、细米、炒米、黑芝麻、鸡爪、馓子、抄手、茄子、驴蹄，以及盆儿、罐儿、帽儿、屎壳郎、裤裆、鸡毛、羊尾巴之类胡同，什么怪名都有。烟袋，算雅致的了。

因说及胡同，想到昔年曾住过干面胡同，社科院的房子。前几天在台湾，主持一场吴锐谈古史辨派的报告（在中研院），他提到从前顾颉刚也住过那儿。而他是对顾氏在四九年以后的境遇很抱不平的。认为当年批顾或给顾穿小鞋的人，如今仍然位居要津，特别是李学勤，号称要“走出疑古”，进行“释古”，又主持国家计划，例如“夏商周断代工程”等，他特别看不惯。其言颇多愤激语，令我对四九年以后顾氏之处境或整个古史辨学派之处境有了许多新了解。

可是，说古史辨派在人事上遭了打压，固然不错。但在学术上，恐怕它仍居主流位置，学术霸权还正待豪杰之士起而推翻之哩！

此话怎讲？疑古派之方法，就是考证、辨伪，这种实证主义的态度与方法，不仍是史学界之主要方法吗？疑古派所建立之古史观，例如上古史多杂糅了神话、许多古圣先王事迹乃后人增饰、古代文明有东夷西夏等不同民族之构成……不仍是现今对古史之理解框架吗？疑古派谈神话，而旨在去神话以建古史，此种神话学研究，不又仍是盛行于学林中吗？疑古派疑古辨伪，为的是“考信”，希望能建立一个信史，相信拨开后人之增饰即能获得一个真相，不仍是史学工作者之信条吗？既然如此，何能说疑古派受了打压？

恰好相反，疑古派真正的劲敌根本尚未出现。那种劲敌，就是像我这样的人，根本反对历史实证之心态与方法，根本反对考史式的神话研究，根本认为没有“一个真相”，根本反对历史重累说，主张真相就在诠释之中。这种想法，古史学界目前恐怕还弄不清我在说什么呢！唉，从喝酒扯到这儿，真是扯太远了。我真醉矣！

2004.11.27

金灿秋收梁实秋

十一月廿七日北京语言大学举办梁实秋研讨会。这是高旭东拉我发起的。是大陆第一次举办的梁先生的研讨会，意义重大，且准备再组织一个两岸共同参与的梁先生研讨会。今日开幕，我的讲话，略如下文：

梁实秋先生的著作，据秦贤次先生的辑目看来，著作四十一种，三十二种是在台湾写作及出版的。翻译廿八种英译中作品，也有十二种是在台湾作，莎士比亚戏剧六十册只算其中二种，此外还有一种中译英的《锦绣山河》。梁先生在台生活了卅九年，著作不辍，确乎符合余光中先生在为梁先生编纪念文集时说的，是在文学的园圃中有了“金灿灿的秋收”，即连冬季也还颇有收成，老而弥坚，令人赞叹。

例如在他故世前两年，就还出版了三册英国文学史、三册英国文学选、四本散文集、二本译作。这在文学史上并不多见。许多文人英华锐发于早岁，壮年牵于人事、困于生活，就逐渐笔头迟钝了起来，只靠一点儿早年作品所攒聚的名声混迹于文坛。也有许多文人仅恃才情，才情挥洒既毕，无学问以泽润之，便日益枯竭。另有些学者，满腹学问，撑肠拄肚，却笔舌蹇顿，写起文章来，让人看了就想打瞌睡。梁先生则是才学两优、译作兼行，既有文采，又饶学问，且中英文俱臻上乘，这在现代文学史上可真不多见呀！创作力、精力、勤奋，至老不衰，至可佩服。

梁先生之所以能如此，不妨说是因为幸运。禀气得诸天赋，可以年登耄耋，当然是幸运。渡海来台，逃过了大陆上的政治风暴，更是幸运。与梁先生同辈的现代文学家，或天不假年，或受政治牵扯而封笔者，不计其数，梁先生可以在美国在台湾从容教学、研究、写作，自然可以用幸运来形容。梁先生只是抓住了这个幸运的机会，黾勉译作，不让幸运时光随意溜掉而已。

但梁先生也可说是不幸的。早年与鲁迅的笔仗，使得他颇不见谅于倾向鲁迅的政坛与文坛。论叙现代文学史者，不是忽视他就是贬抑他，难得平情考察梁先生的观点和成就。且因海峡隔阂，对梁先生在台湾那他生平一半的时间，到底都做了什么事、写了什么东西，大抵均不甚明了。因此，纵或想谈，也不易谈。于是，这么样一位文坛耆宿，著译达千万言的大作家，地位竟比不上许多差得远的小名家，此非不幸而何？

在台湾，对梁先生的研究，其实也不多，依《文讯月刊》十二期《评介梁实秋的篇章索引》观察，一九四九年至一九八七年有一五九篇，殊不少。不过大多是报刊报道式的评介或书评。以梁先生为题的博硕士论文，据我所知，当时尚没有，现在好像也没有，可见对梁先生的研究，仍是个亟待展开的局面。

梁先生过世以后，中华日报举办了梁实秋文学奖；光华杂志、九歌文教基金会、“国立”台湾师范大学则举办了“纪念梁实秋百岁冥诞：梁实秋学术研讨会”。此次研讨会论文集系李瑞腾主编，共收十五篇论文，可说是梁先生研究的展开。余光中先生另编的一本《秋之颂》，即我在上文提到的那本，实际上则本是祝寿文集，后来成为纪念集。哀挽文字毕竟与研究有点不同，因此真正的研究文编其实仍只有李先生编的那一册，这是令我们感到惭愧的。

于是，这就说到重点了。我们这次会议，正代表海峡两岸共同正视梁实秋，要重新认识他，要深入研究他。跨越偏见与空白，重勘历史与文学。

谢谢语言大学举办此次研讨会。我不能代表别人，所以我只能以一个在台湾成长而关心现代文学的文学工作者身份，表达我对大会的感激。预祝大会成功，我们大家讨论愉快。

此次大会，本邀了蔡文甫先生和瑞腾。瑞腾本要来，后因故无法莅会，遂由我全权代表了。我另写了一篇论文《饮馔的文学社会学：从〈文选〉到梁实秋》，瑞腾则发了一则贺辞。

大会拨乱反正，不免对梁先生又揄扬太过。我乃借评议时倡言，召开研讨会或成立研究会，并不是要做某人的孝子贤孙。从前把梁骂一顿，现在又把他捧一通，有何必要？梁先生亦有其局限，例如不能写长篇、对中国文学之小说传统并不熟悉、对西方文学大抵也仅知英国文学、且于史学哲学皆未精研之类，正待吾人采一批判观点读之、既发潜德之幽光，亦能百尺竿头再进一步，并借以反省吾人治文学治文学史之方法与态度的良窳所在云云，与会诸君似尚以斯言为然。

2004.11.28

宠辱不惊

翻看前两天写的随笔，提到顾颉刚在大陆四九年后受到压抑，令人不免对他抱怀同情。但这却令我想起：顾氏当时也是批别人的。

顾主要是批胡适。以他们的关系，顾批胡，实在令人难以想象。可是，顾竟然说："我把经学变化为古史学，给我最有力的启发的是钱玄同先生，同胡适绝不相干。胡适还常常用了封建思想给我们反驳呢！"（1945 年在政协的发言）"我痛恨他的反动思想本质，决心和他分离，所以他做了北大校长，我绝不向他讨个职务"，还说胡适"贩卖空疏的、反动的实用主义""大吹大擂”“买空卖空”。

我昔年读到这些文辞时，几乎不敢相信自己的眼睛，可是这的确是真的。当时政治环境之恶劣、恐怖，当然可以想见。但第一，顾先生为了自保而出卖朋友，痛批于己有恩之人；同样的逻辑，自不能怪别人为了自保也就来批你。第二，当时情境，人没有不说话的自由。诚然。但那时毕竟也仍有不说话的人。相形之下，如此行为，风骨自堪訾议。第三，为求苟全性命于乱世，人亦不免做违心之论，此为人性，无法苛求。然时过境迁，似未闻顾先生有悔过之言，亦未对胡适表达一点儿歉意，这便令人有点不甚满意了。

倒是胡适的表现，令人佩服。他在1957年看到俞平伯的《红楼梦辨》后，忆事怀人，追念旧游，写下“纪念顾颉刚、俞平伯两个红楼梦同志”的话。惓惓故谊，不因政治处境而改，与顾氏对他的批判，适成对比。

他不是不知道顾在骂他。1954年，他给沈怡的信上提到周汝昌批他，却仍向沈氏推荐周的《红楼梦新证》，且说：“周君此书有几处骂胡适，所以他可以幸免。俞平伯的书，把‘适之先生’字样都删去了，有时改称‘某君’。他不忍骂我，所以他该受清算了。其实我的朋友骂我，我从不介意。”我的朋友，当时就包括了顾颉刚在内。

胡适的学问，我向来反对；可是此种涵养，我差得远，无论如何学不来。世人骂我，我从前甚为介怀，后来修养得好了，便都不在意，自负已能达到“宠辱不惊”的境界。可是朋友背叛，或为了某些原因而来骂我，仍觉得格外难受。又渐渐修养到可以替朋友着想，替他们找理由，说明其骂我责我之故，但情感上终究无法平复，不再能视之为“朋友”了。比起胡适，实在惭愧。是故临风怀想，无限景慕焉。

今仍赴北京语言大学开会，借此会议成立了“海峡两岸梁实秋研究学会”，众推我与高旭东担任会长，采双会长制。台湾理事部分，我推荐余光中、李瑞腾、郑明娳、朱炎、蔡文甫、赵宁、陈秀英、胡百华，并请瑞腾担任副会长。在大陆，要成立学会，不比台湾，是受到管制的，岂有任你随随便便就号召一群人成立学会之理？此会既未报民政部审批，又是台湾人任会长，难道是非法的吗？是又不然。此会直接就这么成立了，不劳民政部审准，此所以稀奇。我老是搞些奇怪的事，如今又多了一桩。

2004.12.04

四川压酒

在四川旅行，迄今始抵南京。入住南京师大，才开看计算机，看见明芳和怡静都订正了我的错误，说台湾研究梁实秋的博硕士论文已有了两三篇。甚好。当时我说“似乎也还没有”，本就讲得不确定，因为根本无处查考，如今她们考查翔实，正可补我缺漏。谢谢啦！

此次去四川，主要是曹顺庆几位博士要毕业口考。我在大陆并未口试过博硕士，也很喜欢有这种实际经验，故特赶去。除考了三人外，另有两篇博士后出站工作报告审查。

大陆与台湾都有博士后研究，但制度不同。台湾乃由教授申请国科会计划，聘博士后（即已获博士而尚未找着专任教职者）执行计划。大陆则是设若干博士后流动站，已获博士而且已在大学执教者，可申请到这些流动站进修，一般二年，提交论文，类如博士那般，也要口试。此外还有一些要求，例如发表多少篇文章之类，看来比我们要规范些。这次两本博士后论文都有 30 万字以上。

曹顺庆主持的川大文学院，近些年人丁兴旺。报考的人多，他收得吃力，而外界批评亦多。不少人认为他善门大开，学风未必甚正。但据我亲身观察，实又不然。西南学术本不发达，学者若欲进修，大抵只能来川大拜门，这是他收得多的缘故。可是迄今他门下毕业四十二人，每年平均三人左右，亦并不浮滥。考试时，无论博士或博士后，虽多已身任教授、系主任、院长、学科带头人，却看得出是诚惶诚恐小心戒惧的，令我甚至有些不忍，可见平时要求绝不轻忽。考官问得也有条理。其中川师大皮朝宗老先生并非博士导师，但顺庆每年都请他，四十二位毕业博士都经过他考，可谓创一纪录。而皮先生也确实令人敬佩，对论文中引文，皆逐一核查；评审报告则洋洋洒洒。如此敬业，殊不可及，对养成朴素之学风，也甚有帮助。

考完，我在川大演讲了一场，杀去南充华西师大讲了一场。南充乃司马相如、陈寿家乡。讲毕再杀往阆中。在阆中住一晚，次日游张飞庙、锦屏山纯阳洞、伊斯兰教西北圣地爸爸寺（属撒特林耶派）及古街等。此乃昔日张飞镇守之地，群山环绕，嘉陵江襟带三面，古迹甚多，落下闳的观星楼、陈尧咨兄弟的状元坊、考棚，也都很可观。古城仿佛丽江，据云也正在申报世纪遗产。有许多特产，例如张飞牛肉、保宁醋、蒸馍、牛肉面、腊兔子等。据说还有一项特产，我问了几个人，大家都抿口笑，不肯告诉我。后来才知是“阆妹”。

阆妹如何，无缘消受，倒是另一项特产令人“倾倒”，那就是压酒。李白诗“风吹柳花满店香，胡姬压酒劝客尝”，压酒二字不好解，不过向来总是以压为动词，不料人间真有压酒。据云乃高粱酒蒸成后，再添红糖枸杞等药材窖藏之，上封压以猪板油，若干时日后油渍浸滴，药力发挥，酒精度反而下降，仅十几二十度，入口甘美。我在古街酒坊中尝了，深以为奇。中餐吃全牛席，牛唇牛鼻牛尾牛鞭牛肾之外，当然就喝这酒。结果，哈，这甜酒把大家都放倒了，一人送去医院打点滴，路上频呼“啊，我要死了”；其余人众则去一山庄睡觉。

我去南充，本来是要往游剑阁，享受陆游“此身合是诗人未，细雨骑驴入剑门”的感觉。到阆中，则发现杜甫之所以在阆中盘桓，作阆山歌、阆水歌等五六十首诗，确实有道理，所以多玩了点时间，剑门便去不成了。既不去剑门，乃欲转往广元，广元为武则天家乡，有石刻，亦可观。但酒一喝，哪儿也甭去了。大伙睡至傍晚，才返南充。

返南充后，因顺庆及华西师大畲校长都不舒服，所以各自休息了。我独自跑到街上去溜达，竟又发现一狗肉馆，要了一锅。黑瓦陶锅，吊在炉火上烧成，细皮精肉，配以红椒青葱。食之，大有理致。再要了一味鲫鱼汤，用白瓷方盒盛满一器，乳色厚汁，与高炉黑锅狗肉恰好相映成趣：方与圆、黑与白、陶与瓷、高与低、火动与水静、畜肉与河鲜。厨师随意搭配，竟尔如此。川北风情，岂不可观？堪叹狗肉被济公、鲁智深吃坏，令人思及，便觉其粗鄙狂野，殊不知此道亦有雅人深致也。

出得店来，见一家豆腐汤馆正在关门打烊，壁上龙飞凤舞题一诗，第一句是：“传得淮南术最佳”，正嗟赏间，门已闭，遂不知全诗为何。但仅此一句，已可见此小店之文化。壁上题诗，今已不多见；谈豆腐而征典于淮南，亦见功力，我猜我们佛光文学所的学生们就未必懂得这些典故。川东北，不简单，令人倾倒者，岂仅压酒哉？

2004.12.05

吃　典

昨写二纸，今天拿去传真，索价60元人民币。早知如此之贵，便少写些罢。喜欢写文章，果真不是好事，现在又多了一件例证。

另有友人看了我这些涂鸦，很不以为然，说："你怎么老在谈吃？"我说："如今休假退隐，饱食终日，无所用心，正符生活实情，当然只能写吃啦。何况，吃也有典故。"他问："什么典故？"我道我刚从成都来，讲个成都的故事给你听……

甲午开战时，四川有位监生叫萧开泰，专程赶到北京，上书总理衙门，提出"制造鉴镜以焚毁敌舰"之建议："太阳为天地真火，有火即有光，故按光学理推算，用厚一尺方八尺之镜，引火发光，虽敌舰远之十里外，不难使之立成灰烬。"这个奇思妙想，当然没被朝廷采纳，此君反而成了笑柄。

你也觉得好笑是不是？但我告诉你，从前罗马进攻叙拉古时，铁索横江，链接战舰六十艘，数学家阿基米得就是用此法破之的。他号召妇女回家取出镜子，齐集岸边，把太阳光反射到战船上，居然让船帆起火，产生了诸葛亮赤壁火烧曹操战船的效果。萧开泰的构想，不知是否来自阿基米得；但制凸透镜聚光以燃物，乃是燧人氏以来的传统，萧君之议，大概还是本诸古人。可是不管如何，他没阿基米得那般幸运，徒然让人耻笑了一顿。

结果，据《清稗类钞》说，萧氏"郁郁归蜀，困于成都市上设肆卖烧鸭，即用鉴镜引火熏炙，以证其言之不妄。每值天晴，利市三倍，其味甚佳"。此乃太阳能烤鸭，今论中华烹饪史者，皆不知有此一伟大发明也。

阿基米得知阳燧聚火之理，功成名就，成了科学史上的名人。萧军也懂得这个道理，但却只能在街上卖烤鸭。这就是中西之不同了。我亦有治世药时之方，而不见用于世，循萧君之例，似乎也该去卖烤鸭才是。如今没卖鸭，只不过吃点烤鸭什么的，您老兄又何必见怪呢！

对方见我强词夺理，当然只好一笑而罢。恰好赖永海来邀去鸡鸣寺，遂同往。鸡鸣寺方丈要办尼众佛学院，问计于吾等。我毫无兴趣，所以都不搭腔，只由赖永海去说。

用素斋在豁蒙楼上。斯楼大有来历，梁启超、黄侃等民清名士在此茶叙之掌故甚多。最近大陆还出了一本新月派的散文选，书名就是《豁蒙楼暮色》（可惜这些掌故现在人已不太熟悉了，我们四月在南京移地教学，学生们去游鸡鸣寺时，我估计导游就未必介绍了这座小楼）。楼上是南京观览玄武湖及老城墙最好的地方，故能吸引诸名士来此。如今楼上已不让人随便登临，但置素斋于此而已。在这儿吃素，自亦不恶。与大陆各大丛林相仿，其素菜亦是唐代以来素菜荤做的办法。所以第一道菜便是：鸡鸣寺炒肉片。

2004.12.11

夜听《长生殿》

今日为文化史最后一讲上课，学生颇依依不舍。讲桌上放了十几台录音机，讲毕，学生围来照相，要签名的有数十人。或问明年是否能再开课，答以明年在清华，乃喜云：“可再去清华听课。”但也有人说清华好像不欢迎旁听。我不知详情如何，却颇为感动。想我鸿爪萍踪，偶然在此，不意竟大获共鸣，盖此地学子，未闻中华文化之正声太久了，故我所述，不过中国文化之基本状况，然于彼皆属新闻。既新奇，又亲近，如久别重逢的故人，能打动年轻人的生命。他们来函或来谈，都说我讲得好。其实哪是我讲得好，是中国文化本来就如此动人，过去被讲坏了而已。

夜往城中保利剧院看昆曲《长生殿》。保利剧院之背景为军方，近年以保利名义推广文化，设有博物馆、剧院，前年且在国际拍卖场以重金购回圆明园十二大水法中的狗头铜像等，名噪文物界。昆曲，则是苏州文化大举进攻京师的重炮部队。它被评为世界文化遗产，去年在台湾，《长生殿》《牡丹亭》又大获成功，所以今年再向京城来推销（犹如上个月山西来北京策展“华夏文明看山西”活动，是大陆一种有趣的中央与地方关系）。江苏教育出版社配合政策，出版了精编彩色本《昆曲艺术》。昨在北京举行新书发表会，特来拉我去助拳。

我去讲了一通，阐明昆曲之价值。但对他们现在把昆曲推至元末昆山腔及昆山人顾坚，则不以为然（顾坚其人其书，史志无闻，只是魏良辅托古改制之孤证；且所云顾氏相与结社者，如倪瓒、杨维桢等，所擅亦皆是北曲，证据力太弱。而昆曲之价值，亦不须如此拉长其寿命，否则还可以上推到唐玄宗哩！昆曲的价值，在创新，不在传承，魏良辅在腔、板、管色、排场上的革新，允为戏曲史上之大事），所以今天又被拉来看戏。送的票，价值600元人民币，嘿，好家伙！

戏还不错，但奏乐已杂交响乐方式，鼓师执板、击鼓之外，竟然兼作指挥，真没必要。从来中国戏之乐师配合，均不用指挥，打鼓佬就是指挥了，何须再来一人指手画脚？此为中西乐之分，其中泾渭，不可不辨。可是如今所谓“民族音乐”或“国乐”，基本上只是交响乐团的低劣模拟，因此也都配了指挥。昆曲受其影响，也搞这一套，真不划算，幸而没有干脆请交响乐团来奏乐。

中国戏，重在音乐（所有戏种，都是以音腔分，如弦索、唱赚、弋阳、昆、皮黄、梆子、坠子、秦腔等），唱即是音乐之类属，表演乃是其次的。因此元刊杂剧五十种，根本就只有唱词，不录宾白。相反的，法译第一个本子，马若瑟于18世纪的译本，便只有对白，不译歌词，只注明谁在唱歌。此为中西方戏剧观念与性质之不同。故昆曲若改用西乐形式，昆曲其实也就死了。弄戏曲的朋友，在这一点上可要搞清楚！

归来，知台湾今日选举结果，泛绿失败，大乐！

2004.12.14

南京论词、游山、赏画

前日刘耿生教授夫妇邀往怀柔红螺寺游玩。夜则乘车往南京，昨晨才抵达，入住公寓。

南京师大新设此讲座制度，余又为所聘第一人，因此到底要如何“接待”我，该校有点儿不知所措。上周我由成都来，即先安排我住南山宾馆，嗣后才搬到讲座教授公寓。寓中基本设施及生活所需用品，已准备了一些，我又再去市场附近采买了些，如酱米油盐灯具等。此处可炊煮，但我仅一个人，也吃不了许多，所以只试煮了一锅狗肉面而已。啖饱之余，在原先所写论陈亮词的论文后，又补论了几则词学史事，一说宋人词本不拘格律，二论唐人词曲都不限于歌儿舞女绮艳之篇，三以古典与浪漫拟论婉约与豪放二派。

今起则往清凉山。南师大乃袁枚随园故址，小仓山今已不存，但校门后为虎踞关，旁则为清凉山。山上旧有寺，亦不存。仅余一井，为南唐故物。另有诸葛亮驻马坡、龚贤扫叶楼。崇正书院则改为奇石馆，庭前皆文物古玩商铺的地摊。我挑了一个桃红瓷瓶、两个青花茶盏、一个仿钧窑盂。扫叶楼亦在展出瓷陶，龚贤作品却极少。

龚贤号半千，乃清初一大家，笔墨荒寒，擘积重重，合青绿山水之法以入水墨，气雄势大，时莫之比。但俗世声名不如八大石涛乃至扬州八怪。龚暮年隐居此间，尝作清凉山扫叶僧状，故如今辟此地为其纪念馆。馆中无甚文献，唯落叶鸟啼为可亲耳。

下午再去傅抱石纪念馆，馆也在南师大旁边，仅隔一墙。另有一旧宅，在傅厚岗，从前徐悲鸿也在那儿住过。傅抱石逝世后二十年，此地改为纪念馆，在一小山岗上，苍松四围，蔓藤缠屋，小楼宛然，都无人迹。东西也不多，远不如今年九月在南京博物馆看的。当时正办傅氏特展，故聚展了几百幅。可是晚上社科联请客，舒小娟告诉我，南京还有一家，收藏更多，约了下次再去看。

据说傅抱石画近日也要在台湾展览。傅抱石画有许多工艺的成分，例如人物画多程序化的扁平型类别人物，高士、仕女、面貌、姿态、衣饰都是格套式的，配景不同罢了。细节用西洋画素描工夫；大画面处理则先用破毫笔蘸墨，用力刷、擦，画得差不多以后再把纸翻过来，晕染赭色，或揉擦。这种办法，是他形成所谓“傅氏山水”的秘诀，因此他必须用经得起揉皴的皮纸（或日本麻纸、高丽纸），用一般的宣纸就不行。另外，他的风格，整体上偏向阴湿幽玄，构图则颇用西洋画法，受水彩影响也很深。这些，都是他不如张大千、溥心畬之处。如今他的作品，在国际拍卖市场炒作的价格高飙，但身价久而论定，当以余言为不谬。

12.15 又记

前两天才谈到昆曲配乐之交响乐化问题，今见电视，第四届中国京剧艺术节在上海天蟾逸夫舞台举行，居然全场用交响乐，小提琴、竖琴等等，令我惊愕得说不出话来。怎么？大陆已经没人懂戏了吗？

2004.12.19

自来自去荆州游

十六日在南京大学“思想家中心”演讲，论东晋之儒学。后，即往机场，飞武汉。夜抵武汉大学珞珈山庄。此处，二年前佛光大学与武大合办西洋哲学东渐一百年研讨会时即住过，风物依稀，仿佛昨日。

十七日晨，古远清来，邀赴他家小坐。谈及他与余秋雨打官司等事，出示“文革”中多种资料，证明余秋雨不诚实。“文革”中参加批判组，本非特殊劣迹，有此经历者，不可胜数，但余秋雨刻意隐讳，且为了隐讳而不断说谎，才是他被人批评的地方。近著《借我一生》，上海戏剧学院戏剧文学系原先的总支部书记周培松就在《新周报》上公开撰文指出余著“关于‘文革’的章节掺了不少假”。去年，余秋雨控告《北京文学》编辑萧夏林，结果败诉。今年萧君又在海峡文艺出版社出了一本《余秋雨的敌人》。因此余秋雨想借打官司来挽救名誉和他想打盗版一样，看来都是成功之希望渺茫，且他越打，敌人越起劲。这真是何苦来哉？

十七日下午去哲学系演讲。讲前餐叙，逢高宣扬，他现在上海同济大学，正在办法国中心，据云成立时法国总统席哈克亲去主持。席间因饭厅内陈设曾侯乙编钟仿器一小组，所以我略说了一下编钟源流及其音乐、器物、典制之特色，诸君皆诧，盖中国人而不知中国事久矣！楚地虽多出古器，楚人亦不尽知之。

是夜游吉庆街，该地有街头卖艺者甚多，听了几曲楚剧、湖北大鼓等。十八日则往荆州。

荆州乃名城，不待介绍。古城墙非常完整，博物馆藏凤凰山汉墓古尸文物等亦极精，漆与丝恐怕更是冠绝宇内。长江边的万寿寺塔也古朴可喜，塔内雕刻为楚地所罕见。唯张居正故居已不可见，不免怅怅。不可见者，尚有楚都郢中、宋玉宅等，仅护城河边矗立着一尊屈原像怅望流水而已。

夜里住在荆州。我一人顶着寒风，自东往西把老城走了一遭。这是个旅游没做起来的古城，跟阆中类似，而比阆中更无旅游味（为什么拿它们比？荆州乃关羽镇守之地，阆中是张飞，所以比着好玩）。只是寻常百姓生活，不表演做作给谁看，也不求人欣赏求人怜，所以朴实自然。城中湖畔，茅檐数椽，自打水、自荡舟、自饮酒，所以令人喜欢。当地人感叹荆州除了长江大学，就别无所有，又感叹该地缺乏工业。其实有了大学还要什么工业？荆州人若少些感慨，多些自信，那就更好了。

2004.12.22

文人官司

前日古远清赠我本期《中华读书报》，因上面刊载了梁实秋研讨会及我担任会长的新闻。今日略翻，见到好几则打官司的事。其中几米被人冒名出版二本漫画的侵权官司胜诉，值得高兴。另一篇长文，评《语言文字学辨伪集》，提到1995年徐德江告伍铁平的往事，当年此案法院以“此案法院不宜审理”结案，但被此文作者解读为：“事实上等于驳回了徐的起诉”，并径用伍氏说徐是学术骗子的话。指徐是学术骗子，是“没本钱的人偏要做大买卖，大吹大擂，欺世盗名，十分恶劣”的典型。对此，我却有些意见：

一、文人学者好打官司，本非好事；打了官司，也分若干种。具体侵权是一类，所谓毁谤名声是另一类。前者好判断，后者便往往难辨识。从前李敖与徐复观、胡秋原打了许多年这样的官司，如今谁不认为那是三人精力可悲的浪费？官司打完了，谁赢谁输，几乎没有人记得，输赢也与三人之名声、历史地位毫无关系。此等官司，有何可打？二、文人笔战，亦不宜由法院来判断是非，因此北京法院以该案不宜审查处理，我觉得很对。三、可是法院不审理，被该文作者径视为徐德江理亏，就有些说不过去了。徐德江与伍铁平等人之争论，彼此恶诟，乃语文学界两派之争：一是站在国家政策、简化汉字、推行汉语拼音那一方的；一是强调汉字文化殊胜优美而反对上述立场的。徐属后派，拱袁晓园出面，主办《汉字文化》多年，而被前面那一派批评为不科学、伪科学、学术骗子。其实呢？双方在学理上各有见地，亦各有所蔽，平情讨论，本为美事，借口“端正学风”“辨伪”来攘斥异己，便无必要。我昔年曾参与两派之争，如今袁晓园、徐德江又已逝去，忽见此辨伪文集，自不免大生感触。

以上是二十日早上写的。下午去武大中文系演讲，晚上在大学部讲通识教育与人文精神。讲毕已近十时，哲学系彭富春又拖我去吃乌龟，夜半始散。富春乃刘纲纪助手、李泽厚学生，曾来佛光数月，故致绸缪如此。

二十一日清晨搭机飞厦门，王兆鹏裹寒来送。此次在武大，多赖他照拂，甚感之。本拟在武汉多留些时日，上武当山去玩，但吕振南先生邀我来厦门，亦不能不来。吕先生对我一向敬重，我们学校职工去金门旅游时，他特地由台湾赶回金门，请所有人吃饭，并推许我说是朱熹以后对金门最有贡献的学人。我在北师大办汉字所，也是他支持的。另在厦门大学，当年也留了一笔钱要做研究项目，这次来，就是要处理此事。同时谢宗裕也由台湾飞来碰面，邀徐学来商量做一套儿童科技教育的创意教学教材。

厦门的情况，迥异于大陆内地。其他地方看两岸关系都是冷肃的，厦门则跟它的天气一样，依然暖洋洋，两岸商务、文教、人事完全一体化了。吕先生一个月可以来回跑上十几趟，其间关系之紧密便可想见。在此，令我有些新的体会，以后得便再写吧。因为徐学、周宁又邀我晚上去厦大演讲，使我有些头疼，眼看要成为流浪演说户了。

2004.12.22

议福建文教政策

我在荆州，曾见楚墓出土丝、绢、罗、锦，其艺非今日所能及。南京的云锦也是如此，现代机器织不出的，因此正在申报世界遗产。云锦就是古代刺绣编织工艺仅存的部分，其他已经亡佚的，尚不知有多少。本来我们都以为工器技术，均是后出转精；人文思想部分，才无所谓的“进步”或进化。实则工器技术亦未必是进步着的，许多东西，硬是今不如古。造纸、制墨、烧瓷，或上面谈到的织绣，多是如此。

技术其实也是人文性的，因为它若仅是一种客观性的理性法则、技能、规范，它就不会失传。庄子谈过庖丁解牛、轮扁斫轮，那些故事便告诉我们一个真理：技术也是得之于心，应之于手，虽在父兄，不可以移子弟的。

在厦门，听到一些老艺人凋零的消息，这种感慨就越甚。所谓“走了一个人，亡了一门艺”，如大广弦说唱，今后没了，因卢培森已死，此后这门技艺就“断弦”了。其他没断弦，可也差不多的，是同安车鼓、皮影。这不是福建政府把明年元旦定为民族民间文化保护日，或编一本《厦门市民族民间文化保护名录》就能保护得了或抢救得了的。工器技术尚且不能靠这种办法来保存，戏、乐、曲、演这类技艺，那就更不可能了。要保存它，须靠一种人文环境。政府与社会共同营造出这样的人文环境，艺业才能在里面生长存养。

说这些话，有点“既伤逝者，行自念也”的味道。想我虽不才，但亦有一二艺业，曾获真传，又确有心得。我若死，这种学问的路数便绝，天底下亦不可能再有人能创辟此一途径，中国文化宫庙之美、百官之富，遂终不得而见。所以，哈哈，所以我还须赖活着。

以上一番鬼扯，其实是要谈福建的教育文化政策。其文化政策，如上所述，据我看，不甚成功，其教育则有待观察。盖其政策主要是撒钱：到二〇〇七年，全福建低收入户儿童义务教育都享受“两免一补”，残疾者全部免费；每年拨一点五亿给大学，发展一百个重点学科；推出“闽江学者奖励计划”，建立十个国际级团队，向海内外公开招聘学者；建成二百六十所优质高中；依法保证教育拨款、宽筹教育经费……大手笔、大气魄，令窘于经费的台湾愧煞、羡煞。但钱能花在教育上，固然是好事，教育却不只是钱的问题，除了钱以外，国务院教育部“教育振兴行动计划”及各省之实施意见，还应加强人文思考。这才是令人疑虑之处。

2004.12.23

两岸经济发展

美国总统大选揭晓，台湾与美国的关系成了新的揣测话题。这个话题的实质内容，却又不是台美关系，而是两岸关系。目前主要的媒体观察都集中于政治层面，因此我想就经济层面略作补充。

现在台湾的电子业已成为生产主力，全球市场内 60% 以上的笔记型计算机是台湾制造商生产的。这 60% 中还包括超过 90% 的一线品牌，如 DELL、HP 代工的产品。可是，这些计算机，却有 80% 以上是在大陆制造的，主要的笔记型代工品牌，如大众、华宇、志合都已将生产线移至大陆，纬创、仁宝、广达、英业达也都在大陆建立工厂。目前台湾当局当然对它们移去大陆的资金及技术有所限制，但我们仍要指出的是，明年起，包括广达、宏碁，在第一季之前就会把所有笔记型计算机生产线都移到大陆，所有笔记型的订单，都会由大陆发货。

这样的产业结构变动，不是整天仍在喊着爱台湾、骂别人出走、掏空台湾的人所乐见或能见到的。陷在两岸敌对思维中的人，常认为大陆是用经济在吸住台湾，是统战，是要把台湾掏空。但实际上，主张台独的某些企业家不也仍须遄赴大陆投资吗？奇美的许文龙就是一个例子。台湾以外，全世界也都在敲中国的大门，美欧诸国不用说，东南亚国家最近尤其火热。“第一届中国与东协国家博览会”本月三日刚在广西南宁举行，老挝、缅甸的总理、柬埔寨首相均往与会，和大陆签了165亿人民币的合作项目，大有斩获。据国务院副总理吴仪说，今年大陆与东协国家的贸易可达千亿美元，更是令人吃惊。

相较之下，台湾夸夸其谈的南进政策，或吕秀莲自欺欺人的印度尼西亚之旅，不是仿若笑柄吗？对于东南亚国家，我们瞧不起；可是像法国那样，总统亲自登门去招揽生意，我们又敢说什么？

大陆经济之发展，可资注意处，又不只在吸引外资，其内部结构亦在调整，文化部日前已释出政策，将进一步放宽文化产业进入门槛，如影视、音像、文化旅游、文化娱乐、网络文化、图书报刊、文物艺品、艺术培训等行业都支持非公有制经济，以独资、合资、合作、联营、参股、特许经营的方式从事。这亦将带动外资及外国人才的投入。

这样的经济态势，才是我们值得注意的。政治上尽可再吵，若经济上台湾垮了，跟大陆也就不用谈了。

2004.12.31

旅中写作

二十六日在南京大学参加“多学科视野的思想史研究”讨论会，讲清代的文人说经风气。二十七日返北京，二十八日在社科院文学所讲“隐性台湾：文学与意识的流变”，二十九日去北师大哲学系，讲研究中国哲学的方法。反正是流浪演讲，文史哲什么都来的。用唱戏的话说，就是文武昆乱不挡，生净末丑都得会，偶尔还要学学女起解，唱一段“苏三离了洪洞县……”。

回北京，收到黄维樑兄寄来的贺卡，关心我在北京有没冻着，甚谢。文中并谈到我随笔中多误字，例如“此身‘合是’诗人未”，误为“舍是”。确实。随笔写于旅中，潦草错落是避免不了的，笔误不少。旅中用纸不易，所以常找一些文件，利用背后空白面来写。而传真既不便又极贵，所以更要惜纸，一页总要细细麻麻，把字尽量写小才划算。偏偏纸张质地通常不佳，墨水笔一写就糊了。这一圈圈墨点墨团，还要经过效果不甚稳定的传真机传去台湾给明芳打入计算机，可多费劲哪！每想到明芳收到这样的传真纸，要在那儿猜呀认呀，实在认不出，还得打电话来问我那到底是在说些什么，就觉得抱歉得很。旅中写作，说起来浪漫，其实窘束潦草，不是那种在书斋里沏茶把卷，铺陈其旅游经验者所能体会的。内中多有错误，看官请谅!

当然，若我直接用计算机输入，便无上述麻烦。但此事说来容易，做起来，哼哼——须知旅途上连要找一处传真都很难很难，有时要开车去党政机关借，有时委托专人专程去传，有时传也传不出，只能回北京南京再说。用计算机，除了替自己找麻烦之外，用途实在不大。再说，我只会注音符号拼音输入，大陆的键盘我也无法使用。

用纸笔，也还是有问题。我写东西，不择时地，不须参考书籍，坐下就能写，固然。但我无徐霞客之本事，荒山野店，随时皆可濡笔成文。我对纸笔还是有些癖好的。粗纸劣笔，字越写越丑，我心情就越恶劣，渐渐就跟自己怄起气来，文字遂像跟人打过架似的，一副气急败坏的味道。在台湾，我自己制作了一批稿纸，就是为疗此宿疾而作。明芳帮我打字，一定会发现凡用我自己稿纸写的，一定较干净明媚，少涂改错落，字也清楚；用其他纸就胡乱一团。

这些个人经验，固属屑末，但亦可证明旅行写作并非易事。台湾这些年，流行旅游文学，大陆亦于一九九九年新创“行走文学”一词。云南人民出版社组织了阿来、扎西达娃等七位作家，分七条路线入藏，辑为《走进西藏》丛书。次年又动员了八位作家“解读云南民族文化千里行”，九位作家“游牧新疆”。鹭江出版社则邀葛剑雄、周国平等去“人文学者南极行”……什么魂系罗布泊、开车走中国、一路奔走、走不完的西藏、极端体验、走马黄河、租一条船漫游江南、一个女孩的湘西之旅、大西南游学记、行走文学青春版……琳琅满目，数也数不尽。其中也不乏争论，例如写《流浪金三角》的邓贤批评余秋雨“千禧之旅”是伪行走文学。也有批评行走文学是“用脚写作”的，或说这些人去一趟那儿玩，走马看花，回来就端出一盘菜，说三道四，那只能是“快餐”，绝非大餐……。

由于这些作品太多，往往在书店摆满好几架，我读得有限，不便妄加评议。不过总体印象是花俏有余，深刻不足；旅游采风太多，生活太少。文字嘛，当然各有功力，非用脚写作一词可以抹煞。但，写文章，从来就不只是文字功夫呀！

2005 年

四海游思录(上)

2005.01.01

再谈旅行写作

前几天谈到旅行写作的难处，引徐霞客为例，没讲清楚，今再续论一二。

徐霞客王士性这类古代旅行家之不可及，光看他们的游记是看不出的，须设想他们的写作情境。他们走的都是荒山、绝岩、穷乡、僻壤，要挑着衣物食囊、炊煮洗盥用具，以及笔墨纸砚。白日游山，夜间找地方点灯磨墨写作，能写成那样的文字，实在不容易。我们爬一趟山，通常是夜间筋酥骨散，倒头就睡，更莫说要磨墨用毛笔写文章了。

此即是古人精敏可羡之处。赵孟頫每天可写二万多字。我写文章，在同辈人中可算是快笔，但一天大抵也就是万把字，就算抄也抄不到赵松雪那般多。何况他用毛笔，又写得那么端秀，其捷敏精勤，几令人难以想象。今人中，我知道最快的是倪匡，但倪匡字如解索，乱成一团，远不能跟赵相比。这才是李白说的“日试万言，倚马可待”。

其实也不用讲李白、赵孟頫这么久的事。近人如鲁迅喜欢抄书，一九一三年三月五日记：“写谢承《后汉书》始。”三月二十七日记：“写谢承《后汉书》毕，共六卷，约十余万字。”从五日至二十七日，也就是二十几天，所以每天光抄书就抄了万字左右。而且他几乎每天抄，抄呀校呀，写成的抄本极多，有些著作也就是从古籍中摘抄辑录而成的，如《古小说钩沉》《会稽郡故书杂集》之类。抄万把字，我若像他一般用毛笔就绝对做不到。而且日抄万字，偶一为之可也，要每天写那么多，我也办不到。

胡适也一样，看他日记，常是晚上饭局回来，一写三五千字，稀松平常。撰文亦甚敏捷，如一九二二年八月八日上午刚读完王若虚的《滹南遗老集》四十五卷，认为："此人读书多独创的见解，论文学尤多创见"，隔天便在日记上"作王若虚年谱如下"，一写几千字。这是创稿，非同书抄，却也是摇笔即成，岂不令人佩服？有次他在日记上说："上午作《的字的用法》一篇，我若有十天的工夫，一定可以写一部很好的文法出来。"我也相信他这话，因为钱穆注庄子，也只花了二个月，就写成了《庄子纂笺》；注《公孙龙子》，只用了七天。

鲁迅、胡适、钱穆对小说史、文法、王若虚、公孙龙子等的具体意见，我们当然未必歆服，可是若想想这些写作情况，便知其不可及。我亲身经历见过一些前辈们也是如此。

像高阳，每天在不同报纸上，或写社论，或写小说，或写历史考证文章。头绪棼如，又是每日连载。而先生每日饮燕应酬不断，醉后逢报社派人来索稿，即于酒边灯下，抽纸作文。须知当时各报社连载故事皆不相连续，有的写清代故事，有的写宋朝明朝，又无传真机或复印设备，写毕即交来人飞车送往排版，所以也未留底，可是总接得上去，井然不紊。现在我们读《玉座珠帘》《红顶商人》等小说，但见其波澜壮阔、丝丝入扣，谁想得到是在这种情况下写的？看他论《红楼》等考证文章，谁又能想象他是这么写出的？此真才人挥洒其才也。

谈文章，不能只论文本，道理就在此。王渔洋论诗，人称其如七宝楼台，弹指即现，有禅家顿悟之妙。可是康熙找他到金銮殿面试，趴在地上写了半天，一个字也写不出。为什么？情境使然！七步赋诗，没什么了不得，我也会。但曹植那七步可是性命交关，比渔洋的情况还严峻得多。而渔洋一个字写不出，曹植口占成诗，而且切合情境，出语极有分寸，竟能在表达自己才华之际，还能感动敌人，二人才华之差距，也就可以看得出来了。

2005.01.05

文化中国化

发一稿给《文讯》，说：

在二〇〇二年底，大陆已有五百万个家庭、六十多个城市的儿童参加了读经活动。二〇〇四年七月，又因原在深圳教书的蒋庆在王阳明悟道的贵州龙场阳明书院举办“儒学的当代命运”讲会，而引发了巨大争论。蒋庆本人即曾编有《中华文化经典基础教育诵本》，故旅美华人学者在大陆报上撰文批评：“一场以文化保守主义为旗帜的愚民运动似乎正在开始。”

但此一“运动”似未因此而稍戢。九月初，北京文化高峰论坛又由季羡林、杨振宁、王蒙、任继愈、许嘉璐等发起了一个“甲申文化宣言”。九月底则首次举行大陆官方之祭孔。其他各种名目的宣扬传统文化、推广经典阅读的活动，就更不胜枚举了。网络上彼此交锋也热闹得很。

读经这样的活动，是心存“五四”典范、意在现代化全球化者所难以忍受的事，因此它会引来激烈的批评并不足为奇。但如今情势已不同于“五四”那个时代了。“五四”那时，经典及传统文化在社会上所占的分量、或在教育中，乃是太多而非太少。社会上感觉需要吸收的是新的科学、知识与技术，不是再去宣扬那些老古董。再要提倡读经，便会罹迂腐保守之讥，认为是徒窒性灵，无裨时局。现在恰好相反，传统文化经“文化大革命”等几十年折腾，早已气若游丝，应了那句老话，叫“文化命脉之不绝者如缕”，成了有待保存之物。那些在现代化都市化工业化浪潮侵蚀之下，幸存的古迹文物，大家都已晓得那是值得保护的宝贝，何况是无形的文化财富？因此就算不发扬，仅是保存，读读传统文化典籍或整理刊行，便都有了正当性。

而全球化现代化，又让人体会到中国人毕竟不能没有一点儿传统文化的认识。因为我们一心全球化，以为英语说得溜、西方知识广，人家便把我们当成同志，殊不知出了国门才知道人家想从你这儿知道的，反而是属于中国的东西。可是做一个中国人，对中国的文化典籍又实在知道得太少了，这才需要补课。

大陆这些被讥为保守与愚民的运动，就是因为符合这些“势”，所以才发展得起来。也因为是形势所趋、形势所成，才能有那么多家庭愿让自己儿女去读经，甚至干脆去读私塾。自命开明的现代化论者，不明白这个新情势，拿一些老论调去批，当然批不死，只见得势头越来越旺呢！

而这些活动，老实说，大抵就是学自台湾。儿童读经，从观念到做法，例如只背诵、不先讲解，大抵即是台湾的翻版。台湾推动此一活动的王财贵兄，对之影响深巨。而文化宣言，亦是仿拟当年唐君毅、钱穆、张君劢、徐复观的中国文化宣言，可惜深度与力道仍与当年无法相提并论。另因近些年大陆经济起飞，其现代化与国际化已不逊台湾，某些地方甚且胜过了台湾。台湾的民主又不成熟，故在大陆知识界文化界，台湾之政治经济毫无典范意义及参考价值，倒是“台湾对传统文化保存得比较好”仍是他们普遍的认知。这种认知，虽多本之于模糊的印象或感受，未必符合实际；但由于本身对传统文化自觉虚歉，因此目前这些推广传统文化的动作，下意识中多少有些效法台湾从前文化复兴运动的味道。

这其实就是我们在八十年代中晚期倡议的理想：“文化中国化”。当时我们希望大陆之改革开放，固然应在政治层面逐步落实民主，但更希望大陆能回归中国文化本位；认为两岸在政治上虽未必遽能统一，可是基于共同的文化，却可以形塑一个文化中国；中国文化，也是两岸得以交流沟通，甚或共创未来的基础。也就是在这一点上，台湾虽然地小人少，总体实力不足以与大陆颃颉，但文化担当之气概，自居中国文化传承者的角色，乃是大陆所钦服而未便轻视的。前文说过，大陆一般都觉得台湾在传统文化的保存方面做得比较好，就是出于这种心理。

然而，九十年代以来，政局波诡云谲，昔日张之以为号召者，今皆弃如敝屣。在大陆有心人开始注重中华文化，愿意参考台湾模式亲近传统文化时，台湾反倒在文化身份上令人疑惑。

主政者一再声明：绝对没有在文化上去中国化。但诸多举措却总是令人感到有这么一种趋向，否则为何要修改历史教材、以台湾史为核心，构造同心圆？为何台湾史教学时数要提与中国史一般高？为何要修订国语法，让国语不再是国语？为何在教育资源和经费分配上独厚台湾研究？为何通令“驻外使馆”及“国营事业”要将中国名号都改为台湾？连学校也感到好像要更改校名，中国、中山、中正、中华均不便使用了……为什么？

最近高中国文教材又修改了，教学时数减少，文言文比例大幅降低，理由也是一大堆，但不论其动机为何，其呈显之意义就是去中国化。因为文言文较具文化含量，与中国历史文化关系较密切，是不用说的，教授文言文时，自然会涉及对中国文化的诠释。不教，当然也就不必关联于文化，国文课乃变成纯粹之语文训练。相伴而来的，就是“中国文化基本教材”改为选修。所谓选修，事实上便是要人勿教也不用选。在目前教学考试环境中，这是每个人都心知肚明的。而就算是语文训练，国小国中都已减少时数到教师根本没法子教了，现在高中还要再减，然后配合以课文之简单化，我们青少年的国文将来能好吗？

这是为了去中国化而以莘莘学子为刍狗呢？还是中国文化与青少年一同成了牺牲呢？民间几位学者，奔走呼号，倡读经、议讲学，薄有绩效，连大陆也渐欲仿效推广，而我台湾当局，居庙堂之上者，乃甘心自弃文化于不顾，到底又是什么心态呢？

2005.01.08.

元日清趣

元旦在北京，虽阳历新年而无年节之感，不过想起每年元旦好像都在外地度过而已。

其中最奇特的一次，是前年在山西大学开东亚 STS（科学与社会）会议。大雪冱寒，零下二十几度。元日无事，与郭冠廷、林信华、李纪祥饭后去 KTV 唱歌。忽停电，各楼客人全都涌出，与附近歌楼数十座客人汇为人潮，车马填咽，不下数千人，男女喧呶于风雪夜中，蔚为奇观。争车不得，数十人挤入一小客车中，人上坐人，叠挤如压面团，厚衣重裘之下，人人大汗淋漓，想来又有趣又可笑。今年无这类趣事，杜门默坐而已。论汉字一稿已写毕，寄发台北市政府，另撰一文，谈晚明古文家，若锺惺、谭元春、归有光等之古文观，联类下及林云铭、吴楚材、方苞、姚鼐，略述其异同。

二日晚乘车至南京，三日晨抵达，因屋内暖气已坏，感觉比北京还冷。霜威入指，奇寒砭骨，欲作书，皆不成字。

四日上午南师大博士后开题报告，邀我参加。这是博士后到达他们学校后，与指导教授确定题目，再举行一次公开的审议活动。今年南师大文学院有博士后十数人，古典、现代及语言都有，一一考来，便到了中午。下午找工人来修了暖气与计算机，上新浪网浏览了一番，金庸辞浙大文学院长事引起争论甚大。南京大学董健院长爆料说去岁金庸去南大演讲，历史部分颇多错误，南大历史系的人批评说："如此水平，在南大当副教授都评不上，怎能当教授、博导、文学院长呢？"如此恶评，自然是颇有赞成，也不乏反对者的，世事都如此，每件事总有不同的看法，此庄生之所以感叹物论难齐也。

六日去南京大学演讲，谈唐宋文化变迁之问题，反应似乎还好，希望不至于如金庸一样，贻人恶劣之印象。讲毕，与周勋初、莫砺锋、张宏生、巩本栋等聚餐。周先生今退休，担任文史馆馆长，谈起十几年来交往状况，均多感慨。我与南大诸君颇有渊源，程千帆先生过世时，系内设灵堂，我还去吊祭过，今见其宗风不替，亦为他们高兴。

七日，江苏社科联吴颖文兄为我联络了此处一间民办华夏实验学校，驱车去参观。南大思想家中心，是南大前校长匡亚明所创，也收博硕士及博士后。上次我去演讲后，冯主任及周群先生等即与校方商量如何聘我。但因南大迄今仍无讲座教授制度，故他们与人事单位协商结果，暂以兼职客座聘。周先生特来说明，我自然深表感谢。反正无特别义务，偶赴讲论，何乐不为？夜则赴南师大中文系参加岁末联谊会。这种全系联谊，我在北大也参加过，少长咸集，颇为温馨。

八日到苏州，跟苏大罗时进兄商量设立文化资源研究所事。谈毕，一个人去东园、藕园玩。东园已与游乐园、动物园相混，涵碧楼等均没啥可看，仅一明轩尚存。这也是苏州园林中最具风格的轩子，我以为胜于网师园殿春簃之明轩。

东园后为藕园，园不古，清末始建，但朱彊村、龙沐勋均在此盘桓过，有词记之，今已列入世界遗产。三围环水，格局端方。园内自有东西园，其城曲草堂、补读旧书楼、听橹楼、还砚斋均妙，而尤妙在游人绝少。独坐双照楼茶座上，听窗下游船一一划过，船娘唱歌笑语弗断，便觉人间清趣莫过于是。独惜船娘唱来唱去，都是"叹十声"。大概旅游单位培训时只教了这个曲子，所以一船荡来，歌声如此，一船荡去，又是如此。幽怨唱叹，萦回不断，符合倒是符合曲意了，无奈其单调何！凡事，造作的总不及自然的，此即一例。

2005.01.11

常州游

八日在苏州，夜与王尧诸君轰饮，遂留宿东吴饭店。一早乘火车返南京，但至常州即下。常州乃文教荟萃之地，清嘉道以后，经学与文学俱胜。我读丰原高中时，国文老师杨乐水先生乃武进人，教诵国文，常以乡音吟咏，音声佳妙，足移性情。后来杨老师退休，特来台北找到我，赠我一册其乡贤张惠言之文集。盖以绍述常州学术寄望于我，而我也对常州之经学词学确实别有会心。因此这次刻意到常州一游。

不料，前辈风徽，如今风流云散矣！

常州没啥文教可观，也无古迹，勉强一逛天宁寺。寺固然古茂，有赵瓯北所撰碑石等，但经塔仍在修，且是水泥大柱式的塔楼，令人倒尽胃口。去博物馆。馆在清凉寺，占庙产为馆舍，可谓合之两伤。馆中文物不足观，仅一谢稚柳馆略有特色，但谢先生本领在鉴别，书画非其所长。故真有意思的，恐怕还是廊间墙上嵌的一些杂碑。有关帝真经、街碑、条例等，惜无拓本集可买。事实上该馆也没有任何文字刊物可提供给游人。我问馆员何处能找到一些常州方志或地方文献材料。他面有难色，答云不知，但介绍我去南大街新华书店看看。我找去了，当然一本也没有。

常州还有什么呢？有的，有瞿秋白纪念馆，连瞿的入党介绍人张太雷也有纪念馆，看来政治人物果然比文化学术人物能获得好待遇。瞿秋白，据说幼时家里穷得妈妈都过不了，自杀了。可是我去看，甚表怀疑，似乎是大地主或中上户人家，故居凡四进，可想象其规模。故居旁所建纪念馆，也很像样。

瞿秋白当然可佩服，但鲁迅对他的推崇，于今观之，便可再商量。如鲁迅说瞿氏的译述："海内无两。"殁后并为他编了《海上述林》。可是瞿氏的译笔与鲁迅一样，皆令人不敢恭维。现代中文，受此等硬译之影响甚大，流毒恐怕大于贡献也。

参观上述这些地方时，都没别的游客，总是只我一人。去刘海粟纪念馆也一样。门卫去取了钥匙打开门，让我自己一个人慢慢看。令我想起在南京，去徐悲鸿纪念馆时也是如此。但刘馆又建得比徐馆好，东西也精。刘海粟的字画，以前我评价不高，此番细看，不禁大为改观。此老九十三岁仍能十上黄山，所写松、云、山、壑，皆精力弥满，人书俱老。画邓尉清、奇、古、怪四栢，墨笔铁干，既写生又有意境，古人也比不上，都是令人佩服的。馆畔有公园，祀延陵季子，亦使我低回不忍去。这趟到常州，还是值得的。

是夜返南京，刘进宝来邀去他府上小坐。进宝精研敦煌学及唐史，相与纵谈甚快，相约编一套台湾史学丛刊。南大历史系目前仍在发展中，但明年已申请到一个名额，可仿文学院聘我之例，也聘一位"柳诒征先生讲座教授"。以柳先生为名，相信会有不少人感兴趣的。

十日晚则外贸经济厅高鹤云先生宴请。高先生职司该厅发言人，但喜欢文艺，尤精摄影，去过许多国家，出版过几本摄影集。座中米寿江先生乃伊斯兰教会副秘书长，不免谈起去中东麦加附近的见闻，因此渐渐就聊到伊斯兰教的问题。我曾向社科联建议办个大运河沿岸伊斯兰教历史古迹调研活动，看来是可以促成的。

十一日我在南师大举行第一次讲座，谈中国文学艺术发展的结构。下午高国藩来访。顷在三江学院办东亚研究所，又在香港办出版社，老骥伏枥，壮心不已，甚可佩也。大陆学者，往往牢骚太多，清谈太妙，办实事却未必踏实，高先生似甚有苦干精神，前数日见华夏学校陈校长亦然。大陆民办学校，都说难办，效益亦不佳，政府刻正准备大加裁抑，但民办事业中，毕竟仍可见真气力真精神。这些，正是未来有待我继续深入观察的地方。

2005.01.19

流转北大、清大与南师

十五日由北京返台北，明芳明莉来接，明芳并将此番所写随笔悉数录出，供我校订。十八日考毕素绢论文，且与振宏等人商讨论文大纲后，略作校补，再交明芳。

重看这批随笔，颇有感触。因为不知不觉竟写了六万六千字，而且纯是无心插柳，原本是聊向佛光师友报告近况而已，谁知居然涂抹成了一片风景。

默念此半年行止，也很有趣，上半年在北大客座，兼往南京师大担任讲座教授，年后还要去清华。这三个地方串起来，竟默符民国以来文化发展之轨迹，实在太奇妙了。

民初五四运动的大本营在北京大学，这是不用再介绍的，其时在一九一五至一九二三年间。一九二〇年南京高等师范学校改制，成为东南大学，即以南师及东南大学人马，如梅光迪、胡先骕、柳诒征、吴宓、刘伯明等，成立《学衡》杂志，于一九二二年出版，成为对新文化运动最主要的批评者。梁实秋读清华时，因赴东南大学参访，结识了吴宓等人，返校后即在《清华周刊》上撰文称扬《学衡》。而随即吴宓也转到清华来任教，担任国学研究院主任。东南大学一批学生，如陈寅恪的助手浦江青、王国维的助手赵万里，也都转到了清华。所以《学衡》后期的撰稿群，以清华与南师改制后的东南大学为主。这批学者，被称为文化保守主义，与北大《新青年》所代表的激进文化改革派壁垒仿佛互异，其实《学衡》作者中如陈寅恪、汤用彤、向达、贺麟、张荫麟，都与胡适或北大关系密切。现在的北大，经过五十年代的院系调整，把原先在清华的冯友兰等人都并入了北大，其间壁垒就更不分明了。

钱穆、冯友兰在《学衡》时，胡适曾在日记中批评道："张其昀与钱穆二君均为从未出过国门的苦学者，冯友兰虽曾出国门，而实无所见。他们的见解多带反动意味。"可是不旋踵而钱穆入了北大，冯友兰随后亦成为北大一块招牌，故反动不反动，实在难说；北大、清华、南师这三地学人之交流转轮，亦非保守激进等标签所能涵括。而北大、清华、南师这三校恰好也是新文化运动以后整个文化发展的焦点。

我这趟赴大陆教书，亦如前辈学人般，流转于这三校之间，感觉当然十分奇特。

2005.02.17

兼融中西清华园

由香港转抵北京时，大雪甫过，满地积雪犹未化也。驱车赴清华，稍事安顿，王小盾兄即来接待。纵酒倾谈，踏雪而返。我准备在北京恢复"国际佛学研究中心"。小盾精研文学与音乐之关系，故略询发展此一课题之可能性如何。

佛研中心，昔系由灵鹫山支持，发行国际佛学研究及国际佛学译丛，且开设藏文巴利文班，如昭慧等皆曾在彼处听课。于十六年前，在台湾，不啻于欧阳竟无之支那内学院，在我去陆委会任职时，该中心也未停办，直到我应星云之请，筹办佛光大学时才不得不离开。当时心道法师还来我家，劝我勿去佛光山，仍为他办佛研中心及宗教博物馆。我没答应，只替他维持了一段时期的佛研中心，还推展了新兴宗教研究等项目。如今回首，殆若梦然。

今年除夕，心道法师来电，邀去灵鹫山度岁。我于十四日上午与林明昌同去。明昌曩时亦曾任该中心副主任，但未去该山均已十余年了。山上海雾天风，犹如昔日；谈及再恢复佛研中心的事，片言立决，也仍与当年一样。故此次来北京，便顺便谈了起来。

十七日生安锋来，送了一册他新出版的《霍米巴巴》。巴巴名气甚大，但中文世界相关译述却极少，安锋博士论文应尽早出版才是，此书仅小试牛刀耳。他又替我买了两辆脚踏车，一同骑去熙春园午餐，王宁、高旭东、罗立胜都来了，聊起今年要办纪念清华国学院八十年的活动，均有些感慨。

清华当然是洋派的学校，跟北大不同。北大原本是吴汝伦办的，因此校内多桐城耆宿。后来一变而成激进派之大本营，痛批桐城谬种、选学妖孽，林纾、林损等人相继离开，以留日学生，包括章太炎、钱玄同、鲁迅等人之影响力较大。清华则多是留欧美的。但这些欧美留学生对中西文化之态度反不像激进者那么决绝，大抵比较属于兼通交融性质，对传统文化反而比较抱持温情。因此像《学衡》派，虽创办于南方，其大本营实在清华。讲白璧德人文主义的吴宓、梁实秋也都在清华。国学院办在这个洋学堂中，亦可见其学风之一斑。当时几大导师，除梁启超外，都有西学的背景，王国维钻研康德、叔本华，陈寅恪采西方社会科学方法治史，且深入西方汉学之语言方法传统，赵元任更不用说了。国学院之外，如闻一多、陈梦家也一样治国学，例如甲骨、金文、神话、易经、尚书等，均可见兼摄中西，乃彼时风气。叶公超刚返国时，因只通西洋文学，国学根底不够好，还被讥笑了一阵。待他能谈点中国学问了，众人才觉得他也是“我辈中人”。

这种现象，其实甚怪。不太懂西方的人拼命说要西化；比较了解西方的，则主张“旧学商量加邃密，新知涵养转深沉”（朱熹语），他们所认识的西方也不一样。前者所知之西方，较像西方的东方主义者所谓的东方那样，是个“想象的他者”。以这种想象来迫促中国改革，要求中国走上或变成那样的想象之西方时，碰到清华这批留学生回来大泼冷水，说西方并不是这个样儿，竟兀自恼怒了起来，痛诟诸君“保守”，岂非笑话？可惜在“五四”及以后那几十年里，整体风气便是如此。说起来，大概只能归于气数罢！

当然，出现这种结果也是必然的。因为根据想象来革命，远比真正兼通中西容易得多，既便趋附，又能安顿急盼改革的热情，比起冷静地坐在书斋里剖析中西、会通古今更能号召群众，是无疑的。

可是在革命热情烧退了以后，这种文化态度的价值就彰显了。大陆这些年重新评价陈寅恪、梁实秋、吴宓等人，就有这个意味。我自己也比较认同这种态度。但我的情形又不一样，我是由国粹派逐渐转变的。

在我高中大学时期，为了把自己造就为一位国粹派，我可是耗尽了气力，终于学会了做一名传统文人、传统经学家的全部技能，也养成了所有的脾性。我以此自豪，但尔后却颇以此后悔。因为若我不那么急着丢掉英文，我就可以了解更多西方的东西，触类而长，对我的学问，定能大有裨益。往事不堪回首，与王宁、生安锋等谈起来，感慨自然也就多了。高旭东还问我出身到底是中文系抑或外文系呢！真是的！

夜小雪，出去买点文具，衣上扑满了，如一粒粒碎钻，粘了一头一脸。

2005.02.18

重读姚际恒

雪后大寒。出往蓝旗营购下周往南京之火车票，冻得龇牙咧嘴，还是闭门看书为妙。

书是彭林先生送来借我读的《姚际恒著作集》六大册。姚氏著作多不传，民国初年，经顾颉刚等人之提倡，才逐渐被人搜辑出来，中研院文哲所将之点校集编成这套著作集，有功士林，自不待言。住在这儿，能读到台湾友人编的这部书，感觉更是奇特。

姚氏之学，被顾颉刚等人看重，是他的辨伪。顾氏读他书时，还是借来手抄的呢！其《古今伪书考》后来增补笔正者甚多，亦最为世所知，其实整个姚氏经学也都在辨伪，例如说《礼记》，谓《明堂位》为新莽时人作，《丧服大传》为汉儒作，《学记》乃诸子书，《乐记》乃武帝时人凑集而成，《祭法》亦汉人作，《祭义》则秦人笔，《哀公问》为孔门弟子推演之词，《仲尼燕居》《孔子闲居》《礼运》多老庄之徒伪托……斥《中庸》为禅学，尤可见其辨伪之旨。论《春秋》则弃传以存经，不信“例”，谓例之说起于杜预。这些说法，在打破圣经贤传的权威方面，颇具意义，但若评考其是非，则多可商榷。凡例之说，《孙子兵法》

就有，出土郭店楚简中亦可见此体制，非尽杜撰。先秦古书，皆经汉人隶定，据其文句以说真伪，实在也是困难重重。且以后代已定型的学派区分或观念去看古人，古人古书不合我这个定型的看法，不思检讨自己的思想模套，反而说凡古人凡不合于我这个套子的就全是伪做，不是个大颠倒、大笑话吗？

举个例子。《檀弓》上篇“公叔木有同母异父昆弟死，问于子游”，子游主张昭大功；“狄仪有同母异父之昆弟死，问于子夏”，子夏则说“鲁人则为之齐衰”，建议采齐衰服制。这是女人在死了丈夫后改嫁才有的情况，谈同母异父兄弟间如何穿丧服。可是姚际恒认为女人改嫁，“今世委巷间有之，若士大夫家自无此”，故改嫁以后发生的礼仪问题，均是失礼之礼，“失礼之礼何足为问”，孔门弟子居然还去讨论它，他觉得甚怪。可是据子夏的说法看，鲁俗对此已有限制，则是改嫁者甚是普遍，他觉得更怪。这不是少见多怪吗？女人不改嫁为贵，乃明清风气，执后世之俗，诧古人之风，岂不谬哉？

《古今伪书考》顾实说它曾“大为流行，各大学各高中学，咸油印发布，莘莘学子，几于人手一编”，其实亦疏略。姚氏之目录学本来大成问题，故其间多不可究诘。如以《麻衣正易心法》《孔子家语》入经部，《葬礼》《神异经》《十渊记》《杜律虞注》等入子部，都像顾颉刚说他把《忠经》列入经部，《天禄阁外史》列入史部一样，是只凭书名去判断，并没仔细看过原书。如此辨伪，怎么辨呢？

可是姚际恒自己并不觉悟他不懂目录学，他反而喜治目录学，今存《好古堂书目》《好古堂藏书画记》《续收书画奇物记》均是。柳诒征跋《好古堂书目》甚推崇其于四部之外别立丛书之滥觞，却未指出其中的错误。实则姚书之误很不少。例如《墨池编》是谈书法艺术的，不应列入小学类，《诗韵》数种，同样也应列入文学而非小学，正如《廿一史弹词》只是文学，不能编入编年史类，《搜神记》《搜神后记》列入集古类，亦不妥。《山海经》入方物而非地理、非小说；地理类收《新安文献志》《炎檄记闻》；《水东日记》《日知录》列杂家；《阳宅奥诀直指》《堪舆宗指》入天文家，亦皆可商。

虽然如此，姚氏的目录也并非毫无足取，柳先生说他“书之分类虽亦袭四部通例，目多特创，如史部有器用、虫鱼、方物、川渎，皆别为品题，异于他目”。这其实就是一种专门书目，姚氏对目录学并不在行，所以反而能乱搞出这些不传统的目录来。

现在看，这种东西反而有价值，怎么说呢？一、我国的书目，多半只是工具性的，历来甚少书目作者，不比欧洲。像迪柏丁（Thomas Frognall Dibdin, 1776—1847）写了《史宾塞藏书目录》《十日谈书目解题》《法德访古觅奇之旅》那样的书目作家，少之又少。二、书目太过定型化，基本上就是四分法与七分法，外加佛道二种，很少时代性或专题性书目。所谓时代性，例如波拉德（Graham Pollard, 1903—1976）《十九世纪小册子类型调查》，另一位波拉德（Alfred William Pollard,1859—1944）的《早期绘本书》《一四七五年到一六四〇年于英格兰苏格兰与爱尔兰印行的书籍简目》均属此，我国只有依附于诸史艺文志底下的时代性书目，非常单调。专题性书目则如后一位波拉德编的《莎士比亚四开本普查》。外国许多藏书家会以专题方式搜集资料，如一九二二年美国艺术家协会进行拍卖的苏珊·闵（Susan Minns）就专收跟死亡有关的书籍、画作、藏书票、钱币等；创立纽约图像同好会的安德鲁斯（Andrew），亦以抄绘本古籍、地图、画片、装帧本、插图本为收集对象，我们大概顶多只有专收北宋版元版的。专题目是晚近的事，故姚际恒倒成了个先驱。

由书目看，中国人每自诩印刷术发明最早，典籍之丰亦举世无匹，可是对书之搜藏与编目，似仍有比不上西洋的地方。西方有些东西也是我们没有的，如前文提到的拍卖会，即为一例。没有拍卖会，自然也就没有“拍卖目录”和“交易账”。由于书没有此类公开拍售转让之网络，同时也就没有交换图书、讨论阅读的“读书俱乐部”。又由于特重文字，书之插画配图极不经意。除小说戏曲等通俗书刊外，正经典册基本上也都不配图，因此装帧形式亦较呆板，材质及版型上缺乏变化。这些，都是今日治中国书目之学者所该知道的。

整体说来，姚际恒最好的作品，恐怕还是《好古堂家藏书画记》，这实在与他在经学辨伪方面的声名不符。首先，好古之堂号，便与他考古不佞的态度颇有差距；赏鉴书画，附及绣像、刻丝、镌印、砚石、研山、石屏、古琴、香盒、古墨、旧纸，亦显一文士气，而非经生之态度。在赏鉴这些艺术品时，他的趣味和文艺知识，也比谈经学时可爱得多。在那么严格分判老庄佛禅与儒家界限的经生姚际恒那儿，绝对不能发现他竟这么喜欢佛道教的写经，先后收藏了元僧血书《法华经》、吴镇草书《心经》、文征明楷书《金刚经》、董其昌写《盂兰盆经》等。据他说，在杭州得到血书《法华经》，曾为作赞语六万多字，后来又作一赞说“伟哉大雄尊，发此真空理”，则不唯赏其艺妙，亦赞其理高，足见一个人往往是复杂的，只从勇于辨伪的经学家一个角度去看，殊未能真正了解他。民国以来被重新认识的姚际恒，尚待后人重新去了解他。

又及：夜看电视，杭州剧团演新排大戏《苏东坡》，啼笑皆非。全剧大肆采舞台剧形式，服装、动作、化妆，不伦不类。剧情尤荒谬，云东坡在杭，创东坡全宴，包括麻辣烫、西湖醋鱼、东坡肉等，且有东坡酒。东坡不能饮，略饮即醉，故自制东坡酒，极淡，友人喝之，以为是惠山泉。今乃以东坡创制了什么名酒；辣椒于十六世纪才传入中国，麻辣更非浙江能有的口味，今胡乱编排一气。说东坡在西湖修了苏堤，故被贬去海南修海堤，更扯。

2005.02.19

假作真来真亦假

住到清华两天，基本安顿好了，贴了一张纸到门口，取名“栖德园”。因为住在四楼的公寓上，无门牌，客人来访就找不着。栖德者，住得也。

与清华一些友人联络。胡伟希说“我明天便要出差，今天来请你吃饭吧”，遂与他顶着寒风去圆明园东口附近午膳。今天是北京最冷的一天，据气象播报称今年亦为北京历来最冷，最高温只有零下六度，所以出门颇感不支。伟希与我相识十六七年，昔年致力阐述自由主义传统，后来论知识分子问题，近又注意社群主义及东亚儒学发展的问题，行将赴韩国做研究，以其诚笃，料当有好成果。

晚与田青约，卜键、张庆善俱至。他们都是文化部艺术研究院的。田青曾至佛光半年；卜键为大陆武侠文学会负责人，近离开艺术研究院，任中外文化交流展览公司老总；庆善则原为红楼梦所所长，今为副院长矣。三人见面，我提议去吃羊羯子，众皆称善，遂尽兴而归。盖羊羯子即羊大骨，以脊髓骨为主，熬煮火锅，在这大冷天，配上烈酒，比涮羊肉更妙。且是庶民风味，比上大馆子自在。

田青现主编《艺术评论》。该刊第一期曾刊吴学源一文，评云南丽江所宣传的所谓“纳西古乐”到底是个什么东西，被丽江搞古乐宣传的宣科一状告到法院。丽江中级法院于去年十二月判决说学术问题非法院所能判断，但吴氏说宣科撒谎欺骗、纳西古乐是什么东西，犯了名誉侵害。引起艺术界一片哗然。原因非常简单，宣科本来就是骗人，结果法院不处罚骗人的人，倒怪别人不应指责宣科骗人，岂有此理乎？

现在去丽江玩的旅游团，几乎都被安排去看古乐，主持古乐演奏会的宣科则大吹法螺，说此古乐乃纳西文化，且又是唐代传下来的“活化石”。游人啥也不懂，听他乱扯。尤其是洋人及我台湾呆胞，基本上没什么音乐知识，忙不迭地就安排他们到欧美、台湾演出。越搞越轰动、越来越像真的，渐渐丽江本地人也被这些外行、外地人捧得不知所以，二〇〇一年竟由丽江县政府出面，提出申报联合国“人类口头和非物质文化遗产代表作”。这不是瞎胡闹吗？

一九九八年这个“古乐团”来台演出时，我就在《联合报》的专栏上发表《古乐的回声》，说这一不是纳西族的音乐，乃是汉人的道教洞经音乐，拜文昌帝君时演唱《文昌大洞经》的；二、此乐并不仅存于丽江，云南、四川各县均有洞经会，都在唱这些东西；三、这也不是唐代音乐，最早只能推到元朝。而元代以工尺谱方式可唱演的乐曲，至今仍是很多的，并不稀罕。文章后来被收入我《知识分子》一书中。可惜人微言轻，似未引起什么讨论。而也就因为社会上一直未听取我们这样的声音，所以丽江以假古董哄弄观光客的行为，才能这样肆无忌惮地搞下去，居然去“申遗”了。

如今田青捅了这个马蜂窝，丽江恶人先告状，竟想以法律来吓阻批评者，真是，唉！田青对此案十分悲观，因此案牵涉地方利益及保护主义，很难打得赢。虽然明知它在学术上站不住脚，可是法院不跟你谈真伪，只说你批评“古乐是什么东西”这句话有侮辱性，所以就侵犯了名誉。也更别提这句话原文是问纳西古乐是个什么东西，法官连语意学的基本知识都有意扭曲了。

我看该刊上一期有人评论此事，把它跟余秋雨的事相提并论。余秋雨此次来台，又是上媒体、又是去佛光山跟星云对谈。

于外界之批评，全不回答，反指责那些批评他的人是寄生虫，这不是跟丽江或宣科的情况一样吗？不说自己是不是真的写错那么多东西，如金文明等人所指出的；是不是真有隐瞒造假，如古远清余杰等人所指出的，而讥嘲别人寄生，去法院控告别人，让人噤声，办法正复相同，均为近年文化界之奇谈。

英国刘易斯市有一座“假药与吹牛医疗博物馆”，专门收藏假减肥药、治癌器等，其中光怪陆离，什么都有。比如盖地利光缮机，号称上弦月时面向北方，若是糖尿病就打开小箱子上的绿灯，若是心脏病就扭开红灯，若胃病则开黄灯，灯一开病即愈。又有减少睡眠机一种，只须戴上，一天就只须睡二小时。诸如此类，展览出来，自能让人大开眼界，为之深省。倘或政治、司法或学界之舆论均对宣科这类人无可奈何，那么我就建议田青不妨考虑办个这样的博物馆，专门收集假学术及吹牛文化产业案例，以供参观，如何？

2005.02.21

经典与我

昨夜元之由台湾来。因陈波、万俊人、欧阳哲生邀饭，故先步行至清华东南门，饭毕再找车乘回宿舍。夜风中徒步四十分钟，凉飕飕的，好不冻煞人也。

今日中午沈昌文、王瑞智等宴，名义上是迎我、送金春峰。但金先生入台证件尚未取得，明日尚不知能走得成否。餐后去三联书店，发现我《向古人借智慧》一书已出版。此书乃原先《经典与现代生活》改版，四川新华一工作室执编，由百花文艺出版，拼合了朱自清《经典常谈》，竟成一厚帙，定价三十五元。

这样的书能否在市场中竞争，我不晓得，但看见花俏的“新著”，仍不免高兴。

在此书序中，我谈了一下我与经典的关系，不是读经典，而是介绍、再版、编印经典，或推广经典之教学。这件事我做了几十年。从前美国哈佛大学有位校长威廉·艾略特（Charles William Eliot, 1834—1926）在一八六九到一九〇九年间，担任了四十年校长，他即与纽约一出版社合作，编印过一套《哈佛经典丛刊》，从希腊至近代，凡百余种，合为四十九卷，他自己一卷《序文、导读、索引合编》，合起来五十册，排起来刚好占书架五尺宽，所以又被称为“架上五尺丛书”。另外，爱略特又辑了三十二部小说，合为《哈佛经典小说丛刊》，共二十卷。我从前为金枫出版社编的《经典丛刊》开卷引用了哈佛的校训，但其实当时并不知哈佛在推动经典教育方面的这些典故。后来办学校，在南华与佛光推广的经典教育，主要是参考芝加哥大学赫钦斯的做法。尔后才晓得人同此心，我的做法，暗合于哈佛经典丛刊。因出版了新书，想起这段故事，又不禁怀念起金枫的周安托。安托逝矣，令人倍增怅怅。

2005.02.24

大陆通讯大不易

今在新浪网上看见《环球时报》一篇文章，该文谈及清朝派任第一任的驻日公使何如璋“竟是日本间谍”。这个标题比较夸张，正确说，何氏并非日本派至中国之间谍，也未必是被吸收为间谍的中国人，但他为日本提供情报则为事实。在日本外务省档案馆中查到何如璋“致渡边书记生之内报”，谈到日本要求何氏提供中法战争时期李鸿章奏陈越南军务的原折，亦即奏疏底稿，何氏回报说这样机密的文件花多少钱也拿不到，请原谅。而另一封，则向日本报告了越南与台湾的情况。这些信，若非已因年代久远解了密，谁会想得到清廷公使竟会为日本人做工作？此即可见日本对中国所下工夫之深。而我们政府中，现在恐怕也还不少何如璋这类的人。这都是值得警惕的事啊！

早晨抵南京。昨夜元宵节，大雪来助兴。雪夜出门，别有意味，扑头盖脑的雪片，既非撒盐，也非柳絮，又不像鹅毛，端的难以形容。到南京，则是阴天，才刚下过雨。

跟刘进宝联络，他吃了一惊，说："看你随笔，不是在清华吗？怎么忽然就来了南京？"我说："我向来是行踪飘忽的，哈哈哈！"

刘立志、胡莲玉夫妇来访，送了一盆郁金香，让我斗室添了些年气。胡莲玉任职明清小说研究，现又在川大做博士后，研究三国故事。该刊与我素有渊源，一九九〇年在南京召开两岸小说研讨会，基本上就是与该刊合作，一度我还想把此刊弄到台湾发行，故谈起来甚感亲切。他现在川大跟沈伯俊做研究，我与沈先生亦老友，其间还有个故事：

前年五月间，台南忽有位张义煌先生托人找着我，说他因种种因缘感应，要建一庙，神为"张将军"。他应神嘱，供奉了张将军，也建了庙，但迄不知张将军是谁。待庙快建好了，神才告诉他，说乃是张苞，三国时张飞的二公子；而庙的碑记则要找一个叫龚鹏程的人来写。张先生对张苞事迹并不太熟悉，乃托人找着大陆三国演义学会的会长，也就是沈先生，代为查考。而因他也不认得我，辗转打听后，另又托立法委员李全教找我，约了一天，南下去台南见面。见面后，他为我讲说建庙缘起及其间各种感应灵迹，托我撰碑文及寺庙中楹联。我去看了他的庙。张先生为企业家，诗书世传，乃高级知识分子，非一般神神鬼鬼的灵媒，除建庙外，并设文教基金扶助青年向学。我感其诚，随后便写了碑记及楹联给他。去年在四川与沈先生见面，谈起此事，咸以为奇。至于张苞为何要我来写此碑记，我亦不知。

刘立志是治诗经的，因此除谈明清小说外，又聊了一阵经学问题，甚快！午饭后，则写一文评论今日之陈水扁宋楚瑜会谈。正是，有分教："雪后谈经佳士过，笔端淑世我生痴。"想来自己亦觉可笑。

文章写好后，传回台湾报社却是个大麻烦。台湾的朋友，对此很难体会，让我解释一下：

在大陆打电话，不是顶方便的。例如我在南师大屋里的电话就打不出去，若要拨出，就得出外去买一种卡。电信局有许多卡，本地或是长途不一，要分别买。若我只买了本地卡，就无法打长途，遑论国外。卡买回来了，怎么拨呢？先拨 96998，它就叽里呱啦讲一通本卡之效能、优惠办法……然后告诉你：普通话拨 1、英语拨 2。按后，再呱啦啦，然后拨卡号 8685207**，再拨＃。又呱啦啦，再拨 03399**，再拨＃；再呱啦啦，再拨号。若任何一处错了，全部重来一遍。若欲再打另一号码，也全部要重来一遍。如何？你吓到了吧？

传真更惨。我在楼下传了半天，如上程序试了无数次，不通。赶紧上楼来找其他号码试传，仍不通，只好再上来穿好大衣，冲出校门，去找另一家店铺，该店之卡不能传国外。乃又带我去另一家店，试之试之，终于传了一页。断了，又再重来。反复折腾，好不容易传毕，索价四十元。忿忿然返。台北竟来电说只收到一页，且不清楚，只好再去传，传又传不出。店员乃又再出外买卡。买回后终于传妥，又索价四十元。前后奔走二公里，耗时一小时半，只为了二页传真。

这就可以给我们几个启示：一、越进步的地方，通信及文化设施越便捷、费用也越便宜。不要说台湾，就以北京来说，在北大影印六分，南师大则要一点五角。传真，北大每纸二元，加电话通信时间；清华每纸三至五元，不计时；南师大这儿一张却要二十元以上，南山宾馆甚且要三十元。其他情况也一样，大陆的手机、电话、计算机、传真机、复印机，什么都比台湾贵。买就贵，用起来更贵，所以文化上的花销，绝对高于台湾，更不要说与生活物价相比较了。况且，贵也罢了，质量也糟，前天传了一页给明芳，后来她打电话来核对，才晓得中间居然跳了两行，真是不可思议。至于时间，那就甭提了。一分钟可以做好的事，今天我硬是花了大半个下午，可悲的浪费呀！

其次，打个电话，为啥子如此麻烦呢？岂非管理体制出了毛病乎？今早抵南京时，车上广播一交通台正大肆批判南京交通管理局，说南京之出租车问题一大堆，都是交管局搞出来的；交管局还怪罪司机，要整顿，其实最该整顿就是交管局。骂之不足，主持人还直接拨电至交管局；局中人颟顸支吾之状，亦直接由频道播出，颇有台湾前些年地下电台直接 call out 到官署去的架势，可见大陆目前开放之程度。此事也是一个例子，说明了管理确须方法，除交管局之外，电信局也该换换脑子才好。

话虽如此，但这也可能只是我们书呆子之想法。从主政者的角度看，也许恰好相反。

2005.02.26

游之四种形态——兼答锦树

早起，看明芳传来黄锦树一文《聊述师生之谊》，看得哈哈大笑。明芳说此文很辛辣、很“龚鹏程”，确实，锦树是我得意的学生。虽然他不见得从我这儿学到了什么（他不是说我连咖啡都吝于请他喝吗），他也不认同我，甚或常写文章批判我，我也觉得他不了解我。但其实他的许多脾性颇与我相似；我们的师生关系另成一格，我亦觉得很好玩。在这篇文章里，他形容我因赏识他而去找他时，点点头、歪歪嘴，怪笑数声而去。以及说我甚为“衰尾”，在几处办学都虎头蛇尾，始乱终弃。颇令我联想到孔子听见子贡说老师“累累如丧家之犬”时的反应，亦不禁笑出声来。

但从前冒鹤亭悼徐仲可，有一诗说：“知交遍天下，宁免轻与妒？惟君无他肠，款款出情愫。”世间所谓知己、所谓朋友，内中多杂轻与妒。唯与老学生之间，纵有嗤评，倒还看得出些情意来，此亦可慨者也。

这两天恰好也在校对北大出版社准备为我出的教育学论文集《大学教育与人文精神》。回想这二十多年来，办淡江中文系、研究所；办道教学院；办佛学中心；办华山讲堂；办寻根文化中心；办南华、办佛光，并非锦树所以为的是在搞学术商业，店铺一间开了又一间，而确实是想广借社会资源来推动文化发展。可惜，花了那么大的气力，耽误了自己做学问的精力与时间，事也终于没办成。在这方面，我确实是个失败者。翻看那些谈教育的文章，徒觉吾道颇与世忤，现在的教育恰好跟我所期待者相反。想来孔子作《春秋》也应有此感叹，只不知他老先生会不会后悔出外游历了十四年，遍干诸侯呢？

如今我仍在游，不过不再遍干诸侯了。想办事，但因人成事者，亦辄因人而偾事，过去的经验太多了。因此，游就只是在游学，既边游边学，又四处游荡讲学。前天河海大学尉天骄先生请吃饭，吴颖文在座，就说我乃是著名流浪学者。哈，流浪学者，那不就是流氓吗？“氓”就是流浪的人民呀！

中午高国藩夫妇请客，钟振振同来。席间谈到高先生公子要不要报考研究生的事，钟先生主张不如径去经商，因为从事学术业已勿同于从前。如今整个规则已乱，学术工作固已类似工厂作业员，作业又没有标准，在学术上发展没啥意思。他的讲法，让我想起上无道揆、下无法守，则民散之矣的老话。民散之，就是流散乱窜之意，没什么可依凭可信守的东西后，人只能依欲望及生存本能到处盲动，找机会。就是知识分子，也是心旌涣散的。此亦流氓，然如此之游，岂不可哀？

归来，看见中共中央办公厅、国务院办公厅印发的“2004—2010年全国红色旅游发展规划纲要”，什么是红色旅游呢？就是把共产党革命斗争中具有纪念性的遗址和纪念物，作为旅游点或线，以“增强青少年爱国情感，弘扬民族精神，带动革命老区经济发展”。要打造12个红色旅游区，30条红色精品线，100个经典景区。直接靠此就业人数要达到200万人，间接就业人数1000万人。越是革命圣地，其实越贫困、越落后，如今以其老、旧、穷来吸引客人上门观光，冀期脱贫致富。如此，我们能说什么？只能说：“唉！”

以上四种游，各不相同。

2005.03.02

得儒学之正

周六夜返北京，同样是坐夜车，在车上昏昏然，半醒半睡间即抵北京。晓曦甫现，人潮汹涌，因春节刚结束，人们都赶回北京之故，在火车站几乎挤煞。

“春运”期间旅客如此之多，票价却反而贵，你说奇不奇？

我去南京，417元；返北京，票价500元。为什么票价竟会不同？哈，大陆有许多难以理解之处，票价是浮动的，而且坐车的人越多，它不是越便宜而是越贵，乃其中之一端。

归来与刘梦溪先生联络，晚上去拜访，取回先生为我随笔所撰序一篇。刘先生从不为人作序跋文字，当时请他动笔，听他迟疑的口气，深悔孟浪。不料明芳把稿子寄给他看后，他立刻写成了这篇长序，真是令我感动。他说我“于儒学得其正，于道得其逸，于佛得其无相无住”，是真知我也。我有玩世嬉弄的伎俩，有时显得邪气；也有应世谐俗的作为。不免时见流气，因此社会上或学界之批评，褒贬未一。然论议者多见化身，未睹真身。在我自己，是很以“得儒学之正”自喜的。但我并不屑以此示人，故人亦未知，如今却被刘先生看破了。至于于道得其逸，于佛得其无相无住，亦甚确。我在老庄或道教里头获得了一种自由的、超脱的精神。在佛教佛学那儿，则深入义海，通读三藏，却最讨厌和尚尼姑居士们那种佛教相。什么打禅、结夏、茹素、诵经、焚香、口弥陀而心福报等种种造作，皆避之若浼，稍与周旋，辄便逃去，此非得其无相无住乎？

周一打了几通电话回台湾联络事情，都没通，后才领悟：乃是2月28日放假之故，这一天，全民放假不上班，因为要闲嗑牙、吵架。幸而今年还吵得不热烈，耳根清净不少。

夜，王瑞智邀了去吃一处湖南菜，并约庄崧冽同来。庄是台湾人，来北京发展已多年，在北大附近设了一家“雕刻时光咖啡馆”，据他说当时什么都不会，拿着一本书摸索烧咖啡，如今有四家店了。我也去他店中小坐了一会儿，果然气氛甚佳，有台湾好咖啡馆的人气与风格，多青年大学生消费群。

昨天则因民生报林英喆兄由台北来，约了中午在“羊大爷”吃涮羊肉。吃毕，去跟温儒敏、李零、张颐武商量“文化资源研究中心”的运作。我们还是大陆第一个文化资源研究与保护机构，忝列创办人，与有荣焉。

晚上蒋坚永请客，他初由统战部调宗教局，任第四司司长，负责政策研究及民间宗教事务。与裴勇、汪燕鸣两处长同来。三君皆学者，纵谈甚快。我到得较早，先去什刹海、积水潭附近溜达了一阵，再与张新鹰会合，一同沿着胡同逛去后海孔乙己酒店。湖上雪重，但冰积不坚，部分地方仍是水波漾漾，绿头鸭凫游来晃去，岸边疏柳，伴着新月，令人忘了风寒，只想这么一直走下去。北方的冬天，谁说不美呢？

2005.03.03

逍遥游

2日在清华上课，林英喆兄也来听，课后一同去熙春园，李明滨先生请客。问今年是否还去佛光，答云尚不确定。夜则是任定成、王骏邀集了佛光未来所在此读书的、他们社科中心曾去过佛光的，一同聚餐喝春酒，融融泄泄。喝足了才上火车，一觉睡去南京。

抵南京，吴颖文、舒小娟即来接我去长风堂画廊参观。舒小娟原在社科联，现去建筑艺术发展公司任副总，这间画廊，就是该公司老板和另二位建筑业老板合开的，仅对内开放，不售票参观。展厅设计，有台湾之水平，远胜公家所办博物馆之规格。其中一位老板杨休自己也懂行，能作画写字，故所藏亦不俗。明清小斗方、册页、扇面不少，恽南田、陈含光诸名家外，尚多精雅者。近人作品则如张大千、溥心畬、黄君璧、林散之、黄胄等亦甚备，多是从各地拍卖场陆续购得者。启功一幅松石图卷，前有我师汪雨盦先生题首。他们不知道“雨盦”是谁，大陆的书家辞典也找不到，我恰好可告诉他们。他们另藏有傅抱石作品甚多，甫出一大图册，今未见，但见了陆俨少“杜甫诗意”图册式单页一百幅。早年所作，微伤窘束，晚则宏肆，弥堪叹赏。据云市值一亿元人民币，主人尚靳不愿出售哩。大陆有如此风雅之商人，令人高兴。舒小娟建议我也可在此办个展览，我说：“好呀，让我先练练字吧！”

明芳将周志文为我所写的随笔序文发来让我看了，很嫉妒他能坐在家中杏花树下写文章，不似我整天跑来跑去。其序多着墨我辞卸校长事，勉我专心作文，劳什子校长，不做也罢。盛意可感，但我何尝对做不做校长有什么感觉？每次认真说这句话，大家都不信，都以为我矫情、倔强、故作潇洒、掩饰落寞……真没办法。大概就像玉石被泼了粪水，玉本身不淄不涅，当然不会受什么伤，但惜玉者看着难受，仇玉者则拍手叫好，以为玉果然遭我污损了。人情有喜怒，爱憎颇不同，我只是个看戏的罢了。孔子周游列国，绝过粮、逃过难，被人误以为是大坏蛋阳货，桓魋且要杀他，又四处碰到长沮、桀溺这一类人讥笑他，还有子见南子的绯闻，我们看着他，觉得他寂寞、孤独、衰萎，可是《礼记》记孔子将卒时那一段，写得真好。它说孔子拖着拐杖晃，碰到子贡，说泰山其颓乎，梁木其坏乎，哲人其萎乎，我大约快死了，死后你好好将我葬了吧。这是什么情景？我们听的人谁不觉得那该是悲伤的话？然而不，《礼记》记这一段，用的是“逍遥”：孔子曳杖逍遥于林下。这逍遥，便是庄子的逍遥呀！庄子之逍遥，尚执着于鲲鹏之形象，孔子则体现于此死生之际，无入而不自得，似更胜庄生一筹。我一向自以为是孔子，因此说这个故事。哈哈哈，周志文又要骂我嬉皮笑脸不正经了。

2005.03.05

坐夜车

冯良珍发来一信，说东京下大雪，让我大生怀想。那年她大雪后带我去晋祠玩，情景犹在目前。但因计算机寄信不出，无法回复，只得打电话去日本给她，匆匆谈了几句。她又把雪景拍了寄过来，果然好大雪。

良珍上次说她本有两张票可去看《古事记传》作者本居宣长的展品，因我不能去，所以浪费了一张。这次她看我谈儒论佛，就把宣长给上柳敬基的一封信发给我看，此信是答复对方讥其佞佛而作。云不只是佛，诸子百家，乃至杂技、歌舞、燕游、山川草木、禽鱼鸟兽，宇宙一切所有，自己都信乐喜欢，皆为我游赏之具，阁下何必如此固陋？话说得理直气壮，亦见性情。谢谢良珍给我看这一文献，让我感到吾道不孤。

另外，任定成把我随笔摘了一段寄给山东《社会学家茶座》，该刊旋即回复说此文已在大陆另一网站刊过。这是我们都不知道的事，看来网络传播确实惊人。

南京没下雪，但寒意逼人，且刮大风，愈觉寒。南师大希望我多给研究生讲课，遂裹寒而去，上午一次下午一次。下周还得讲。

本拟坐夜车返北京，然友朋相邀，辄难推舍，因此恐须稽延至下周才能回去一趟。现在京宁一线，夜发晓至，倒也方便。随时来去，比飞机还便当，因此早早迟迟，也无所谓。想当年，林则徐由武昌去北京，路上要走一个月，如今交通之进步，殊不可想象。就是火车，清或民初火车也只有白天开，入夜就停车休息，所以从武汉到北京也要四天。铁路火车开通夜车，还是于右任的功劳，他当交通部次长时，主张在沪宁铁路试开夜车。许多人都反对，担心夜里没人坐车。孰料夜车反而卖座，此后才风行了。南京遂也是我国最早开夜车的地方。

可是坐夜车也有一麻烦，尤其是孤身旅客，舱中皆不相识者，四人一舱，锁了门，内中若三人合起来劫掠侵暴一人，可如何是好？又或熟睡而行李丢失，如何觅寻？毛泽东坐火车去上海时，在车上掉了一双鞋，被偷了，幸而遇上一位湖南老乡，帮他买了一双。故记者斯诺问他怎么完成那趟旅程时，他就说："随时留神着我的新鞋。"随时留神，固然必要，但若坐夜车便难，因为你不可能不睡觉。

谈到丢鞋，我也有个与毛泽东相似的经历。年前去槟城，与杨松年先生等周游暹罗庙，入庙必须脱鞋，摆在庙口鞋架上。待参观出，我那双在香港买的新鞋便已不翼而飞，只好由王琛发带着去街上买鞋。旅中类此之事，皆难避免，大旅行家徐霞客都曾遇盗，劫走了行李，何况我和毛泽东呢？

2005.03.08

游高淳

近日事忙，闲游遂少，除一趟清凉山外，几无可述者。昨始去高淳，高淳建城，始于吴王夫差前。楚克吴后，辟行宫，故又号楚王城，为伍子胥所破。秦置溧阳县，明始以原县中高淳镇为县名，其镇乃称淳溪。历史久，遗事当然不少，羊角哀左伯桃故事就发生于此地，介之推墓据说也在。韩国汉文学之祖崔致远在此地吊双女坟、作诗及碑记，又为作《仙女红袋》故事，在韩国更是著名（前二年韩国还组织了一团人来大陆，沿着崔致远的行踪，一路凭吊之。马仲可先生他们在丽水立了一座碑，据说还有一些周折）。附近还发掘了些汉墓，有不少画像石。

因时间有限，以上这些地方都没法子去，只去了县城老街，这是南京地区仅存的一条明清古街道，约三百余米，建筑具徽州特点。但亦仅是略存古意而已，无甚足观。关王庙全是新的，年轻道士除习唱道曲外，看不出道法如何。街上土产，以羽扇、笋干、糕饼、咸鱼为主。除大冬天一家家卖羽毛扇外，亦乏特色。倒是中午炒了几道当地土菜来吃，大好！

此地近茅山，我们江西南昌人拜的许逊真君，少年时学道的寻真观亦在县治，当另有道风可考，因闻小道士奏道曲有感，暇当再一考之。返，作杨仁山笺注道书考，杨仁山创金陵刻经处，提倡佛教，欧阳竟无、谭嗣同、章太炎俱出其门，为近代佛教著名大德，孰知其亦尝笺注道书耶?

夜又乘车返北京，今早到，明晚又得再乘车往南京，如此奔波，真惨。

今为妇女节，大陆女人放假，世上其实也有地方有男人节的，傣族就是，此风应予推广！

2005.03.10

研究型大学不应扩招

赴河海大学演讲，谈台湾的素质教育。所谓素质教育，即台湾之通识教育也。胡吹乱盖，讲了两个多小时。河海大学，乃大陆水利土木第一流之大学，新校区在江宁，甚为巍峨。想我昔年来此地觅校地，准备办学时，牛首山一带仍是一派乡野风光，如今则别墅林立、高楼栉比，真是另有一番沧海桑田之感，河海学生素质亦佳，讲得颇为愉快。

讲毕，返城中校区，在其友谊山庄夜饭。山庄松、梅、木兰皆美。有小楼，乃马歇尔旧居。吃饭时，感慨万千。

今日，“中研院”院长李远哲在“立法院”答询时指出，台湾大学应予分级，目前被视为研究型大学的台大、清大、交大、阳明、中央、中山等校招生额度太少，每年仅收学生约一万二千人，占学龄人口4%，未来应扩招一点五倍，达到学龄人口的10%。如此，不唯可以减轻升学压力、放宽窄门，亦可提供社会更多优秀人才。“教育部”对其说亦表赞同，谓五年五百亿补助研究型大学，正可配合此一方向。

李远哲是“中研”院长，但历来我们绝少听闻他对办好“中研院”、提升学术研究方面有何高见，倒是不断发表其教育改革主张。这些主张，凡经实验过的，几乎从无成功之例，且均造成巨大震荡，迄今尚未复健痊可。现下，他又主张扩大研究型大学之规模，“立法委员”、“教育部”官员从而附和之，殷鉴不远，难道我们还要再覆辙一次吗？

为什么李先生之议不通亦不妥呢？目前台湾之大学招生比例，由于出生率不断下降以致比例不断上升，几乎考生人人都可进大学。但大学因无法筛选学生，所以教学水平不断下降。想改善这种困境，一是扩大生源基础，例如广收外籍生或大陆学生，否则便须鼓励多生小孩。若做不到这些，第二条路，就是减少大学数量，办学不佳者予以裁抑，或减少大学学生数，让大学之教学资源适切用在学生身上。而不是像现在这般，看起来人人都读了大学，但大学师资设备什么都不足，却招了一大堆学生。这样，好大学可以办得更好；差的就会淘汰。整体大学素质才能提升。

李先生及台湾“教育部”恰拟背道而驰，扩大研究型大学规模。因大家都想挤进台大，所以台大干脆就多招一点，人人都可读台大，人人都台大毕业。这是什么逻辑？台大等校，现在招这么多，已经太多了。既超过了它的资源负荷量，这些学生中，也根本就有许多不具备读研究型大学之资质与能力。再扩招一倍半，台大这些学校还能维持其质量吗？向下沉沦之不遑，岂能向上提升乎？从前有军阀，因见人打篮球抢得激烈，便让人多扔几个球进场去。现在为了减少升学压力，就径使研究型大学多招些学生，不是同样可笑吗？

想我来大陆，对大陆人胡吹台湾文教如何如何，而台湾此辈庸才位居要津，乱搞一气，令我说话时好不心虚也！

今日燠热，汗出如浆，春间少有此等气候。夜则遽寒、起大风，已而暴雨，雷电继作，轰隆不断。查时历，原来五日已是惊蛰，雷闷了几天，到现在才发作，果真震响得紧。

2005.03.12

雨雪霏霏

周四晚遽寒。周五上午，南师大通知今日不必演讲，遂得了半天闲，把《杨仁山笺释道书考》给写完了。仁山论三教，颇见功力，不唯开章太炎《齐物论释》之先声，亦开熊十力《新唯识论》与支那内学院争哄之先，此皆非今世所能知也。

下午公安厅几位朋友约了去喝茶，正聊着，窗外便飘下雪来，越下越大。出门来，见雪甚骤，便与颖文坐一小店喝了骨头汤才走回去。想起《诗经》上说“雨雪霏霏”之景，旧皆不懂，以雨为动词，或谓是雨与雪。今日之雪，则恰有似雪似雨之感。雪甚大，但水汽重，如淋大雨，却又不甚湿，沾衣扑脸，略一抖，便去。归来，欲作诗，想想又算了。

周六一大早，颖文兄等便来接，同去滁州。车走一小镇，穿野谷僻地而往，远山近树，一片茫白，近者如烟，远者如梦。根桠枝杈，雾淞冰线，难描难画，不唯我没见过，颖文等也说实在罕见。大概城里气温高，便不易形成此景。野外风寒，且恰为峡谷风道，故雪意才能如此之浓。

到滁州，自然是为了去看醉翁亭。欧阳修《醉翁亭记》云："环滁皆山也，其西南诸峰，林壑尤美，望之蔚然而深秀者，琅玡也。"琅玡山，现辟为国家森林公园。琅玡，本山东地名，东晋南渡以后，乃以此山名琅玡，故山中最古之遗迹，据说是东晋的玉皇殿，今尚存者，云系明代所建，另有碧霞元君祠及玄天上帝坛。玉皇殿，号称无梁殿，乃砖造拱门券顶建筑，不知是否明建；玄帝坛，仅唐宋二石炉为古物。但守坛者不俗，自吹长笛，声音穿过霜林雪石，格外清雅。

最好的，仍然是醉翁亭。东坡所书《醉翁亭记》及《丰乐亭记》，新旧刻都好。此山多巨石，故石刻甚多，达三百方，虽比不上泰山那种雄奇气象，亦自难得。且因石多，山树遂多盘虬怒立于石罅间，姿态绝佳。加上有雪，梅花格外精神。

坐醒园小茗后，游琅玡古寺。寺有吴道子画观音一躯。吴带当风，确系吴氏风格，然疑为明人所作。寺本禅宗，清以后为律宗。律宗寺较少见，此与宝华山各擅胜场。而醉翁亭畔建律寺，亦甚有趣。太守职在守土安民，而日与宾客在此游山酣醉，且堂皇著文宣告四方，人不以为罪，反而美其风雅。建这个亭子的，又偏是和尚，所谓："建亭者谁？山僧智仙也。"僧人建亭子让太守与宾客来此饮酒，此所以为佳话。今天台湾的和尚，哈哈，差远了。亭畔有律寺，以守戒著称。但守戒自尔守戒，别人饮酒则致欣赏，才是律家风范。今天台湾的佛教道场，又差远了。欧公乃我乡人，伫今思之，真羡慕我老乡好福气，碰上一个好时代、晓事的和尚，和这么美的山林。

2005.03.14

大学教育与人文精神

郭少棠先生来北京，相约与张文定先生等见了面，谈及可以合写一本讨论如何将文化资源转化应用于当代社会的书。郭先生精研历史，但近年在香港开设不少城市规划、文化产业之类课程，有些实际经验，是很好的合作人选，但要怎么合作，则须再商量。归来，为北大出版社排印的文稿《大学教育与人文精神》作一序，曰：

教育，其实是人人喜欢做的事，君不见：妈妈总是絮絮叨叨地教小孩、老师教学生、前辈教后生、婆婆教媳妇、妻子训丈夫、和尚们忙于开示、神父四处拉人说教，而领导们则老要讲话。说的人，兴高采烈、指手画脚。那被教被训的，往往一副无辜无奈之状。但教人的，转个身，常又成为被教的，所以谁也莫怨谁。谁也都有指导别人、教育别人的欲望，因此古人说了："人之患，在好为人师！"

此既为人之患，当然也就是人文世界的特色，犀牛与鳄鱼的世界，便无如此庞大的教育现象。人的孩童期特别长，本来就是为了人能有足够的学习时间；不似许多动物，生下不久或父母稍事教导即能独立自主谋生，在成人以后，人也无法脱离这种群居且共同教育、共同学习的形态，"百工技艺，莫不有师"，在生活中，体验着各种教与学的情境。学着怎么样做个好人或有用的人，同时又把这些经验与技能传授给他人。人文的精神，便流漾在此情境中。

这就是教育的本性。但近代大学的体制，恰好是与之相违的。

现代大学，出现仅数百年，然其体制越来越森严。它首先是画地为牢式的，把教师学生圈在一起，与社会隔绝开来；再则是锯箭法式的，把教育分成若干阶段，大学只管它那一截；三则是墓碑式的，宣告一个人的教育届此完成了。大学号称高等教育，也就是教育的终点。在这个体制内，教育的目标，大抵也不是想让人成为好人或有用的人，而是将人塑造为被别人用的材料，塑造之过程与方法，又与工厂制作器皿相似，追求大量化、标准化、快速化。近来大学企业化经营之呼声，越来越响亮；大学内各式评鉴、指针，项目泛滥，均是为了满足上述要求。古人说“大学之道，在明明德，在亲民，在止于至善”，又谓就学者以敬业乐群为小成，以知类通达、强立不反为大成。今则只训练些专技职工罢了，不唯大逆古人论学之旨，与教育之本性，亦邈若山河。

我即是在此一体制中受教育，后来且长期在此生活的不幸人。大学毕业后，留在学校教书，并兼校长室秘书，负责协助探讨高等教育发展的文稿。因此我的第一个职务，竟可说是专事理解高教趋势，钻研其问题与答案。后来担任系主任，创办研究所、做院长，继而获得一些机缘，创办了两所大学。三十年来，可说全在办学中度过了青春。

凡我经办的系所校院，皆广获好评；许多开创性的做法，也都影响深巨。但我毫无矜喜之处。我深知今日大学教育之沉痾，也了解我的一些做法，越是博人喝彩，就越可能是助纣为虐。纵有若干激浊扬清之举，亦难影响大局。教育要想改善，须有大学体制外的冲击。

故我一方面在大学内部办学，也同时在校外办。创办过佛学院、道教学院、华山讲堂、寻根文化中心，参赞过许多读经班、读书会、讲会。不敢说要聚一堂师友，洗涤乾坤，但确曾寄望于民间生养新机。

我亦另有机缘，曾入政府部门服务，负责过九十年代初期两岸文教交流之所有事务，在学术、科技、教育、体育、宗教、艺术、大众传播诸领域，制定法规、擘画政策，沿用迄今。对于大学教育，更能从一个超越个别大学的格局，去思考其整体问题。对于教育行政体系，也有入乎其内之了解。

我相信，世上没有人有如此丰富的办学经验，大学内、大学外、大学上，什么都办过。但也绝少有人对教育如此之失望。几十年来，我所努力的，就是想导正大学的走向，呼吁发扬人文精神，可是目下看来是失败了。

然而我也并不气馁，因为只有尚未实现的事，才能作为理想。理想的火种不灭，事情就总有可能办成。因此把我部分讨论台湾高等教育的文章辑成本书，就教于大陆关心教育的朋友，并鼓舞同道。文章是针对台湾状况写的，有论文，也有为报社写的社评时论，辑在一块儿，未免体例不纯，或许也不尽切合大陆之需，但参考切磋，殆亦无妨。

乙酉立春，序于北京，时客清华栖德园

2005.03.15

教科书中的武侠

大陆的新版高中国文课本第四册，收了金庸的《天龙八部》和王度庐的《卧虎藏龙》，列在其中一个“神奇武侠”的单元中，并给予高度评价。教师、学生以及家长们对此咸感好奇，议论纷纷。

这个教材是人民教育出版社编辑的。虽然只是作为辅导阅读教材之《高中语文读本》，并不列入考试范围，但仍是教科书及国文教学体系内一件大事，引发争论，自在意料之中，但迄今为止，反应大体良好。

武侠文学只是类型文学中之一类，但它的荣枯却往往能呈现出一个社会的变化。想当年台湾警备总部执行“暴雨项目”，把武侠小说漫画跟色情书刊或红色图书相提并论，要一并清扫掉。事虽不果，家长与社会主流意见仍对武侠鄙视或敌视不已。担心小孩子会沉迷于武侠，抑或离家出走，上山学仙练剑。批评者也常认为武人以武犯禁，小说中描写帮会绿林以及匪夷所思之情节与武功，将斫害青少年心灵，令其养成不正确之道德观。因此，武侠文学从未被文学界正视，武侠文学作家似乎也与一般作家地位悬殊，著名的武侠小说家古龙，就曾在多篇作品的序文中，对此表达了感慨。但随着社会多元化发展，武侠文学也渐渐获得文学的正常地位。解严后，旧日禁制的书与作家，越来越获盼睐，金庸就是最明显的例子。一些著名的武侠小说，几乎也成了全民的共同精神资产，弥漫在我们的语汇和思维中。

台湾这种精神变化的历程，同样也呈现在大陆上。八十年代以前，根本禁止武侠文学，二十多年来逐渐复苏，如今更堂而皇之进入辅助教材中去了，其意义，比在台湾的情形更大。

当然，本文意不在歌颂此状况，而是借此讨论一个观念：国文教科书虽仅是一种教材，但它显示着一个社会开放的程度。相对来说，大陆的教材，收纳了过去主流所不容的题材与类型，其基本方面是朝开放那一面走的。台湾新的国文课本课程纲要，却是朝收的这一面。不但文言文要少选少教、文化基本教材要改成选修，就连白话文，也限定只在台湾散文方面选择范文。依此纲要，王度庐与金庸，一是内地人、一是香港人，也就都不能选了。这种自我收缩设限之法，岂足以为新时代之轨范乎？

因获林保淳来通知六月要举行古龙小说研讨会，又见大陆教科书选武侠小说，故有以上之牢骚也。

今为生日，中午去民族大学喝酒，夜在北大喝。友朋厚我，皆所铭感。其实生何可贺？古人亦不作生，后渐通行，甚且以三月四为稻生日，三月十一为麦生日，四月十四为菖蒲、万年青生日，五月十三为竹生日，六月廿四为荷花生日，八月十二为盐生日，巧立名目，无非借以闹酒罢了。唯蒲彦光发了一信来，说："韩愈云'天将择其善鸣者而假之鸣'，但吾不知天将以吾师文章鸣吾国道统之盛耶，抑将穷愁其心肠，而使自鸣其不遇于时耶？"谢谢彦光关心。我虽伤时世，却一丁点儿也未穷愁吾心肠，倒是吾国传统道艺之盛，吾文不足以阐发之，常以为忧耳。

2005.03.17

饮酒好色对

前此游醉翁亭，谈到僧人建亭俾予太守与宾客纵酒，或疑其为一时偶然之事，不可据以为典要。余曰：不然，僧家多能酒，前论书法，怀素之草书，即恃酒力。名僧大德，辄能啖肉饮酒，否则济公无人拜矣。即不能饮，僧家亦辄善能助人饮，梁章巨《两般秋雨盦随笔》卷二《品酒》一篇，述平生饮酒最佳者为弢光寺致虚所酿。僧言："老僧盖少知酿法，而又喜谈'米汁禅'，此盖自奉而外，藏以待客者。"梁氏与之对酌毕，又乞一壶返，叹赏欲绝，以为九日口香，后二十年犹念念不忘，举为平生所尝第一好酒。其酒想必甚好，僧亦韵人，"米汁禅"之名尤可喜。徐时作《闲居偶录》为康熙时人，称沧州有三绝："酒味甚佳、河中鲤鱼肥美无比、董尼姑善谈兼有姿色，故有三绝之称"（卷四）。董尼姑想亦善饮，否则对谈时便仅能嚼菜根，而无从品味三绝了。此类僧家典故至多，惜今人不学，闻僧饮或助人饮则大惊小怪。

友人笑道:“这是老兄贪杯，故征引一堆破戒衲子以为借口罢了!”我亦笑，说:“非也。酒国英雄甚多，我不敢逐鹿天下。从前南社诗人，周云号称酒痴、顾悼秋号称神州酒帝，曾编《酒国点将录》，朱剑芒又作《海上新酒国点将录》，我无此气魄，亦不敢论次英雄。且性无酒瘾，其实也喝得少，只是见人与酒为雠，要戒之禁之，自不饮酒，便诋酒徒为劣薄小人，看得令人不爽，遂故意要来犯忌讳，相狎戏而已。”

友人说:“这就是你的不对了。酒人多豁朗，狎戏无妨;不饮酒者，多刻忮，褊狭谨愿，是开得玩笑的吗?你刺得人家痛了，人家少不得打你一棍子，你这不是活该?”我说:“庄子曰:‘酒醉者神全。’掉下车来尚且不伤，挨一两棍算得什么事?老兄作此论，尚识酒趣也乎?”

友人说:“你不是儒家吗?怎么说起酒话来?”我道:“我正是儒家，所以才如此说。孔老夫子乃是酒圣，所谓‘唯酒无量’‘不为酒困，何有于我哉’，非酒鬼刘伶辈所能望其项背，我学圣人，亦唯此庶几!人或以为被不被酒困，是天生酒量使然，不知圣学功夫即在于此。阳明论学，曾说:‘圣贤教人知行，正是要复那本性，故《大学》指个真知行与人看，说如好好色’，见美色即好之，这是天生的良知;知即好之，便是知行合一，阳明屡以此说明其良知教，因为如此说最直截明白。同理，见美酒即知好之，也是天理良知。不致良知，反而去禁遏之，就昧天理、欺心了。可是，见美色美酒而好之以后，一心着在酒色上，那又不对了。因此阳明说:‘饮酒便一心在饮酒上，好色便一心在好色上，却是逐物，成甚居敬功夫?’心若逐物不返，就会为物所役，孔子说人被酒所困，就是这种情况。好美色美酒，而不为酒色所困，才是循天理之居敬功夫。孔子之所以为酒圣，其理在此。阳明学之精义亦在此。近世新儒家好谈阳明，说解万端，却不甚懂得好色饮酒之道，所以终不近阳明。古来又或疑阳明为禅学，其实好色饮酒即是儒佛之分际。儒以此见天理流行、良知朗现，佛教却以此为戒律。幸而佛教入中土后，多有改革，晓事者亦不甚拘，故有上述僧家饮酿等韵事可说，此即可见儒佛之会通也。社会上看僧人，固亦敬其守律，实更爱其饮酒见性情，曾灿《石濂上人诗序》说：'观其剧饮大呼，狂歌裂眦之日，淋漓下笔，旁若无人，此其志岂小哉？'（六松堂文集·卷十二）即属此类。"

友人嗤之："你会强辩，此乃偏执狂之特长，我不跟你争。喝酒嘛，也许你说得对，僧人也可借此悟道，或以此会通儒佛，可是好色呢？好色也可如饮酒般被允许吗？"

"为何不可呢？天主教禁色，新教改革就解了禁。佛教原以出家众为僧团，日本佛教就多娶妻生子者。娶妻生子之后，仍是佛教、仍是和尚，其景况仿佛天主教之变革。娶妻的，是否就不如守戒的？谁也不敢如此说。正如神父未必就比牧师高明，吃肉的喇嘛也未必就劣于吃菜的汉僧。一来得不得道，实与忍受痛苦的程度无关，二来由色悟空也没什么不可以。贾宝玉不就是因情悟道吗？世有酒僧，自然也有情僧。"

友人哈哈大笑，说幸而你没去做和尚，否则花和尚鲁智深证道之后，又添一桩公案，佛门从此不清净矣！且你扯了半天，辜负此大好春光。冰泮雪融，正是饮酒之时，吾兄口水太多、学问太大，非酒人正宗，何不径去饮酒？

我说："我不中你圈套！日醉沉曲，岂不坐实了酒徒之名？何况我今日得要陪女儿做饭吃。说佛说儒，其实都是空言戏论，老妻小女准我喝才能喝的人，谈饮酒，不是跟画饼充饥一样吗？今天女儿命我勿乱跑，得在家中吃，故不能陪你浪荡了。"说得他悚然一惊，也匆匆告别返家。

此为今日闲事。明赴国际儒联演讲，就讲饮酒好色吧！国科会研究案申请四件，送来审查，已看毕，均寄返，无当意者。

2005.03.18

汉字宝贝

台北市国民小学，自今年九月起，每两周实施一次书法课。据教育局表示，此系台北市市长马英九在六月间举行之汉字文化节中提及的构想，经教育局研议实施，学校可安排正式课程，亦可在活动中办理，或透过社团活动推行书法教学。

这是值得喝彩的举动。众所周知：汉字为中华民族主要表意工具，也是世上唯一绵延两千余年之文字体系，相较于其他图像文字或拼音文字，此一体系价值独具。近年联合国在全球推展非物质遗产保护运动，大陆将昆曲、南音都拿去“申遗”了，却遗漏了更重要的汉字，识者无不憾之。此一文字体系，其实亦不仅限于华人使用，汉字文化圈广及日韩越南等处，因此也是东亚地区重要的共同文化资源。而书法艺术，即是此一文化圈中共同的艺术表征，发扬此一文化资源的价值，在这个“全球文化在地化”的时代，正好具有特殊的时代意义。

其次，目前汉字文化受到两方面的冲击，一是盲目的自幼学习英语，结果英文没学好，中文却越来越差，尤其一笔字，写得通常是不忍卒睹。许多人都迷信小孩学洋文应该及早，殊不知大部分学日文、法文、德文的人都是上了大学才念，亦不碍其日后留洋、读硕士博士；何以英文却须如此早念，以妨其学好中文？可见这只是一时社会心理使然。另一冲击，则是计算机的应用日广，小孩子每天敲键盘，可能会打字会输入，却不会写字。但在日常生活之大多数领域，手写仍是必要且主要的，写得错字连篇或歪丑拙怪，即不免贻笑大方。面对这样的冲击，救治之道，在学校重新提倡书法教学自不失为方法之一，换言之，书法教育亦为现今时代所需，亟应提倡。

当然，提倡什么都不能一窝蜂，也不能弄成教条，或再用考试带领教学那一套。过去的书法教育在学校也实施过，为什么后来废了？除了意识形态改变外，教材、教法、师资、考核方式，都是问题。现在台北市教育局若想推广书法教育，对这些老问题便应有新对策，否则只会加重小孩子的负担，并扼杀他们书写的乐趣。

这也就是说，书法教育不论有多么宏大的理想、深远的意义，对学习者来说均不重要。国小的书法教育，应以让小朋友感受到汉字的美感、体会到书写的快乐为宗旨！

昨发一社论如上，借时事以抒感慨，而实言不尽意。因为中国人在中国社会中习焉不察，谁也不觉得汉字或书法有什么了不得，可是事实上汉字真是了不得的东西。以欧洲来说，欧洲搞统合、搞联盟，最主要的工作就是要塑造欧洲文化的整体统合感，故文化统合为政经统合之基础或关键。然而，一九五八年欧洲经济共同体成立以后，原只有六国，却有四种官方语言（法文、德文、意大利文、荷兰文）。一九七三年，英国、丹麦加入，又增三种。另外，爱尔兰文虽非官方语，所有文件仍须译为爱尔兰文。一九八一年，希腊文加了进去。一九八六年再加西班牙、葡萄牙文。一九九五年欧盟扩增至十五国，官方语言则再添芬兰文与瑞典文，达到十一种。试想：凡欧盟之规章及各文件均须以十一种文字撰写，其耗时耗力，要达到什么地步？何况还有爱尔兰、冰岛、挪威、卢森堡等少数语种要照顾！而欧盟的功能之一，本来是要让货物能自由流通的，可是语文复杂，产品文字标示及说明书无法标准化，引起了许多纠纷，目前是以规定销售至某国某地时必须使用该地语言来解决，厂商成本提高，流通之意愿也同时降低，厂商译不译得出那些文字，也成问题。为此，欧洲推动过“LINGUA 计划”“苏格拉底计划”“达文西计划”“青年交流计划”“语言教学联合计划”“未来语言教学辅助计划”等这个那个计划，扩编其翻译署，以为补助。一个欧洲单一市场，却是多元语言，单一不起来，只好努力让大家都来接受多语教育，在这方面花了无数的人力物力。效果呢？哈哈哈，怎么可能会有效？

二〇〇四年东欧捷克、匈牙利、波兰、爱沙尼亚、塞浦路斯、斯洛文尼亚又加入了欧盟，欧盟官方语言再度扩增，而马上土耳其也要加入了，语言问题只会更严重。像匈牙利，80% 人根本不会任何一种外语，要教会他们适应多语环境，岂不如开运河登天？相比之下，你就会明白汉字在文化、经济上的效用有多大了。

这样的宝贝，今人不知爱惜，反而跟着只知有英文而不知世界大势者乱扯，要建立什么中英双语环境，宁不可哀？

2005.03.28

阅读不兴经典已死

昨夜卢仁龙来坐，送来商务印书馆新出版的《汉代思潮》，此书与我唐代、晚明、清代各论，将刊成一个思潮系列。但因我未直接联系，皆赖朋友帮忙，所以中间也曾闹出一女嫁两家的尴尬场面，弄得北大与商务有些小不愉，私衷甚是歉仄。

此书系《向古人借智慧》之后，此次来大陆所出第二本书。前一书已有张颐武兄作一书评介绍。上周出版社又安排了几家报社记者来聊经典阅读的意义，也许在北大还要为社团讲一次，看我时间安排再说。今要为《文讯》撰一稿，遂就这个题目随便说了说，如下：

在台湾推行的通识教育课程，取法于美国哈佛大学之“核心课程”；而主张实施经典教育者，则多参考芝加哥大学的办法，视为两派。而其实哈佛更是强调读经典的。

早在廿世纪初，哈佛教长艾略特（Charles William Eliot）便大倡读经，自编希腊以降不朽之作百余种，刊为四十九卷，合为《哈佛经典丛刊》，凡五十卷。迩后流风末沫，代有才人出而倡导此风。台湾较熟知的，应是十年前曾任哈佛讲座教授的布鲁姆（Harold Bloom）出版的《西方正典》（*The Western Canon*）。

此公在该书中选了贵族制时期的莎士比亚、但丁、乔塞、塞万提斯、蒙田、莫里哀、米尔顿、约翰生博士、歌德；民主制时期的渥滋华斯、珍·奥斯汀、惠特曼、狄瑾生、狄更斯、普鲁斯特、乔哀思、吴尔芙、卡夫卡、波赫士、聂鲁达、斐索等廿六家之作，谓其为西方文化中之“正典”（the canonical），认为现今我们对语言比喻之驾驭、原创性、认知力、知识、词汇均来自它们。

其书出版后，在学界褒贬不一。主要原因在于西方近年学院中流行的思潮，恰是要质疑并颠覆正典的。如今入室操戈，忽而现出原型，赫然乃是这等强悍的传统论者，不禁令人大吃一惊。

其次是，他不仅力陈经典的价值，更把矛头伸向正流行当令的女性主义、马克思主义、拉冈学派、新历史主义、符号学、多元文化论等，合称为憎恨学派（School of Resentment），谓此类人憎恨正典之地位及其代表之价值，故欲推翻之，以便遂行其社会改造计划。打着创造社会和谐、打破历史不公之名义，将所有美学标准与大多数知识标准都抛了。可是被他们另外揭举出来的，也并不见得就是女性、非裔、拉丁美裔、亚裔中最优秀的作家；其本领只不过是培养一种憎恨的情绪，俾便打造其身份认同感而已。此等言论，逆转了攻守位置。让一向善于借着批判传统、颠覆这颠覆那，以获得名位者有些错愕。

这些学派自然也立刻反唇相讥，说布鲁姆所称道的正典，只是欧洲男性白人的东西，甚且只是英美文化中惯例认可者，并不适用于女性、多元文化者或亚裔非裔。

但此类反击，除了再一次诉诸身份、阶级意识形态之外，毕竟没有说出为什么正典必须扩充或改造？其美感价值与认知，为什么不值得再珍惜？因为此类文论家原本就不太读也不能读原典，文本分析恰好就是他们的弱点；舍却文学的艺术价值不谈，正是其习惯。如此而欲反正典说，岂非妄谈？读者根本不晓得何以必须放弃莎士比亚而偏要去读一些烂作品，只因它是女人或黑人写的，或据说其中有反帝反对封建抗议精神？过去，读者基于道德感正义感，以社会意义替代了审美判断，跟着此类文论家摇旗呐喊，如今一经戳破，乃始恍然。故“憎恨学派”之反驳，非特未将布鲁姆消灭，反而今质疑文化研究者越来越多。

当然，此亦由于布鲁姆立说善巧，以往，倡言读经者，辄采精粹论立场，不是说经典为文化之核心精粹，就是说经典之价值观可放诸四海、质诸百代，乃万古之常经，今世之权衡云云。布鲁姆却不如此。

他本以《影响的焦虑》一书饮誉学林，论正典亦采此说。经典之所以为经典，自然是因它们影响深远，但所谓影响，并非只是后人信仰它、钦服它、效法它、依循它，而是后代在面对经典之巨大影响时存在着严重的焦虑，故借由反抗、嫉妒、压抑去“误读”经典，对它修正、漠视、否定、依赖或崇拜，这些创造性的矫正，也是影响下的表现，因此后代纵或修正或摆脱经典，仍可以看出经典的价值与作用。同时，正典亦因是在影响的焦虑中形成的，所以它们都是在相互且持续竞争中存留下来的，文本相互激荡，读者视野不断调整，正典本质上就永远不是封闭的，一直是互为正典（the “inter canonical”）。

简单说，反对经典，正是因为经典重要、影响大。而反对者对经典之误读或创造性矫正，又扩大了它的影响、丰富了它的意涵，故经典永不封闭。

由这样动态的关系去看经典，才可以避免反对者所持的各种理由，什么古典不适今用啦、何须贵古贱今啦、经典只代表着一阶层之观念与价值啦、文艺贵乎创新啦等等。

但不论布鲁姆或艾略特，任何提倡读经典的人，也都无法说服那些反对的朋友。盖此非口舌所能争。经典的意义固然永不封闭，但它得有人去读，其意义是由阅读生出来的。倘若士不悦学，大家都不爱阅读，视阅读为畏途或鄙视之，仅以谈作者身份、肤色、阶级、国别为乐；或废书不观，徒逞游谈，则正典之生命便将告终。

而学院正是这般可能埋葬经典的地方。学者要著书立说、要升等、要申请项目经费，自须别出心裁，立异以鸣高。今日创一新派，明日成一理论，方为此中生存之需，乖乖读点正经正典，既无暇为之、不屑为之，亦无力为之。如今大学讲堂中，高谈多元文化、女性主义、后殖民、拉冈、福柯者，车载斗量。可是能好好阅读讲说如莎士比亚、塞万提斯、米尔顿、狄更斯的，却着实稀罕。博士硕士们，背些理论、看点论文、上网抓点资料，手脚倒也勤快，作品可没读过什么，更莫说那些不厌百回读的经典了。对于这些人或这样的机构来说，提倡读经，不是有违伦常吗？

2005.04.06

春日快事

昨为清明佳节，由南京来上海，拟赴美。因与蔡浪涯谈办杂志事，路上清明扫墓的车流又多，竟误了班机，只得速电周愚先生，请调整记者会时间，遂留滞上海，盘桓一夜。虽误了事，但与浪涯快谈竟日，亦趣事也。因回思此数日间若干可述杂事如次：

三十日，因北大学报要登我《诗话诗经学》一文，嘱补一摘要，写了送去。逢龙协涛先生，取出茅台一瓶送我。一小文而换一佳酿，大佳。

三十日夜吴兴元来约去吃贵州菜，我以为是去吃花江狗肉，原来不是，是老鸭汤、卤鹅头。签了八本书的约，足以打发下半年之光阴，亦佳。

三十一日清早，“文促会”派人来接，因辛旗兄之介，与华艺公司谈制作电视影片事。该公司曾制播过“台湾往事”，谈抗日史迹，近亦协助台湾“大陆寻奇”节目之拍摄及其他项目甚多。主事者谈吐不俗，因此中午酒也喝得不少。亦佳事也，只苦了我下午要赶工交差几篇稿子。

一日清晨抵南京，即去上课。课间忽接学生电话，说今日佛光人事大搬风，助理调动廿六人，毫无理则。后来想到：“啊，原来是愚人节。”那就难怪了，愚人节者，有二义，愚弄别人；自显其愚，又或欲愚人而自见其愚。世上有此种节日，想来亦大佳。

课毕，看手机，吴颖文已来电七通，促往会合。原来是玄奘寺传真法师来访，邀往同游。该寺在九华公园内，背玄武湖、临梁武帝台城旧地，汪伪政府时曾因玄奘灵骨而造一塔，近始建寺。在寺中斋饭罢，登临抒臆，甚快！

二日赴芜湖开韵文学会第二届年会，台湾齐益寿、林玫仪来，相见欢喜。抵芜湖后，我把行囊一扔，就出去把市区逛了个遍，绕镜湖、周赭山。镜湖乃张孝祥隐居处，今有雕像及其庄园旧地，今辟为阿英（钱杏村）图书室。赭山有广济寺、地藏菩萨由新罗来，即结茅修行于此，故又名小九华、地藏行宫。有宋塔，据说黄庭坚读书于其滴翠轩。山中又有茶庭，亦名滴翠，池沼楼台。游人皆为市民，无观光客，故甚佳。

会议内容靡有不有，诗词曲赋，我把我自己的诗话摘抄了去谈。承办者为芜湖师院，本以为小地方的师院，无啥可观，不料该校诗学中心居然业绩不少，为省属重点基地，令人刮目相看，街上小吃也令人印象深刻。小城风貌，朴静就显得美。返程，迂道去拜了李白墓。坐墓旁楼上喝了一盅茶。可惜世无李白，而李白亦可惜没遇着我呀！

因未赶上飞机，夜收到陈兴武一长诗，录于后：

龚鹏程教授《北溟行记》付梓，遥赠二十韵：

故府文章在，斯人几辈存？盛朝征国士，远道失王孙。
忽遇登仙客，飘临降帝阍。行藏超世网，识鉴绝时抡。
谠议惊流俗，狂言薄至尊。属辞恣宏邈，御气任飞奔。
势耸群峦秀，风抟万翮骞。巍然凌泰岱，峻极睥昆仑。
岳峙方千仞，渊冲贯九垠。袪移山可徙，怨作石能言。
复蹈孤凉界，深窥众妙门。逍遥开胜境，璀璨出清暾。
佛宇光初满，瑶台日已昏。明夷惟待访，晦昧尽潜吞。
庾信哀难寄，陈蕃榻正温。漫游郪氏邑，高卧谢公墩。
独对中天月，聊倾北海罇。醉来频梦蝶，醒觉了无痕。
造化庸须问，浮生讵足论？掩怀长太息，莫与赋招魂！
乙酉清明万川后学陈兴武寄于羊城寓所

今早又收到徐晋如一电，谓已考上中山大学博士班，四月末要在北京办一谢师宴。晋如诗词也是工妙的。我因未赶上飞机，收到兴武这样的好诗和晋如的好消息，真是快乐。世上事，得失往往难以估计，就像这样。兴武的诗，可以冠于《北溟行记》书首哩！

2005.04.21

流浪教师

自三月三十一日迄今，皆在旅中度过。凡历南京、上海、芜湖、洛杉矶、华盛顿、波士顿等处，旅泊不只万里，时间也超过列子之御风，回来可还真有点累，因为北京也有一堆事在，准备忙一阵呢！

洁祥由台湾来。与张武顺等又杀去顺义。该县有一大蒙古包游乐区，主人邀我等吃烤全羊，蒙古族人拉马头琴、唱祝酒歌。结果，当然是把二君放倒了。此乃我流浪学者之快乐生涯，想起我那仍在佛光校内不准抽烟、不准喝酒，也不准出游、不准烤羊的朋友们，不禁深致慰念。

当然，流浪汉也未必能如此惬意。

据“教育部”估计，目前台湾计有流浪教师五万人，已形成巨大社会问题。“教育部”计划以师院转型及减招等方法来解决此一问题。

容我坦率以道，此一问题，乃是“教育部”制造出来的，现在“教育部”之方法，亦未能针对症结解决问题。

为什么会有那么多流浪教师呢？原因非常简单，“教育部”估计错误。台湾教育，是最后一个非市场性“国营”供需体系，由分局估算该有多少人力需求，然后再倒过来开办多少科系、招多少学生，因此，虽然整个社会都是已经民营化、市场化的体制，唯独教育领域仍是“国营”的。很少人明白这个情况，以为教育领域已是个自由市场。其实不然。迄至目前为止，大学若要设立教育科系，或开办教育学程，都仍与办其他科系不同，其他科系，“教育部”只做总量管制，要设什么系所，各校可以自己决定，唯独教育学科，仍须报送“教育部”核定。开设教育学分或学程亦然。且通常审核极严，不会轻易通过。

这就显示了教育国家化的问题。一是想开办教育的人，难得有机会开办成功，因为“教育部”不准别人来分一杯羹。二是“教育部”自己的规划，乃是计划经济式的计划教育，根本与市场经济不符，结果出现了一大堆培训师资无处可去的命运。

“教育部”规划之失误，主要不在教师部分。教师问题是衍生出来的。其主体是对整个教育规模的估算。根据“教育部”之推估，我们才在九十年代设了一大堆大学、技术学院、高中，也相应地开办了许多教育科系、教育学程，培养了这几万名教师。结果呢？大学太多了，高中毕业的学生还没有大学要招的人多。教师也太多了。各级学校减班减校，根本用不着这么多老师。因此，五万流浪教师，乃是“教育部”政策的受害者，应该申请“国赔”才是。

目前“教育部”的办法，不唯无反躬自省之意，抑且仍将申张教育国家化之手段。这不是解决问题的方式。我们建议“教育部”应借此全面反省其主管教育之性格，让教育供需也全面市场化，不再保障现有教师，让流浪教师参与教育工作竞争，“教育部”只须做好市场运作规范就可。师院要不要转型、要不要减招，也不劳“教育部”置喙，由市场供需来调节即可。

2005.04.22

清华国学院传奇

昨夜归来甚晏，匆匆不及评叙，且因先下了车，故酒后洁祥等人到底如何亦不甚知。今早去参加清华国学院八十周年纪念会，中午回来才找到洁祥，听他说起，不禁大笑。

原来昨天之聚会，是叶士珍兄召集的，其夫人及亲戚数人由台湾来，故约了从机场直奔顺义。车过一驿又一驿，直抵密林深处。暮色苍茫中，定睛一看，竟是一葬场，三座灵骨塔耸立于长杨之间。塔畔有蒙古大帐。入而视之，有刘君者，热情欢迎之。介绍曰：此刘馆长也。杜洁祥亦曾为佛光图书馆馆长，见对方亦是馆长，大生绸缪之感。细询之，方知是殡仪馆长。然既皆是馆长，便不妨畅饮，结果喝了十二瓶顺义二锅头。叶君诸亲友均席中即呼呼睡去。洁祥上了车，一路酣歌，亦沉沉睡去。张武顺最惨。江湖上都称他“八七”，因有百八十七公分高，一旦玉山颓然，我们几个人都扛不动他。所以返北京市区后，我在半途下车，告诉司机将洁祥送回旅店。但可能实在搬不动武顺，所以送好洁祥后，司机只得再将车开回去，就让武顺在车上睡了。武顺清晨醒来，才发现自己“今宵酒醒何处”，原来是在殡葬场。四野无人，殡葬场晓风残月，平添了一段佳话。今晚，王明荪由台湾来，说起此事，他也哈哈大笑。

至于清华国学院的纪念会，上午有何丙棣、何兹全、张岂之诸先生讲话，下午也要我谈一谈。我认为清华国学院在近代学术史上已成为一则传奇，后起者艳称其事，固然应该，但夷考其实：国学院为时甚短，一九二五年设立，次年八月陈寅恪才到职，也就是人事才到齐；可是来年王国维就自杀了，下一年梁启超亦因病离去，然后次年就逝世了，国学院也便结束，前后仅四年，有一半以上时间还人丁不全。赵元任、李济又常在外考古或调查方言，整个院，事实上陈寅恪独木难支，全靠吴宓之调护。在此情形下，其教学与研究，成果必然都是有限的。四位导师中，梁王之学，早成于国学院成立以前，王国维在清华时期大概只做了《古史新证》等，因此不能把他们的所有成就，都计为国学院之光芒，陈寅恪、赵元任则都是初出茅庐的小伙子。陈那时才三七岁，婚都还没结，也没有任何著作；赵亦甫于一九二四年译出高本汉的《中国语音研究》而已。陈氏在当时开的课，也只集中在六朝及佛教，如“梵文文法”“佛经翻译文学”“西人东方学之目录学”之类。他的《隋唐制度渊源略论稿》成于一九三九年，故亦不能将陈赵，乃至李济后来之事功统计到清华国学院头上，以夸大其学术表现。

再说，清华国学院之学风亦非无可议之处。梁启超、吴宓之学，看来无甚影响。陈寅恪似乎影响最大，可是清华国学院毕业诸生，其实治梵文、佛教史、西北史地、中古史者甚少，教学效果实属可疑。其次，导师与学生大抵皆只采用一种实证史学之方法，无论王国维之说“二重证据”或陈寅恪，乃至学生如王力、高亨、刘盼遂、姚名达、姜亮夫、谢国桢等，均只是语言学加上考证罢了。其考证，以“材料”为“证据”，以烦琐为精密，能创通大义者其实并不甚多，也就是普遍缺乏理论之兴趣，因此为学者固有余，却无甚思想上的开创性，缺少思想家。

再者，既名为“研究院国学门”，简称为“国学院”，而根本没有辞章与义理的课程和教育，只有考据，国学云乎哉？老实说，其学反而与西方或日本之所谓“汉学”较为接近。

第四，当时以清华的背景，特聘赵陈由海外来任教，自有镕铸东西的雄心，可是这亦只是形式上的。真要镕铸东西，谈何容易？国学院没有比较文化的研究方向，连赵元任陈寅恪，对西方文化也并不深知，何况其他？国学院在这方面亦乏表现。

虽然如此，清华国学院仍是值得回味的一页传奇。此次清华所办会议，名称是“清华国学院与二十一世纪中国学术”，二十一世纪学术如何不可知，就二十世纪看，整个学术发展正是国学院之背反。例如，当时办的是国学院，后来则不再有这种统包性的学科，均采西式学术分科方式，国学分化为中文、历史、哲学等系所。又如当时所聘，除赵元任李济较接近专业学者外，梁启超、王国维、陈寅恪均系通人。择聘师资之标准，本来也就要求他们能够对中国文化“全体”有所研究。可是大家都晓得：后来整个学术界所要或所培养的，都不是通人而是专家。

此外，国学院之教育目标，是要“培养以著述为毕生事业之国学专才”，用马克斯·韦伯的话说，就是要培养以学术为志业的人。这样的目标，尔后亦罕嗣响，因为大学之目标，已变成了培养从事某种职业的人，或根本就是养成以政治为志业的温床。还有，国学院强调导师，远采牛津剑桥之制，近挹中国书院之风；开学日即由梁任公主讲书院之精神；希望导师带学生，后来之教育也恰好不是如此的，所谓好教授，只是会写书做研究而已，升等考评，皆不重导师功能。凡此等等，回头再看国学院，不是令人起无限幽思遐想吗？其足以针砭当世者，岂浅鲜哉！

2005.04.27

失衡的教育

春天的北京，都说难过，忽风忽沙、乍暖还寒，刁蛮得很。但刁蛮的是情绪，稳定地释放春情的是个性。个性由哪儿看？由枝头的嫩叶、草地冒起的小花看。黑色的树枝，忽然就盈盈碧绿，散出无数翠叶。长杨高树，尤其在发叶儿时，会蹦出一絮一絮杨花来，随风四散。如烟似雾，又像雪片。风吹起，在地上滚，滚滚就滚成一个大绒球。那一树树的绿、一天空一天空的杨花、一地的绒絮，整个合起来倒像是我的梦。虽说是真的，看上去却像是假的。可惜我老了，伤春感春，已不合适，还是感事抒怀吧！

台湾“国科会”日昨核定了大学追求卓越计划的名单，计有台大等五校获得。此项计划于2000年度核拨了一百三十亿元，现在则是延续计划。各获隽学校对此莫不深表鼓舞云云。

我也很赞成大学应该追求卓越，但再看看下列新闻，或许大家便会有不同的感受。

一是高雄师大科学教育研究所调查六千多名初中高中生之科学素养，发现学生对手机、网络、收音机等固多了解，但对FM、GPRS、ADSL等电讯知识却多茫然，而且学生的科学素养与城乡差距有绝对关系，可见教育资源分配亦大成问题。

二是高雄旗山的圆富中学一百二十余位初一学生，被发现有十分之一的人几乎不识字，数学也几乎不会小数点以下的加法，英文就更糟了，字母几乎都念不出。据云是该校一名教师为报考研究所而怠忽教学所致。

把这些新闻拼合起来看，会发现我们的教育真是“朱门酒肉臭，路有冻死骨”。一边厢，在高喊追求卓越，瓜分大把经费；一边，却是不识之无，到了中学，还几乎是文盲。不但有城乡差距，亦有高教与基础教育的差距。

为什么会造成这种结果呢？难道只因一位教师不尽责吗？先从这位教师谈起。目前中小学教师不再具有教学热忱，不再以从事基础教育工作为职志，而热衷于报考研究所，以求早日“解脱”者，岂只此一教师而已？何以致之？考不上研究所的人，有许多人抱着数馒头的心态：希望及早退休者，更不乏人，此又何以致之？学生呢？到了中学还不识之无，基本运算及理解能力甚差者，更不会仅有圆富中学那一班。教育行政主管倘不隐匿病情，而作切实访查，社会大众恐怕更要吃惊得从椅子上跌下来。高雄师大做的，乃只是学生科学素养之调查，若更调查其他知识能力，亦会发现情况也一样地糟。

换言之，台湾整体基础教育其实是很差的，问题甚多。但教育主管官署之政策，却是发展高等教育。而在高教方面也同样劫贫济富、锦上添花，忙着盖“一〇一大楼”，希望用钱打造出一个世界一流的大学或科研项目来，吸引镁光灯聚焦效果，而对广大农镇民众的基础教育掉以轻心。基础教育之不好，城乡资源分配之不均，原因亦肇于此。官府诸公，对此当然别有权衡，自以为得计，但我们要问，基础教育不好，高教的一〇一大楼会建得牢吗?

2005.04.30

两岸和解与国际趋势

下午刘建华来接了去他“游学中国”参观，公司设在太庙中，环境绝佳。虞彬负责业务，甚为勤敏，网页制作十分费心。因时间仓促，不及细谈，约了过节后再聊。

晚，卜键、田青邀饮。卜键方从台湾返，说在“中研院”文哲所讲演，代所长王瑷玲介绍时说“卜先生乃龚先生友人，在‘鹏程随笔’中曾经提及”云云，令他大感意外，想不到龚某的随笔还可作为友朋索引。我说:“那是对我友善的，故因我随笔中提到老兄而亦推重你。但我仇家甚多，还有一票人，是专门借着我的随笔，在钩索株连龚某党羽呢!”相与咨嗟，遂浮一大白。

我们从前中文系博硕士论文最喜欢做“交游考”，其功夫即为上述方法，由诗文中钩稽之。而其实亦不尽可考。相传一人自谓其祖先曾与苏东坡交往，因问其大名为何，见于何书?答曰不知，但见东坡《赤壁赋》中有同游赤壁二客，其中必有一人是我祖先也。此等笑话，今亦时常见之。

席间颇论连战来大陆访问之意义。连战、宋楚瑜相继访问大陆，形成近日新闻热点。对其意义及未来可能之影响，近日各界评论已多，不拟凑热闹，只提醒大家注意另几桩交流会谈的活动。

一是大陆军方副总参谋长熊光楷甫于今日结束访美行程。这是美国与大陆军方举行的第七次军事磋商。美国一向担忧中共军事扩张，现亦关心反分裂法会造成台海局势紧张。中共则希望欧盟武器禁运的解禁问题，也顾虑美日军事同盟。双方在战略架构及拟想对敌情势上，针锋相对，是不消说的。但此类交流磋商不仅延续至今，抑且准备扩大。今年除了两方军事高层领导人互访外，并将加强军事院校交流与人员来往。在海上军事安全协商、环保、救援、人道援助等方面，也有合作或交流。美国且向大陆建议设立中美危机军事热线，让两方国防部高层官员能就危机问题直接对话。

美中军方这种交流情况，并非孤立现象，因为布什与胡锦涛今年下半年也准备互访，时间分别是九月与十一月。美中军方高层互访，大概也就安排于其前后。

这种情势，显示美国虽隐然以中国崛起为其战略竞争对象，乃至威胁，但基本上采取交流对话，防止冲突爆发的方法处理。在军事上尚且如此，文化与经贸之合作就更多了。

日本的情况亦复如此。中日关系闹到现今这个地步，而实际上对日贸易仍占大陆对外贸易额第三位，去年达一六八七亿美元。中国已取代美国，成了日本第一大贸易伙伴，去年日本对大陆投资亦达五五亿美元，双方经贸合作不退反进。东海油气田开发虽存在争议，但新日本石油早已与大陆合作，从原油中提炼汽油了，未来更准备扩大在开采、运输、储存、加工各方面的协商。甚且日本更倡议促进东亚区域合作，创建共同货币市场。这些，都不是只注意到日本与大陆竞争与冲突关系的人所能见到的。

日本首相小泉昨日访问印度，畅言加强能源、海上安全等多领域之合作，提供大规模经援、协建地铁及国际机场。刻又赴巴基斯坦访问，内容大抵类似。可见日本在激起周边国家反感之际，目前正在努力透过交流合作，争取与国，并想借经贸力量，将合作关系化为彼此关系稳定的基础。

以美国、日本国力之强，尚且须借交流合作来经营与大陆或东南亚国家的关系，台湾有什么条件和理由不采同样的办法？这种国际现势，或许对迄今台湾仍顽固反对连宋和平之旅的人，有一点启示作用吧！

2005.05.04

五四游半塘

二日夜乘车往扬州，三日晨抵达。扬州开通火车后，此番第一次来游。风景不殊，而人事已非。王小盾、李昌集均调离扬州，扬大领导阶层亦多变动。黄俶成则转至旅游学院，来邀下周赴该院演讲。

去瘦西湖等处参观。五一大假，四处游客蜂拥而至，几乎摩肩接踵，在小金山对岸看，小红桥上挤成人墙，墙仿佛就要压垮了。由柳湖路门口出，则见门外万头攒动，顶着公园门，向里挤，令人想起古代战争攻城门的场面，真是恐怖哉！去了一次，就受了教训，此后只拣清晨及黄昏，游人未至及游客已散之际去，独享清绝幽谧之境。因我办有年票，入出不受限制，且何园、个园、博物馆、汪氏小苑、八怪纪念馆等处，咸可游览，故一一闲步，不与俗人争道。

过扬州大学柳湖路校区，半塘依旧。一池浮萍，宛若一大碗日本抹茶，菡萏未开，颇见萧散之趣，这个池塘，是扬州大学为纪念任中敏先生而辟的，连接着瘦西湖，取名半塘，即是用任先生的号。任先生早年治词曲，号二北，取北宋及金元北方之学的意思，编了《散曲丛刊》等书。乃吴梅弟子。后从胡汉民入仕，又转去办学，大陆易帜时，正在桂林办汉民中学。因政局陡变，学校不能办了，流落四川。在成都生活无着，靠老婆做熏豆卖，每天他老婆做好熏豆，他担去市肆叫卖，扯一个布招，上面由写过《中国大文学史》的谢无量写一个毛笔招牌“江苏笋豆”，四处贩卖以糊口。后来友人介绍入四川大学，做数据管理，又迭遭批斗，不准上讲台。后来无奈，只好在校门口摆摊。改革开放以后，老学生蒋南翔做了教育部长，才将他调至北京中国社科院。后知他想返回故乡，就问扬州师院意下如何，扬师院大喜过望，立刻派人去接了来。不久，国务院开办博硕士点申请，扬州师院遂以任中敏为硕士导师申报了上去。不料，批下来竟是博士点。据说扬州师院里的人高兴得说：“天上掉下了个林妹妹！”扬师本是个小学校，岂敢奢望博士点？迎来一位大佬，对学校之帮助，乃竟如是！任氏过世后，该校辟地纪念，原因即在于此。

任中敏在扬大，已极老，八十四岁，在扬师大仅指导了王小盾一个博士。但此事极有兴味，可起人深思。我在卸任校长时，想起任先生的故事，本也想在校门外辟一店面，专卖烤全羊，兼营啤酒屋。故于今徘徊吊古，时兴感焉。

今为五四，但未闻有人纪念，全大陆都在吃喝玩乐中。据知南京一天能吃掉人民币二亿元，亦即八亿台币。今昔相比，又令人兴起不少感慨。

2005.05.11

扬州游

在扬州，本为度假而去，故无任何友朋酬酢、学术行程，日与湖山为侣。大清早起去买生磨豆浆回来煮了喝，一元二元即可煮成一大锅，又浓又香。然后泡一罐茶，出游园林。中午回来小休，下午再找地方去玩。玩得累了，夜间纳头便睡。不识不知，任天而动，不亦快哉！闲时则坐窗前，读近人笔记数帙而已。

但应酬仍是免不掉的。八日为邻居丁先生闺女于归之喜。其女乃南大中文系毕业，在北京学戏剧，上学期来北大听我上课，本学期又来清华听。女婿亦东南大学高材生，刻在清华出版社工作，恰于此时返乡结婚，我们当然要参加啦。

我另写了一副对子，曰："乘龙今见王逸少，有妇云是杜兰香"。可是我亦不能终席，因为宣传部长赵昌智也约了去茶楼小叙。至则陈文和、田汉云、刘永明皆在。田汉云已调至出版社，刘永明广陵书社员有数万片木刻雕版，近则移往成立雕版印刷博物馆，变化亦皆不可谓小。陈文和已整理完钱大昕全集，近方在整理王鸣盛集，田汉云则已出版新编汪中集，取阅一过，甚佩其工夫。汪中文集，包世臣曾嫌汪中子喜孙不善整理，自任整辑之责，但读之颇不见精彩。余昔年亦因此不甚重汪，以为狂生善骂负气耳，平生著作，因遭逢不偶，故多未成，唯文采可观罢了。今经重编辑比，才得以见汪氏学养之全。我论扬州学派，持论与扬州大学诸君迥异，但不能不佩服他们笃实的工功。

九日赴南京，回南师大清理物什。书籍皆打包，送吴颖文处保管，夜再驱车返扬州。十日则去扬州大学旅游烹饪学院演讲。

我好吃好玩，那是不用说的，与旅游烹饪学校也另有些缘分。佛光校长卸任后，适逢高雄旅游餐饮学校在找校长，有人来活动我，我正贪图不干校长的快活，岂能又入囹圄？因此就没去。但我长年旅泊，于此道久具心得，见此等学校，自然亦感亲切，所以黄俶成来邀，立刻便同意了。讲什么呢？讲台湾的旅游资源与旅游事业。我曾出版过《游的精神文化史论》，也规划过南华大学的旅游事业管理学研究所，故能随意扯扯。谓台湾旅游事业有六大特点：（1）国民旅游与休闲产业之结合；（2）小区总体营造与旅游事业之结合；（3）台湾少数民族经济发展与旅游事业之结合；（4）生态环保与旅游事业之结合；（5）民俗宗教活动与旅游事业之结合；（6）旅游与教育之结合。其实有点往自己脸上贴金，拣好处说之嫌；台湾旅游界之乱七八糟，不堪闻问处，正与大陆相仿哩！

讲毕聚餐，即送上火车，一寐而抵北京。放下行囊，就去上课。因宋楚瑜今天来清华演讲，故校园戒严，北大来上我课的学生被阻在外，打电话来联络方能进入。今日谈周作人。课毕，有学生来约下午采访，云想谈连战宋楚瑜访问大陆事，下午遂同去聊了一通。据她说，她乃是在北大听某课时，听人谈起介绍她来清华上我这个课的。

夜，田青忽来电，说有个聚会，找我去。到了才晓得是一群民歌爱好者的沙龙。这群人原先都在网上论文，交流对音乐的爱好、对民歌的研究，如今约聚于北京。有人从四川来，有人从甘肃来，有人由广东来，热情可以想见。其中也有山西左权盲人宣传队刘红权等几位。上次田青在中央音乐学院为左权县这批盲人朋友办音乐会时，我即去聆听过，媒体誉为“瞎子阿炳”复见于今，今晚则又再听他们唱了不少歌。且举座皆知之、好之、乐之者，谈民歌故实，唱各地风谣，析理论乐，令我疲累之余，大感愉乐。最后他们倡议成立“民歌爱好者学会”，还选了一首会歌，轰唱而散。我不能歌，但凑趣儿应不成问题，将来或许还可跟他们同去采风呢！田青上回喝酒时说起郁达夫一联，我在扬州无事，正好为他写了一纸，今晚就趁便带给他了，联曰：“曾因酒醉鞭名马，生怕情多累美人。”

2005.05.16

冷与热

由扬州回来，先是把上回在清华国学院八十周年纪念会上讲的一些意思，就其未尽之处再做些讨论，写成一篇论文。继而十四日清华学生办纪念讲座，邀我去主讲，就中国文化的儒释道三教讲了一通，听讲人数甚多，似乎与在北大相埒。

为什么要提到人数呢？不是要藉此标榜（说到此，讲个小故事。前在哈佛，某先生来，同去吃饭。席间有人谈到："某先生甫结束台湾之行，演讲想必轰动吧？"某氏随口就说："哎呀，是呀，每场都在五千人以上。"我与王德威听了不做声，对看了一眼。因为我们都在台湾长大，知道他演讲的那些地方装不装得下五千人。何况，演讲贵乎知音真赏，人多人少，岂是关键？），而是由此说学风。

一般都认为北大热，清华冷。原因甚多，例如北大甚小，清华甚大（三平方公里）。小，故显得人多，热闹；大了自然就冷、静，人与人之关系较松隔。而北大以文科为主，人文社会学科与理工科技相比，也有冷热之别。北大之热闹，还显示在它的讲座多，各界来听讲的人也又多又杂。有不少"听讲专业户"，例如退休中年教师文化人、待业青壮年，成天泡在北大听这个那个讲座。各地派来进修、培训的学员，也住在校园，东听听西聊聊，以度其时光。清华讲座应该也多，但校区大，不明显，又多以专业为主，所以感觉很不相同。不过，此种表面现象其实未必准确。我上文说此次讲演人数多，就是说清华听讲座之风无殊北大。前几天宋楚瑜来清华演讲，我看清华校园里聊的那股劲儿，对此便深有体会了。

北京的气氛，倒是由热趋冷了。连战宋楚瑜在的那一阵子，奇摩网忽然神奇地可以打开了，得以随意纵看台湾新闻，真是旅居大陆以来，前所未有的快乐。但十二日宋楚瑜一走，奇摩网就又上不去了。气候，则前一阵子阳和气暖，催得花呀草呀都一副早熟模样，几乎令人疑心春天刚来就入了夏季。政府也因天气好，把“财富论坛”安排在天坛祈年殿前召开。可是这两天，气温骤降，下起雨来，那全球顶级富商的“财富论坛”也不得不搬回人民大会堂去办。据说江南已阴雨连宵，台湾则暴雨有灾，北方现在才有点小雨，其实亦是幸事。毕竟，稍有点凉、有点冷，人会更警醒些。

2005.05.22

鞍山璞玉

鞍山市台湾同胞联谊会陈可兄，数邀我往游鞍山，皆不果。今春复由鞍山来，云：“鞍山所出岫玉，最大者一块，已雕为玉佛，在鞍山建玉佛苑供奉之，每年参拜者五十余万人，七彩斑斓，见者莫不赞叹，且已列为金氏世界纪录。顷则又出一块，重百五十吨，亦美玉也。此后当不复能再见如此巨型美玉，老兄热心推动两岸文教交流，送君如何？”我说：“我身无半亩，如何安置此等国宝良玉？此必大道场乃能为之建玉佛殿以为供养，我可为鞍山物色之。”于是联系了台湾一大庙。至于是哪一家，此处就不说了。反正这事非一时可成，还有许多细节需要磋商，待事成后再详叙好了。我这随笔，自有一帮人在监看，觅线索、搞破坏，因此还是谨慎点好。

商量要去看玉，已非一日，总因事忙，走不开。十九日早上忽动念，选日不如撞日，今日就去罢！于是与陈可联络，并去购票。不料去鞍山的人多，只买到一张硬卧、一张硬座，因已联络，所以只得仍与元之同去。

上了车，但见人山人海，走道、车门、厕所、洗手台，无处不堆满了人。硬座旅客，多经长途折腾，或由重庆来、或由贵阳来，形容憔悴，无复伦理。人又挤，一件汗衫，犹自热得汗气蒸腾，只好每到一站就挤下去吹冷风。车过锦州，乘务员大约被我烦透了，终于补了一张硬卧票给我，才能爬上去睡个几小时。

车抵鞍山，陈可兄来接，先去师范学院。

师院才由专科改制不久，目前有二十八本科，硕士点正申报中，学科力量当然不能跟早具规模者相比，但甚有朝气，办学体制也很多元，下辖成人教育学院、职技专科、应用科学学院、国际交流学院。国际交流与英、美、韩、澳洲均有合作，留学生四百余人，亦有外国大学承认其学分，实施二加二制。附设艺术高中、附属初中。其护理、卫生按摩、中医，具有特色，乃省内重点中专。该校应用农业生物科技亦佳，出品水果、酸奶等。如此办学模式，颇异于台湾。

此次来访，乃是磋商合办“幼儿教育论坛”，鞍山有幼儿园一千零七十四所，教师三千余人，儿童入园率达94%，有六万余人，而幼教又不限于幼儿园学生，目前趋势为零至六岁一体化，故生员可观。我希望能先交流讨论，办了论坛后，再具体研议合编教材或开发教具。除与师院就此交换意见之外，也去参观了白鸽幼儿园，该园阅读教材系自编，英语教材则与西安交大合作。

下午去看玉，岫岩满族自治区太远，所以只在市内厂房里看。玉璞堆积，尚待砻治，但略剥其皮，或沃之以水，即见莹莹玉光。有已去皮者，或二十或三十吨，皆瑰丽不可方物，彩光流炫，若泼彩大画。主人栾纲，状似李纪祥，热情朴质亦相似。八十年代以开出租车洊升积累迄今，拥矿山、开旅邸，而诚朴如故，甚是难得。

夜由鞍山市政府及台办邀宴。其台办旧主任陈永浩，昔余赴大连游玩时，曾专程趋车至大连相会，情意绸缪，今已调至澳门。然张春俊主任亦旧识，故相见甚欢。北人豪迈，不务虚饰。

次日游玉佛苑。玉佛实体，胜于照片所见。石质甚好，而雕刻亦见功夫，颇不俗气，佛殿建筑亦有法则，惟四周少林木耳。陈可说："要看树林？那就去千山吧！"于是去千山。

辽宁人都说："南有黄山，北有千山。"初不谓然，认为是地方人自己吹嘘，去看了才知道中华大地佳山胜水还真不少。千山跟黄山性质不同，不好比较，但作为国家4A级风景区，毕竟不俗。山凡千座，故号千朵莲花山，云有九九九座山峰，肖莲花状。唐太宗、薛仁贵征辽时均驻军于此。亦有唐代寺庙，出舍利及诸金银器。山太大，我时间太少，故无量观、仙人台、天外天等处均未去，只从云泽湖、南泉寺、弥勒千佛阁至弥勒大佛。

南泉寺为古刹，但寺中旧碑碣有高上玉皇本行集经刻石，不知何处移来，又不知佛道不同，竟矗于寺中。大殿中奉三世佛，然首位竟是迦叶。皆大谬。天成弥勒道院，立一金漆胖弥勒于庙门前，取乐俗目，亦大伧儜。天成弥勒大佛，将壁立峭岩想象成布袋和尚，谓为天成佛像。心注目成，固无不可，但说得夸张神奇了就不好，什么开光时天降祥云，宛若弥勒、观音，皆不值识者一笑。我佛光大学破土时，有观音涌泉之异；信徒聚会时，有佛影背光之圈，引得信徒捐献颇多，但如今回想，又怎么样？学校还不是……唉，奇迹焉知不是灾异？凡此类奇迹，均当如是观。山中有放生池，附和这些寺庙宫观而设，亦无聊。商家买巴西龟来卖给游客放生，池畔并刻若干诗句，劝人放生，我趋前一看，居然刻了一首“唐，白乐诗”。

中午栾纲邀聚生态园。园中遍值花木，孔雀栖于树巅，游客聚餐于林中，辽宁冬寒，雪中亦仍可保此绿意，南方则不须有此，故此等餐厅南方亦不可见。

鞍山除了这种地气风土之殊以外，当然就是人物可亲了。栾纲这样的实业家前面已经说了。我在师院时，他们带我去看校内一展览馆，取名里仁馆，殆仿京都有邻馆而设。藏品当然不能跟有邻馆比，但可见学校的用心，也可见主持人王登科的执着。王君能书画，从拍卖场里买回一幅于右老写给某位“登科先生”的条幅，挂在馆内书斋中 。就其所藏，可见来往多为辽省俊彦，艺能亦皆有可观之处。据闻一位黄金鹏君，曾辞职自费去山西永乐宫临摹全部壁画，又一位崔地高遍临唐宋人物画，都令人肃然起敬。此等人物，声名未必足以震襮于通都大邑，但积渐自养，文化之发皇存续，未必不在此辈。

2005.05.25

《四库全书》的故事之一

在清华内的折扣书店，购得一批辽宁教育出版社的新世纪万有文库丛书。万有文库是从前商务印书馆的著名丛刊，后来商务在台湾，另刊人人文库，情况略似。早在一九〇四年，伦敦出版商丹特，即筹划印一千部经典，以精巧的开本、低廉的价格（当时是一先令），吸引各界人士之兴趣，有系统编印全世界有价值的书。丹特为此理想成立了“圣殿印书坊”，对许多经典在二十世纪得以普及，厥功至伟。那套丛刊，就名人人文库（Everyman

Library）。王云五主持商务时，出版人人文库即取意于此。早期商务之万有文库，大概也是，因为它们都有相同的特色：好书、小刊本、价廉、内容驳杂。

辽教这套书，摆明了要继承此风。主编俞晓群在其间大概发挥了很大的作用。俞晓群是数学家。去年我来北京未久，沈昌文先生就将俞先生一论数学文化的书转来，命我作一序文。原先沈先生也介绍了我几本书，准备请辽教出版，故有此因缘也。但俞先生不久于其位，我那些书的出版计划也已作罢；现在看这批俞先生主编的“万有文库”流入地摊及折扣书店，不胜感触。显然，这代表辽教不打算再走这条路线，所以倾销其库存，每本均以五折求售。世上，凡好事，均不久长，此亦一例。

这套书，本来定价就低，五折后更便宜，且轻便易携，内容尤其包罗中西，颇多佳椠。尤其有趣的是内中颇有台湾一些书，如《高阳说诗》、台静农《龙坡论学集》、郑骞《永嘉室杂文》，以及何凡尊翁夏蔚如的著作等。选目不俗，且有古调独弹之概，为今日出版界中难得者。中西古籍，也出得好。

今日买得一本叶恭绰《矩园余墨》，是从前我未见过的笔记，大约为叶氏晚年留在大陆时作。翻读之，第一页就是《跋文津阁四库全书册数页数表》。看得我大生感叹。

该文是说一九一九年准备印四库。当时在北京有三部四库全书：文津、文渊、文溯。因文津阁本校对较完善，所以选以为底本，“其它各部难免草率，且有全册空白未写者”。但因那时“主管部门的职员们不知有何企图，似不赞成，其态度极为奇怪”，所以连册数页数都不去清查。印书而不知册数页数，成本如何估算？于是叶恭绰、陈援庵等一般文人组织了六个人，冒暑去故宫点查，花了两个月才点完毕，做了那张表。叶氏此文即介绍此表，并纪其事。

但《四库》仍没印成。据叶氏说第二三四次要印也还有不少笑话，商务印书馆曾准备把那些故事编成一本书，可见其中颇有曲折，“然其阻力皆生于微末 ，可证黑暗时代，故无事不形其黑暗也”。

读这段往事，为何会大生感慨呢？台湾当年印了文渊阁四库，主事者仍是商务。但书旋售罄，罗光总主教想要一部都没有书了，托我问总经理张连生先生，张先生把他自己那一套让了出来。后来大陆的印本，也是翻印商务的本子。待我主持佛光时，王云五先生的藏书，好意托我代管，所以我也准备继续商务的事业，刊印四库。且佛光是新学校，若能再印四库，则全世界所有文教机构及人士皆当知名，广告效益就很可观，更不用说市场上确实需求甚殷了。当时大家商量，准备去跟故宫谈条件。但因我读过文津阁本，知文津阁本颇与文渊阁本不同，纵不必如陈垣、叶恭绰说是最好，仅其不同，就很值得印出以供学界参考，故主张印文津阁本。

当时又在北京，与卢仁龙兄、北京图书馆、商务印书馆商议合作。谈妥了以后，返台募集资金，准备编印。因学校本身没有这笔预算，可是此事确是为学校谋划，故询诸董事长星云，拟向佛光山借支二千万元，印出后璧还，再赠若干套给佛光山。所有盈余，则归学校，倘或赔蚀，便由我负责归还，还找了银行作保。星云同意了这个建议。不料开董事会时，他却未出席，反而由依空、慧开等董事你一言我一语，讥姗并作，推翻了承诺，否决了这个事。弄得我跟北图和北京商务的合作几乎无法履行。好不容易，另行处理，才弥缝了这个问题。其间为何忽生如许变故，我亦如叶恭绰般，不知其故，只能感喟佛光福薄。

如今，在卢仁龙兄等努力之下，文津阁四库终于印出。当年我准备配合四库之出版而在校内推展四库学，在国际汉学界起一领头作用的相关计划，则待后续再找机缘做了。

这些事，其实甚多。前在扬州，便与陈文和诸先生谈及，应编一《四库提要集校》，因为四库提要早已单行刻板，学界使用也极频繁，可是很少人知道印本《提要》与写在《四库全书》每一本书上的提要甚多异同。每一部《四库》又彼此不尽相同；四库馆臣如翁方纲等所作之提要稿，跟后来改定的提要更多差异，所以若能集编合校，对学界将大有裨益。然此事众擎易举，非我山林野老单枪匹马所能为也。

呀！偶读短书，怅触旧事，抚今追昔，乃有如斯感怀，真是糟糕！

2005.05.27

两岸交流

去年底，大陆就开放了台湾登陆的水果至十二项，今年则江丙坤、连战、宋楚瑜相继访问大陆后，更是扩大开放，且减免了关税。但因大陆迄今不愿与台湾官方接触讨论，只希望跟我农业界直接交流协商；而政府亦不愿公权力无所施为，也不希望这个优惠台湾农业的功劳归了在野党，因此，不仅毫无鼓励农产品登陆之指示及配套措施，陈水扁甚至一度说出“大陆开放台湾农产品登陆是欲刨阿扁南部票仓的根”这类话。

同样的情况，是开放大陆人士来台观光。这与开放农产品登陆，一去一来，而皆同为台湾社会所需，大陆看来也已做好了准备，十分积极。唯因大陆仍不愿与官方接触，只拟采今年春节包机模式，与民间协商，故亦卡在那儿，迄无进展，令台湾旅游业者望穿秋水。

不过，观察两岸，不能只从政府行为这一个层面看。由实质层面观之：北京等地所办台湾水果品尝会，都非常热络，台湾农产品事实上已在大陆销售甚多了。这就像台湾迄今其实法令根本没开放民众赴大陆观光，但相信绝少人知道这件事，因为至今台湾民众去大陆已达三千三百余万人次，且正在以17%的幅度增长中。

这种政策上尚未开放，可是实质面早已打成一片的景象，其实遍及经济、社会、文化各领域；就连政治人物之交流互动，也早已超过一般人之想象。这种景观，意味着什么呢？

我们都知道一个社会越成熟越进步，政府的职能就越缩小，政治学上把“大政府小社会”或“大社会小政府”作为相对的指标，用以衡估一个社会的成熟度，就是这个道理。以台湾和大陆相比，大陆的政府管制力，显然就大于台湾。台湾之生命力、竞争力本不在政府而在社会。政府财政又日益窘困，整个台湾藏富于民。政府缺钱少权，其实本来就不能做什么事。这时，政府之作为，便不能再表现在主导、管制社会及人民上面，因为实际上既主导不了也管不了。它应该做的，乃是“民之所欲，常在我心”，顺着社会的动向、民众的需求，利用手上的公权力，和残存的政府威望，协调各方，以达成之。民众基于对传统性权威的畏服，一般总是期待政府在这些地方有所作为的。若久候而无消息，反而一味摆官架子，限制东限制西，要人非来跟我谈不可，老百姓自将望望然而去，利用民间丰沛的资源与管道、自己的方法，去达成他们想要达成的利益，把政府甩到一边。主政者应该明白这个道理，不要仍不知今夕何夕！

今日中午计璧瑞邀去北大中文系聊天，同至者有黎湘萍、张重岗。湘萍现主持社科院文学所台湾文化研究室。是最早介绍我到大陆学界来的朋友，我亦甚喜其笃实。本来约了这学期同去广西玩，因未能成行，所以先找个机会碰面，这要谢谢计璧端之安排。张重岗则正在做新儒家的文艺思想研究。大家胡聊了一通，甚快。其中我讲了一个意思，归来记在上头。

2005.05.28

《四库全书》故事之二

上回谈到《四库全书》的出版。说来有趣，最近天津举办全国书市，规模盛大，据云订货会的订货码洋便超过十一亿，即台币四十多亿，其中吉林出版集团的展位，弄了个排场：一位身着龙袍，端坐御座者，举行新书发布会，“御售”《钦定四库全书荟要》。旁边嫔妃宫女环侍，不知情者还以为是在拍戏，却原来是该集团发行部经理想出来的点子，他自己去扮皇帝过过瘾。该书订价九点八万，凡五百册。

另外，北京功德阁文化公司策划，由福建厦门鹭江出版社做了一套线装本四库，全用手工宣纸印刷，手工装帧。书是根据“原书影印”的，大八开，共一一八四册，分装一百四十八函。据云限量发行三百套，其中一百 套用来拍卖。许多参观民众跑去这套书前拍照留念。但此书之所谓原来影印，殆仍只是用台湾商务印书馆的印本来做的。因为文渊阁本在台湾，他们不可能借到。文溯阁本锁在甘肃兰州山坳里，迄今亦未印。文澜阁本在杭州，世人还不知其价值。文津阁本则现在才刚印出。故要翻印，只能利用台湾商务印书馆的本子。可是很多人并不晓得当时商务印印书馆《四库全书》时是做了加工处理的，若据以翻印，不难勘出。

今日去北京商务印书馆所办涵芬楼书店的讲座演讲。这是商务印书馆办的一个大书店，有点诚品的风格，每周均办讲座，这次是《万象》与他们合作办的。王瑞智来找我去讲“旅行中的文化观察”。

讲前，王瑞智来带我去吃鼓楼鲁菜。吃完出来到地安门去商改建街景的规划，循胡同去找李莲英的旧宅。找来找去，便问胡同里聚坐聊天的人："老大爷，这李莲英故居在哪儿？""呐，前面堆砖土的就是。"另一人说："不，不是这门，是那门。"我们道了谢，正要走，旁一人却问："那李莲英，是干啥的呀！"我们愣了一下，旋即哈哈大笑而去，问得好，问得妙！生此世，高谈四库，岂非詅痴？

2005.05.31

朱丽叶故居

日前在涵芬楼讲旅行中之文化观察，王瑞智听了觉得与陈志华先生论西方旅行文化有相发之处，送了本他替陈先生编的《意大利古建筑散记》给我。这两天看了，很有收获。陈先生论西洋建筑及城市古建筑保护，当行本色，毋庸再叙；内中一些颇具散文趣味的记录亦甚有意思。如云维罗纳（Verona）最重要的古迹，是朱丽叶家及其香冢，游客甚多。但朱丽叶与罗密欧的故事，本是虚构，由一五三一年维晋寨人达洵多写了这个故事，在威尼斯出版。经莎士比亚戏剧之渲染，遂致家喻户晓，好事者乃附会有这个"故居"。故居还有个阳台，以便罗密欧站在下边向朱丽叶诉情衷。陈先生论古建筑而附比及此，令人看得笑出声来。

因前几天才写了一文给《青年日报》，谈一些北京的名人故居。里面谈到香山的曹雪芹故居。天底下到底有没有一个人叫作曹雪芹，如今尚待考证，怎么就会有他的故居？这个故居，也跟朱丽叶故居一样，是好事者附会杜撰的。旅游事业越搞越旺，将来大概也就会有某处村庄，打出名号来，说我们这儿就是当年猪八戒招亲时候的高老庄！

把小说中人物，坐实为历史真人，且为之考籍里、觅故居，看来也不只是在旅游界如此。我在网上看见一些学者在争论崔莺莺到底是不是外国妓女，情况也相仿佛。

原来，元稹写《传奇》述张生与崔莺莺故事，此文一般称为《莺莺传》或《会真记》。故事内容，大家都晓得。乃是张生路过蒲州普救寺，住在西厢，与崔小姐谈恋爱偷情之事，后经王实甫这位类似莎士比亚的大戏剧家衍为戏曲西厢记，而脍炙人口。崔小姐在文中，与张生系表亲关系。

到宋代，苏东坡就开始替小说人物找史实，说张生乃元稹之好友张籍。王铚不同意，另作考证，认为张生其实就是元稹本人，崔小姐即他表妹。因为据他位朋友说，曾见过一方元稹写的姨母郑氏墓志，里面说郑氏丧夫遭乱，元稹保护其家备至，而崔莺莺的妈正好姓郑。元稹又另有《梦游春》等诗也提到了他早年有一段会真遇仙的经过，因此就“证明”张生即元稹。

到民国，陈寅恪写《元白诗笺证稿》才认为小说不同于史实，不应该泥指。这个原则，再对不过了。但陈先生立刻就从这儿岔入歧途，说我们不应把“崔莺莺”这几个字看死，如主角姓崔，乃唐人写诗写小说之惯例，犹如说“萧娘”。崔是当时高门大姓，故假托以为姓。“莺莺”两字，也只是代表字。所以，他判断崔莺莺非本名，乃假名，真人可能是另一位在元稹诗中提到的“曹九九”，有时又称为“双文”。而会真云云，则与张文成游仙窟一样，是一段冶游的故事。

近又有人推衍其说，谓曹九九住在蒲州，或为当时入华之粟特族人，是酒家胡姬。有人赞成，有人反对，吵来吵去。

这不是幻中出幻吗？从考证上说，崔莺莺若是世族高门女子，张生就没必要抛弃她另娶高门韦氏女；若崔莺莺是妓女，唐人风俗跟妓女谈恋爱而后来弃去，也根本不当一回事，张生不须造一番“忍情说”来自我辩护。因此，从考证上去证明崔小姐是高门女子或妓女，都是不通事理之谈。

张生的部分。若只是游仙会真，唐人本不以为讳，元稹又何须假托，化名为张生？若说是抛弃了表妹，同样的，没道理。因为娶崔氏女不比娶韦氏女更差，而元稹与韦丛结婚，也在他跟“崔莺莺”之事结束了以后（假定元稹就是张生）。

这些道理这么简单，为什么搞考证的人却都不能了解，还在哪儿编年谱、坐笺证、瞎忙活？

我看过周相录的《元稹年谱新编》，在贞元十六年底下说：“在蒲救寺。春，与崔莺莺谈恋爱。”这就是以小说为实录了。但普救寺，不过是一处小说的场景罢了，真能说元稹就住在这儿吗？元稹另一首《梦游春》七十韵，是论证张生即元稹本人的最主要证据，此诗所遇之仙，即“会真”之意，会了女仙真。可是会真之地，就不在普救寺，而在桃源洞府：“昔岁梦游春，梦游何所遇？梦入深洞中，遂果平生趣。”故若元稹确有一恋爱事件，则普救寺与山洞云云，都是假托之地，编年谱的人，以贾语村言为真赃实据，真以为元稹就住在普救寺，岂非痴人面前说不得梦？相信故事发生在普救寺，而不信它发生在桃源洞府，又有何凭据？

我也看过杨军的《元稹集编年笺注》，它是这样系年的：明代马之调的万历刻本，因相信元稹就是张生，所以把《莺莺传》里的诗都收入了元稹集，当作“补遗”。然后杨军就据这些“元稹作的诗”来编年，说贞元十六年元稹作了这些诗。因为那一年张生正与崔小姐谈恋爱。这不是循环论证，自说自话吗？

凡此等等，辨不胜辨，许多学者都缺乏对文学的基本认识，以虚为实，认假为真，故往往如此。但非如此，不能刺激学术发展，论文出了一篇又一篇，专著一本又一本，考来考去。抟沙作饭，聚沙为塔，当其假，不妨视之以为真，因为学界的热闹，就靠这个。犹如弄个朱丽叶、曹雪芹故居，足以促进旅游那样。

2005.06.09

流浪教师上街头

台湾“抢救‘国教’大联盟”，将于十二日号召十二万人上街头。由于此次游行抗争中有一大部分人是流浪或超额教师，因此“教育部”紧急灭火，提出让每班教师的编制由每班平均1.5人提高到1.6，可增加小学教师五千人，以纾缓流浪教师的压力。但“行政院”院会已经驳回了这个方案。谢揆认为，小班小校之教学效果未必好，如台湾少数民族学校学生的成绩就不如城市；其次，班级增多了，整个台湾负担更重，故不如由各地政府宽筹经费，让老师退休或淘汰不良教师；三则是培训储备教师，给予证书之制度，应予检讨，不是念师范或有资格者就非当教师不可。

这一决定，势必激化游行者的反应，这是毋庸再说的。就算不理会游行者，恐也会认为“行政院”的态度缺乏解决问题的诚意和方法。

小班小校，是昔年李远哲推动教改时的主要理念。从教育实务上说，小班教学之效果基本上也优于大班。可是现今“教育部”提出扩编教师的方案，却并非基于教学功能，而是以扩编、增班来灭火，为何要增编五千人，没什么道理。“行政院”反对，也不是因此案理性评估不足，而是反对小班小校这个原则。但反对的理由，并不依教育原理上的理据，反而扯上台湾少数民族学校水平低来搪塞。台湾少数民族学校教学水平不佳，另有原因，岂是小班小校所致？如此论政，是政府该有的态度吗？

再说，要地方政府宽列经费让老教师退休，或淘汰不良教师，是办得成的事吗？地方上若能宽列得到经费，若能得罪这些不良教师，会拖到现在？中小学老师想退的退不成，想教的进不去，但长期以来，上面推给地方，地方推给上面，谁也不负责任，迄今酿成事端了，上面仍是这个老法子，教地方怎么办？

证书的问题也是如此，培训教师领了证书，确如培训驾驶，领了驾照的人不见得都买车来开。但有了教师证的人，可不能像想驾车的人就可买车去开，因为“车数”是受管制的。既要管制，又怎能不管储备教师死活，听任其自生自灭。何况，会开车的人很多，但只有生计困难、工作不好找时，会开车的人才会一窝蜂去开出租车卡车。若非现今经济不佳，就业困难，又何至于有那么多人巴望着教师这个职业？谢长廷内阁，组成亦有日矣，对此亦有纾困之法否？吾人愿闻其详。

评论完台湾的大事后，略说一下个人的小事：

昨为在清华最后一次上课，课毕，学生送了我一些照片和礼物。我年轻时，不会教书，山谷诗云：家贫只以官为业，我是改一字叫“家贫只以‘教’为业”而已。现在，渐渐会教点书，却要退休了。人生总是如此的，原也不必感慨。在大陆各校游旅教学，师生虽皆相得，但一时因缘，偶聚则散，将来或许也终生不再有重逢之机会，想起来才更令人生感触呢！

2005.06.18

巴渝杂事诗数首

六月十二日赴重庆，十八日返，游于巴渝之间，事繁不能殚记，作巴渝杂事诗数首，略述颠末。

一

张公祠联挂钟家，搜拼丛残古意加。

今日无磁磁器口，茶楼栉比卖麻花。

【注】抵渝，晏红来接。念及昔日同游三峡情景，倍感亲切，然讶其瘦也。曰：胰腺炎，方开刀。彼已由川大转至四川外国语大学，任图书馆长，盖劳累所致。导余往游磁器口。此地林森尝题碑云“小重庆”，今则并入市内，已无磁器行，唯以龙隐古镇名义，号召观光客耳。龙隐者，谓昔建文逊国时，尝隐于此，镇有宝轮寺，即其隐居之地。此乃讹传，不足信凭。宝轮寺大殿塑佛陀与阿难迦叶像，背则为西方三圣。导游不知，云为观世音。殿陛镌龙纹，乃寺庙惯例，亦附会为建文事。镇中星卜命相者甚多，皆自称咨询顾问。余则售土特产者，又皆自称陈麻花，然仅一家生意兴隆，余多冷清。入一钟家旧宅参观，大厅立一钟氏神主牌，两旁悬木对联一副：“两铭儆世垂前范，百忍传家裕后昆。”竟是张家祠庙之物，不知由何处搜罗辑并于此，幸而游客大抵亦无明白人，否则岂不笑煞？于偏堂一破箧中，捡得霉烂残书数种，一为某氏评注孟子，一为大足县志，一为算术书。余正拟往大足开会，而得大足县志，此兆甚吉。因询阍者，付十元，挟而出，大乐。

二

雾都之雾汗腾蒸，六月山城欲卧冰。

幸来缙云山上坐，苍松碧竹偶逢僧。

【注】重庆师大邀下午演讲，然又改为夜间，因思日间无事，遂独往北培，转三花石，再坐摩托车上缙云山。山多松竹，幽不减青城，而凉爽特甚。重庆，号称雾都，湿气蒸腾，而半

为人身所挥之汗。时才六月，而酷热至此，南京武汉咸不及也。唯此山清凉独绝，山下为北温泉，山上有缙云寺，太虚之塔在焉。太虚于抗战时，曾于此设汉藏教理学院，栽成人才甚众，印顺、巴宙、赵朴初等皆在此处，乃一大丛林。寺则为刘宋以来之古刹，今兹残败矣。然落叶苍苔，弥滋古意，令人尘鄙都消。由寺下行至白云竹海，坐竹海间，烹茶一瓯而返。夜与重庆师大中文系学生谈，竟至十时半。校工以时太晏，关灯而去，学生仍不退，纷纷开手机以为照明。此与在扬州大学烧蜡烛演讲略似矣。

三

纵横铁骑大江山，魂断嘉陵小江关。
到此岂当多论议，钓台高处可垂竿。

【注】重庆一带，人文本盛，抗战期间西南联大等校及中央研究院等亦皆在该处，流风余沫，似应沾溉弗穷。然近数十年来，风流渐歇，人文学科博士点甚少，今年有二三名额，四川外国语大学欲争取之，重庆师院则黯然退出竞争矣。晏红因负责准备川外之申报文件，今日遂不克陪我闲逛，乃由川外图书馆书记苟志光兄导余往游钓鱼城。金庸小说《神雕侠侣》云郭靖杨过等在襄阳抗元，击毙蒙哥汗。其实抗元二三十年者，乃钓鱼城，非襄阳。蒙哥汗死于钓鱼城下，忽必烈等方在埃及，正拟挥兵进攻非洲。闻讯，自欧非大陆全面撤军，返国争位。故此役关系世界史甚大。城乃孤岛，峙立江中，巨石嶙峋，古城俨然，山巅有钓台，云古仙人于此钓鱼以活岛民。今仙人与硝烟皆散尽，游人往游，刻石凭吊论议之而已。余与苟兄觅一“农家乐”，临池坐饮，菡萏飘香，摘瓜蔬而食。池中有黄鳝，捕之，未获，甚憾。

四

学人四海散其光，为奠杨公聚一乡。
商兑文章征古义，默期潜化好儿郎。

【注】赴大足中学，参加“杨明照学术思想及龙学国际研讨会”。会乃四川大学召开，大足则为杨先生故里，故来此开会。杨先生以校注《文心雕龙》成名，是以会议又集中于讨论《文心雕龙》。上午开幕毕，校长李福超浼余为题杨先生纪念馆匾。此虽中学，然颇重视乡邦文献，为杨先生塑像、成立纪念馆、开研讨会，命其学生群聚听受，欲有以感化之。下午与会代表齐赴龙岗山，举行杨先生骨灰安葬仪式，备极哀荣。此会系曹顺庆主持，杨先生有此门人，令人钦羡。

五

神州刻石鼎而三，一足渝巴肆大观。
指划依稀儒释道，凭兹认取旧衣冠。

【注】大足石刻，与云岗、龙门合为中国三大石刻群，而云岗、龙门皆在北朝，故多胡风；大足为晚唐五代至宋时期所刻，风格迥异；亦不只刻佛像，儒道人物及民间信仰皆甚多。惜发现甚晚，民国三十四年，杨家骆始率马衡等人来此进行调查，迄今国际知名度及研究遂不如云岗、龙门。余前此曾与郭冠廷林信华来游，今兹重至，摩娑兴感，仍如曩时，而时日酷热，实不如昔之桂子飘香时也。夜往龙水湖沐浴温泉，始尽涤汗腻。龙水以刀闻名，湖亦深美，未甚开发，尤好。

六

雨次穿林自在行，茶山竹海碧青青。

未逢苏髯多遗憾，闲坐楸枰夜听莺。

【注】由大足返渝，顺庆命其学生童小畅来照料。小畅母林霖与其三爷林宏华先生同来，除安顿起居外，为我联络永川政府，赴永川参访。永川为职业教育城，又为茶文化节举办地，境内且有一大野生动物园，故颇有可观之处。先逛野生动物园。中午王琛发来电，问："在何处？"曰"正在吃老虎肉。"相与大笑。下午参观各职业学校，继而赴茶山竹海。茶名永川秀芽，与台湾多所交流，茶艺山庄颇不俗。竹海则为张艺谋拍《十面埋伏》之处。小雨穿林，其旅游局缪局长问："要走走吗？"答："莫听穿林打叶声，何妨吟啸且徐行。"于是与小畅同入竹海，浴一身青碧而出。茶艺山庄为围棋集训基地，每年棋手来此对弈、品茶、看竹、听松，甚不恶。余以为更适合办一书院。夜，郑市长来旅馆拜访时，即以此意询之，彼亦以为然。林宏华先生则谓，在野生动物园畔，建一虎啸书院亦甚佳。

2005.06.30

中华文化的诠释与发展

自渝返北京，随笔就写得缓了。原因不是我怠工，而是明芳这段时间太忙，根本不可能有空来打此闲稿，我不能不让她喘口气。

此次"中华文化的诠释与发展"研讨会，全靠明芳协调联系，幸而开得很成功，她的辛苦也有了收获。会议内容，我请她挂上网去，有兴趣者可以自己看，我不用赘述，聊说二三事。

一、会前，收到杨宗翰文，说昔年曾得一奖品，是我的《文学散步》一册，当时实未在意，亦不知作者龚某某为何许人，不料尔后竟有师生缘分。此次会中，又有黎湘萍谈及当年因读我那本书，而推荐找姚一苇、王梦鸥及我来大陆开会。王姚二老不可能来，独我来了，遂有了后来一连串两岸交流之事。陈炜舜也说他读小学时，姑姑送他一册《文学散步》，似亦久肇因缘。一本小书，竟有如此多善因善缘，真令人高兴。但昔年为了这本书，我也担了不少骂名，老辈为之切齿者，非只一二人。人生在世，毁誉相兼，正如此书，可令人深长思也。同一本书，对某些人来说，可成善因缘；对另一些人，却可造恶因果。

二、这次会议，对某些人来说，或许并不乐见它办得成。因此没申请到经费，佛光来开会的人则开玩笑说："可能回去后会被记过。"然而它终于办成了。这要谢谢明芳的积极任事、远道至北京的韩国、马来西亚、新加坡、厦门、台湾各地朋友，也要谢谢北京各机构友人的协助。众缘所成，殊非易事。

何以说不容易呢？现在办会议的多了，但以我们台湾一小学校，能在大陆召开会议，并主办，此例尚不曾有过。北大、清华，是大陆最好的学校；香港大学，是香港最好的大学，联袂与我们合办，也是前所未见。韩国翰林大学特来共襄盛举，来了那么多人，且马仲可先生是两周前才到过北京的，这不难得吗？其他藏学中心、白云观、北京语言大学、作家协会、儒学联合会、艺术研究院、游学中国之配合，大概也甚罕见。

三、在会上，不免有人对我有些揄扬，或形容我是天才。我不知怎么，忽然想到超现实主义的怪杰达利。达利有次自言自语说："我是个天才吗？六岁时，我想当厨师；七岁时，我想当拿破仑。从此，我的雄心壮志日益滋长，就像我对各种伟大事物的狂热迷恋一般。"他热衷于做个大人物，因此不免索隐行径。1936年，伦敦国际超现实主义展览会上找他演讲，他穿了一套深海潜水衣去讲。但隔着玻璃头罩，谁也听不清楚他在说什么。然后，他自己感到呼吸困难，屡次以手势示意别人替他除去那以螺丝固定的头罩。可是没人知道该如何动手，最后发现情况不妙，只好用大锤子敲开头罩，才救回他一条老命。达利曾经很自豪地说："我跟疯子最大的不同，就是我并没有疯。"可是看他此等行径，距疯子亦不甚远矣。此盖故欲示其才、欲求异于众人，故邻于险怪。我非天才，也不想做拿破仑，只想学孔子，故只不过老老实实"学而时习之"罢了。这次开会，我也没有穿潜水衣去演讲。

四、会议有不少北大清华的学生来参加，清华那场还有经济系的教师、生物系的学生，令人印象深刻。刚好这两天我在改考卷，才发现我那一班"现代思想与文学研究"课堂上的学生也约有四分之一以上不是文学本科，而是土木、结构、生化之类学科的学生。他们在我课堂上听课专注，所以我根本就没察觉；看他们的报告，论思想、谈历史、说文学，则亦头头是道，颇有领会，更是惊异。在台湾，就罕见此类现象。一般理工科学生，不太会主动去选读文学与思想课程，也不太会主动去参加中国文化的研讨会。而他们来上这样的课，显然也不是混营养学分。有位学土木结构的同学，在报告后面另附了一封信给我，很能代表他们这类学生的心情或学习态度，台湾的教育在这方面就仍需加强。

五、会后去拜访白云观等处，大家对大陆介入文化学术工作，忽然大有好评。我则不以为然，认为是接待得太好所产生的错觉，以及对大陆体制底里仍不甚了解所致。在临别晚上去马连良故居吃狗肉时，向大家解释了一遍，但不知大伙儿是信是疑。

六、会议期间，获许翼云先生一信，录后：

侠客赞（听龚鹏程先生谈侠客后记）

侠情："儒非儒，侠非侠，三尺剑，半截袄。呼朋唤友酒和肉，雄心壮志肝胆照”

侠心：“言必信，思必报，救贫弱，结英豪，铲平世间不平事，死生度外不矜骄”。

2005.07.26

福州三日

刘登翰先生来约，谓福州举办两岸首届中学生演讲比赛，台北市有一女中、中山女高、成功中学、景美女中、复兴高中等校参加，要我担任评审。我现在台湾，八月初，就要去大陆，没理由现在专程跑一趟，但想此举颇具意义，只好勉为其难。

但原定二十日举行，适逢台风，遂延了几天。我于廿五日抵榕城，稍休息，夜便与刘先生去福建画院，参加《台港文学选刊》在那儿办的“人、自然、文学诗文朗诵会”。大抵皆散文诗，强调生态、环保、自然观念。除大陆与香港诗人外，有青年获奖者不少，山东、湖南、贵州、上海皆有之，甚有趣。大陆之朗诵，多仍有六十年代夸张抑扬之态，青年则青涩只如念文章，但清新可喜。

廿六日上午举行比赛，每人讲一题，均为传统德目，如忠孝、诚信、尊师、爱人之类。讲毕各表演技艺，或剪纸、或弹琴、或踢腿、或唱歌、或演剧、或舞蹈，演讲较枯燥，盖此等题目，岂青年所能真假真解？勉强申言，只能讲空道理、大帽子，立意陈腐空洞，无说理及说服功能，故仅能表现其技巧，以声腔、姿态、手势取胜，许多地方令人失笑或起鸡皮疙瘩。但一表演起技艺，这些孩子就活起来了，机灵精怪，令人喜其才质之美。例如，初中生弹《黄河》、《梁祝》；泉州一女孩唱南音；台湾的小朋友耍宝，都是年轻人本色，而又显其才，不似讲忠孝论信义那股装大人声口。

下午专题演讲，我略说了一下现代人必须了解传统的原因。晚间学生们联谊，玩得更疯。两岸虽睽隔，然青年间交流本无挂碍，一下就水乳交融起来。明后天他们还要去武夷山办夏令营，想必会留下美好的回忆。

夜汪毅夫请客。与毅夫久不见，见面一算，竟已十余年。那年我带团去福州，与社科院合办一会，夜闻邓丽君逝。第二天大会开幕，本欲以此为题申发感慨，又恐不庄重。那时大陆开会还经不起开此玩笑，遂作罢。因此记忆深刻。其后毅夫去做了副省长，便难得见着了。二〇〇一年毛汉光先生在建阳结婚，我们去贺。由建阳经武夷山、福州而往厦门。毅夫方出差，闻我至泉州，专程来找。惜我旅馆未登记，害他白跑了一趟。如今相见，自然喜悦，他虽做官，不废治学，每年仍可有一本著作面世，精进不减当年。

在福州，得相见者，除社科院诸故人外，最特殊的，其实不是别人，而是卓克华。

克华在我仍在北京时，忽一日来电，谓清夜无俚，把我《四十自述》又看了一遍，中心澎湃，远忆行人，所以特挂了电话来聊了一通。我返台后，他本想邀聚，怜我回来后东拉西扯，杂事与饭局不断，所以只通了电话，为我节劳。但彼此均遗憾未能聚首。不料我方抵福州，便闻他在此省亲，世上竟有此巧事，乃约了见面。夜中摒挡人众之后，跑去大排档吃夜宵。克华中风后，不能饮酒，但他乡遇着故友，却也把脸喝红了回去。

克华系福州人。福州近年市容大异，原有的小吃摊均已不见，文化事业亦未见得繁荣多少，只是吃喝嫖赌业兴盛不减厦门，相与言之，慨叹不已。

两岸文化交流在这儿仍是热的，以农业来说，台湾目前热门的话题是水果销售到大陆。前此上海举办台湾水果展销会，台湾媒体也大肆报导，但主要是报导台湾水果如何抢手、如何贵、如何顷刻销毕，都忽略了那个会上最重要的事，是宣布海峡两岸农业合作实验区，要由福州漳州扩及福建全省。也就是说，闽台之间，早已不是卖水果的问题了，台湾的农业已大举移至福建，形成合作区域经济规模。此种形态，本在福州漳州试验，目前要扩及全境。而台湾各界，对此则甚蒙然，媒体尤其只看见街上大家抢购水果这样的表象风光而已，未能注意这种结构问题。

我昔年曾推动海南岛台湾岛双岛计划，未成。推动金门厦门共同开发区计划，亦未成。推动大闽江三角洲计划，也未成。如今看闽台间自然形成经济共同体，心中自然颇多感慨，不过整体心情毕竟仍多欣慰。此次旅行，太过仓促，昨日来，明日返，下次应找时间下乡去再考察一番，或可有更多认识。

2005.08.03

梦说台湾？

马莎台风由东海上来，今日要发海上警报。我则乘风势西行，先飞香港，再转北京。

但飞抵香港就迟滞了，北京来的班机延误，所以只能在赤蜡角机场发呆。

香港繁荣如昔。昔年“亚洲四小龙”，如今三条仍然矫健，韩国尤好，唯台湾现在越来越差。昨晚特意晚睡，看东森S台、龙祥电影台等21个有线电视台吹“熄灯号”，心中感慨万端。今天凌晨起这些频道就都被禁了。党禁报禁开放以来，这真是个新时代的标帜。媒体，在政府如此照顾之下，被迫关了门；今天在飞机上，又看见《大地》杂志，也在本月停刊了，市场又让这样的媒体熄灯打烊。政治力与商业力双重压力下，媒体的生存，日益困蹙，不也就象征了台湾整体的人文处境吗？

对于政府假借整顿媒体乱象之名义整肃媒体，前几天我在随笔中即曾谈过，也在报上用社论名义呼吁政府悬崖勒马，但狗吠火车，照例无效。如今看此情势之发展，当然大有感慨。

我治学从来就与一般学者不同，非在书斋里构理论、弄材料以博声名而已，期能经世致用、化民成俗。因此除古代经史子集之外，我在国际关系、战略研究、两岸关系、规划活动及建置学科等具体事务亦开展有工作；表达见解之文字，则多为替各报所写之时论社评，这些工作，耗我精力甚多，社论亦然。二十年来，时论社评，不下百万言。剖析时事，吁世励俗，自谓不违良知，灼见时弊，且多能掌握趋势，非同游谈。若将之整理起来，配合时事看，自能看出它不凡的意义。但是，这类文章，十分分散，分别刊登在各个媒体上，根本无法总集起来。刊出时又多半未署名，只代表公众意见或媒体立场，且针对时事发言，时过境迁，价值仅如说昨夜之梦，梦境既杳，说梦之言何足存乎？即使有人再看那些文章，因缺乏整体语境之了解，大抵也无从了解其意义之所在。因此，总体来说，竟是生命可悲的浪费。更浪费的，是投掷如斯气力，台湾社会不仅毫无改变，居然越来越糟，仿佛一人，得了狂疾，吾人为之诊脉，为彼开药，苦口婆心，欲为疗之，结果此公狂谵愈甚，且以吾等之不狂为狂，以为害己，非吊销吾等之行医执照不可，非逼我跟他一般发疯踉跳不可。天下滑稽之哀，有甚于此者乎？

2005.08.04

日本·靖国神社·新国家

昨日北京大雷雨，故飞机迟迟不能抵香港，以致到北京已十时许，耗了一整天，均在机场，想来甚觉可笑。入住达园宾馆，花木扶疏，犹存王家园林旧貌，然衙门气更胜往昔。

在机上阅报，知日本众议院于二日下午通过表决，决议什么呢？“时值联合国成立，我国终战，遭原子弹轰炸六十周年”，故有一决议文表态，绝口不谈侵略、殖民统治，比十年前的决议文，态度更恶劣。

无独有偶，一日，日本《读卖新闻》《产经新闻》亦刊登广告，呼吁全民到靖国神社参拜，有三百五十五位参议员联名，希望能号召到二十万人，且批评中国、韩国干涉日本内政，要小泉纯一郎遵守诺言，勿惧外国干预，八月十五日仍能去参拜。

此事其实不用评论，中国人大体均会大摇其头，但我相信大家对靖国神社到底是什么物什，一定不甚了了，对日本人为啥非要在这方面斗牛劲，也不会懂。除了少数媚日皇民化的台湾人以外，大概谁也没去过靖国神社。可是，恰好我是进去考察过的。

日本的神道信仰，本来就是一八五〇年以后努力建立的国家宗教，政教合一，中央是伊势神宫，地方则建大神宫，凝聚日本人之国族意识，推动统一崇拜伊势神。其次，就是竭力提升战殁者和著名忠臣的祭典，鼓励大家为国献身。此类神社，中央为靖国神社，地方则有各种招魂神社，名护国神社，此外还有各式小型阵亡将士纪念碑，称为忠魂碑等。

目前日本有二十七座靖国神社式的忠诚奉侍天皇，为国献身者纪念神社，靖国为其首，奉祀所有明治维新以后捐躯者。在全国所有神社中，地位及受尊敬度，仅次于拜天照大神的伊势神宫，天皇向例亲祭。故供奉于该神社之“忠魂”就神化为国家的神祇，不再属于家族，而属于国家。天皇，在日本被视为神，神从不向人行礼，只有祭靖国神社时例外。

因此靖国神社越来越成为标榜战争和战死是无上光荣之事的地方，在靖国神社举行大仪式时，驻东京全体自卫队、每军事单位都会派代表参加；天皇在此宣布对外开战，也在此举行胜利纪念庆典。明治天皇任内去该神社拜了七次、大正天皇两次，昭和天皇更多达二十次，而且每次都以戎装、以最高统帅身份出席。

甲午战后，日本军国主义思潮日盛，靖国神社乃不仅与军人有关，更与每个人都有关，因为人人皆兵，人人都应为国牺牲。所以学童间甚至有一种游戏，类似我们玩“大富翁”或升官图，大家掷骰子，掷出几点就跳几格，进到某位位阶。但若掷到“死”，便可直接跳入靖国神社而获胜，以此鼓励小孩子去死。其效果，就是第二次世界大战时大家都见识过的神风特攻队式愚忠行为。

二战后，日本努力要从屈辱中重新站起来，重建国家认同。重建的核心，便是恢复靖国神社之象征地位与作用，于是一方面企图重新让靖国神社成为国家机构，鼓励自卫队、首相、天皇去参拜，重新建立以靖国神社为中心之政教合一国家。

自民党于一九六九年就提了“靖国神社法案”，日本一些右翼，如神道神社协会、吴灵尊荣会、灵友会、生长之家、遗族会也非常支持，虽然这个法案五度提案都没通过，但他们的努力不容小觑。一九八三年中曾根康弘即已开始参拜了，一九八五年还带了全体阁员去，一个“新国家主义”正悄然在日本形成。

靖国神社固然拜的是战死者之“英灵”，但死者只是工具，它的目的根本不是要尊重那些人。怎么说？例如一人，若为基督徒，基督徒只相信有一位神，即天主，入祀靖国神社，把他自己神化为神祇，乃是违背其教义与信仰的。但他也不能反对，遗族也不能要求在祀神名单中删除他的名字。同理，台湾许多人被驱役至南洋作战，卒后，家属觉得把他们的亲人祀在靖国神社，不但令他不能魂归故土，更提醒了他的后人：台湾曾是殖民地的屈辱，所以也希望能删掉他的名字，把他迎回台湾来（上次高金素梅等人去日本诉求的就是这件事），靖国神社和日本政府一样不同意。

一九三一年，一位日本军人久贺登因战死在大陆，入祀了靖国神社。但后来发现他不是战死，而是被俘。他逃回日本军队时，就被迫自杀，以符合靖国神社对他的祀祭，这些现象，岂不都表示这个以祭祀战死英灵为名的机构，其实根本不尊重哪位战死者，其目的只是借他们来鼓吹国家主义罢了。

我摸进靖国神社去看过，才深切了解到这一层。靖国神社极大、设施极堂皇，每日均有各式讲座或纪念活动，不断鼓吹着军国主义的号角与锣鼓。神社内各类出版品，亦皆张扬皇军之威、东亚共荣之利，甚且还有一些皇民化台湾人写的书，大声哀叹日本为什么要把台湾归还中国，害我做不成日本人呀！我们台湾人生生日日都愿做日本人呀！台湾该重回日本怀抱呀……我于一九九六年买了几本回来做资料，有次拿给戴国辉看，老戴大吃一惊。他是著名的日本专家，住在日本几十年，他也没见过那些东西，看了直摇头，说无耻、无耻，一脸难过。他那表情，我一直深印脑海，而他，亦过世了。

中午，去北大社会与科学研究中心找任定成，因达园宾馆即在他们旁边。定成说我介绍来的两位佛光未来所学生陈威豪及杨雅惠，初亦以为平平，现在才发现真不错，今年本来两位都可得到最优等，但北大有限制，不能两人都给最优，所以一人委屈了，但大家仍都认为是好的。听人赞美自己学校学生，我也很高兴。未来所这些学生真不错，周春堤先生过世时，两位闻讯，哀痛逾恒，北大的先生们说他们哭了好一阵，且专程返台去送周先生一程，未来所毕业的同学，据知也全部返校。这真不容易！那日我去学校，有同事告诉我毕业典礼那天，他在楼梯间看见有同学毕业以后穿着袍服，与父母一同上楼，在周公研究室门口，恭恭敬敬鞠了个躬，才与父母一同下去。周公早已火化，研究室也清干净了，但学生仍来此深深一鞠躬，正可见师生之谊。他说他看了非常感动，我听了也很感动。

2005.08.09

大风初过

达园宾馆会议期间，去中苑宾馆参加了一次《儒藏》的发布会。目前《儒藏》有三家在抢着编，北大、人大、川大，北大这套是教育部支持；人大这套，准备做海外儒藏，初步好像是先编越南部分；川大古籍所这套则是孔子基金会及国际儒联支持的，起步较快，这次已发表了史部五十册，煌煌巨献，颇为可观。会中得见曾枣庄、舒大刚诸先生，蜀中英彦，精敏固可羡也。

中苑宾馆同时也在办一儒学的研讨会。暑假期间各处都在开这样那样的会，所以几乎去每个旅馆总会碰上一两个。这个会则是谈中和。近年大陆自谓“崛起”矣，但有怕我崛起后，别人感到不是滋味，出现“中国威胁论”，因此强调是“和平崛起”。又面对文明冲突论，所以刻意主张中国不会对别人造成威胁，不会形成文明冲突，因为中国思想最强调最重视“和”，和平、和谐、中和，大家要和和气气。儒家之“和”的思想，乃因此而对世界甚有贡献云云。

这一套，如今已洋洋乎盈耳矣！例如今年贵州要办阳明学研讨会，主题也是“良知与和谐社会”。这样的搭截题，可需要制义高手才做得来，我是不写这类文章的。

由达园宾馆搬出来到北师大。因北师大宿舍尚未整理妥当，暑间办公人员难找，故由王宁先生把她办公室让我暂用了。坐在那儿，写完《阳明诗学发微》，便乘夜车去南京。

赴南京，本是去年在南京师大任讲座教授还有些薪资未结，故来办手续。不料也因假期人手不齐，财务集体出游，事无法办，遂空跑了一回。南京八日才遭台风。我刚到时，给朋友发一短信，说“大风初过，物象萧疏”，是南京暑间难得的清朗时光，风飒飒然。第二天就回热了，我溜去甘家大院玩，才一会儿就大汗淋漓，所以下午干脆去电影院避暑，看了徐克的《七剑》。剧情空洞，武术平平，情感戏亦粗糙，唯视觉效果不坏，坐在大戏院里，空空洞洞，观众仅三五人，冷气又足，更觉得好。

甘家大院号称“九十九间半”，江南院落，我所见，自以此为最大，但尚未完全整理出。此大院，久历沧桑，旧有藏书阁：逮远楼，仿宁波天一阁而建者，已不存。我旧时读《津逮秘书》，遥想旧藏，于今皆不可见。大院中已无甘氏子孙，辟为民俗展厅而已。

在南京，事没办成，友朋叙旧倒成了本业。社科联诸友人协助照料我，江苏教育出版社徐宗文先生则邀了莫砺锋、钟振振诸先生来聚。莫先生已辞南大中文系主任职，未来人事又不知如何？

2005.08.11

两岸宜携手“申遗”

昨返北京，本拟搬家，亦不果。今去参加了周桂钿先生主持的研讨会。

漳州市邀请澎湖县县长赖峰伟往访，希望协商两岸共同向联合国教科文组织申请成立世界地质公园，并申报自然世界遗产。因漳州的滨海火山地质公园，早经国务院评为第一批十一个地质公园之一，然其地形，实与澎湖相连接。整个漳州滨海火山地质公园占地一百平方公里，海域占了六九点三公里，这海域部分，就是与澎湖连通的，澎湖的玄武岩柱状结构，与漳州同是喜马拉雅山新生代运动所造成的，故福建漳州提议两岸联手“申遗”，并邀赖县长去考察，共同磋商。

据知赖县长颇为犹豫，已报“陆委会”核议，“陆委会”则表示国号问题宜再研究云云。

大陆是世上最热衷“申遗”的，近年成果也最丰硕。台湾则因非联合国会员国，因此我们虽也渴望能有文化类或自然类珍贵资源可以列名世界遗产，但迄未如愿。“文建会”前年所规划十一项有资格申报世界遗产的自然资源，就包括卑南史前遗产、阿里山小火车、栖兰红桧及澎湖的玄武岩等。这些我们引以为傲且极愿推荐给世人共享的景观，老实说，不凭借着类似漳州这样的提议，采两岸共同“申遗”的方式去做，仅凭台湾自己的力量，能办得到吗？而台湾如果拒绝此议，对大陆又有什么损失呢？大陆目前“申遗”成功者三十处，不都是自己办成的吗？以漳州的条件，独自“申遗”，料亦能成，拉我们合伙，乃是利益分润之举。我们不应再像担心大陆开放台湾水果零关税进口是“天上掉下来的礼物”“统战”那样，再度把对台湾有利的事往外推。

而且，所谓世界自然遗产的概念，原本就是要提醒世人：这些遗产乃是世界性的、属于人类共同的资源，所以应由全球人类共同来保护。在这超越国界、种族、政治思想的框架底下，我们还纠执于国号问题等政治符码，不是显得太小格局了吗？

两岸的政治对抗，若能从文化资源共同保护入手，难道意义会低于“辜汪会谈”以来两岸连手的“共同打击犯罪活动”吗？再说，印度尼西亚、孟加拉国、尼泊尔、马来西亚、菲律宾、越南、泰国的自然文化遗产，都因“申遗”，而获得全世界资金、资源之协助，保护工作日益完善，我们也希望我们的自然资源可以被世界共同珍惜。期待陆委会这次头脑能清醒些，勿再令关心文化资源者扼腕！

2005.08.15

传统与现代化

在北师大参加“东亚价值观”研讨会，周桂钿先生主持，会议主题是传统价值观如何现代化。我则说自清末民初以来，此议已沧桑数变。早期是一种韦伯式的讲法，认为东亚传统之价值，因与现代社会格格不入，故若不清除这些障碍，中国乃至东亚皆无法现代化。日本的明治维新，所走即此一路。中国五四运动，想走的也是这条路，胡适之“充分现代化”说、陈序经之“全盘西化”说，可为代表。这也是东亚国家政经社会发展的主流，在此强大洪流之下，传统价值观若想存活，便只能依附现代性，设法寻找它符合现代性之处，以求得存在的正当性，说某某价值亦具有现代性。不然，则想办法看如何能使传统转化为现代。

五六十年代，港台新儒家主要贡献就在于突破上述论式，强调传统本身是有价值的。其价值，一在可补现代之缺，如徐复观云现代人有“失性”危机，儒家心性之学恰可提供“复性”之道；二在可补强西方，如牟宗三去补充康德，讲“智的直觉”，认为只有儒道释才能达致真正的“圆教”；三则是说传统也可以开展出现代，如牟宗三的“良知自我坎陷以开出民主科学说”。

新儒家这些讲法，当然是希望能保住传统价值。但八十年代以后，时移世异，传统与现代之关系丕变，原因是西方现代社会之弊端已十分明显，在西方已出现大量批评反省之文献，甚且学派蔚起，其中就不乏回头去探寻其传统文化资源或取经东方智慧，以谋改善者。在东亚，则日本及“亚洲四小龙”之经济又发展得很好，这种好，又被解释为是结合了传统文化价值的效果，以致原先被视为绊脚石的传统价值，忽然咸鱼翻身，成了好东西，学界大谈《论语》如何与算盘结合着去赚钱。

韦伯式的论述，乃亦有了新篇。它本是说儒道佛都不像基督新教那般，具有“入世苦行”之伦理，故无法发展出资本主义；可是九十年代以后，就有余英时《近世宗教伦理与商人精神》那类的著作，推究禅宗、全真教、宋代新儒家均具入世苦行之精神，且谓明清商人伦理深受儒家之影响。

由这些言论看，传统价值观之地位，实已大为提高。但若比较东西方，我们仍会发现情况颇异。在东方，大抵仍是以现代化为基调的，肯定社会应该现代化，传统价值若无碍于现代化，甚且能有助于现代化，皆所欢迎。在西方，现代就常是贬义的，要批判、要纠正、要超越之。一部分后现代思潮即起于此。东方的传统价值，亦在此一思维脉络中被引入。

我从前介绍过苏马赫（E. F. Schumacher）《美丽小世界》（*Small is beautiful : economics as if people mattered*）的“佛教经济学”，见我《佛教意理与企业管理》一文，收入《人文与管理》一书。今当再介绍潘尼卡（Raimon Panikkar, 1918—　）之说。此君乃西班牙天主教神父，但精研印度教佛教，后在美国讲学，有著作五十余种，在他《看不见的和谐》（*Invisible Harmony*）一书中，他首先就从“对现代性的挑战”来讨论“默观”，默观、冥想、祈祷这类人内在的自由自主和谐和平状态，就是他所说的看不见的和谐。他认为默观可以在以下几方面“对现代人的基本假设提出挑战，并对它们造成威胁”：一是向传统的宗教性挑战，从前的宗教都常把真正的生活价值放到另一个世界（彼岸或天堂）。二是向现代世俗主义挑战，他们不信彼岸或天堂，但把最美好的生活期待于未来，所以拥有进步主义的历史观：明天会更好。三是要推动现代泛经济社会的主要支柱价值，认为现实主义者从事的劳动没什么意义。四是反对现代技术对世界的干预，以及它表现的征服态度。五是质疑现代人的成功欲望，谓此类观念使得“人的实现”与战胜他人合而为一，受害者，是一个人有成就感的必要条件。

默观，与现代文明的基本倾向，完全背道而驰。可是，潘尼卡正是看重了它的背道而驰，因此持之以质疑颠覆现代。举此例，或亦可供吾国论现代化者参考。

晚上会议结束，周桂钿先生安排我与日本几位朋友一道去朝阳剧场看京戏。到了才知这个剧场以演杂技为主，只一小厅表演魔术或京戏，观众都是旅游团安排的观光客，因此戏也就不必问了。今日所排，乃《三岔口》《天女散花》《十八罗汉斗悟空》，皆一句唱腔也无。前一出尚见武打身手，后一出直是杂耍。北京京戏文化之不自珍惜也，竟至于斯！

今晚尤其可笑，《三岔口》，武生太胖、腿太短，打来不见精彩，也就罢了。罗汉们斗悟空，悟空要棍要圈甩刀，老是丢，满场找棍子找圈儿。罗汉则乱翻跟头。结果一人翻起来，裤子却掉了下去，露出个胖大屁股，原来只穿了件小内裤，惹得众老外掩口而笑。罗汉提起裤头，狼狈遁去，戏遂不了了之。

出来时，雷雨方歇，街上积水盈尺。北京云遮雾翳，压了好几天，雨才下来，因此势头甚猛。据闻台北亦正风雨中，甚念。

2005.08.19

南北游方

十七日搬家。多日闷热，亦于搬家后大雷雨一洗之，令人舒爽畅快。由清华搬至北师大，多亏生安锋帮忙。搬毕，略收拾，检点物什之际，同时亦检点了平生，忽有写一对联之冲动。联曰：

自是博士、经生、官僚、教授，人天师范；

无非酒徒、剑客、才子、仙家，南北游方。

看来这就是我啦！或许还要加上浪子、畸人、狂生、居士、罗汉、行者等等，不过，反正“游方”是不错的，既游于方之内，也游于方之外。

十八日就南游了。夜搭火车往上海。车上接到黄维樑电话，云已抵北京。他要来北京，我十六日晚就知道了（杨宗翰十六日来电，说已来北京，准备访一狗肉店，邀我去吃。我说不用找地方了，我带你去吧。遂约了去马连良故居吃花江狗肉。夜雨微凉，清话伴肉，甚快。彼时他已向我预告了），但我无法等他，得先他一步到上海。十八日早上颜昆阳、吕正惠率毛文芳、曾守正、胡衍南等人去首都师大开会，我也只去听了昆阳的演讲便匆匆走了，未能尽“暂时地主”之谊，颇为惭愧，幸而见得朋友们都无恙，仍足欢喜。昆阳的论文，久未读了，今见之，依然畅旺，不愧“颜大刀”之称。

到上海，是应许明之邀，来参加第四届“亚洲研究学者大会”，此会一九九八年在荷兰莱顿大学开，二〇〇一年在柏林，二〇〇三年在新加坡，今年在上海，有一千二百位参加，分三百场，全世界主要的亚洲研究专家大概都会来，维梁兄也要来的。

如此规模之大会，如今台北是见不着了。就会议说，像去年的“北京论坛”、今年这样的会，其实都是大拜拜，学术意义有限。但城市推动此类会议，等于向全世界杰出学人介绍它自己，功能是别有所在的。千余人之机旅食宿，所费不赀，亦足征今日大陆在城市营销上的大手笔。

十九日夜里贺圣遂兄邀饭。上周我在北京，夜间忽接蔡浪涯电话，原来他们一干人等饮酒，席间谈起我，便打了电话来。酒言酒语，不必细表。倒是贺兄提及一九八八年我来上海送了一瓶洋酒给章培恒先生的糗事，遂令他笑话了。贺乃章先生弟子，现主持复旦大学出版社，电话中竟然谈起我“论熊十力论张江陵”一文，谓乃当世论熊十力及论张居正最好的文章。我夙来自以为是如此的，但被人说破，仍不免小有虚荣。今相见，遂亦醉。醉中睡不着，起来看电视，竟见一剧，大府第门口，挂一大匾，曰，“洪天齐福”，呜呼！

2005.09.06

会议役人

自上海到吉隆坡开会后，廿七日返北京，便再转沈阳，去鞍山，与谢正一、林信华、翁玲玲、林荣祯、刘恩廷等会合，开两岸幼教研讨会。

二日继之在北京，与中科院研究生院环境与资源学院合开“地球资源开发”之研讨会。因系正一弟正观所操办，故又与北京台湾系统，如台湾同胞联谊会、台盟等颇有交流。三日则回北师大，参加王宁先生所办“纪念陆宗达先生100周年诞辰”研讨会。陆先生乃黄侃门人，在北师大之情况，略似林尹先生在台师大，皆弘扬师说，蔚为宗派者也。会中有黄先生公子黄念宁参加，云正整理全集。陆先生门人则力陈发扬学派之重要性。

四日再飞济南，参加“哲学与社会科学之互动”研讨会。佛光哲学系与山东大学合办，戚国雄、沈享民、史伟民、赖淑娟、罗中峰、姚玉霜等皆至，又见着了洪汉鼎、庞仆。

这一路开会下来，饱饫胜论之余，当然狗肉、松鼠、飞鼠、水鱼、石虎等等也没少吃。友朋欢聚，尤为畅慰，因此对现代学术工业体系底下这种研讨会形态，也有了更多体会。

在台湾，提倡开会、建立开会制度（例如严格控制时间、不准漫无边际地问答、报告人与评论人之合理对应关系），乃至会场秩序、会议伦理等，大概都有我不可磨灭的劳绩。到今天，我的敌人之所以那么多，之所以那么恨我，昔年推动学术客观化，在会议上太凶，便是其中原因之一。

但始作俑者本意也许甚佳，孰知久而久之土俑木偶居然自起作祟了。现在各式会议之多，已远非昔年所能想象。会议也渐成一模套，实质学术意义有限，可却又不能不去开，这就是人造物而物反过来役人的例子，起祟魇人的木俑泥偶，正厉害着哪！

今返北京，首都师大左东岭、王光明诸君邀饭，命我担任该校“国学入门”讲座教授，因该校今年办一非师范的实验班，旨在培养国学人才，故要我去。我对此班极好奇，自然乐意应命。但左东岭说他自己的女儿就在这个班上，以家长身份托付我，却令我备感压力。且不管，先喝趟酒再说罢！

2005.09.09

北师大风华

宿舍里的电话计算机宽带终于装好了，来北京个把月，均不能上网，如今才装妥，效率可知矣。非亲身体会，不能了解现今距信息社会还有多远。

但住在北师大却是安逸的。房子不小，有厨浴、客厅及三个房间，比北大清华都宽敞许多，且楼宇高旷，都无遮蔽，举目即见这个城市与天与云接壤之处的风景，颇适合我这目无余子的人的脾性。

北师大前身即辅仁大学，但辅大建于民国十八年，四九年后被并入北师大。老北师大历史较久，因此目前北师大都喜欢用老北师大的始建年来纪年，说自己是百年老店。可是许多知名教授其实是由辅大来，学风也有承自老辅仁之处。

这当然是我的偏见。形成这样的偏见，是因我与辅仁师友较有渊源，未必符合理性的考证。

其中最有关系的，是台静农、郑骞两先生。两先生都未教过我课，因此我往问学谈艺，自居只是晚辈，可以较为从容或放恣些。两先生待我也极客气。郑先生有次听我说要来北师大，就说："我在北师大有个老学生呢，你能代我问问吗？"我叩以"是哪位？"却原来是启功先生。郑先生原先在北平教中学，教过启功，所以托我打探。那时两岸还不太通，郑先生又癯弱，故于此云云。后来他们联络上了。启功且与台静农先生颇有旧谊，到香港时，还在许礼平兄协助下通了话，并为台先生《书艺集》写了序。我看台先生给启功先生的函札，都称他为"苑北”，而非一般所见的“启 元白”，岂是旧称耶？可惜从未问过。

台先生与启功都是陈垣（援庵）先生的学生，也由陈氏聘入辅仁。当时台先生在北大就读研究所国学门，该所是沈兼士主持的，沈氏并兼辅大文学院长，陈氏也在国学门教书，刘半农则是辅大教务长。可见辅大与北大，学风原是相通的。

陈垣先生当辅大校长，他自己却不是天主教中人，研究道教佛教基督教也比天主教出色，聘人尤其开阔。似乎比台湾辅大现在的情况还好些，比我们那些佛教学校，可就更强了。

辅大当日名师，如余嘉锡、张星烺、邓之诚、伦明、朱师辙、英千里，均是专业领域中不可磨灭的名字，溥伒（雪斋）则主持美术系，可谓风华鼎盛。听台先生叙说每人之形貌僻性等，尤觉神往。

如今的北师大，不甚谈陈援庵，殆亦与南华与佛光不愿多说龚鹏程的事功相似。数名师，只尊启功、钟敬文、陆宗达等。启功先生字迹尤其遍见于校园四处。我见之，辄感沧桑。

2005.09.15

教育回归正途的契机

九月九日再赴鞍山，专为看玉。由沈阳转去，已迟了一个多小时，抵鞍山已夜八时许。匆匆用过素斋，再赶去鞍山师院里仁馆王登科兄处已十时许，葛海鹰副市长、台办张春俊先生等皆在，候多时矣。寒暄略毕，即挥毫作字，乱写了一通，谈谐并作，聊以为戏。登科盛情，且为我浼崔玉庆先生治印二方，写毕即钤上。令我心中直呼苦也，此等胡涂笔墨，倘或流散出去，岂不让真懂字的人笑破肚皮？

子夜才告辞归旅邸，陈可兄与廖明伟兄再拉我出来寻狗肉店。上次与翁玲玲林信华去韩国馆吃狗肉，大为嗟赏，此次特再去。不料我点得不好，不见精彩，倒是一颈狗脖子还不坏。只是边吃边聊，竟至二时半，酒气上涌，困倦至极。

十日早晨五时半即起，仅睡三小时。六时出发，往岫岩县满族自治区，盘山而行，如坐摇篮中。忽醒忽睡，遂到钰龙玉石场，栾刚领我们去看新发掘的大玉，重百六十余公吨。玉皮下，玉肌冰肤，辄不可掩。而满山碎石，拾起凝睇之，皆玉也。且拾且观，相与叹赏，久之始归。又一路颠回鞍山，疲累不堪。

十一日赴华侨大厦，参加张爱玲研讨会。张爱玲今在大陆红胜台湾，但开会仍不易，上海华东师大想开都还开不了。此次会，多亏金宏达大力促成。宏达近着《平视张爱玲》方出版。

十四日开始去首都师大上课，讲"国学入门"。久未教大一新生了，教来仿佛昔年在淡江教"国学导读""治学方法"时。此是实验班，但仍有北大几位学生远道来听，令我也不禁感动了。

今则在北大讲文化史专题。去年所讲，以人为线索，今年则以文化之表现为经纬，因此去年听过的人，亦可以再听。

2005.09.16

孤独的眼睛

来大陆一年，除了写了这个随笔之外，另有散文每周刊于台湾青年日报副刊等处。半年下来，随笔编成《北溟行记》；散文则至今已有五十篇，同属游记性质，另编为《孤独的眼睛》，交九歌出版社出版。今将校对稿寄回台湾，算是了却了一桩事。

《青年日报》的专栏，都是因李宜涯的缘故。宜涯是我师张眉叔最器重的女弟子，有次他跟我说："宜涯之聪明，那就不下于你！"那浓重的湖南腔，迄今我仍深记，可是那时我还不认得她呢。后来才知她是友人王成勉夫人。而友朋相交，我一直没机会为她编的刊物写稿，深以为憾，如今正好有机会，所以就把稿子都往她那儿塞。她也容我放肆，乱写了一通。如今她来 E-mail，说已辞职不干了，我遂乐得轻松，趁机就把专栏给停了，算是又了却了一桩事。

由邮局出，去北师大校内几个书店，看见百花文艺出版社最近把二三十年代的一些文学旧书，都用旧书新刊的方式重印了。全部仿旧，原刊原样，如徐志摩《巴黎的鳞爪》、戴望舒《望舒诗稿》之类，泛黄的封面、直排的文字，令人大兴思古之幽情。大陆这些年，拨乱反正，不免重视起"民国时期"的著作来，把四九年以前的文史研究，几乎重印了个遍，有重排的、也有影印的，这就属于后者，只是它不只影印，且刻意仿旧，连新的版权页都封住，除非你自己用刀割开，否则跟原版是一个样的。这不是很有趣的出版现象吗？

在这批书中，游记最多，如郁达夫的《达夫游记》、朱自清的《欧游杂记》《伦敦杂记》、徐志摩的《巴黎的鳞爪》都是。另外，三联书店的三联精选丛书中也有不少，如叶圣陶的《旅途日记五种》、浦江清的《清华园日记》《西行日记》。

叶圣陶所记，偶有佳趣，如云桂林有三宝："三宝者，乳腐、月牙山豆腐、女伶小金凤也。余在店中，几乎每餐有乳腐，豆腐则适然遇之。是已识其二宝。惟小金凤已嫁人，不复唱戏，此宝不可见矣。"正经人作叹惋语，令人想见其跌足状。《北上日记》《内蒙古访问日记》中，便少此趣味，多说政治，徒见呆气。

朱自清欧游所记，多采自旅游指南，他写得也像旅游介绍，只是不俗气而已，说不上好。于欧洲社会缺乏观察，只谈旅游风景古迹，所志亦甚隘矣。《伦敦杂记》稍佳，惜其单薄。

郁达夫游记，则除了最末一篇是游山东河北外，几乎全是浙江之游。他好写杭州、富春、雁宕等地山水，大似俞平伯，虽然俞平伯并不是游记的体裁。郁氏文笔，比朱自清、叶圣陶见性情，像他说兰溪栖真寺壁间见到许多人题咏，不禁自己想附名胜以传的卑劣心也被撩了起来，因而“把夜里做的一个臭屁也放上了墙头”，那个臭屁，原是一首诗。他如此自嘲自虐，并用以挖苦别人，就非朱、叶做得来的。写景状物，也多有胜处。

浦江清日记，却是以前我未见过的，乃据遗稿整理而得。浦乃陈寅恪助手，在清华，而记陈寅恪云：“祸中国最大者有二事：一为袁世凯之北洋练兵，一为派遣留学官费生。”此真有见！其中第一祸已消失，第二大祸则于今更烈。日记又云陈寅恪反对俄国式共产主义，1948 年底，他已准备南行，洽梅贻琦，并劝浦江清也走。凡此等，皆可备掌故。日记中，一部分是去法国、意大利、新加坡、锡兰的游录，另《西行日记》记从沦陷区回西南联大事，亦可观。

2005.09.26

天津听曲

陈兴武屡有诗来，发在我手机上，不能遍和，仅覆一章：“络绎名章见素心，吟边慷慨气雄深，人间莫道苍茫甚，如子风流哪可寻？”

另用兴武韵，作二诗：“我失翛然太古心，京华小驻待秋深，深秋但见飞黄叶，一片秋心不可寻。”“远游适意岂无心？为爱江湖气象深，君问蓬瀛妖乱志，前尘若梦已难寻。”

蓬瀛妖乱志者，明芳每日为我发来台湾新闻，读之，如读

《广陵妖乱志》也。

此地则疯李敖。已疯一周。但不过如疯张惠妹、SHE一般，媒体炒作使然，文化界视之一笑而已。李敖在北大演讲，若视为盛事，则我们长年在北大清华上课教书的人，可又怎么说？台湾媒体说大陆十三亿人中，便无李敖这类人，也自是台湾观点。李敖在北大所说，比起北大人自己，例如焦国标之“讨伐中宣部”，实在小巫见大巫。李敖太老了，“我执”又甚，对大陆缺乏了解，对共产党更不了解，故虽营销极为成功，但仅具花絮之作用罢了。

李敖在北大的演讲，我只听了一半。料想他清华讲的必没什么可听了，遂与女儿约了齐玉笛去天津听曲艺。

北京已没有曲艺可听，天津却仍热闹。但我十几年没来了，幸亏有齐玉笛领路，才能找着估衣街大胡同“谦祥益”。此地本是瑞蚨祥等八大祥布铺聚集之地，今仍卖布卖衣服，寿衣店尤多，且大挂一仿佛酒帘儿般的帘子，姑且称为寿帘或寿招吧，迎风招展，大大一个“寿”字。真不晓得哪来那么多死人以维持这许多寿衣店之生计。

谦祥益下午就开演，晚上也有，曲艺相声都具，也有古琴会。曲艺分名角及青年队。名角登台，座常卖满。但据供茶水的姑娘说，青年队捧场的人更多。当然，年轻貌美嘛。但吾等非为色来，自是要挑名角听啦。

昔年曾推动两岸曲艺交流，派了台湾一团来大陆，也邀了天津等处曲艺名家去台湾。这次唱压轴的籍薇，当年就来过南华。她听说我来了，很高兴，谢幕后跑来相见。他的梅花大鼓，曾获全国鼓曲三连冠。如今久不见，艺仍精湛，看来“粉丝”甚多，送上台去的花篮多达十二个。在这儿，送花篮，就像台湾红包场送红包一样。

这样的戏园子，如今罕见了。我们独坐在楼上，嗑瓜子喝茶听戏，看楼下戏迷们的状态，感触自然是很多的。这些单弦、大鼓书，其实不应叫作曲艺，因为它不是戏曲类的东西，而是说唱，属于叙事文学。可是如今多只是摘出几个唱段来唱，又把它称为曲艺，变成了另一套名堂。斯艺云亡矣，我心伤之！

由天津回，二十五日去商务印书馆，参加我们这些在涵芬楼讲座中讲过的人之聚会，才知商务已出版了我的《晚明思潮》，有四百四十七页。旧作新刊，补了些文章。

闲来无事，另写了《以人为药》《儒家经济学刍议》《文化产业发展的观念与方法》等几篇论文。

2005.10.07

陕西吊古

大陆“十一”长假，对振兴经济颇有帮助，于教学却极不利，开学甫二三周，便放大假，精神为之一懈。放假前，学生便急于购票、安排假期，或提前返乡；假后大抵亦须一二周，人心乃得宁定。我在首都师大的课，更因学生要去受军训，停课一个月，届时再论国学，殊不知从何论起。

我辈流人，于“国庆”之庆，感受自异，“十一”长假，尤难安排。想了一下，仍去天津听曲。

此去，是在“劝业场”中国大戏院听。劝业场一带，类似台北西门町，假日人山人海，书场也是高朋满座，且均是老戏迷。上下相合，打节拍、帮衬吆喝、叫好助兴、送花红打赏，热闹非凡。我最喜欢这股劲，比听洋歌剧、洋音乐会，可好玩多了。兼因过节，梨园行向例在年底封箱时要演反串戏，比如平日唱青衣的，也许就改演花脸或小生，让大家玩玩不同的戏路，以愉观众。曲艺界也有此风，但改到“国庆”来演，每人唱毕正工曲子外，便唱几段其他的东西，如原唱梅花大鼓，可能改唱京韵，或本唱梨花大鼓，改秀落亭之类，抑或唱京戏、黄梅戏等，甚是有趣。正工曲子也多有平时不经见演出者，如洪武帝游武庙（京韵）、武二爷杀嫂（单弦），均可说是不虚此行。

散场已近七时，观众仍意犹未尽，嚷说还缺一位没演呢！我们出来，籍薇等请我去吃清真馆，羊脑羊蹄等大啖一番。本来还想去大胡同听相声，遂也不能去了。

此行，龚敏及其兄龚军来接。龚敏本在香港，来台，在中正大学读书，我正在办南华，提倡古琴，他便来学。又喜作诗，好着长衫，有诗集。毕业后来南开读博士，近研究黄人，颇获好评。其兄龚军，在香港中文大学毕业，亦来南开读博士，并在天津开古玩铺，经营书画买卖，乃常宗豪先生弟子。我与常先生久不见，见了龚军，乃能联络到常先生，十分高兴，原来常先生移居澳门了。

一日夜，两兄弟领我去吃狗肉。次日再去他们店里坐，看字画。又弄了一捆纸，让我胡写一通。章子也替我刻好了，写完就钤，费了一上午。下午则去看天后宫。

四日转飞西安，去咸阳开民主党派民进中央所办的两岸文化交流研讨会。台湾有高柏园、林安梧、王樾、刘君祖等人来，皆老友而久未见者，不免又纵酒夜谈，害我累得很。

陈笃超已由香港返陕西师大工作，陪我游了一趟茂陵，又拉我去学校转了一圈。西北大学李浩等上回来台湾，在佛光大学住了几天，这次也约了见面，喝酒、听唱陕北民歌及说书。我又带安梧去回民巷逛了逛，并领他去清真大寺看。

五日，大会安排去参观乾隆茂陵，我就不去了，自己请西北大学派车来，独行访古。原拟去于右任老家三原，怕司机不熟路，就改去武功。

由咸阳至武功，先过茂陵，再到马嵬。茂陵乃汉武帝墓，卫青霍去病陪葬，但如今茂陵景区及博物馆所在地，其实都是霍去病墓，非茂陵。主从颠倒，殊属不伦，反正游客们也不晓得。霍去病墓，马踏匈奴刻石固然仍是好的，其他石刻则日晒雨淋，甚乖保护之道。

陵后建一山神庙，供霍去病，鼓励游人买香拜祀以去病。门上一对联，上联霍去病之“病”字上面缺一点，表示可以去病，拜了就一点病都没有，故香火甚旺。但这不是太好笑的事吗？霍去病二十四岁就死了，拜此短命鬼以求去病长命，岂非妄谈？再说，去病之道，无非去命。只要把病人杀了，病自然也就没了，没了命，自然也就没有了病。因此，若想一点病也没有，除非是死人，凡活人都多少带点儿病。人活着，也都总是养着病以活命的，不知此理，妄图去病，谬哉！

贵妃墓则在马嵬镇上。马嵬坡仍是坡，但农民削山切土，辟为田壤，渐与平地无异，独妃子墓仍在坡上。砖封一丘而已，四壁有刻石不少，或集唐人吊念诗，或自作。墓盖屡葺屡圮，近则日本人助金不少。我去时，亦有一日本人来探视杨太真。令我很感慨。

因为西安附近古迹太多，但除少数游客常去者外，旅游设施均窳劣。由咸阳去杨妃墓，不过三十公里，可是道路泥烂，乘车如骑马，又似坐船。当地人说他们的公路，天雨时可以养鱼，天晴时可以卧驴，就是形容那满路的大窟窿。我请西北大学派来那车，底盘较低，涉水跨坎，实在艰辛。好不容易跋涉到马嵬坡，忽然憬悟，我人来此一趟都如此困难，当年唐玄宗逃难，大军由西安经咸阳跋涉至此，无怪乎大家都又累又火，非杀了杨贵妃不可。遂作过马嵬打油诗一首，曰：“吊古涂泥道，慨然过马嵬。向怜甘役使，孰料愤刀锥？妃子销香尽，君王束手为。乃知行路苦，恚怨起杀机。”末句出韵，但无妨也。历来咏马嵬者，不曾道及此理。

也因为如此，所以日本人独来凭吊就更令人感慨了。日本人相信杨贵妃未真死于马嵬，暂时上缢气闭后复苏，化妆逃去了日本，故白氏长恨歌云方士尝访之于海上仙山。这当然是日本人一厢情愿，但对此疑冢，却也护持不遗余力，这便可佩服。中国人都难得来看的地方，自行觅来，精神亦可佩。

由马嵬经贞元，去武功，访李世民报本寺塔。途中见龙王庙及东岳庙。东岳庙祀武成王，龙王庙其实乃全真教龙门派道观，皆阒寂无人，一道姑卧榻清睡而已，塔亦闭禁。打门甚久，始有人来开门令入。因无游客，那罕见的唐宋古塔，塔地上晒着棉花，塔身上打了挂钉，吊着一串串红辣椒，正晒着呢！

继而再去找苏武墓。绕来绕去，才终访得，但车没法子走，弃车步行于泥泞中，摸到门口，也一样大门深锁。找农家询问，说："不用找人开门了，你们绕到后面去吧！"乃绕过去，这才发现原来墓园缺钱，围墙只建了三面，后面是空的。整个墓园也只是一抔土、三方墓石。其中之一是毕秋帆任陕西巡府时立的，其一已漫漶不清。苏武羁留匈奴，在贝加尔湖畔牧羊十九载，归封典属国，而已不及见武帝，唐人诗叹其时但见"茂陵松柏雨潇潇"而已，今则茂陵已无松柏，汉典属国苏卿之墓亦凄凉如斯，令人不知说什么才好。司机对于我一路颠蹶来找这些坟，很不理解，问我："这苏武是干啥的呀？"我苍然一笑，没法回答他。

2005.10.08

飞天神蜗

今回北京。在咸阳，与林安梧聊天，他说五十岁时要写《存有三态论》，我说："存有三态其实很容易懂的，你是农夫态，根植于土地，尚未脱离植物形态；袁保新是鸽子态，飞来飞去，但终究要飞回家去；我则是蜗牛态，家就在身上，家就是自己。此即人之存有三态也。”他知我胡扯，哈哈大笑，说你乃飞天神蜗，否则哪有蜗牛爬得这么远的。

但鬼扯其实颇含至理，Meenakshi Mukherjee, *The Exile of the Mind* 一书，便分流亡作家为五类：（1）从殖民地或乡下流亡到文化中心去写作；（2）离开自己的国土，但没放弃自己的语言；（3）失去国土与语言的作家；（4）某一族散居在其他地区者，或殖民地之移民及其后代；（5）身体与地理上仍居国土，但精神上是异乡人。第一类，例如移居台北而作文讴颂其农村渔港者；第二类，例如海外华文作家；第三类，例如用英文写作的华人文学；第四类，例如东南亚华人作家；第五类，例如出国前的高行健。凡此五类，乃当今世界文坛之主流、大部分作家之状态，不只中国如此，美国现代文化不也就是移民、难民、流亡者、异议分子所构成的吗？

存有三态，农夫态固难再予坚持，鸽子态也不容易。倒是我这蜗牛态，既非农人又非鸽子，事实上也不属于上述五型之任何一型。我不是从乡下流亡到文化中心去写作，也未离开自己的国家，仍在中国。可是我又已离开了台湾。有时精神上是异乡人，有时身体上是异乡人，时时转换。或怀乡，或不怀乡。因家乡有时就在自己身上，故不必怀。但旧居乡里情事，有时又不免关心，故又或怀之。

今另知一事，略申隅见：补教及人力资源协会、《就业情报》杂志等纷纷报道台湾目前硕士就业的困境。据统计，1995 年时，研究所硕士班计六五六所，学生三万三千人；至 2004 年，已暴增至二四七六所，有硕士学生十八万人。而在补教界，每年去补习班补习，准备考研究所的，也还有九万人。可是这么庞大可观的受教育人口，迎接他们的就业市场却十分不景气。目前硕士就业困难，所获职务，不少是只需高中职学历就可胜任的，薪资也不高，约台币二三万元，纵或外国硕士学历返台者，处境亦复相似。因此各界呼吁考生勿盲目报考，应考虑选读热门行业所需之研究所，或跨领域应试，例如工科可以选考商管，数学可以选考财经之类，以便谋职。

此类呼吁，当然都发诸善意，因为不忍见现今青年为失业所苦，故有如斯提醒也。

但高教扩张是全世界总体的趋势。过去大学生已是社会精英，硕士博士更属优秀人才，为社会所急需，故就职容易且薪资较优。如今大学几乎已是国民基本教育，升学率达到了百分之九十几；比大学只略高深一点的硕士研究所，当然也就会是大部分大学毕业生希望再进修的管道。大学生普遍不立刻就业，而选择考研，正是顺应此一趋势。而硕士研究所既已蓬勃至此，研究生学历自然也就成为许多领域的基本就业条件了。是必须的条件，但不能说拥有研究生学历就可获得好待遇。上述调查，反映的其实就是此一现实及趋势。

我们社会上对此趋势却还不习惯，老觉得硕士毕业已经很高了，怎么还会失业或薪资如此之低呢？恰好又碰上政府“拼经济”无力，百业萧条，遂愈发感到大学生硕士生失业已成了个大问题。其实，这是高教扩张后的必然现象，针对此一现象，除了要求政府尽速回归正途，改善就业环境外，应该提醒学生们的不是如何投机取巧，或如何迎合市场，而是扎实培养其基本能力。

因为在人人都是大学毕业生、都是硕士的时代，学历已不重要。能提供竞争之资源与条件者，既不在学历，那当然就只在学力上了。现今大学生，在校荒嬉散漫，根本没学到什么；硕士班又粗制滥造，品管稀松，才是社会上不愿花大钱来聘雇他们做事的真正原因。如果有真办得好的学校或研究所，其学生一样抢手，其所以抢手，并不因他出身名校名所，而是大家对其素质较具信心。因此，学生们应于此知所抉择。

2005.10.15

以人为药

回北京两天，便又飞成都，来川大开道教养生学的会。

舒大刚先生来机场来接了我，另约曾枣庄先生，同来商量《儒藏》推广的事，晚上则与曹顺庆等碰头，第二天早上才赶去青城山。目前大陆编《儒藏》者三家：北大已出版精华版样书一册，人大则仍在准备中，唯独四川大学动作最快，已整理出史部五十册，选善本扫描，再施点校，也可省却校勘之误。川大这个团队，原以古籍整理见长，过去做《全宋文》，很有成绩。但我觉得他们长处在于笃实，疑虑也是笃实，默默做苦工，不善宣传，故外界不甚知之。居今浊世，好人常是要吃亏的。

在青城山，我这次讲的是中医及道教中“以人为药”的传统，后来有不少人又提供我许多偏方及证例，比方说手割伤了，滴眼泪就可以痊愈。不过王庆余先生说眼泪是难得的，悲伤的眼泪才有愈合伤口的效果，听来颇具哲理。王先生乃传奇人士，少从欢喜道人李杰习医习武，曾见大侠杜心武。上年我来青城山开会，论道家武术，他引为知音，与我纵谈杜心武徐矮子万籁声诸人逸事。他这一派，名为经筋门，与自然门同源，医道则以伤科著称，曾数被罗致于中南海，近年则来往美国欧洲讲学。文史亦佳，现为四川文史馆馆员，因与我兄龚群相熟，故亦与我格外亲近。

据他说，幼年曾被蛇咬，有乞儿以耳垢和唾液涂伤处治疗之。又云尿除活血化瘀之外，也可敷面，为美容嫩肤之圣品。友人林安梧，昔年曾行尿疗法，晨起饮自己的小便一杯，可惜他不知此秘方也。又骨癌剧痛，可取人尸水和药涂之，胜于吗啡。凡此等等，所谈皆涉掌故。

会中又逢李显光，乃李子弋先生公子，在大陆求道修道旅行。所以约了逃半天会上青城山，由上清宫走下来，到天师洞用餐。青城山道士们擅长酿酒，制作一种以弥猴桃为原料的洞天乳酒，配上青城山老腊肉、白果炖鸡，乃青城之三绝。坐天师洞品茶、喝酒、吃鸡，亦是三绝，无限清幽。只是我年纪老大，骨腿不利落了，在山上蹦蹦跳跳下来，膝腿疼酸，走起路来有些龇牙裂嘴啦！

十四日去成都附近的洛带客家村落参观。这是由广东江西迁来的客家村子，有湖广、江西、广东诸会馆，建筑颇见特色。四川客家，是台湾客家研究中较不重视的部分，今来考察，颇有斩获。惜因办庆典，人挤人，想吃一碗“伤心凉粉”都要排上半个时辰，故不能肆情盘桓。

乃又往黄龙溪古镇。这个镇就朴素多了，镇上有古寺数处，河畔茶座酒楼亦皆幽静可喜。下次若来，可在镇上住一宿，在船上吃酒菜。

晚上去公共管理学院讲儒家经济管理学。十五日又去文学院讲国学运动。吴铭能来访，他自北大毕业后，返台供职一直不顺利，在元智、“中研院”等处待了几年，今毅然返大陆，就聘川大历史系。夜中来谈，自多感触。台湾之人才，流散四方，幸耶不幸耶？非我所能知也！

2005.10.16

大陆国学热潮

昨夜由成都返，虹影恰好也在成都，遂同去机场。虹影与赵毅衡夫妇，本来我在筹办佛光文学所就想邀聘，后来因故赵先生无法来台，令我抱憾，不意在此遇着，甚喜。

回北京，即赶去与陈晓林碰头。他休假来北京小住，故约了卜键、刘国辉等同聚。卜键兄等乃大陆武侠文学会骨干。昔年冯其庸牵头，群为金庸批点其小说，不料金庸对其评价另有期待，颇不满意，彼此竟交恶，几乎对簿公堂。因此说起金庸近日行为，例如重订本《神雕侠侣》等，均无好评，只说找一天约冯先生来吃饭罢。

今早则因人民大学国学院要开张，故人大绝早便派人来接。去了后，为国学院新生讲“国学之性质与方法”，讲毕，下午才举行揭牌开张典礼。

国学院由冯其庸先生任院长，聘季羡林、何兹全、叶嘉莹、任继愈、饶宗颐诸老宿为顾问，聘汤一介、庞朴及我等为专家委员会委员，下再聘若干人等来助拳。开幕仪式之隆重，在大陆各高校历史上得未曾有，企业赞助也很热烈，令人对大陆社会之国学热，深有体会。

因会议，才得见着叶嘉莹先生，先生八十二了，但神采清健，类六十许人。我来大陆，还是第一次与之相见。想起日前一位朋友转述王基伦曾在课堂上感慨叶先生最终不留在台湾而选择了到大陆，如今龚某人也去了大陆云云，不觉莞尔。但叶先生说她明年仍会回去几个月的，特此预告。

国学院开办，而以冯先生为院长，不少人是有意见的。有人就说：“冯先生只长于红学，这是办红学院，还是办国学院呐？”我说，老兄有所不知——

大陆自九十年代起，就出现了所谓的国学热。北京大学开办了国学研究单位，并招收了号称大师班的实验班。基本设想，是想打通文史哲专业科系的局限，恢复中国古代“通人”甚或通儒式的教育模式，培养国学人才。其他南京大学、武汉大学等各名校也多有同类之试验，成效不一，迄今亦未闻真陶钧出什么国学大师来，但此类试验不少。一方面是仍有许多学校跟进，例如今年北京首都师大就开办了非师范性的国学实验班；另一方面是大家觉得这些班没培养出大师来，并不表示此一方向或理想不可行，而是到大学才开始栽培已嫌太晚，故此等通人大儒之养成还应提前扎根，从更小的孩子做起。因此国学大师教育骎骎乎乃有向下发展之趋势。

今年人民大学又开办了国学院，这个国学的话题自然更加热闹了。不少自命通达之士，对此现象并不甚以为然，腹诽谑评，或竟去网上撰文批评，殊不罕见。但十五年来，国学热不唯未退烧，反而越烧越似具有正当性，早已成为大陆之重要文化现象，弗可漠视，亦非讥议反对所能奏效，却是反对者必须要认清的。

大陆现今社会文化领域概可分为三大块。一块是“秀”的文化，亦即是时尚、流行、表现自我、敢现爱现。为了要现，化妆、美容、雕塑、健身、华服、轿车、豪宅、首饰、名牌等等自不在话下，吃喝玩乐，亦须尽情表现。第二块是钱的文化，与前者着重于消费不同，此处重在如何赚钱。于是投资、理财、炒股、买楼、抽奖、上 MBA、讲人际关系学、看财经企管节目等，亦不在话下。除了这两大类之外，就是文化的文化，亦即聊文化、侃文化、玩文化、做文化的文化。虽然做文化的，做出来之文化大抵仍是用来秀或用来赚钞票，但操作着的，毕竟总是文化的内涵、文化的事务，非流行时尚大众消费及营销企管可比，故可独成一域。

不过，做文化玩文化谈文化的，又有什么可谈可玩的呢？

资产阶级自由主义不复新鲜，且经九十年代中与新左派几场鏖战下来，在学界文化界势力日蹙。社会上又因承平日久，人民贪图经济富裕的生活，对民主不民主，并不那么在意，是以自由主义也无啥可说。至于欧美新思潮，现代化理论，乃是八十年代的热潮；九十年代以后，流行过一大阵子后现代。如今则是后现代之后，正不知该谈什么的时期。

在这种情况下，你说，不回来谈国学，还能谈什么呢？

国学，在晚清，具体内涵其实是指经学。因此绝没有一个弄诗词戏曲的人会被称为国学大师。到了“五四”以后，国学就变成了史学。胡适、傅斯年所谓“整理国故”，均是将国故视为史料而整理之，史学家钱穆也写过一册《国学概论》。如今呢？国学也者，范围指涉大异于前，实只是中国学问之概称。中国固有之学问，如经学、宋明理学、佛教、道教、孙子兵法、诗词歌赋，固然都可列入国学之林，就是中国学人文化人想要发展成具有“中国性”“中国特色”的学问，亦都可以号称为国学。

如此一来，国学就大可供喜欢玩文化谈文化的人驰骋了。社会上与国学相关的文化活动，包括儿童读经（其实是读各种文化典籍，甚或包含学古琴琵琶等才艺）、文化讲座、书院（其实就是私人文化讲座或会所）、禅修、雅集、茶舍、中国风服饰制销、中国风油画水墨摇滚等。学界中号称国学或新国学的刊物里面，也是什么都有，敦煌、考古、民俗、现代文学、比较文学……靡不可见。

这时，若脑子里仍是晚清那时的国学观，以为现今讲国学就是要恢复那“穷治语言文字以通经学”的学风，可就大错特错了。现在大陆上讲国学，只是在文化及信仰空虚的情况下，回归文化母体，想重建文化主体性而已。

此等文化的心理需求，又是与政治经济发展相应的，中国目前整体感觉是自己已经“和平崛起”了，民族自信心及文化自豪感随之增强不少，人穷时，总是怨天恨地嫌娘丑；一旦发达了，就不免敬宗孝祖、建祠堂、修家谱，大陆目前正是如此。再说，一个自命已然和平崛起的大国，在学术文化上没有一点自己的货色，光靠稗贩洋人的东西，像话吗？此所以非讲讲传统文化，非昌复国学不可也。

今年，大规模举行祭孔。北大、人大及四川大学又都不约而同地在编《儒藏》。四川大学进度最快，但北大最会宣传，在李敖的演讲会上，以精华版《儒藏》送给了李敖。那个画面，不知有多少人注意到了它的意义。什么意义？北大原本是以五四新文化运动见重的学府，昔年倡议西化、打倒孔家店、抛开线装书的这个学校，如今却以重编《儒藏》来介绍自己。把这套书送给以讲“全盘西化”起家的李敖，更是耐人寻味。时代真是不同了啊！

2005.10.23

文化产业基地

今日一单位来邀我为南极一些山峰命名。原来南极自开发探险以来，各地探险者、研究者去了南极后，纷纷为此无人之地命名。可是这些名字都与中国没份儿，或与中国文化无关，因此有人想到去联络争取，要命名权。现在手续办妥了，具体要叫什么山什么峰，反而拿不出主意，因而上网去征求，由新浪网之网民投票命名，然后找世界华人间一些知名人士来评选，例如金庸、李敖、龙应台等。不知为啥缘故，居然也找上我。我觉得好玩，便答应了。

结果主办单位把网民投票出来的一堆名字寄给我，令我笑破肚皮。排名第一的是丁颖，我根本不知是谁。其他人名，则有孔子、后羿、嫦娥、梅兰芳、齐白石、雷锋、巴金，乃至中华鲟等等。试想一座山，被称为雷锋山或熊猫山，多么滑稽？更可笑的是东海、南海、长江、黄河、日月潭或松竹梅之类，想那些山如何称之为黄河山南海山呢？南极冰峰又怎么会有梅花？还有些是神话人物，如女娲、夸父等，皆令我不知如何评选。

暂不管这闲事。先写毕《唐代中叶的文人经说》论文，交清华大学，准备开经学会议用。然后赴上海，来交通大学“国家文化产业创新与发展研究基地”开会。

交大这个基地是与文化部合办的，因此文化部来了几位司长，台湾则文建会一处老处长林登赞、新处长苏忠，台北文化局长廖咸浩兄亦皆来与会，所议亦颇与文化产业发展之政策有关。

对文化部文化产业司和统计局所做的文化产业相关调查统计，例如从业人员有多少，占GDP多少、行业分布如何等，我都不信。因为那个“行业分类表”本身就有问题，文化产业也根本不能由那个行业分类中去看。对大陆文化产业之布局，我也颇有意见。兼以发言耿直，所以一石激起千层浪，让会议增加了对话的趣味。

文化部把文化产业基地设在上海，自有它的道理。自一九九七年起，上海、深圳、台北就有个城市论坛，每年举办。另外，自一九九七年起，亚太十四个城市的艺术总监也有个民间网络的组合，以香港为主。一九九六年起文化、环保等基金会，又组成了一个亚洲基金及组织网络，推动跨国公民社会，总部在马尼拉，上海也都有参与。它和联合国之关系则更密切。文化园区则已规划了十八个。文化产业之发展，非北京所能及也。

咸浩当官极忙，廿二日晚上十二时许才到，廿三日上午报告完，下午便要赶回台北，匆匆几乎无法叙旧，但老友能在此地见面仍是高兴的。前几天，因陈晓林休假来北京，刘梦溪先生邀李泽厚与我等夜饭，晓林把高信疆找着了，几个人异地相逢，也一样感到高兴，所以吃完饭还去紫云轩夜话一番。此次在上海，廿三日晚上去“新天地”，张毅杨惠珊请客，我就想起当年此地刚规划开发时，我领了台北市文化局同仁来此考察，并向上海市提建议的往事。那年又与咸浩来此，夜坐在熙来攘往、小资气氛迷漫的灯影歌声中，印象极深，可惜今夜没法一道喝咖啡了。

夜风中归来，听说北京正在办纪念台湾光复五十周年的活动，甚是感慨！

2005.10.27

小评汪荣祖先生论圆明园

汪荣祖先生来北京，今在万圣书园办新书发表会，谈近日在大陆出版之《学林漫步》《追寻失落的圆明园》。汪先生对圆明园一往情深，透早就要先去遗址凭吊，我无法追陪，只好径去万圣会合。万圣近年异峰突起，在海淀地区声势渐压风入松、国林风，与它常办此类沙龙有关。但我总觉它那“万聖”二字用简化字写来就成了“万圣”，所以通常都喊它做万怪书园。

汪先生论圆明园，功力深厚、征引浩博，运用中西史料甚备，故甫出版即获美国研究图书馆权威期刊《选择》选为二〇〇一年度各学科最佳学术著作之一。我当然也是佩服的。本来打算写一书评揄扬之，来不及了，只能在新书会上略申钦敬之意而已。小有补充：除了以前在这随笔上写过的之外，如汪先生说道光皇帝在长春园内建戏台，“据说可以容纳数百名演员和女伶在台上表演”，“根据一则清宫秘史，某年某场大戏正表演时，道光突然性起，走到演员和女伶之间，跟他们同台演出”。他依据的传说，可能本来就出于杜撰，因为宫中不可能有女伶。乾隆嘉庆道光朝皆禁止女伶，故戏中旦色均改用男童扮演，《情天外史·后序》云“司坊色艺无过都中，扮美妓、作名优，插宫花于帽侧，饰小童为小女”，正其时也。当时《燕京杂记》《日下看花记》《金台残泪记》等皆可考按。女伶复兴，迟在光绪中。又，汪先生谓圆明园畔熙春、近春二园，后来成为清华与北大校区，亦不然，二园皆在清华。至于琉璃瓦，汪先生说琉璃二字乃由梵文 valdurya 译来，由西南亚传入，经五百年才成为建筑之基本材料，唐三彩即用烧琉璃瓦之技术。这一点我不以为然。唐三彩乃低温釉，与琉璃瓦之工艺关系如何，仍俟考订。宫殿建筑用琉璃瓦则早在北魏平城时期已然。

中午，江苏教育出版社请客，该社表示近日台湾作者之书正在大陆热销，一般比大陆作者卖得好。我以为是因介绍到大陆来的，大抵多是高手，故平均胜于大陆作者之书。呼延华兄说："不然，同是大陆著名学人，亦往往不如台湾学者，因此是社会对新思想的需求问题。"万圣的刘苏里亦有类似之看法。回想我在书肆所见，略能印证其说。如今各地盗版翻印，不再是印什么畅销言情或淫秽、暴力、发财书刊，而是全套唐君毅、全套钱穆、全套史作柽、全套牟宗三地在卖，一本十元八元。这是可惊的！试想牟宗三的《中国哲学十九讲》、钱穆的《朱子新学案》、唐君毅的《道德的自我建立》之类书，在地摊上大卖特卖，这是从前能想象的吗？现在台湾的文化人大概也很难想象这是什么情景，我那本论阅读经典的破书，一样也有盗版，足征市场供需之效。为了提供这饥渴的知识胃肠，看来我们非多加努力，创造些更好的作品不可啦！

2005.11.01

盐文化发展之道

廿八日陈晓林邀宴，在"蒙古人"烤全羊，宁宗一先生也由天津来会，见之甚喜。先生曾为我序《说剑》，惜此书被兰州大学拖积至今，尚未处理。已去电刘志伟兄请取回，我另行付梓便是。其他与会者尚有陈墨、刘国辉、卜键、钟洁雄等。在屋子里摆蒙古包，局促可知；待蒙古族人来敬酒、献哈达、唱歌跳舞时，当然就更挤了。因此吃起来倒教人怀念那年在佛光大学里烤羊，多惬意呀！

二十九日去参加国际儒学联合会办的“世界儒学高峰会”。本会只邀了二十来人，台湾只有我与林安梧，但北美的成中英、杜维明其实也出身台湾。既是高峰会，论来颇不寂寞。郭齐勇由武汉来，告诉我他们办的国学班已有学生升入研究所了，平实低调，希望能办出些成绩，邀我得暇便去支持，我自然也是乐意的。

晚间李显光约了我与朱越利先生见面。朱先生除在统战部供职外，也兼川大宗教所教授，带博士生。他除道教外，也研究藏传佛教，能兼此二者的，世上不会太多，故聊来也很尽兴。饭罢便径登火车，一卧而抵扬州。

至则旅游学院派人来接去冶春茶社吃早茶。吃毕大队人马去汪氏小苑，我则独返扬州大学。扔下行李后，便溜去瘦西湖逛了一大圈。湖水无恙，菊花数百品，尤为清妙，只是画舫游船愈发可笑了。

以前扬州之画舫，乃是驳盐船改装的，所以形式各样，如今却千篇一律。从前有酒船，可在船上治庖饮酒，今亦无之。故甚单调。

为免单调，现在增加了一种唱扬剧的船，可在舟中听曲。但伶人可怕，打扮作清朝皇帝、嫔妃、太监状，敷粉勒红，如在舞台。而人又都太老，居然白昼现形，除“可怕”二字外，无法形容。人客未来，则或抠衣、或擤涕、或抽烟、或梳帽辫。那辫子是黏在帽子上的，摘了帽来整理辫子，露出一个大秃头，更为可笑。

下午去盐城，抵东台。经泰州、兴化等地。一路车行，无数人文掌故就掠过心头，感慨万端。至，打一电话给李纪祥，他老家便是盐城。告诉他我正在盐城呢，他大惊，相与大笑。

我到扬州及盐城，是应黄俶成之邀来参加盐文化研讨会的。盐城东台一带，古系盐场，故以盐为名。出的盐，送到扬州转运，所以盐田盐场盐工在此地、盐商在扬州。明清时，盐之税利，几同田赋，故此一带皆殷饶，如今就差了。江苏省，富在苏南，苏北近始急起直追，东台又为苏北县级市中最佳者，但已不业盐而改为养蚕了。蚕丝出产，本以浙江嘉兴等地为盛，今则俱衰，而以东台居冠，时移世异，有如是者。

早起去黄逸峰故居看盐文化展览，除图片外没什么东西。图片中有以扬州汪氏小苑的厅堂为景，而用计算机配上“新安会馆”的字样蒙混。继而去王艮墓，王东崖墓在其旁。另建一屋，题东淘精舍，然非旧制矣。王艮乃阳明门下杰出者，盐民出身，往访阳明，具古衣冠，执笏立中门求见，乃豪杰之士也。但与会者多不知其人其事，一老学者问我：“那艮上面少了一点吧？”令我不知该如何回答。现在东台市政府把王艮当盐文化之一部分来推重，我亦以为小视了泰州学派。王艮固然是盐民出身，但泰州王学与盐文化有何关系？

下午去琼港看渔民采捕，又去东海森林公园，园乃古盐场咸卤之地，现在却已全用来种树了。万木参天，广达三十平方公里，在林中左穿右斜，历时甚久始出。我因感冒，疑是禽流感，故一路昏睡，只觉颠得厉害，如骑烈马。另一辆车上一位老者就惨了，他带一拐杖，杖子跳起来把头脸都打破了，血流如注。

十一月一日早上仍开会，我略说了盐文化发展之道。大意谓盐在古代为重要民生物资，今已不然，盐业在整体农工产业中重要性已降低（古代盐业占中国销售收入和税收比重约60%~80%，现在盐业收入不到1%，利税也只有0.1%），且饮食习惯改变，保鲜之方法也极进步，所以用盐日少。目前食用盐不到25%，故一方面应开发化工盐、养殖、盐生物工程、生活用盐等等；一方面应放弃历来专卖管制之办法，进行盐业体制改革；三则须改进技术，提高生产。目前大陆每年仍须仰赖大量进口盐，而外国盐既好又便宜（海盐出厂价就要每吨350~400元，市场价那更不止，外国进口盐却只要328元左右，纯度又更高）。但无论如何，盐业从现实上看，确实是没落且无竞争力的，能发展的只有盐文化。

发展盐文化，又不比茶文化，茶与人们之生活情趣有关，盐则除用于调味之外，现在的研究仅限于盐政之政治面、盐税之经济面、盐商之社会面，与一般老百姓关系甚少。且茶可常饮，盐不可多吃。若想发展盐文化，就须着重于盐之生活面。目前食用盐之比重本已降低，生活用盐之用量渐增，在生活上，浴盐、软化盐之推广、盐生化产品之开发，才能让人体会到盐与日常生活之关系。

茶文化又因与文人、艺术、禅结合，故有精神性之内涵，盐则没有。故茶多歌咏、盐少论述，历来盐文化研究，偏于生产面（盐场及制盐、采卤、晒煮等工序）、管销面（盐政、盐制、盐运等）而缺乏民众用盐、食盐史之讨论，更不重它与文学艺术之关系。现在要谈人物、事迹，只能谈些盐官、盐商，否则就东拉西扯，几乎只要吃过盐的人，都被捋扯进来，产盐区的史事也都可算入。如此空泛，正因缺乏具体之精神内涵，故只好东拉西扯而说之。

下午返扬州，祁龙威先生寿辰，扬州大学诸君为之祝嘏。我如寥天一鹤，翩然莅止，众人皆惊，祁先生也很高兴。饮了酒，揣了一包盐，即告辞，搭火车返北京啦！

2005.11.06

雾锁北京

李纪祥来北京，参加清华与新加坡国大合办经学研讨会。此会原系上次佛光与清华合办清代经学与学术思想会议之延伸，上次会议，在大陆仍有顾忌，故不敢明建旗鼓，标举经学之名。但因为开得甚好，此番乃大揭旗帜，且出版《中国经学》，开幕也很堂皇，似一派经学复兴之模样。可惜这样的会，本来是要继续与我们合办的，我既卸任，斯事遂罢，倒让新加坡国立大学出了风头。

在佛光的网上，见到新教务长吴青衫写了一文，问佛光所揭橥的传统书院精神是什么，学生把从前开立校精神研讨会的老资料发给他参看。其实青衫兄也可去查一下我那本介绍佛光精神的小书，答案都在里面。只是，如今还有人愿继续发扬立校精神吗？

青衫兄又说：“龚校长一连为佛光山星云大师创办了南华和佛光两所高教体系的学校，可谓备极辛劳。而佛光人文社会学院在经济这么吃紧的情况下，从上个年度至本年度，提供给龚校长全薪的休假，不用负担任何教学研究的义务，可以自由自在地讲学于世界各地，应该也算得上对龚校长的感激。”原来如此，哈哈，领教了！

与李纪祥约了任定成、王骏去吃羊羯子，聊得尽兴。定成与纪祥竟喝醉了。把纪祥扶回房去，我乘夜风归来。风甚大，把楼下的脚踏车全吹翻了。北京这几日尘封雾锁，十数米外不辨人面，几条高速公路都封了。

北京的雾，与台湾颇为不同。台湾的雾饱含水气，故有清逸入云之感；此间雾如沙尘暴，灰蒙蒙的，把人裹得几乎要窒息了。有时竟是灰黑色的，仿佛煤烟一般；又像风景画刷上一层泥水后干了的景象。唯有风刮起来，才能吹开尘雾，复见清明。

果然今早起来，阳光明媚，城市又出现了。走入清华，银杏一树树，全像金币，把一个深秋景致，装点得热闹非凡。

会议内容，不必赘述。倒是见到林庆彰能来会，很高兴，他病后不常出门，此番来北京，看来气色不坏。“中研院”文哲所经学组，近年能在学界形成这么大的影响，他和经学组的朋友功劳不小。其成绩，在创所时可能是想不到的。大陆经学之不讲，已数十年矣，如今能打开这样的局面，殊非易事。我治经，跟他不同路数，但不能不佩服他的专力笃行。他与纪祥又都善于带领学生，我也不及。

夜蔡长林约了车行健与岳麓书院吴仰湘、北大乔秀岩、浸会陈致、卢鸣东等同来北师大找我，说要去吃狗肉。北师大附近无狗肉铺，找了几处馆子，大伙儿均不中意，乃又乘车返清华，找一路边摊饮酒闲话。我辈饮馔，非求旨甘，但借此一聚耳。是以大店不如小铺，精洁不如土俗，分餐不如合食，而物美则不若话清也。夜话至中宵始散。

夜甚寒，明日盖是立冬。九歌出版社寄来我著的《孤独的眼睛》，今已收到，凡收游录四十九篇，加一序，恰符“大衍之数五十，其用四十九”之说。

2005.12.02

岁寒觅友

连续几篇随笔都谈台湾的教育，友人说：“你近来没喝酒吧？怎么老要谈这些无趣的事？再写这些东西，随笔就没人看啦！”我想也是。台湾的事，乌七八糟，本不好谈；我人又不在，何苦又老惦念着那些事？只不过人情恋旧，不忍见家乡继续沉沦罢了，偶尔议论一番，观者或应矜其愚诚。

由台湾归来后，与谢正观合办了一个建筑风水研习班，由台湾来了一批建筑师，此间安排讲课。风水一道，向称迷信，然今之建筑环境业中颇讲此学。虽小道，亦有可观者，故略讲习之，或亦为通人所不废。

风水于《汉志》属形法类，主相宅相地。唐宋以后，分为两派：讲形法峦头，专指龙穴砂水之相配合，为赣派；讲理法，以五行八卦定生克者，为闽派。至明清而形势一派愈胜于理气，我江西祖籍地尤多名家。家伯父乾升公即为此道高手，既与老天师义结金兰，复持罗经以游世。我曾随他去寻山觅水，打罗盘、定穴位。当时年少，只觉得有趣，听他讲说相关掌故，尤感娓娓动听。当时他在铨叙部做司长，论休咎多验，故官商两界找他看阴阳宅的人甚不少，如《自由时报》的林荣三就是。我伯侄俩常在他下班时去南门市场对面小魏川菜馆吃豆瓣鱼、荷叶排骨，聊堪舆之事。星期假日则随他去山上跑。于今想来，都是二三十年前的事了。正观要我来上这类课，我触景伤情，且书又都未带在身边，忙推辞了，另请陈进国、余希贤他们几位来上。

北大与首都师大的课，仍在继续。今有学生为抢位子吵了起来，令我有些不愉。另有友人还揶揄我，说："我看你这些粉丝（fans）越来越嚣张了，录音也就罢了，现在还公然来录像、站起来拍照。也许你已经习惯了，可是在我们这儿其实很少见呢！"我说："大家好奇或好玩嘛，不必认真。"

我从前刚教书不久，《民生报》创刊，策划了一个校园十大名师专题，选了十位校园名师来做报道。不知何故，把我也选上了，记者来我家拍了张我着短裤坐在椅上看书的照片登在第一版上，被友人好生笑话了一阵。那当然是个噱头，但尔后媒体就再也没兴趣报道什么校园名师了，他们只会报道校园十大美女之类。故我之遭遇，亦可以征世变。北大学生的表现，则绰有古风。

但此间气甚寒，风甚紧，树叶皆已扫尽，冬天真的来了。在北风凄紧的路上，丢失了电话本子，更骤然添了些心头的冰冷之感。与友人的联系忽然间仿佛都要失去了，一时感触莫名，又有些紧张，因此要借此处敬托亲朋好友：把地址电话网址告诉我，勿让我找不着你们。像我这样的避世游人，虽然"避世"，却不想"避人"呐！

2005.12.08

深圳东莞记事

四日绝早，便由北京飞深圳。寒风刺骨，云已零下八度。抵深圳，则十七八度，阳光明灿。但据称已降温，前一日有廿六度呢!

深圳今已为大陆第三大都市，人口千余万。唯此种人口统计，殊不精确。因外地人口多，无户口，难以推估。大约户籍人口与非本地人口，比例在一比十之间。一区一镇，若本地三万人，则外来移动人口在三十万之谱，用孔子的话来说，就是“庶矣”，人多。其次则是“富之”。深圳什么都贵，人均所得亦最高。只因邻近香港，物价比诸香港当然便宜，所以港人来深圳旅游、置产、购物者川流不息，市面之繁荣亦与香港相仿佛。

晚上陈洁请客。黄坤尧知我来深圳，特由中文大学赶来，饭毕再搭火车返，盛谊可感。座中另有郁龙余及毛少莹。郁先生精研梵典，为中印比较文学之业。少莹则刚办完台北、深圳、香港、上海的城市文化论坛以及深圳的读书论坛。

次日我又绝早便起，去蛇口搭船。因深圳是长型的城市，我住罗湖区，在东；蛇口在西，车行居然花了一个多小时。抵珠海已十一时。天候不佳，海象昏蒙，蒙古来的冷气团，已追踪而至，因此这南国炎方也渐次降温了。

风大起。抵珠海联合国际学院。因这个北师大与香港浸会大学合办的新大学，校址暂借北师大珠海校区内，而这个校区，又是珠海政府为改造珠海，辟了大批土地，划为大学城，招揽中山、北师大、北京理工等名校来此设分校，所以地阔人稀，弥觉清旷寒肃。

联合国际学院现由浸会大学校长挂名，郭少棠任常务副校长，实际操办，下学期命我来讲文化课程，所以要来商量一下。我这十几年来，皆与新办学校为伍，在中正时，中正就是草莱初辟的，假日连碗泡面亦买不着。接着到南华，也一样买不到泡面。然后再到佛光，情况亦无改善。筚路蓝缕，以启山林。因此来看郭先生他们创校，自是深具感触。

下午转去东莞。昔年曾来此，筹设佛光之推广教育班，面向台商。盖东莞有三十二个镇，合起来有台商六七千家，且有台商小学，顷又准备建五十层的台商会馆大楼，作为东莞的地标，实力可见一斑。凡此台商及干部人员之进修，至为重要，而国内无人注意及此，我曾与该地主事者商量开设此类培训课程。一切就绪后，却因我卸任而作罢。如今房子还留在那儿，我不好意思不来收拾，替佛光做点脸面。

晚上即宿在东莞。东奔西跑，梦里不知身是客。忆得上回来，在街道深巷中见一摊卖猫肉，拉林信华去同吃。信华面有惧色，乃大笑而罢。此番顶着寒风出去找它，却已不见，想是“煞死”（SARS）肆虐时，遭了取缔，真是可惜了。

六日又绝早赶回深圳。毛少莹已替我安排了去龙冈、坑梓等处看客家围屋，遂接林荣祯、梁芳祥同去。

深圳在一般人看，是缺乏文化历史的地方，只是改革开放后，凭空建造的一座新城市。其实哪是如此呢？只因外界对它不了解，本地人又多是外来移民，更加不懂，不晓得此地有六千年以上的新石器时代考古遗物，千七百年以上的东官郡设置史，六百年以上的大鹏所城城堡史可考。大鹏所城，是明洪武年建的千户所，今为广东省重点古迹，深圳又称鹏城，即缘于此，此外就是我要去看的客家围龙屋。

深圳居民分两大块，一是广府文化，一是客家文化。现在说的围龙屋，主要是指客家文化区的围屋。我佛光的谢剑先生是客家研究的专家，从前在南华时，我替他出版过《围不住的围龙屋》，就是以客家围龙屋为讨论对象的。此为国际学界通例。但事实上，围，不是客家的专利，乃是闽粤共有的民居形式。把乡村聚落合拢起来，建成“围”，旨在防御。防谁呢？一是海盗，二是少数民族，三是闽客、粤客械斗时的另一方。台湾的地名中，也有这种遗存，如宜兰的壮围等地就是。闽南人、广府人、客家人都建围屋，可是近年闽西客家土楼声名大噪，加上客家学者推波助澜，遂令人有围屋乃客家文化之代表的错觉。实则就是在深圳，属广府文化的南山区、宝安区，也都有围。只不过，广府区之围村，不受重视，连深圳市里做调查，也只出版了《南粤客家围》《客家围龙屋》等书，所以我这次也只好又去看客家围啦！

客家围与广府围不同处在于不只围村，还形成围楼和围屋。而深圳的围屋，跟闽西土楼、赣南土围子、粤北四角楼比起来，规模特别大，形制类似城堡，如鹤湖新居和大万世居那样双围十角楼的，全国仅见。而且规制完整，有欧洲中古城堡的架势；围墙上设枪眼，屋前甚至还有大炮，情况也与城堡相似。

因天冷，在龙冈、坑梓一带跑，冻得不行。幸而中午吃了一顿客家菜，炖狗肉尚不恶，否则无法御寒了。七日参加学前教育研讨会。这次是中国管理科学研究教育所等单位举办，主题是脑力开发，大陆一些主要做脑科学及教育应用的单位都来了，我讲一题，谈创造性思维，教人如何开发创造力。

大略谓：古代对天才的解释，概分为圣人说与巫人说。圣人乃天纵之圣，亦即天才；巫人为神暂时下降，人乃通灵，即后世之灵感说。天才即由神赐，故亦无法研究、无法复制、无法学习。十九世纪末，一八七〇年高尔顿才由遗传学角度开始研究。接着是心理学界，弗洛伊德、荣格二人以个人潜意识及集体潜意识解释天才，但把天才视为病症，作家视为做白日梦的未长大之儿童，另开天才解释之一路。再一路则是生物学、脑科学之研究。

一九七五年，科学界首先测得生物电，一九二九年用之于人脑研究，发现了脑波，可测 α、β、θ 诸波种及其幅度、振频等。一九四〇年以后，运用脑科学研究而讲脑力激荡、脑力开发者日渐普遍，如奥斯本所创世界创造教育基金会，或麻省理工学院，每年都有相关研发与课程设计，企业界用之亦多。八十年代，强调右脑开发，在日本尤为风行，影响渐及台湾大陆。但我对左右脑不平衡诸假说，颇有质疑，故主张全脑开发，至于怎么做，嘿嘿，付钱给我或请我喝酒，我才告诉你，此处就不说啦！

讲毕，去毛少莹处。她那特区文化研究中心，乃深圳文化心脏，中午遂与文化局长尹昌龙、中心主任陈新亮聚餐，喝了酒才上飞机。席间略论深圳文化发展之道，诸君当不以吾言为河汉。

夜抵北京，已十时许，寒气已重，与去时相似，夜中但见树木秃落得更厉害了。

2005.12.18

烟波荡东湖

十日在语言大学，高旭东兄召集了一个青壮学者的聚会，谈两岸文化之接轨与整合，由我与叶舒宪引言。据云此类集会已办数次，会后聚餐，接着去打保龄球、唱歌。旭东意兴甚豪，曰不到午夜两点不准走。我第一次参加，又畏冷，饭毕便返，所以也不知他们玩到几时。倒是借此机会与陈晓明王岳川等人见了面，否则在北京等闲也见不着。

次日郑龙水由台北来，约了与杨光友兄弟、冯卓志、孙晓郁等碰头，闲谈倾酒，不在话下。但两岸关系渐就松缓，因此与台办系统人士相见竟少了话题，唯说近况而已。冯兄甫自台湾返，言大陆旅游局此番赴台之行，却还有些趣事可听。

十三日飞往武汉，武大办国学实验班已数载，顷已有硕士矣。郭齐勇兄云办得士气高昂，但也十分辛苦，要我去助拳。我最喜欢做这类事了，因此便到了武大。去年这时候也来过，是在中文系与哲学系（现在都称院了，此为现今风气），与这次情况不同。

共四讲，国学与新学、现代与反现代、方法与方法论、小说与小说史，每日讲一趟，详情不用细表。对国学之热忱，在武大师生身上很容易感受到，也令我很感动，以后有机会，再来支持吧。

此行逢尚永亮兄。前年在兰州开会，间去甘南草原玩，接着便不相见。去年我来武大，他去了京都，届今才再见着。友朋聚会，辄如是也。他甚怀念李纪祥、刘国威、翁玲玲、赵孝萱等当年同游诸友，可是我跟他们也同样是难得一见的。

讲课之余，当然故态复萌，仍要去游山玩水。我先去了趟赤壁。昔年在黄石办弘道大学，在大冶、黄岗一带考察了十几处，带着袁保新他们一齐跑。保新本来不愿来，我与他约了月夜裹只烧鸡，同去赤壁泛舟，他才愿一道来。结果颠沛道途，什么苦都吃了，就是赤壁没去，烧鸡也没吃着。后来再拉他做事，他每以此为口实。其实不只他感遗憾，我也遗憾哪！此次特去赤壁，即为补憾。

东坡赤壁，顷已在城中，距江甚远，唯旧堞半存。临水一滏，犹能仿佛昔日倚杖听涛之情境。古物古迹，皆渺不可见，仅挹爽楼有《景苏园丛刻》存焉。其余碑刻题记亦多可观者。拓得“寒食帖”一纸返。帖云：“自我来黄州，已过三寒食。”东坡在黄州，殊不只此数。流离劫余，于此注《易》，填词、作字、筑雪堂、泛江月，祸事翻成韵事。君子于兹亦可以启悟矣！

当然，游历武汉，亦不须远涉，城中即多佳处。琴台、黄鹤楼我不拟再往，乃游其东湖。

东湖极广阔，水面比杭州西湖大好几倍，故杭人谓扬州之西湖曰瘦西湖，武汉人又笑杭州西湖甚瘦。腴瘦本无关美恶，伶俜臞弱，往往胜似痴肥者。然湖面烟波浩淼者自具江湖之想，佳处当胜小景。我历年来武汉，均仅由沿湖一线径入武大，故于东湖全貌实未窥得。此次李琼托她在湖北大学的同事带我整个湖跑了一遭，始惊其汗漫。磨山、梅园、疑海、梨园，俱可观。据云毛泽东凡来此度假五十几次，可见此君会享受，懂得霸占风月。我游了半日，才在梨园雇了条扁舟请老婆子缓缓荡回武大清波门，自觉甚韵。

夜间演讲毕，走出来，皓月冰轮，不输东坡赤壁泛舟所见。学生缠着我一路问问题，我则尽顾着看月亮，一心只想再去湖上泛舟。问了些人，都说现在已不准夜航，且也无人愿涉险陪我去，乃作罢。看来要如东坡出游并不难，难在不易找到玩伴也。曾问老婆子，扁舟一舸，只需数千元。将来在湖畔觅一椽茅庐，日日打桨荡入藕花深处，岂不妙哉？

十七日中午讲毕第四讲，即搭机飞南京，再转无锡，径入太湖，宿于烟波致爽楼。楼系梁思成手笔，面对蠡园，长堤疏柳，湖波如镜，与东湖风光又自不同。坐落地窗台外，看暮色苍然渐至，令人魂消。

晨起，则红轮乍现于湖霭蜃气中，疏寒特甚。自来观日，亦未见此清景也。

乘快艇至三山仙岛。岛上有天都仙府、玉皇殿、月老祠、文昌阁。鼋头渚公园管理处拟将之改建，聘刘建华规划。建华欲将此改为太极岛，故拉我同来斟酌。我全岛粗看一过，认为可设一世界道学中心，建华及公园顾文品主任皆首肯之，遂略擘画。其事是否可成，将来再看吧。

此地佛光文学所学生第一次移地教学时曾来，如今春花冬梅，情景既殊，人事亦异，唯山色湖光，聊相慰藉而已。匆匆一游，便又往南京。车行在高速公路上，心思却仿佛仍在船上。摇呀摇，不知湖波又要把我这船漂到什么地方。

2005.12.25

悦乐神州继绝学

北大的课，本周结束。有学生写信来说上课时心情很不好，因为课就要结束了，令我很惊奇。平常我们在台湾上课，岂不是巴不得早下课、早放假吗?

课要结束了，我才问学生选课之状况。选修了的学生，得给他们分数。结果又让我吃了一惊。原来这门课开课时间较晚，学生早已选课完竣，所以只是得到消息了跑来听，所谓“闻风而至”，没有人是要成绩的。如此这般每周来上课，而根本非为学分之故，在台湾我也从未遇过。他们几乎从不缺席，上课亦极专注，是以我也从未觉察他们全是“旁听生”。如今才发觉，让我直呼有趣、有趣!

有次与友人谈及此一情况，友人说这显示大陆现今对文化之渴慕，内在的需求是巨大的，所以现在的问题是如何促进外部之需求增大。外部之需求，指政府及社会得要感觉得到国学中国文化的重要性才行。目前大陆的学科编目表尚无国学、儒学、经学等名目，因此开什么国学班等，均只能挂在其他学科底下，例如以中国哲学、汉语史、中国文学等去招生；学生将来毕业或考硕士班，也都是成问题的。此一困难，非台湾所能想象，故促进外部之需求，包括提供课程、师资、教材，均甚必要。

王基伦来北师大，参加散文研讨会，聊起此事，并问行止。我便略举此类事例为说。谓我辈文化人，不揖诸侯、不事公卿，国家兴亡，不甚相干，但颇以天下兴亡为己任。天下兴亡者，文化之继绝存亡也。在台湾，所奋斗戮力数十载者，无非为此。但如今台湾社会似乎用不太着我了，在台湾已没什么事可做。若只是任一教职糊口，岂不辜负我一身学问，亦对不起孔孟？倒是大陆国学已绝数十载，目前能淹贯四部、综摄九流、总说三教者，尚无其人。我在此，还可以发挥点作用。为天地立心，为生民立命，为万世开太平，也许谈不上。为往圣继绝学，则舍我而谁？因此我也许暂时不回台湾了，还会留在此地一段时间。

二十二日上午，去人民大会堂。文津阁四库举行新书发表会，冠盖云集。此书历经三载辛苦，才得圆满推出，卢仁龙兄厥功甚伟。我只在倡议时出了点主意，一切操办都是他的劳绩，如今却形成了四库的热潮。浙江文澜阁下个月也准备印了。傅璇琮先生来邀我去杭州参加印制前的讨论会，我感慨莫名，当即答应了去帮忙。

可感慨者甚多。其中之一，就是想到昔日倡议印文津阁时在佛光山受到的讥讪。讥讪者不识之无，不晓得此一倡议是我通读四库诸阁本而后才有的见识，随口雌黄。我本以为是针对我个人而发，今首都师大程恭让来访，谈起来，才知小阉黎一向如此。他替佛光山编大陆博硕士佛教文库，也是一肚子苦水。恭让妙龄好学，顷又钻研梵典，重译《维摩诘经》《俱舍论》，又能酒。纵酒倾谈佛学，此等快事，岂阉黎所能知耶？

二十二日北大下课后，即去汤一介、乐黛云先生家吃水饺。北方冬至，较少吃汤圆之风俗，大抵就是吃水饺。汤先生编《儒藏》，样书第一册已出版，收何晏、皇侃、朱熹、康有为诸注。皇疏康注过去未真究心，今再通读一过，收获不少，康注尤有趣。李泽厚《论语今读》引用康注不少，然论旨迥异。李氏书，三联出版，不知何故，错字极多，几不忍卒读。但首揭《论语》悦乐之旨，颇有见地。佛家说苦、耶教说罪，唯我夫子，张扬乐教。礼乐之乐，固不用说，《论语》开卷，就是独学既乐，友朋讲习亦乐，人不知，而我亦仍是乐。自称云乐以忘忧，不知老之将至；赞颜回，则曰不改其乐。后世讲孔学的人，不知何故，都不解此旨，把孔子画成一副愁眉苦脸、恓恓惶惶的样子。要不，就是把孔子庄严呆板化，真是岂有此理！

武汉大学适有学生来信，说我去演讲后，造成很大影响，学生们决定也要对国学下苦功，苦学一番。我就说，别、别、别！读书是快乐的事，苦什么呢？苦学是绝对学不好的，此理，宋代理学家略略窥得，所以他们教学，常要学生去思索“孔颜乐处”为何。但不幸这些呆子，把悦乐当成苦思之题目，让人想破头去猜孔子颜回为啥子那么乐，结果悦乐也变成了苦差事。正如人悦则笑，现在叫你去想人家为何笑、如何笑，且命你学人家笑，嘿嘿嘿哈哈哈嘻嘻嘻，笑就成了一桩可笑的事了，学生如何悦得起来？

二十二日晚，杜洁祥又到北京，二十三日遂约了高信疆、张颐武同去拜访人大副委员长许嘉璐。许先生现又为民主促进会主席，民主党派在大陆既为执政团体之一，若有心，未必就不能做点事。人大近年也较有作为，通过之议案，未必便无作用。因此我们也认真提了些建议。许先生乃黄侃弟子陆宗达门人，曾任语文工作委员会主任，与我可算同一学脉，八十年代便有来往，故聊学问、谈掌故，亦颇尽兴，不表。

在民进中央用餐，吃了点鹿肉，佛光文学所学生曾在网上留言，要我小心点，天气冷，别吃到用药饵毒杀的狗。哈哈，说人会用药毒狗去卖，是恐吓别人勿吃狗者的谣言，从来没那回事。狗肉市场如此之好，北大学生食堂都推出狗肉火锅了，商人还不大批豢养吗？何须去找流浪狗晦气？倒是现今在台湾吃素常会得狂牛症，不能不当心。

2006 年

四海游思录(上)

2006.01.02

问雪何所似

卅一日，晨起，忽见檐外如有物下坠，睇视之，呀，是雪！大惊喜，这是今年第一场雪，也是最后一场。

忙把女儿喊起。她迷迷糊糊站到窗口看了一眼，说："比去年小多了。"我问："去年如何？"她说："那时你去了南京，我一个人去未名湖上，大雪厚厚积了一层，走在路上，仿佛踩着一地面粉。湖上石墩子被雪覆盖了，胖胖的裹成一个鲜奶油蛋糕。"我说："唉，人家古代称赞女孩子，都说是咏絮才高。把雪形容成撒盐，已经够令人耻笑的了，我怎么生出你这样的女儿，居然老想到吃，不是说雪像面粉，就是说像蛋糕？"她说："谁叫你把我吵起来？我正梦到吃烤猪排呢！再说，那天我看太阳，就在冻云层里，红红的，犹如莲蓉月饼中的咸蛋黄。"我呵斥道："又是吃。别吃了，快起来，我们出去赏雪吧！"

她咕哝着，不情愿地穿好衣服，跟我一道跑去国子监。

来国子监，是个好选择。假日，别的地方都人多，唯有此处必然冷清。至则果然。空庭寂寂，残雪遍地，愈觉清寒。辟雍里没有取暖设备，冻得服务人员捧着暖手袋跳来跳去，因为若不老跳，可能就冻死在那里头了。但正因冷清，故感觉好。老旧的檐溜、屋顶，盖上薄薄一层雪，寒鸦数点，上接着灰阴阴的天，自有寥廓苍古之意。

由国子监出，再去孔庙。大成殿正在修，故只能看看题名碑及《十三经》石刻。关于孔庙及这部《十三经》的故事，我已写在《孤独的眼睛》中《学堂行旅》一篇中，此处自不用多说。只是孔庙之冷清亦与国子监同，唯有些老外来逛逛而已。庙门口贴了一张牌子，说刘墉在进士题名碑第几块，希望大家进去看，以资招徕。庙中说明，又错字连篇，看了都令人丧气。刘墉，在整个清代进士中算什么呢？在孔夫子庙堂中他又算老几？如今竟要借刘罗锅来替孔夫子招揽生意乎？庙中古柏下又悬着大幅广告曰，有圣乐表演，四个女孩，奏笛吹埙。人人皆穿大红官袍，上绣一品大员才有的仙鹤补眼；腰捆蓝布带，又如工人状；袖口翻起，则竟然是皇帝的明黄色大袖。这是什么玩意儿？不待我批评，女儿已大大吃了一惊，说："上回你去曲阜，回来说那时孔庙如何不合典制，我能理解，但不能体会，如今看了这图才晓得有多么令人惊吓！"

孔庙后面，是条狭窄的巷弄，开了个小门，写着"游客止步"，因无人，我们就溜了进去，原来是个大院落，看情况，古代当是一寺院，如今成了某单位之办公处，把古迹随意添墙打壁，加灯立柱且不说，空庭寂寞，一地石趺、石狮、石凳、石佛、石版、陶瓮、古砖闲堆乱放，全是珍宝，把我们看傻了眼，咨嗟不已，又赞叹又伤惜！

出了孔庙，心想邻近雍和宫，不如顺便去游赏一番。不料甫入寺门，就被车水马龙的人潮与烟油废气给击倒了，几乎窒息。捂着鼻子跑出来，半晌才恢复。看来果然"儒门淡薄"，不及佛菩萨生财有道。

一日元旦，闭门思过。杜洁祥、谢毓斌来找，同去海雨天风楼吃火锅，下午再到文学院去与王宁、童庆炳、张健……诸先生商量下学期的业务。据他们说，要我担任北师大九八五计划"文化遗产与发展"中心的首席顾问，另外也可以招博士生，港澳台学生名额不限。北师大与欧亚大学也可以合作，故一月中我们在马来西亚所办的会议，他们也希望派员参加……

我听着他们的话，想起与童先生第一次相见在1988年，快二十年了；与王先生相交，也差不多如此。我跟她一同在北师大商量合作，成立汉字所，也有十余年光景了。岁月催人，又是元旦矣。去岁元旦，我在苏州藕园茶楼上独坐，听楼下小舟打撸泛过，曲音回荡不绝。如今又是一年，学殖既荒，人物垂老，感何如之？中午吃火锅时，洁祥忽问我："你就要五十了，有何感想？"我说："知天命！"这不是套孔子的老话，而是确有体会。子在川上曰"逝者如斯夫，不舍昼夜"，顷亦有同感焉！

补记：闻沈谦夜中心肌梗死遽逝，不胜震悼。把消息告诉女儿，她也很吃惊，因我们两家有旧谊，沈妻施秋月，是她们自幼熟悉的，所以颇为他们家操办丧事挂念。但隔了一阵，她说："假如我早起发现你忽然死在床上，怎么办咧？"然后自言自语道："那太恐怖了，我还是赶紧把你拖到阳台上去晾着，免得屋子里太暖了，烂得快……"，我说："我怎么会有你这种小孩？庄子老婆是用扇子搧坟，好让坟土干得快，以便去嫁人；你却要把我拖到阳台去冻成木乃伊吗？你这可真是后先辉映呐！抑或是后现代生死观，拿死亡来搞笑呢？"她不理我，径自上网去，进入超时空哈拉版了。

2006.01.08

澜波或亦动西湖

在北京文津阁四库新书记者会上，逢傅璇琮先生，约了一同来杭州参加文澜阁四库的会。但新春多闻不好之消息，知俞逊发肝癌，已住入医院，乃先赴上海。

逊发的笛子，世称魔笛，乃当一绝。旧来台时，曾刻一章带给我。去年我亦曾请他到佛光客座。但他每次到校，我都恰好外出游历了，故竟未一见。不料如今见面，乃在此地，真是令人感慨莫名。门上贴一纸，曰俞老师须要休息，敬谢看望。因我与杜洁祥远来且系老友，特予通融。逊发见我等，亦甚激动感慨。虽说话已较吃力，但仍乐观，说要再闯一闯这一关。我对他是有信心的，但擫笛之妙，或不易再闻矣！

由医院出，随张晓峰先生赴太仓。张先生为名作曲家，所撰《新春别》《窦娥冤》等名曲甚多，善能翻古剧为新声。闵惠芬、俞逊发所奏，多出其手。近年隐居老家太仓，推动江南丝竹之研究与演出，贡献甚巨。而性情夷悦，谈谐倾酒，老辈中少见。与洁祥为老友，洁祥于1989年即在上海为之办专场音乐会。我则为初识，然握手如平生欢。

四日，与张先生去文化局拜会，对太仓目前准备建设为中国江南丝竹之乡之做法，有了总体之了解。五日则去张溥故居、江南丝竹馆、南园。南园乃明王锡爵故宅花园，如今重葺者。旧宅则仅存一门面，内皆古董商摊，寥落已甚。不过四壁所嵌碑刻极精彩，有明万历帝敕札、吴梅村文庙碑、康熙临峪书等。赵孟頫数碑尤精，而向不见拓本，亦未发表。我欲得一拓，询之，则云权不在太仓，须得苏州批文乃可，只好作罢。

夜在张先生家喝酒。张先生精庖治，绝早便去采买螃蟹。我本以为如此寒冬，蟹早已不美，孰知膏腴出乎意料。张先生意兴甚豪，竟又觅出十七年前杜洁祥在香港买来送他的一瓶XO来，把洁祥灌醉了。席间另邀高佳音吹笛、张佳林拉二胡，饮次闲话艺事，二君伴奏，快何如之！至于如何发扬江南丝竹，此处从略，不必再发议论了。

六日清早即由太仓赴杭州。吴光、徐斌等来接，并往蒋庄，游马一浮纪念馆，嗣再入住汪庄。汪庄乃茶商汪裕泰所建，占得湖山最胜处。为政府取得后，曾为毛润之颐养之所。故今仍深雅可喜，唯少人文气耳。汪氏虽巨贾，然来往多雅士胜流，旧有琴堂，贮古琴甚多，抗日军兴，为日人掠去。其余书画文物，顷亦邈不可见，只能欣赏湖光了。

七日，举行文澜阁四库整理编纂会议，学者仅我与傅先生等数人，余以政商相关人士为主，且多未曾寓目文澜，遑论文津文溯。故知此事敲锣喝道者虽多，真赏殆寡。幸而风雅一道，亦须有若干附庸风雅者以为羽翼也！作诗二首：

一

可能天意惯焚书，辑比丛残待后儒。
我自南来说掌故，澜波或亦动西湖。

二

渊津澜溯历劫存，太乙分青有化身。
湖上蜃云顷作雨，润濡大地欲呼春。

文澜四库乃太平天国劫余，由丁丙丁申兄弟辑补，后又经钱抄张抄，如今得以影印出版，化身千亿，可免湮没，而文风再舒，亦犹春来可期也，故诗中云云。

晚将返北京，11 日就要回台湾，还有一堆事要办，故不能在此多事盘桓，辜负盛景，自觉也颇遗憾的。

2006.01.26

岁末多感

岁末多感，自古而然，但亲身遭逢，感受又自不同。沈谦之丧，昨出殡矣。前甫由吉隆坡返，闻杜洁祥已由大陆归，且来电，问何事，则竟是俞逊发已殁，聆之悄然。逊发虽罹病，然倔强不从命，神情犹在眼前，谁知去得如此之快。幸而当时迂道往视，否则最后一面便不可见了。洁祥与林谷芳兄弟，手中各有俞之版权若干，顷由郑龙水出面，予以统合，拟编一特集，发行以资纪念，所得则捐予俞兄家属为教育费用。友朋义举，于斯世亦为难得者矣，然亦可哀也。

又去电张师母处，方知师母中风，刻在长庚急救，忙赶去。张眉叔师过世后，师母抑郁寡欢，常独酌遣怀，不料酒后中风，而老年体弱，医者不敢下药，唯静摄而已。我们去，亦只能替她按摩而已，唉！

可感慨者，还有年前过世的魏子云先生，及年前因性骚扰疑案而返上海的王小盾兄，但不多说了。中年哀乐，王羲之所慨，唯愿新年吉祥，一切友朋俱皆无恙。

回过来说去马来西亚的事吧。此次在马，凡开三次会，一为管理学会议，一为历史学会议，一为文化文学研讨会。杨松年先生在佛光这几年，推动世界华文文学及南洋研究不遗余力，促进台湾与东南亚文化文学国际研讨会，已办二届，此为第三届。前此论文集俱已出版，在国际间颇具影响，裁成学生后进亦极具效果。因每次都带有移地教学的性质，现地考察，故能眼界大开。

除三次研讨会外，在怡保办了一次文化下乡。所有教师，分四批到安顺、太平、红土坎及怡保去开讲，号称“卷起千层浪，把文化深入民间”，在大马恐怕还是个创举。

另因我在伦敦终身教育学院担任董事，又办了非营利事业欧亚大学，马来西亚华人政党“马华公会”与我商量创办中央党校。我在台湾，也兼民主工党党校的校长，但对在马来西亚推动党务毕竟不熟悉，因此这个党校我只能从旁协助，具体负责的，乃是王琛发兄。此次趁我们到吉隆坡，马华公会在党总部举办中央党校开课礼，并由我与杨松年、李纪祥等开讲，谈全球化趋势下大马华社该怎么做、如何提升公共领域的人文素养，及华人世界之前途。党校校训“仁民爱物、止于至善”是琛发所拟，我写的字。这样的党校，实在有趣，未来在历史上定会记上一笔。

在槟城和吉隆坡，还与南洋商报办了两场“黄河、长江与海洋：历史中的华人世界之版图与文化视野”论坛。李纪祥强调海洋观念，我因此想到长江黄河海洋都是水，故以为可再延伸观点。水与土是相对的，中国历来以水譬况德行，如老子说“上善若水”或孟子说“盈科而后进”。也以水形容人民，如孟子说为政以德，则民之归往，如水之就下；若为政无德，则老百姓老者死于沟壑、壮者散之四方。老百姓就像水，是会向有粮食、有道德、有温暖的地方流动的。因此古代称民为“氓”，《诗经》氓篇就是明证。可是执政者总是以土地来束困人民，要把人民困在土地上，不准人民流走四方。凡“流氓”均是政府所要对付的，流氓乃因而污名化了。可是人民能被困住吗？北方政权太凶了，人民就向南方流走，以长江来阻隔它。长江也挡不住了，人民就流走到海上。到台湾、到南洋，利用水，延后政权的土地扩张。因此水的观点也就是人民的观点。

人民的观点，其实也是中国的观点。“中国”自古以来就不是一个土地属国的概念，而是一个文化观念，所以顾炎武特别强调“亡国”与“亡天下”不同。亡国跟老百姓没什么关系，乃是执政者的责任；老百姓只对文化兴亡有责任，人民并无爱国效忠国家之义务。如今华人属国不同，应关怀文化则一，正是此义。孔子当年准备乘桴浮于海，可说是早期准备移民的先驱。

与中国相反的，是外国之殖民扩张乃利用海洋以达成其领土之占有，故海洋不再是人民利用水以延缓政权的土地扩张，而是把海洋当成政权之延伸，因此才有所谓“海洋国家”之说。海洋国家其实不是海洋观点，而是土地观点、权力观点。这是现今台湾一些反中国、去中国化，夸言建立海洋国家的人所未及思量的。

2006.02.03

悲喜交集

《中华诗学》去岁冬季号，新春假期中才收悉，开卷即是龚嘉英、马鹤凌二老去世之各哀挽诗文联语。龚嘉英先生乃我江西耆宿，且为同宗，于我奖掖甚至，尝序我诗集云:“吾宗世代出奇才……儒道兼含金粟影，当年笔底动风雷。”马鹤老则为马英九尊翁，于我亦多提携。二公皆中华诗学研究所副所长，秋间遽逝，我在大陆，遂不及吊，憾甚。

于刊中又见春人诗社社长廖从云等亦逝世，老辈凋零，诚如龚稼老所云“蓬峤岂少红唇族，诗苑偏多白发人”，益多感叹。今日诗坛当然仍多吟事，但多不成语，如“天下兴亡人有责，家庭和睦弟兄扶”“口齿清新情态好，良师自是意中人”“今日正是中秋节，泉州兄弟共婵娟”之类，劣于薛蟠体矣。一些联语，如“落山风，风落山，山风落；疯狗浪，浪疯狗，狗浪疯”“金丝猴，金丝燕；白乌龟，白乌鸦”，品格尤下，读来令人笑也笑不出来。闻陈冠甫兄顷于淡江设立楹联研究所，期望能稍挽颓风。

老成凋谢之感，又因韩秀大姐来信而更增。韩大姐提到魏子云先生，魏先生其实一直在学院派主流之外，独力治学，蹊径自辟，但也踽踽凉凉。连现代文学创作，亦总在镁光灯照射之外，犹如山花自媚，独开独落。平生甘苦，恐只自知而已。一九九〇年曾同去南京师大开两岸小说研讨会，同团以他最为老宿，而谦不肯领队，命我代劳。老辈抝谦，风范往往如此。后来他几本书都在学生书局出版，我也很高兴能替他服务。我有作品，他也不忘来商榷。一次我批评江西南昌青云谱八大山人纪念馆，说那根本搞错了，八大山人从没住过那儿。八大是和尚，青云谱可是个忠孝净明道的道院呐！他就把他有关八大的研究著作都寄来给我参考。此亦老辈风范，今不易见着了。

年节前后过世者，还有赖宗贤。赖桑讲灵学，办有灵乩协会，曾出版道学灵学书刊甚多。我也替他办过一个“寻根文化中心”，为社会人士讲文化经典，乃今日读经运动之先导。又曾得他赞助，举办过道学研讨会，柳存仁、饶宗颐诸公都来参加，随后全省去兜了一圈，日与那些讲灵的朋友卧处，大家都觉得十分新奇。但赖桑不是一般乩童，他后来去四川大学读了博士，在峨嵋青城修证过一段时间，如今归真，令我不知应悲抑应喜。

大过年的，讲这些死生契阔的事，未免大煞风景，没什么好吃好玩的事吗？啊，当然有的。母亲无恙、诸妹俱安、得天下英才而教之，孟子所谓人生三乐，王天下不与也。过年期间我就充分享受到了这种快乐。我一些老学生，吆喝来聚了几次，聚谈，殊觉快畅。谈起学问事，我就准备今年再办一次“中华文化的诠释与发展研讨会”，以后成为年刊，当成一个师友进德修业的媒介。另外，“人文讲会”也准备如此做。除此乐事外，把《明儒学案》等好好又读了一遍，更乐。我太忙，否则当可再写一部。梨洲所谈每一人，均可检寻其文集，再做考案，与之发明。今既无暇，仅略草一短文，论梨洲蕺山一脉心学经世之风而已。

还有什么乐事呢？一时想不起来，只记得在马来西亚时，要去吃鳄鱼肉没吃着，仅吃了蝙蝠、松鼠等等。此番在台湾找着一处，吃了鳄鱼掌、鳄鱼尾、鳄鱼肠等，吃毕还把鳄鱼头带走了，准备熬完汤后拿来做个标本。若问我鳄鱼好吃么？咳，我吃得嘴都糊住了，就不说啦！

2006.02.19

我看联合国际学院

鲁迅在《三闲集》里提到“有些人们每当意在奚落我的时候，就往往称我为杂感家，以显出在高等文人的眼中的鄙视”。他顾虑的，显然是他那些随笔杂感不能获得文坛之好评。倔强如此君，尚有此顾虑，我当然有时也会对自己写这些乱七八糟的杂感有何意义产生些怀疑。固然借此可以向还关心我存殁，挂念我是否仍在人间吃狗肉、骂秃驴的朋友报平安、说近况，但杂言剩语，无当著述，不无浪费笔墨之嫌，所以有时想想就懒得写了。然碰上旅中无聊时，借此涂鸦，以消永昼，又不免随意扯淡一番，想来更觉可笑。

二月十四日由台北飞澳门，台北驻此间之官员，亦我陆委会老友张多马不在，故仅与大陆驻此之陈永浩、沈兵秋见了面。陈先生由辽宁调来，乃旧识，昔我赴大连，陈先生还专程由沈阳赶来相会。沈君则为新识，不料竟与我为小同乡，亦江西吉安人。稍谈，即转拱北口岸入珠海，再由联合国际学院派车来接我入校。

联合国际学院，常被误称为联合国之学院，其实乃香港浸会大学在珠海所办，给发浸会文凭，教学管理体制皆能自主，不受大陆体制之限。例如课程可以自己规划、可以不设党组织、校长亦由港人担任等等。此乃大陆境内之一国两制，故为创举，乃大陆教育与境外合办、接轨之一实验，十分值得观察。与英国诺丁顿大学在宁波、欧盟在上海所办者又不相同。

该校为体现此特色，强调国际性，并与大陆其他大学相区隔，采英语教学，未来也可能逐渐发展为多语。学费甚昂，学生每年须缴三万多人民币，即十几万台币，未来还会调涨到四万多，因为也向香港招生，还准备招台湾及外国学生。

我来此，是郭少棠先生力邀。他负责校务，我来助拳是应该的，但每月只能来一次，跑多了我也受不了。而我之所以愿来，更是因为对此一实验的好奇，希望可以切身体会观察，且我自己办大学，都是新创的，我有我的做法与经验，所以也想看看人家是怎么办一所新学校。

看的结果当然感触良多。例如行政人员之热诚、效率；课程规划之用心、创新；师生之融洽；校园之旷寂……都是我所熟悉的，南华、佛光早期的情景如在眼前。跟从前南华与佛光最相像的地方，一是强调全人教育；二是配合全人教育，办了一些特别的训练营，他们引进的是美国的资源，我用的是传统的，例如成人礼、乡饮酒礼等；三是重视师资，向全世界征才外，更重要的是礼聘大学者来授课。今年招生才二百余人，却已请到像我这样水平的美国、奥地利资深著名教授，跟我们从前极力争取老先生及香港大陆著名学者，正是不谋而合。可见办好一所新大学，某些原理，仍是共通的。

当然，吃泡面果腹，对新学校教师来说，也是个相通的经验，哈哈哈！

2006.02.28

悼念逯耀东先生

于台湾赴澳门珠海期间，闻逯耀东先生去世。各报鲜有报导，唯《联合报》发一消息而已。于逯先生平生学术都无介绍，独云其好吃懂吃，能考证台湾川味牛肉面乃在台眷村军人创出等等。此岂知逯先生耶？

台湾牛肉面到底如何起源，殆难确考。我父在台北小南门及台中卖牛肉面时，与冈山、左营、台北诸牛肉面摊毫无渊源，年代又更早，故他老人家常自认为是台湾牛肉面之始创人。但我知道别人家也有别的来历、别的做法，故谁属第一，我不敢如他老人家那般自信。举此为说，只是要说饮食一道，人人都有经验的局限，未食天下菜，谁敢自夸知味？逯先生亦只是嘴馋而已，非知味者也！其平生足堪记述者，岂在此乎？

逯先生在史学界，固然有开发饮食史研究之功，但比起另三件，此功就较肤末了。一是他对长城的研究，《勒马长城》一书，文采思致均佳，时称名作，相关之拓拔魏研究亦可观。二是对中共史学的研究。三是对史学界曲学阿世，附合李登辉、陈水扁政权去中国化之风之针砭，给弟子的公开信，大义凛然，足征风骨。而其寂寞辞世，报道寥寥者，或亦为此。

近数日，新闻最热闹的当然是陈水扁之“废统”，以及配合二二八，史学界又一堆曲学阿世者出来刊布所谓研究报告，直指蒋中正为“元凶”等事。黄彰健先生另提一调查报告，拨乱反正，而亦不获重视，令人益感慨愤！黄先生将近九十了，老骥伏枥，弥可感佩。他与张眉师叔相熟，昔曾想介绍我入史语所，幸而我因故未能去，否则我现在会更难受！

在北京，学校新开学，杂事还不多，抽空就把几篇论文写了，并跑了少林寺一趟。少林寺正大兴土木中，嵩阳书院、中岳庙则雪中岑寂、荒鸦古木如故。

嵩阳书院乃天下四大书院之一，与白鹿洞、岳麓齐名，二程兄弟讲学处也，南轩与朱子亦曾来此。中岳庙则为汉魏以来祀中岳者，寇谦之在嵩山得道，奉《太上老君音诵诫经》，与此亦绰有渊源。雪中来游，感觉尤佳。因为白雪遮盖了一切衰破残旧之象，特显清穆，且无人迹。古人云：“不践前人旧行迹，独惊斯世擅风流。”此境难到。不常随众挤在一条路上走，我倒还能办到，所以常喜欢这寂寞少人的处所。

唯因大雪封山，因此二十七日本想飞回北京就耽误了，与卢仁龙在郑州多留了一宿。雪阻归程，理当有诗，但贪看雪景，也就忘了作，同时也忘了这是个恼人的日子，二二八！

2006.03.12

雪读台静农先生《中国文学史》

由少林寺返北京时，因大雪，机场关了一天，故第二日机场大乱，我与卢仁龙好一番折腾才得返回，委顿不堪。所以回来后歇了几天，等闲不太出门，只与吴兴文、王瑞智喝了一趟酒。

徐秀荣兄把台静农先生《中国文学史》寄了来，正好就看了一过。台公此书系何寄澎据遗稿整理，既为未成稿，自然不能以著作来要求，体例颇多可商，亦看不出整体文学史观。但文章醇雅，虽不经意之笔，亦为今日难得者。今人不会写文章，学术论著都疙疙瘩瘩，借洋腔洋调及黑话术语壮胆，尤其是笔舌木强而竟谈文学，岂不可笑？台公说理叙事，辄见春雅，具体见解，虽不见得都能令我心折，但文字起码不令人讨厌，而就是具体论文学史事，亦有自家心得语。看得出每论一人一代，台公都把那些集子翻了翻，非同稗贩。故无论说法或体例，均有独到之处。此，老辈之可敬处。《中国文学史》，我也是要写的，怎么写，还没想妥，但至少应如台公，把那些文学作品都再读一遍再说吧！

南大周群先生来约，遂又去了一趟南京大学。去年南大思想家研究中心即聘我客座，校长发了一聘函，我却一直没空去取。周群先生既来约，我也觉得不好意思，所以只好走一遭。

在南大，参加了个颁证仪式，并作了场演讲，谈“文质彬彬：文学思想中的辩证思维”。因该校正在举行辩证法之系列讲座，我纯是配合而已。住在南苑，园中红梅盛开，令我北来之人，望之忘倦。

在南京又抽空与社科联诸友人聚了聚。前此曾代办诸君赴台事，诸君均感满意，因此中午吃饭时就聊起再找一狗肉店来谢谢我。夜果觅得一徐州馆。尉天骢令弟天骄亦来会，谈起赴台见闻，深觉国民党党员保险制度及农村农会体制，可供大陆参考，我亦以为然。近日大陆正在开“两会”（人大与政协会议），农村问题乃一大热门，由台湾来大陆的林毅夫，炙手可热，我看电视，甚至有人说他可能会得诺贝尔奖。他正是研究“三农”问题的。其实研究农村或改善大陆农村现况，台湾来的人，大抵都能提供点意见，台湾农会之经验，更可以斟酌采用，尉先生的观察是对的。

由南京转上海，返北京。霜风凄紧，昨日犹有雨雪，遥念江南花光，不胜眷念。

2006.03.15

五十小述

今天终于把图书证办妥了，此可说是来北京后大事之一。

去年在北大，原拟去好好读书，不料图书馆正维修，办证件也不顺利，因此竟到我离开时还没取得。初以为是因我由外地来，故如此。后发现不是，因小女在北大注册读书，也一样到学期末快要写报告了，图书证才姗姗来迟。为何如此之慢呢？原来是此中手续繁杂，超乎想象之故。

以北师大这次办证来说吧，我八月到此间，一月中要回台湾了，才在人事处办好相关人事手续，但人事处另开了几张文件，要我一一跑到。例如去银行开户、去网络中心办上网的事、去图书馆办证、去餐厅办卡等等。看这些，你就可以想之前半年我的生活状况了吧。台湾邀聘教授到校后，必不会拖这么久才能把这些手续办妥的。我的例子特殊，从前没办过，协调费时，乃原因之一，另一原因则是由于行政管理体制不善。

单讲办图书证。我持人事处开立之文件去三楼借阅室问，说没办过，得请示，问了一通后，说可以办了，但只能阅览，不能借，如何才能借？又询问了一番，说可以借，但得交三百元押金，那就交吧。不行，已十一点半，您下午再来。“什么？不就写张卡发给我吗？一分钟便可，何须让我回去，下午再跑一趟？何况才十一点半！”——当然这话我没说出口。十一点半便下班回家吃饭，乃大陆行政人员之天赋人权，谁敢惹他们生气！

下午二点半才可能替你办事，因此也不能太早去了。二点半准时赶往，开了一张单子，我就立刻把钱掏了奉上。不是，不在这儿交，得拿此单子去财务处。财务处在哪里呢？在一公里外。于是只好摸摸鼻子，下楼，去财务处。找着财务处后，先在一处又开单，开完一保安来领我去另一处交钱。交毕，再持纸奔回图书馆三楼，说：啊，您办好了。再开一单，说，请您下一楼去找着照相室，拍张照再回来。便再奔下楼，寻寻觅觅，找着了，说您怎么没工作证，没工作证怎么替您办呐？于是再请示。偏偏电话又坏了，弄来弄去，没法修好，算了，出去找人协调吧。我便呆坐在拍照椅上沉思冥想等她协调回来，说：“好了，来拍吧。”喀嚓，拍了一张龇牙裂嘴、似哭似笑的大头照。再转回三楼，做好了一张借书证，大功终于告成。我默计了一下，总共走路二千二百三十七步。不唯于我锻炼身体大有好处，亦消磨火气之良方也。

我毫无批评北师大的意思，北师大行政人员对我甚于和善，亦无刁难之意，而是在大陆办事，程序往往如此，什么地方都一样。过去大家常诟病大陆行政人员貌似晚娘，凶狠异常。如今早已改善，但态度和善，手续繁杂，依然让人吃不消。我有时就会想，大陆跟台湾之学术交流，可能除了教授之外，最该做的就是行政管理经验之学习。大陆目前，最迫切该改革的，也不是政治民主化，而是行政管理体制。

又，今天过生日，明芳从台湾用网络订了个蛋糕送来，还有一大盆花，指定用黄百合等。也许因天气尚寒，花不好找，配了些黄菊花来。女儿回来，看了说："哈，老爸，你怎么插上菊花了？"害我作势打她一巴掌（一般哀挽的花圈都以菊花为饰，故她如此开玩笑）。倒是老妻不无感慨地对女儿说："想不到你爸也活到五十了。"令我有些感触。

我自幼体弱，不好带，什么病都得过，有一阵子还得了小儿麻痹。父母耗尽心血，才得保住我一条小命。后来还让我拜天师为义父，希望借天师威灵，助我寿庥。

我后来练拳习武，身体却还是坏的，且因乏人指导，乱练一通，有时走火入魔，有时跌打损伤，不在话下。到大学时，才四十几公斤，成天干咳，如肺痨一般。老师们都怜我体弱，恐我夭损，有意无意就会用古代才丰命啬的一些例子来劝我稍敛才华。

像张之淦师每次听我咳就发怒，要我爱惜身体，词也不准我填，说他自己少年时，亦多愁善感，以才人自喜，作词咯血。此体易于动情，故不令我作。我每撰文，辄作哀音，感时伤逝，慨叹良多。他老先生也大不高兴，说："此非寿征也。为文宜冲淡和平、条畅大雅，方足以养和增寿。你年纪轻轻，不要学李贺、李商隐！"可惜我一直改不过来，他也就一直替我担着心。

后来我于"八九事件"后去兰州，逢柯杨先生，为我把脉，还说我须吃十全大补汤，长期调理。某次，在天帝教总坛清虚妙境，帝教朋友为我发功治病，运作良久，皆无效果。因为他们这一派的功法，法用先天，乃是要催动被治人本身的气来相配合的。可是提来提去，都提不到我的气，只能说我尸居余气，殆若槁木死灰，大约是没救了。

这样的人，竟也活了过来，仍在人间饮酒、作文、骂人，而且好像越来越元气淋漓的样子，不亦怪哉！老天厚我，亲友师长调护摄习我，乃有今日，实该感恩，善哉！善哉！

2006.03.27

春风又绿燕京柳

迩来事杂，随笔遂写得少了。但春风又绿燕京柳，时序催人，杂事亦偶有可记者，聊志一二。

一、去年秋间入住北师大以来，宴居夷然。但近日因台胞证届期，须办延长签注，故赴入出境管理局办理。结果，哈，不行！为何？去年我办时，说要取得工作证明。当时是在南京，故由南师大开了证明，由南京国安部朋友陪我去跑了一趟，才顺利签得。因此今年我就特地请北师大也开了一纸证明。前此在珠海时，珠海地方政府也要求我去办工作证。拿了这些证去，想来必无问题了，谁知此番又不要工作证明啦，要居住证明。询之，曰去你住的派出所办。乃飞车去至北太平庄派出所，结果户籍科说该处不能替我开立证明，因我住的不是民房，而是学校的公寓，所以该由学校开。我抗辩道："稍早我女儿也来这儿办过居住证明。"他们否认，说从前不曾办过，必是我弄错了。无奈只好跑回学校，到外事处。外事处转人事处，人事处转保卫处，保卫处转资产处……总之，折腾了好大一圈，终于办成了。不敢抱怨，但此等事例，近一二周内遭逢多起，益发令人有着大陆宜速进行行政体制改革之感。举一反三，其余的就不再赘述了。

二、住在北师大的房子，三月底届期，要搬家了。因此近又忙着搬家的事，新住处在校外。北师大这地方，名叫铁狮子坟；往南走，叫冰窖胡同；附近还有一处叫索家坟，地名都不甚佳。唯新住处所在，有个好名儿，唤作“小西天”，路则名为文慧园路，看来尚切我之身份。故将暂居之处取名“如来藏”，诌一诗曰：

身存如来藏，家在小西天，吾庐虽芥子，廓然蕴大千。

想去岁在北大，住勺园；在清华，住地名栖德园；今则居然自作佛祖矣，有趣！

三、在网上，看见佛光大学BBS上烽火连天。师生痛批佛光山，护教护山者则认为师生是虱子上了狮身，还食狮肉，不知感恩。如此如此，令人慨叹。星云老阇黎上周在湖南岳麓书院演讲，我听到消息，深为悯之。老先生八十矣，尚如此搏命。可是他也许不晓得佛光山因如今办南华及佛光两校之种种行为，已在学界博得了他所难以想象的恶名。故看见他如此卖力演出，反而倍觉其凄凉。甚哉，凡事宜善其始，而尤当慎其终也！

四、不管如何，严冬已逝，春天又走入生活。每天都会有一株树、一丛花、一地草，迸出来吓你一跳。昨天可能还枯干黑焦，宛如死绝了一般，今天就活绿嫩黄、扬眉瞬目起来了。北师大景观远比不上清华北大，但也有些梅呀、杏呀、桃李樱柳之类的，几株木兰，开得尤其好，仿佛树上长着一朵朵白莲花。一些迎春花，也闹得很。柳树抽了条，更是如烟似雾，看着春光如此，却令人越来越担心。天气暖得太快，北方尚且有不少桃花已飘散一地，南方可怎么办？我下周要去西湖看花，若赶去时竟已花事消歇，可如何是好？古人词“若到江南赶上春，千万留春住”，想必即是此等心情。

五、有谣言谓联合国将取消繁体中文字体，消息传来，台湾哗然。马英九在美，呼吁联合国应考虑此举对中华文化之传承会造成不良影响。凤凰卫视则有谈话节目讨论此议对香港之语文环境料亦引起冲击。有些简体字的拥护者色然而喜，以为是一大鼓舞。实则联合国乃一机构，此机构中，中华民国人员退出，中华人民共和国人员进入，该机构之使用文字竟还能保持三十余年，仍使用正体字，着实不易。如今该机构之中文使用人怂恿其主事者改用简化字，殆为方便其工作人员之故，亦因台湾近年在国际上缺乏强势文化作为使然。

但联合国若改用简体字，正体便途穷日暮了吗？那又不然，事情不是这么看的。大陆将来认得并乐用正体者多了，情况自然又不一样。而文字之应用，必然是朝文雅化的方向走，不可能长期因陋就简的。大陆这些年，若非官方用行政力打击取缔不规范字（把正体字也视为不规范字，岂非可笑？），民众用正体字的情况还会多得多。长远以观，成败便与此一时之胜负颇不相同。我在网上，偶然发现去年我在台北市文字研讨会上那篇论文，竟流散转贴多处。也有一些毫不相干的网，忽谈起推广、热爱正体字，表示寻获同道之喜悦等，都令我大吃一惊。当然，捍卫简体字的也大有人在，近来方舟子便贴了几个帖子。但方君虽文风悍恣，然于文字一知半解，以“古已有之”或“从俗简便”来替简化字辩护，其实是讲不通的。我近有一文，略论此事，在此就不说了。

2006.03.29

师生漂游

欧洲中古时期设立的大学，都有国王或教皇的许多特许权利，其中之一就是对“往来符契、关税、人口税”之豁免。例如海德堡大学在创办时就得到过一纸许可令，谓该校师生人等，于来往途中，“经过吾所有属地，无论在任何情况下，均不必担负任何义务，并免除扣留、土货税、杂税、入口税，及其他各种需要之事”。

学校人员来往，须有此特许权利，固然是因主政者对大学之礼遇，亦显示了学校人员是流动的。当时教师常有一种教师通行律（jus ubique docendi）之保障，得在各处讲说。而事实上，就是大学本身，也是流动的。各地君王争取大学迁往该处，指定城邑，提供给学校安家落户，并有上文所述各项礼遇优惠措施。欧洲大学之所以能形成独立的学术王国，便与这一段历史有关。

流动性最大的，当然还是学生。学生都是由家乡游离出来的青年。或因慕义向学，故不远千里，往投名校名师；或根本就是向往那流离出故土的快乐生涯，所以到大学里来享受新生活。当时甚至还有种漂流学生（wondering students），与行乞僧侣一般，颓唐游嬉，醇酒妇人。《中世纪拉丁学生歌曲集》中不乏歌曲，吟唱道“嘻，吾人之漫游兮，实侈费而无忧，食既餍夫六箸，饮亦适如其度，笑必期于捧腹兮，悬鹑衣而为服”。吟这些歌的人，也许还会结些社团，如古烈亚（Goliardi）或游荡子（vagantes）之类，流风所及，直到弥尔顿，都还主张教育必须依靠旅行才能成就。

我在大陆上，碰到日愈增加的外国留学生及游学者，就愈会想起这一段历史。可是它有趣的地方，不在欧美学生延申其漂游习惯，到大陆来游旅学习，而在于大陆愈来愈像中古欧洲。

近年大陆高教扩张，大专学生人数倍增，都是离乡背井，在大城市边读书边漂流的。教师也流动得厉害。前些年号称“孔雀东南飞”，如今则是南北东西，随处都在挖角抢人。兼职或两边挂聘，也极普遍。加上会议遍地、外国邀约不断，因而愈来愈常宿在火车飞机上。各地诸侯则争取大学设校，或游说迁校，或则竞相圈地建大学城。招徕名校去办分部，如北大在深圳、北京师大在厦门及珠海，均有分校。教师飞来飞去支持，亦是常态。我在珠海看见哈尔滨工业大学、北京理工大学、暨南、中山等学校时，就知道那固定校园的时代，大概已与户籍制度一样，日薄西山了。大陆的新移民、新游牧时代，事实上早已悄悄进行着啦！

2006.04.01

余姚访古

飞抵杭州，转余姚，参加黄宗羲民本思想研讨会。余姚乃历史名城，河姆渡遗址在焉。从前解释中国文明，都说发源于黄河流域，河姆渡稻作遗址等长江流域的文化考古，却证明了中国文化乃多元并起之格局，因此它甚为重要。但河姆渡挖掘也带来了新的争论。本地人把它跟虞舜的传说关联起来，认为上虞余姚一带，便是虞舜故里。舜，古称其为姚舜、有虞氏，世所谓姚墟，犹如殷商之“殷墟”，有三处，一在山东菏泽市，一在山西永济市，一就在余姚。三处争圣贤做他们乡人，由来已久，如今余姚拉河姆渡做帮手，讲得就更起劲了。市中街道也全是此类文化符号，如旧鼓楼，光绪十一年所建，连接着三孔大石桥，为市府重点保护文物，即名之为舜江桥。可惜，推崇先圣先贤，仍停留在观念上、口号标签上，舜江楼辟为上海造币厂销售点，卖着文玩假古董呢！

余姚文化之可述者，除上古文明之外，便是严光、王阳明、黄宗羲、朱舜水四贤，而尤以后三人为要，对近代思想文化影响甚巨。余姚人对此也很自豪，因此张罗了办黄宗羲的会议，宾馆所在，则为舜水路。城中还有一山，名龙泉山，山上有井，王安石有诗题咏，又有阳明所题祭忠台等遗迹。山上另建亭及四贤碑，亦皆是纪念他们的。因此整个城市可说都洋溢着文化泽荫之感。我在街上看人烘烧饼，摊名南雷小吃店，想起黄宗羲的文集名唤《南雷文定》，心中实有异样的感觉，庶民生活与先贤遗泽，似乎混融交织为一体了。

可是，龙泉山上有中天阁，乃阳明讲学处。清光绪五年建为龙虎书院，现设为梨洲文献馆。据说藏有黄宗羲著作及《竹桥黄氏宗谱》，我去看了，啥都没有。有一文物陈列室，但只是在廊下柱边挂一牌子而已，堆放着仿的秦兵马俑。旁边有一城隍庙，同治初年物，移来放在中天阁旁，颇嫌不伦不类。而又不奉祀、不做古迹看待，设了个陶艺教育基地，让小朋友在里面玩泥巴。中天阁下方，系吕文安祠，今则辟为太极拳馆；文昌阁成了红阳武术馆，均有些不知所云。

龙泉山脚下，有一寺，寺畔僻巷藏一旧宅，是朱家老祠堂，今改为朱舜水纪念馆。我独自觅往，空阶叶落，鸟啼花开，幽静如在深山。大厅内昏昏暗暗，我用尽目力，才看清壁上说明，谓朱舜水东渡日本，为胜国宾师，平生学术，力反程朱“脱离实际，虚伪浮夸之形式主义学问”云云。呜呼！朱舜水乃朱子学派，此处居然全说反了。看来，崇慕乡贤、推尊文化遗产，固然有心，却是尊之不以其道。斯乃大陆现今之通病，倒也不必独咎余姚！

2006.04.07

为有源头活水来

在余姚召开黄宗羲民本思想研讨会，说来曲折。友人吴光主编的《黄氏全集》，送给了一位老干部，其人恰好与温家宝相熟，便转赠与温。温回函道谢，并谓原即喜读黄宗羲书，对黄氏“以民为本”之思想颇有体会，执政者亦当遵循其言。此信后来公开发表了。又恰好学界正针对政府减低农业税的问题提出批评，云黄宗羲即曾指出政府每次为农民减税之后不久，农民负担都反而增加，成为“积累莫返之害”，学者称此为黄宗羲定律。温家宝则认为对农民除减税外，应改革乡村行政体制，否则脱不出黄宗羲定律。此等设想，能否实现，是另一问题。但经过主政者加持后，黄氏的地位陡然上升，余姚乃趁势与浙江社科院合办此会。

这番经历，对我们说来颇不陌生。老蒋喜谈王阳明，于是草山改名为阳明山，军中皆读《传习录》。李登辉初执政时，觉得他所讲的耶稣教义未必足以令国人悦受，乃思提倡朱子学。当时我有一友人在《联合报》工作，绰号老怪，衔命就来召集我们一帮朋友，谈如何为李登辉筹措推展朱子学之事。我于此颇存疑虑，虽觉有趣，但不拟深入。后来李改组文化总会，发行《活水》期刊，即取义于朱子“为有源头活水来”之义。又在“中研院”办朱子会议，且在“总统府”接见与会学者（包括大陆学人）。如此推阐了一阵，大约作用不显，乃转而高谈本土化，以台湾史台湾文学辅政临民。如今老怪已逝，推扬朱子学亦成前尘旧事，岂不令人慨然？大陆的情况也一样，黄宗羲全集，由一九八五年印到九四年，拖了又拖，出版社根本就不打算印。所以后来其师刘宗周之全集就干脆拿到台湾来出版了。尔今领导人重视，情境顿异，余姚办这场会，花销人民币六十万元，足证荣枯矣！

黄宗羲墓，顷亦修葺完善，列为重点文物，与会者咸赴吊祭。但事实上，墓早在“文革”期间便已破坏，墓内圹志皆不复存，故今来祭，仅聊表心意而已。世事不恒，政权起灭无常，政权对某一学说某位学者之推崇与抑制，也是随时改易的，可是学人之被认同、之所以能让世界一群学者齐来吊祭，难道只因他获得政权之推重吗？黄宗羲、顾炎武、王船山诸大儒，生在明末清初，整个清朝都不肯将他们列入孔庙从祀，光绪中下礼部议，还有一批官员拿着黄氏批判君权的学说为罪状，力诋之。康梁以后，黄氏《明夷待访录》才大受重视。但仍有李滋然一类人，撰文纠谬，唯恐世人受了黄氏影响，要提倡民权反对君权。如今君固无矣，但主政者之昏庸未必不胜于古之帝王，故黄氏一类学者思想之重要性，仍应显示在他对时代的批判性上。

在余姚开完会，便与吴光同去千岛湖。吴光乃淳安人，淳安被水淹了，成为千岛湖，举家迁至桐庐，屡为我言其家乡事，因此也屡与约来千岛湖，然均未果，此番好不容易抽了个空一道来玩。

台湾朋友听说我要去千岛湖，都开玩笑说，小心被劫了。听得我哈哈大笑。当年台湾游客三十余人在湖上遭劫杀，震动一时。然今非昔比，湖上治安极好，游客亦如蚁聚。湖畔别墅，每栋数百万人民币，而皆销售一空，可见景区盛况。

抵淳安，方燠热，夜中大雷雨。起而山湖如洗，青葱翠碧，令人倦眼乍明。登舟入湖，曲折蜿蜒如在山谷中行。上梅峰观之，则如视盆景，群峰错落杂出碧波间。此景似越南河内下龙湾，而较秀幼，于大陆却仅见。然微惜其朴野，乏人文润泽之感。

例如淳安乃徽杭名城，商贸孔道，唐宋以来又为科甲圣地，朱熹且在其瀛山书院讲学三载，“半亩方塘一鉴开，天光云影共徘徊，问渠那得清如许？为有源头活水来”之句，即作于此。方腊起事，亦在该处，有武松独臂擒方腊等故迹，于新安江水库建成后，全遭淹没，数十万居民勒令搬迁，其间相关史事民俗，多有可资吊记者，而湖上迄今俱无搬迁史料馆、淳安故郡展览馆等，瀛山书院并已不存，仅余石峡书院及复制海瑞祠可供摩挲而已。游客来游，但于蛇岛鸟岛锁岛诸处恣其嬉闹，岂非暴殄天物乎？

宿湖畔阳光大旅邸，县府所安排。于壁间见某书法名家大作一副，看得一头雾水，开头说“湖光如盆载，未云青碧落于幾案”。想了半天才恍然大悟，原来此公把“盆栽”误为“盆载”，几案误为幾案。大陆实施简化字数十载，偶尔有文化人要舞文弄墨时，辄不免常要闹这一类笑话。

由千岛湖往杭州，逢王翼奇先生，与之十数年不见，相见欣然。聊起湖上见闻，王先生说：“那不算什么，一本散文集里还把老兄你本家龚定庵写成了龚定阉哩！中共建党八十周年献礼的大片，获五项一等大奖的巨片《日出东方》，北伐誓师大会场景的横标，则赫然写作‘北阀誓师’。凡此等等，不可殚述。旧有《西江月》五阕专咏其事，送给你看吧！”

幸而西湖美景，可慰余心。湖侧新辟西溪湿地公园，古籍出版社尚佐文兄偕往游之。芦汊一篙，幽趣如出天外。水畔有秋雪庵一处，清周庆云建，附设历代词人祠堂，去岁重葺。祀两浙及宦游流寓方外闺阁诸词人。词客有灵，托寄遥深，尚可略存人文故国之想象！

2006.04.17

破除科教兴国迷思

由杭州转无锡，宿太湖烟波致爽楼。湖上花光甚艳。抽暇游锡惠公园，泉声山色亦无恙也。唯游人之多，前所罕见。由四川借来熊猫，在园中展览，故几于倾城纵观，儿童尤多。用绳索牵着一排排一络络，以防走失，喧嬉跳掷，欢忭难已。令人想起那无缘赴台，台湾儿童也无缘一见的熊猫，别有感触。

无锡东林书院，旧甚衰败，今亦修葺一新。旁且辟有广场，又把一国小迁走了，造出个疏林野水的趣味。各项标示，则均列有韩文。近年大陆游客中韩国人比例越来越高，这就是个征象，相较之下，台湾无论游旅、投资、留学，人数似皆不及。

在太湖勾留数日，才返北京。不慎于游途中闪了腰，又几乎瘫了数日，才勉强赴清华演讲。

清华近年经费宽绰，各界捐助不绝。我这次这个讲座是法鼓山捐立的，人选则由清华自定。刚好外文系要庆祝八十周年，故趁便邀我来讲，论人文大学之建设。此为清华近年之目标，该校口号就是“人文日升”，但外界评价或有不同，因此要我来谈，大约用以相互砥砺吧。

其实我也不知该如何措辞。因为两岸在人文教育上半斤八两，人文大学，都只是喊喊，并无实绩。我自己在南华与佛光的实验，如今亦如水月镜花，难再捉搦，可还有什么好谈的呢？故仅溯源考古，发挥了一通理想而已。

不过，大陆近年重视人文教育，渐成趋势，倒也不应小觑。一九九三年中共中央与国务院发布了《中国教育改革和发展纲要》，明确指出：“中小学要由应试教育转向全面提高国民素质之轨道。”一九九九年第三次全国教育工作会议，又作了《中共中央、国务院关于深化教育改革、全面推进素质教育的决定》，强调教育改革就是要“建构终身学习需要的教育体系”。因而推展通识教育，建立学习型社会，事实上就是大陆教改之内容。

它与台湾的教改，颇有可资比较之处。但我这只是随笔闲扯，未遑深谈。只能说它所谈的人文素质教育，目前重点还不在大学，只在中小学，包括学前教育部分。大学之素质教育，受限于专业框架，尚难真见绩效。其次是谈人文教育却强调要“全面贯彻党的教育方针，造就全面发展的社会主义事业建设者和接班人”，殊觉牛头不对驴嘴。因为人文教育的核心意义，正在于反对教育国家化党化。教育不是为了党政之需要，而是为了受教育的人，故非“科教兴国”，乃是科教为人。这一点若不能把握，人文素养教育怎么可能办得好呢？

2006.04.23

挣脱大一统的教育

北京上周大风沙，每平方公里落土十吨，如降土雨。行人掩袂，天地昏冥，非我台湾住惯了的人所能想象。记得那年我在陆委会任职时，两岸才刚刚开始协商，海基会由陈长文先生率团到北京。也是四月，甫住钓鱼台宾馆，就因大风沙，把眼镜吹掉落进池塘里了，后来连忙去补配了一副。当时我们在后方督阵的人都不太能体会风怎能这么大，如今才算领教了。这样的沙尘暴，由于环境恶化，只怕将来还会更严重。

但在北京吃了满口沙之后，忽然飞抵珠海，在联合国际学院讲了几天课，却极不适应。澳门珠海均极燠热，着短衫，犹汗涔涔下。讲课下来，汗都结成盐块粘在衣服上了，南北差异如此之大，当然也就不难揣想如此大国的区域政经文化差异会大到什么地步。

然而，政治上强调大一统，却往往迫使大陆在许多方面朝一体化、同质化方向发展。未改革开放以前，此一倾向尤为严重，都市面貌单调雷同。改革以后，出现许多特区。特区也者，便是可以特殊化的地方。不过，特区其实亦未针对本身之历史地理特性发展出什么特点，基本上只是模仿与加工。在产品上如此，在城市风格上也是如此。如深圳便大规模仿效香港，高楼栉比，车水马龙。继而老城市想改造，也走类似之路线。上海利用浦东新区建立另一个仿佛深圳的繁华市容，便是鲜明的例子。如今更以纽约为模型，打造城市风华。其他后续发展之城市，则学深圳、学上海，也建高楼、炒房价、辟商圈，而且每个城市都要建一条步行街，用硬铺面、精品店、景观灯、造景、雕塑来彰显它已非吴下阿蒙。于是，又渐渐同质化，面目模糊了起来。每个地方，都在“城市更新，旧貌变新颜”的热情下，拆光了老城区，然后再用水泥造一批仿佛是一个样儿的仿古建筑街区，供人发思古幽情。

其他政经文化各方面，大抵亦然，不太看得出区域特性与多元发展，近来喊得震天价响的西部大开发，其实亦是如此，乃是针对西部特性，思量着如何将之驯化、同质于沿海开发城市，而非就西部特点走出一条不一样的路，文化上更没什么特殊政策优惠。

当然，此中亦不乏自我特殊化的个案，例如上海交大及复旦近日便公布了他们“自主选拔”预录名单。这是整个大陆大学入学考试招生方式的改革实验，有五千多学生申请，经申请资格测试、交送申请数据、面试后，录取了五百八十二人。舆论反应不一，但大致认可，谓为入学考试多元化之尝试。事实上，上海交大与复旦也是借这个机会搞特殊化，以区隔于其他的学校，来和北大、清华等名校争取优秀学生。此等多元之发展，未来当会在许多领域不断出现，让我们拭目以待吧！

2006.04.28

校稿度日

近日除了仍四处游走以消磨时日外，校稿耗神，近视恐怕又添了好几度。

一是《文学散步》准备出大陆版，烦请温儒敏、黄维梁、黎湘萍诸先生作序。维梁兄廿四日先写了传给我，该日他喜获麟儿，那飞扬的喜悦，全表现在文字中。他说我“逍遥论文学”，其实我看他心底下仿佛正被精灵呵了痒，神气飞动着，才是真逍遥快乐呢！要恭喜他们！

另一册是《中国古代文化十五讲》。我在校长不干了那时，就打算写中国思想史。动笔后，却碰上因校长更迭而发生的风波，谤辱丛至，每天都有人来泼粪、丢臭鸭蛋。上电视、上报刊、上电台，与人斗口。还有人要告我，我也准备要告人家。纷纷扰扰，不可开交。那时，人人都以为我定是焦头烂额了，故宿敌新雠咸皆抚掌称快。其实我与孟子差不多，四十而不动心，在纷扰中仍继续写我的书，从上古讲到周公周文化。

那时恰好北大邀请我担任蔡元培讲座、汤用彤讲座，所以把前几章摘去讲了，后来辑编入《文化符号学导论》中，整体结构便有了些改动。接着又在北大开讲中国文化史，那剩下的稿子竟成了现成的讲义。讲来讲去，颇怜听者录音整理之苦，遂想不如先行出版了吧。北大本有十五讲通识名家系列，所以就附其骥尾，改题《中国古代文化十五讲》。我讲思想史，本来就从文化上讲，与冯友兰、牟宗三、劳思光乃至西洋哲学史式讲法颇不相同，嫌其概念太多而文化常识太少，故所言不免于“隔”。是以原先思想史的稿子改名为论古代文化，亦是合适的，只是校对辛苦罢了。

新浪网同时来邀我在网上建一“博客”，所以将来有些随笔或其他文章可能就会放到那儿，有兴趣的朋友不妨去那儿检索。

在新浪的博客，才刚挂上几篇东西，便有一人留言说前两年在四川内江师院读书时曾听过我演讲，令我大生感怀。内江乃张大千故里，那年我去内江，恰是中秋，皓月冰轮，桂子飘香。演讲出来，与林信华、郭冠廷坐太白楼上玩月，又到江边坐谈至午夜三时许。持螯酌酒，清韵独绝。如今此君说起，着实忆念，希望还有机会再去。

但最有趣的回应还不是这个，而是一人来说："看来你经常旅行，要打折机票吗？请与我联络……"看得我哈哈大笑，果然网络世界商机无限。

2006.05.04

避世游

今逢"五四"，台湾不知有何纪念活动，大陆却是没有了。道理很简单，五一放大假，一放一周，公司行号、机关学校全都不见人影，纪念活动自然办不起来。在这春末初夏的时光，杨树飞着絮，泡桐开了花，风定沙轻，天候渐暖。这长长的假期，便如午后一场懒懒的春眠，一切都松弛了，静待睡醒了才好去应付那渐炽的阳光。

当然，城市的慵散松弛，并不代表所有地方都能有场美美的春睡。数亿人流动返乡、探友、旅游，各地可热闹着呐！车票猛涨，各处人满为患，乞丐与骗子也大批出动，弄得许多人肝火上炎，骂不绝口。我在新浪网有个博客，贴了一篇短文，讲大陆不合理的旅游区门票收入，两天内涌入三万名阅览者，留言附和，大骂或报告旅中被坑被骗等不愉快经验者数百人，可见问题之严重。

我既深知这五一假期只便于睡觉，不利出游，自然不会轻易造次。不过也许人弃我取，找些僻无人去的地方逛逛也无妨。因此就与女儿到白塔寺、广济寺、护国寺、历代帝王庙、梅兰芳故居等处去转了一圈。果然，此类地区都甚为清静，护国寺、白塔寺，旧为西城庙会胜地，如今早已无之。广济寺乃佛教协会之所在，根本非旅游点，也不收门票，故均可从容闲步。历代帝王庙新开放，游人还不晓得，所以也少喧嚣，只不过新簇簇、光亮亮的新造古迹，没啥看头就是了。

但由梅兰芳故居穿过胡同，走近恭王府，情况就不然了。喧闹如市，越走近越恐怖。待冲锋陷阵，在人墙中一番推挤才得窜逃出来后，几乎是全身虚脱，连抱怨的气力都耗尽了。这都怨我。我从前来恭王府时，门庭萧瑟，萃锦园中犹可想象昔年溥心畬住在此地与张大千论画谈艺之景象。谁知如今开发旅游，名园如遭劫火，差点毁了我对这个园子的所有美感与历史感。

园子里人多还不打紧，全园不谈恭王、不谈《红楼梦》、不谈溥心畬、不谈辅仁大学，只说和珅，骗人发财、骗人去买那里面一个福字碑上的“福”字。把流杯亭的曲水流觞，讲成福禄寿；把厅堂改成卖场。我听着那些导游，每个都在胡扯那福字碑如何特别、如何灵验时，不禁匿笑，又不禁浩叹。

清代每逢腊月初一，例由皇帝亲笔写个“福”字赐给文武大臣，定为制度。除在京大臣外，各省总督、将军、巡抚也都有的。慈禧时也赐字（具见杨钟羲《雪桥诗话》等书），其实是极平常的东西。负责营运的旅游公司，欺负老百姓无知，借此牟利，把一座避世游心的花园，弄成一处招财纳福的财神庙，岂不令人浩叹？

举一例而可以概其余，其他著名旅游点，大抵也差不多，更堪浩叹！

2006.05.08

张爱原来是大千

在大陆旅行，最有“山河不异，而人事已非”之感者，厥惟满目的简化字。整个社会的文字符号，随处都在提醒着我：这不是台湾，更不是传统意义上的中国。

在这个世界里，文字从左到右，看得人猛摇头，因为是横排之故。字体亦历尽沧桑，繁华消褪，仅余残余的骨架在支绌度日。

这个骨架，用来指涉丰饶的中华文化是不够用的，因此原以为可用它来提升民众之文化水平，结果却反而降低且混乱了人们的辨识能力。以至于姓范的人去印名片，印成了範先生；故宫博物院要办中秋音乐会，请柬也印成为“但愿人长久，千裡共婵娟”。

这不是民众无知，因为即便是故宫的大专家也一样会搞错。而且北京师范大学，简化字写作师范，但看见门端毛泽东题的字就分明是师範，焉得不以为姓范的原本也应是範了？

此等错讹，看得越多，就越令人心惊。偶与大陆友人言及，人人皆有同感，而碍于时政，莫可奈何，憋着一肚皮怨气，有时就只好付诸笑谈。杭州王翼奇先生曾示我《西江月》五阙云：

一

小伙居然英傻，孤臣自是忠憨，龚君何罪定需阉，欲与马迁为伴？

又有晓岚方朔，欣然握手江南。秦琼关羽战来酣，直是山摇地撼！

英俊小生，误为“英傻”；明代名臣杨继盛，谥忠愍，书上误排为“忠憨”。江民繁《优游书蠹》序文校样中则把大名士龚定庵误为“定阉”。还有报上撰文者说纪晓岚与东方朔相逢于江南。因纪氏有《咏东方朔诗》，故误以为两君是好友，尝赠别于江南云云。

二

才子青春作贼，佳人妙妓文娼。刁民二字更荒唐，竟是巍巍校长。

张叟易名为爱，陈思改姓成王。一枚红杏出高墙，何等春光骀荡。

诸葛亮舌战江东群儒时，有“青春作赋，白首穷经”之语，一新刊《三国演义》印成“作贼”。一女画家畲妙枝，被印成“妙妓”；越剧女演员王文娟则成了“文娼”，北大校长蔡孑民更惨，成了蔡刁民。陈思王曹植，华东师大出版社《词学通论》标点成“陈思、王植”二人。一枝红杏出墙来，某电台主持人则频念成“一枚”。倒霉的还有张大千，先生名爰，结果电台一文艺节目介绍他时，主持人屡称：“张爱、张爱……”。故王先生另有诗曰：一枚红杏占春先，张爱原来是大千。

三

顺治安知宣统，福临非唤溥仪。欣逢有美一人兮，不觉诗吟别字。

既是提笔捉刀，何来斧正堪疑。一封奏折罢鸿禨，果是言官难御。

电视剧《孝庄皇后》中，顺治诵《诗经·野有蔓草》：“野有蔓草，零露漙兮。有美一人，清扬婉兮。”把“漙”念成“溥”，字幕也打成“溥”。另一剧《太平天国》，演曾国藩写毕奏本后，对左宗棠说：“季高，你给我提笔捉刀，斧正一番。”显然编剧不知提笔捉刀为何义，故编戏说曾国藩要左宗棠拿了刀斧来替他改文章。还有一出《走向共和》，演监察御史吴毓鼎弹劾瞿鸿禨，奏本上竟大书“禦史”，还用了个特写镜头。

四

岂有文惊海内，可怜空喊江干。三百篇中有《伐檀》，名句声声柔曼。

北伐北洋军阀，分明不可相缠。千秋雄鬼上秋千，唯有一声长叹。

杭州有江干区，但浙江省市乃至该区之电视台都老是把它读成江干（gàn）区，不知江干也者，即《诗经·伐檀》篇所云：“置之河之干兮。”杜甫诗：“岂有文章惊海内，漫劳车马驻江干”。简化字把幹、乾、干混用，饼乾成了饼干，乾坤成为干坤，乾爹也常错成幹爹。而电视剧《日出东方》，乃中共建党八十周年中央电视台献礼大片，获五项大奖，居然拍北伐誓师大会时，横标把“北伐”写成“北阀”，仿佛是北洋军阀的誓师大会。又一剧《红岩》演其“烈士”龙光章，挽联“做千秋雄鬼，死不还家”，“千秋”二字赫然写作秋千。

五

杭州奇闻快报，楚天消息何如？大江东去句无殊，只是将词作赋。

偿债何言赏债？九儒擅改十儒。垂杨古岸注兼疏，两度衣冠南渡。

武汉《楚天都市报》，把“大江东去”一词，误以为是《赤壁赋》中语。又有一律师赴东京参与对日索赔，此本是好事，可惜此君把“赔偿”都念成“赔赏”。还有某公见人写“九儒十丐”，谓为不通，改为“十儒九丐”。有人提醒他：此乃元代情况。他还不以为然，说：十个学者九个穷，这不是十儒九丐吗？另有一本词注，把“南渡垂杨古岸头”的“南渡”好好发挥了一番，引东晋南宋两次南渡事大注特注，不知此只是指南边的渡口。

这些词，当然是文人牢骚，跟政治笑话差不多，但亦足以见大陆人文景观之概况。这里面，有些是程度问题，如我听过一些学者说某人“声名鹤起”，某君“造旨”甚高，某某文章“宗诣”为何等等。有次赴宴，餐厅墙上有人抄写了一幅白居易《忆江南》，某君便大声诵出，曰：“江南好风景，旧曾谙日出，江花红胜火，春来江水绿，如蓝能不忆？江南白居易。”诵毕，顾盼自喜，回头对我说：“哈，那如蓝想必是白居易的小妾！”这都是学人基本文史程度太差所致，台湾也有类似之例，杜正胜部长“音容苑在”的挽额，就是范例。

但另有一些是大陆特殊的，那就是左右排和正简体字所造成的混淆。例如又有一次，也是赴宴，餐厅悬一老子语：“治大国若烹小鲜”，书法家两字一行由右直排写去，某先生见之，曰：“好句，鲜烹国治小若大！”然后向在座诸人阐说了一番为何“鲜烹治国小若大”的道理。

正简字相混，则如上文所说禦御不分、秋千千秋不别之类，温家宝前此发表一亲笔信，论黄宗羲，报社就误为“新笔信”。余秋雨，某次我亦见人误写为“馀秋雨”，遭人指正后，解嘲道：“啊，反正余秋雨现在也像食客一样了，加个食字也应该。”一次去吊唁，则见挽联下署名不“萧”男某某，原来是把“肖”写错了。

《易经》上说“观国之光”，现在讲的旅游观光一词，即出于这个卦。可是该卦论观，重在观国之祭礼，也就是观光应着重观察一国的人文状况：“观乎人文，以化成天下。”如今游行大陆，观此人文错讹之景，谁不感伤？旧有诗记，录以示慨：“文言错画久参差，讹正歧分论亦哗。知识狂花生客慧，篇章断简坠流沙。但云文化能托命，谁解支离说破家？我自伤心悲禹域，小楼独坐望天涯。”

2006.05.16

生　态

北京初雨，牡丹已谢，芍药渐次登场，紫藤亦甚烂漫。不料春已尽了，北方还有此等风情。

由北京飞杭州，雨意更浓，西子湖畔，辄令人徘徊不忍遽去。但我无法在此盘桓，必须赶赴无锡，故随着雨势迤逦而往。

按理说，春末而杨梅雨季尚未来到，不应南北都在下雨。可是如今气候不正，五月才动惊蛰之雷，谷雨却延至夏初，气象简直全乱了套，之所以如此，固然是全球气温变化之故，但大陆水土保持不良，更是直接因素。前阵子北方大风沙，便是其征象之一，据水利部八日公布的报告，竟有四十二个水土流失重点预防保护区、重点监督区及重点治理区。凡列名这三区的，情况当然都极严重，而其区域遍布二十五个省区市，总面积高达二百三十万平方公里，占大陆总面积的23.2%。而流失的水土面积有九十五万平方公里。目前大陆是全世界水土保持最糟的地方，以上只是最严重的地区，若以全大陆计，则水土流失达三百五十六万平方公里，超过国土总面积的三分之一，情况之恶劣，自不待言。

关于这个问题，不必细述，大部分人都能领会。此前温家宝举行记者会时，周幼非先生惊动警卫，特意向温提出的也就是这个问题。但此一问题也有另一面。

例如杭州最近添了个新景区，就是上次我去玩的西溪湿地公园，此虽旧景（其中如两浙祠人祠堂等，都是早已存在之景），但堙没已久，整个湿地公园的概念及其整治，更是新东西。而这类湿地公园，并不是西湖一地之创意。全大陆我不清楚，而仅长江三角洲，在建造和规划中的湿地公园，就多达16个，总面积约300平方公里。今年“五一”才开幕的绍兴国家湿地公园，南京最近也有两处已局部开放。另有无锡长广溪、常熟尚湖、泰州姜堰市溱湖。据我听闻，宁波、温州、常州也都在规划，全国则可能多达五十几个。

目前湿地公园不仅多，规划也一个比一个大，如慈溪杭州湾那个，就有四十五平方公里。这种景象，一方面是大陆城市间发展竞争使然，有点一窝蜂，搞轰动效应。一方面则是对从前破坏水土之罪愆深感歉负，一种矫枉过正的调整。另一方面，则也不能不说是大陆民众生活质量提升后，重视保健、休闲、自然的一种投射和需求。

但湿地公园放在文化生态旅游的概念中运作，仍是颇堪商榷之事，湿地旅游成风，对湿地之生态保护，其实并非好事。它主要应将气力用在减少污染及生态研究上，旅游应以此为主轴去规划，这样才不会让人在欣庆之余又替它捏一把冷汗！

2006.05.18

行者之游

自九日由北京赴杭州以来，转无锡、飞重庆。昨又由重庆飞珠海。抵珠海时已深夜，台风甫登陆，邻座者谈起风雨中降落之险状，均心有余悸，我则风波已惯，较为淡然。想征途尚遥，过两天还得去广州、转成都，再由成都回无锡办会，会后再返台湾，然后再去北京，一路上少不了折腾，担心也无从担心起。这两天，太湖正在办徐霞客纪念大会。因近年各界提倡旅游，而尚缺一行业神来膜拜，以资凝聚心志，故拟推尊徐霞客以为旅圣也，略如工匠之推尊鲁班一般。那日在湖畔与主事者聊起来时，就有朋友开玩笑，向鼋头渚顾文品主任说我乃现代徐霞客。此一封号，我何敢克当？且我自是孙行者，亦不必如徐霞客。徐氏为游而游，与王士性均为彼等所谓“游道”中人，我与孙猴子却是心中另有萦注，另有道的追求，不能为游而游的。只不过彼此都一样在游，游踪也较广些罢了。

旧曾在河北教育出版社出过一册《游的精神文化史论》，近两年，游以践言，亦以此自显我自己的精神史。偶有记录，略叙游履，已辑刊为《北溟行记》《孤独的眼睛》。还有些乱七八糟的随笔札记，则散在台湾与大陆两个网站上，茫无诠次，宗旨也难说。勉强说，那就只是游，显一游之精神而已。

旅中随笔，因落笔仓促，且乏书参考，当然颇多错落。前此与尚佐文兄游西湖西溪湿地，吊秋雪庵词人之灵，述及《黄宗羲全集》编纂事，说昔年浙江古籍出版社稿子一拖十年，根本就不想印。佐文兄来信曰：“不然，当时系首次整理，难度较大，而主事者孙家遂、方福仁等先生审稿认真，稽考文献，斟酌标点，颇费时日，绝无拖宕之事。先生居高声远，一言之褒贬，关系敝社声誉不小也。”我说：“呀，对不住，我误信人言，只以为一书编印如此之慢，必是拖延，岂知正是精审所致！可见凡事只就表面掠影浮光地看，往往是不牢靠的。”旅中随笔，似此之例太多了，不及一一补正，只能提醒看官小心一二。

当然，旅中除了文章写不好，想办的事也未必办得成，匆匆来去，真如掠影浮光，有时乘兴而往，到时才发现事情并不如预期，恐怕难以措手。有时事亦未必不能做，但旅人又无此时间、无此精力。此番去重庆璧山县，看孔庙，亦是如此。庙已残败，修缮时不如法，等于又大破坏了一次，现今两耳房之配享全都不存，倒辟了一文物商摊及吕凤子纪念馆，地方上不懂事到此等程度，我除了叹气还能干什么？邀我去的陈耀儒，乃一儒宗信徒，我看他名片后面印着："尧舜禹汤文武周公孔子道统传人"，心中不免恻恻然。旅人，或许因行走得多了，看见这些状况，感叹也就更多些了。

2006.05.21

找不到定位的城市营销

抵重庆，踏勘璧山孔庙，这是重庆仅存的一处，但亦残破不成模样了，庙址已大部分辟为道路及水泥广场，仅余一大殿及两庑，然皆空无一物。租了一间给古玩铺堆破烂，一间则被吕凤子纪念馆占用。吕氏固为地方名流，但两庑配祀，连曾子、孟子、荀子、朱熹、王阳明都无位置，而吕氏独占一庑，毋乃不知伦类乎？殿后山壁间杂置汉代石棺六七具，佛道石刻数十尊，皆由各处拆凿时捡拾而来，故多残断。重庆辖域，如大足、璧山等县，夙为石刻渊府，不意地方不知爱惜，又乏管理，竟如此也，观之怅怅。

由璧山往永川、宿在箕山。此山如箕，俗谓诸葛亮尝过此，叹为足以隐居，故号称"天下隐"。这当然是附会青城天下幽、峨嵋天下秀而来，但近年箕山遍植茶竹，号为茶山竹海，深碧确堪长隐。其茶曰秀芽，台湾不甚知名，然在西南可称名品。竹海则张艺谋《十面埋伏》在此拍摄后，更是声名大噪。山庄亦以此为招徕，标示出金城武住过哪间、刘德华住过哪间来做广告。我那间，"据云是章子怡套房"。惜我腰弱，睡不得如此香软大床，依旧在地板上打地铺。

以茶山竹海和职业教育城来自我定位，争取城市竞争利基的永川和尚在摸索中的璧山，正是重庆区域发展之写照。重庆是个山城，区间发展殊不均衡。城中各区，那真是物华天宝，流光溢彩，半夜二三点都还是车马喧填、灯红酒绿。南滨路、北滨路，沿着长江、嘉陵江，尽是茶楼酒舍、歌台舞榭。朝天门码头上，简直如纽约曼哈顿一般，更胜上海浦东；可是山区及三峡水库区就穷了，目前仍在挣扎着找寻自己的发展方向。

重庆本身显然也在找自己的定位。去年，办了个亚洲市长高峰会，如今更努力在做城市营销。其特征之一就是尽量与四川切割开来。她已升格为直辖市，人口三千万，故早已不是四川的重庆，而是重庆与四川。十四日恰好有一甘肃牌照的车子，行经九寨沟时坠河了，车上有二十一桶甲苯二异氰酸脂掉进河里，报上标题赫然是："四川危化物品坠河，我市监测水质。"对于如此严格区分四川与重庆，我起初还真不习惯，感觉就像纽约最近在闹独立似的。但她欲凸显自己城市的角色，却是明显的。

另一特点，就是营销，包括开市长高峰会之类。可惜人在急切时就不免瞎搅和，去年推选的十大城市名片，第一张居然是美女，第二张是火锅，什么历史、文化、城市产业都不谈，只谈饮食男女，这是什么品味？今年则有人提倡拍一部美女火锅版《大长今》，以向全球推广，或干脆就拍《重庆美女》。相对来说，通远门城墙公园中三块浮雕却把历史都搞错了，让宋代将领死守明代才建的城门。如此建设城市，如此营销，我甚忧之。

2006.05.26

成都晤友　太湖论道

廿日由广州飞成都，次日在川大口试博士论文三篇。吴铭能来访，谈及这半年在川大执教状况，颇为学生之好学感动，示我考卷数纸，果然。遂约了几位去望江公园喝茶。公园乃薛涛井故址，顷正举办竹文化节。坐松竹间茗谈并打牌，乃成都人度日积习，无处不然。故次日又约王庆余先生去园中喝茶。

王先生为传奇人物，平生九死一生，多历江湖事，叙来佳妙动听。彼出身武术世家，幼尝见徐矮子、杜心五，且由杜心五介绍，拜入欢喜道人李杰门下，住青城山。该派武术号经筋门，擅打穴、封穴，闭穴，伤科尤精。后遭逢时乱，辗转为中南海所物色，入禁中为诸显贵治痹愈瘫等。又协助大陆奥运选手夺魁数度。归川后，主持宗教研究所，又广赴欧美讲学。与吾堂兄龚群交善，故相见甚亲切。某年在川开会，我论张三丰武学，先生大为印可，遂执手交定。今觅一空当，聚首喝了一趟茶，总是不错的。

廿三日便再约了徐新建、吴铭能等同游青城。先去看了青城派掌门人刘绥滨的新武馆，再到建福宫午膳。吴铭能来成都已半载，竟未尝一登青城，此次来饮洞天乳酒，吃老腊肉、白果炖鸡，不禁大为惊艳。饭毕登天师洞，饮数盏茶，看到绥滨打拳，他就更倾倒了。

由青城归来已甚晏，连日奔波亦甚疲累，早上去文学院讲道教身体观毕，便躲到吴铭能处小睡了一会儿。但睡也无法睡，电话老响，联络诸般杂事，真是苦也。

夜由成都飞无锡，开始“太湖论道”研讨会的进行。此会，是我以北大文化资源研究中心、北师大文化遗产与文化发展研究基地名义召开的，由鼋头渚公园管理处具体操办。本来在大陆办会是有些规范的，尤其办宗教性的研讨会，须事先送佛协道协批准，再呈宗教局。今年手续来不及了，故令底下人办事颇存顾虑。但我邀了许嘉璐（人大副委员长）、张继禹（中国道协副会长）来背书，各有贺辞；又请朱越利先生代表中央统战部宗教局莅会，因此开得很顺利。与会论文五十八篇，学者由美、韩、台、港、马来西亚及大陆各地汇集于太湖之滨，于烟波岛雨中坐而论道，其乐也融融。

其中多老友，如刘介民，十八年不见矣。当年在香港一晤，替他出了一本书，竟分袂至今。而刘介民与王明荪一见，亦大惊，说十八年前我介绍明荪与王樾、李景旭去东北找他，在他家喝了一趟酒，王樾还大醉了一场。而王国华也说那年我率团去海南，明荪和李泽厚也去他家喝过酒呢！张朋川先生由甘肃博物馆长调来苏州大学，不见亦十余年，出示当年陪我携两女往游青海瞿昙寺照片一帧，也令我大生感慨。那次我们还去做了古墓考古，说起墓中经历，真觉人生恍若一梦。

2006.05.29

锡山惠泉文史错谬

今日办完会，把人都送走后，带着元之、张曜钟、陈怡君去东林书院、南禅寺小游一番。五年前亦尝率曜钟及文学所师生来此，昔之破败与今之簇新，当不可同日而语，然对文化之缺乏了解，恐怕仍无大异。

昨天招待与会来宾游锡惠公园、看寄畅园、品二泉茶。导游的介绍就老集中在康熙和乾隆身上，野史稗闻，谈之不厌，可是对于锡山惠泉之人文历史，实在着墨不多。偶尔叙及，便多错讹。例如说文征明唐寅都是沈周的学生；办二泉书院的邵保任南京兵部，并无实权；顾宪成高攀龙等创办了东林党等，皆不确。文、唐非沈周弟子。明代南京乃南直隶，非虚职备员而已。东林则历来无自称党人者。自汉代钩捕党人，出现党锢之祸以来，皆是秉权者指人为朋党，予以株除之。故汉有党锢、宋有元祐党人碑，明则阉人指东林为党，东林斥阉人及其徒众为阉党，相与对诤。阉人且有《东林点将录》之类，比东林为水浒匪类。可见党乃他人所赐之恶称，谓其结党营私，朋比为奸也。今在东林书院，竟见一新刻碑，亦大标高顾诸贤如何倡议组织东林党，真是令人又好气又好笑。壁间所绘孔子圣迹图，更多误，如云孔子在野外受孕；孔子住的宫墙很高，所以不容易令人了解等，如此尊圣祀贤，圣贤盖亦将哭笑不得！

回头来说这次会议。这次“太湖论道”，乃是配合鼋头渚公园的太极岛规划而办，故主题一是太湖的道教文化，二是太极文化，三是道教资源的现代开发。论旨特殊，故与会者既多高道及道教研究名家，亦不乏现代文化产业规划者，兼且综合道乐、道家武术、儒道释关系等，论来颇为热闹，可谓生面别开。无锡水仙道院的道乐演出，兼带仪式，高功法师禹步踏斗，演九幽破秽仪等。道家武术，由林明昌论郑氏太极美人手，刘绥滨论青城武术，无锡武协演示太极刀剑等，既有理论又有演示，皆颇获好评。

想去年我便在北大、清华办过“中华文化的诠释与发展”研讨会，此次会议规模更大，因与德国一同类会议时间冲突，许多人不能来此，但论文已近六十篇，明年再办，规模就更要盛大了。台湾学者能在大陆号召并主办如斯会议者，大约也不会有第二人。哈哈！

不过，话说回来，无锡的徐霞客旅游节刚结束。浙江宁海更早在四年前就推出了“徐霞客开游节”，以徐氏游记由宁海写起为由，大办特办，去年产值就达到三亿多人民币。今年无锡所办，更是亚运开幕的规格。相较于这些文化产业化的热闹景象，我们文人坐而论道，毕竟还是淡泊的，而且也仍以淡泊些好。因此，会议虽然看来也颇热闹，但我可不会为此而昏头的。

2006.06.18

侠客难敌正简错字

在北京待了几天，便又南下无锡。舟车劳顿，竟若寻常生涯，或许命中注定是旅泊之人罢！

到无锡，是为了规划侠客岛，本拟今年在太极岛办个道家武学博览会，此番来勘探了一下场地，并询查了当地的配合情况，发现可能延到明年侠客岛建起后再一并举行为好。本来这个博览会已请高杰（释延功）及刘绥滨两兄协助规划联络，大体定案了，如今延期，还得向他们解释解释。不过，待侠客岛建成，再办这类会也更好，侠客岛还有许多可玩的东西，正符合我好玩的脾性，将来不妨拉伙结伴，一同来玩玩。

因要规划侠客岛，所以到无锡后就立刻去了趟水浒城。中央电视台拍摄水泊梁山，基地其实在无锡，利用太湖水域，营造梁山水寨之气势。可是去看后大失所望，一是所谓水泊梁山根本没有水寨的搭景，大概现在人也不晓得水寨应如何搭建。其次是介绍与告示颇多错误，阳穀县均错成“陽谷”，武松均错成“武鬆”，这是繁简字体转换时出的错。该城为营造气氛，说明及一切牌匾招贴均用正体字，这原是好事，但繁简转换，缺少专家复核，所以御制均错成“禦制”、禦告均写成“御告”（当然，御告、御示也是不通的词），武松则成了肉鬆稀鬆之鬆。我前此曾有一文，参加台北市政府所办汉字研讨会，讲的就是这种正简错讹的现象，此处恰好也是一现成的例证。正简错讹，看起来是用字习惯之问题，其实是文化问题，对于古代文化太隔阂、太不熟悉，所以才会出这些错。就像那高筑的县城门口，贴着一大张告示，捉拿李逵，结果落款时间是宣德四年，于是就成了明代人贴告示捉拿宋代人。偌大一座游乐区，贴此告示在入门口上，而竟不知是错的，不可笑吗？

本来此次来无锡还想去找钱穆先生的墓地。来之前，卓克华兄已替我查了材料，知道大体位置，但因非确址，故亦未能访得。无锡人现在知道“无锡国专”的历史者已少，知道钱宾四先生者似更少，我念先生，颇为怅怅。

2006.06.19

老北京谁说还活着呢？

离开北京，难得大陆内外游历了一个月。再回到这个城市，感觉最明显的，就是又拆了不少房子。

似乎北京整天拆、整年拆，一条街、一个区地拆，所以离开不久，回头再一看，地貌全变了。许多地标业已更改，许多旧铺不知迁往何处？令人在瓦砾与新的水泥墩子之间有些怔忡。近年北京流行一股怀旧风，谈说老北京的街市、庙会、吃食、胡同、民居、掌故、店铺，蔚为时尚。真正的原因，或许恰好是因为它老早就消失或正在快速消失中，故引来不少凭吊及欷歔。可是这欷歔声也不会持久，年轻人的城市记忆马上就跟那凭吊中的老城毫不相干了。我在一条将拆的街铺上，看到店家用墨汁在门墙上写着：“拆迁在即，泣血出清。”关了灯，点上白蜡烛，几个人无言兀自坐在闪烁的烛光下，格外感到那仿佛就是在悼念一座城市的死亡。城市也许不会死，可是记忆中的城市，所谓的老北京，谁说还活着呢？

据说，当局正在规划新北京，而且这个新北京乃是以文化见长的。市委宣传部之宣传云：北京现在已经有了十个文化创意产业园区：北京数字娱乐产业示范基地、中关村创意产业先导基地、长安街沿线文艺演出聚集区、潘家园古玩艺术品交易区、琉璃厂文化产业园区、高碑店传统民俗文化产业园区、百工坊传统工艺美术基地、大山子文化艺术区、通州宋庄画家村、什刹海文化旅游区。未来规划再增八个：东城区、文化产业园区、国家新媒体产业基地、中国影视生产基地、三辰卡通动漫网游产业基地、北京欢乐谷主题公园、新国展会展中心、德胜园工业设计创意产业基地、朝阳公园文化园区，准备拿出五个亿，作为扶植专项基金，四年内即将增加产值人民币一千个亿。

做官的，气吞河岳，当然是好事，起码比起台湾当局近年之毫无作为好得多。但气吞河岳，规画如此大饼，是准备把北京建成一座什么样的城市呢？主轴何在，殊不明显。且这个基地、那个园区，重叠者有之、虚有其表者有之、矛盾者有之、不知所云者有之、没什么文化创意的俗滥商圈有之。统计局统计的文化创意产业，又分新闻服务、出版发行、版权服务、广电电影等十一大类。这些产业，如何在新闻、管制、出版发行受垄断的情况下，变成文化创意产业，更是令人好奇。

不过，北京的命运本来也就不必吾人瞎操心。旅人暂宿、聊为居停忧之，或许还要惹人嫌呢。若不管这些，北京这趟回来看看还真美：客舍青青柳色新，几场雨，洗尽尘埃，显得清爽怡人。碧空因雨洗过，也云雾退散，一轮皎月，每天都出来害人。满城人发疯似的抱着电视看世界杯足球赛，我则为月所媚，每夜都关了灯，在一地月光下发呆。

2006.06.19

落齿记

昨日忽然落齿一颗，想起古人说人之将老，头童齿豁，不免悲从中来。当是牙齿已不坚牢，故啖大饼时，忽尔绷断。赴医院检查，云内中尚有残根，须予剜出。乃施药钳取，血流如注。返家委顿，不敢见人，又不能吃东西，只得喝凉粥。女儿一睡醒来，发现老爸竟成了缺齿人，拍手大笑："你掉的恰是门牙，笑起来岂不正像一颗南瓜灯吗？哈哈哈！"

张曜钟知我落齿，写了一诗来，更令劣女笑不可遏。诗云："皓洁白布衣，却可万人敌，天赐千钟粟，夜把琼浆浴，终日闻正法，今朝为舍利，此处图希珍，还请做法器。"她看了说："啊，你这是佛光山的佛牙吗？"我牙痛，无法与她斗口，且由她去。

牙疼不能出门，又无书可看，只能上网。找着不少旧闻，是前此各式人等或转贴我的文章，或评论我的言行，或表达忆念，或引申慨叹，我过去都不晓得，如今才检索到，不禁颇有感触。那里面，有南华的学生怀念我的，有佛光学生说希望毕业典礼时由我去颁证书的，有我江西老家乡亲讨论我能不能称为第一才子的，千奇百怪，看得我哈哈大笑。

有一篇最奇，乃一武侠小说，名《武林杀手》，第三十四回道：有一剧匪李宇夏，作恶多端，然人皆以为是一大善人。有书生龚鹏程状告其罪，县太爷费孝通竟与李勾结，反诬他私德不谨，有玷士行，将他下在狱中，甚且株连亲属。

作者显然看过我反对费孝通先生的文章，故安排费老借此报仇。但让费老去当这伪善者勾结的角色，未免太委屈了先生。作者显然也熟知我与佛光山一段恩怨，因此假托故事，影射前尘。只不过，作者不知为何缘故，竟将大恶人赐名李宇夏，此名想是由李宇春化出，或许此君非其粉丝，故特弄此狡狯罢。李宇春之谤誉，皆由“超女”而来，当时比赛，粉丝团各为其主，厮杀好不激烈，不想战火延烧至此。从前，河南梆子戏，捧常香玉者，名闻香队；捧陈素真者，名捧狗团，因陈小名狗妞。张伯驹《红毹纪梦诗》云“难把东西论后先，闻香一队满秦川，洛阳因预同场会，我亦名登捧狗团”，即指其事。余风末沫，竟至于今！

上网检索，还见一趣事。从前我师黄庆萱曾在电话簿上查到七八人同名同姓，遂约了一齐聚会。我当时固然以为是佳话一桩，但料定我自己不会与人同姓名，故从来不曾想过也要办这样一种聚会。谁知今日上网一查，居然还有一龚鹏程在南京当律师，一龚鹏程在慈溪卖电器……凡此等等，具见天下之大，无奇不有。网上闲逛，以代远游，亦复不恶。

2006.07.02

民办教育的理想与忧愁

北京今年气候甚奇，南方来的朋友尤其感到此地凉快，类如来此避暑了。这是因为雨水多，连续几场震雷暴雨，自然清爽怡人，与去夏此时之酷热干旱，不可同日而语。

据老北京说：“早期北京天气即是如此，都是‘文革’那十几年搞坏的。所以，你看北京从前是水源充足的地方，海淀区就是水积淀的意思，哪像现在到处缺水，圆明园也快干涸了？”斯语我无法判断真伪，只知北京缺雨水已甚久，故城市建设，于街道边区根本就没考虑修下水道。如今遽逢大雨，便处处淹水。

雨间适逢感冒，在家中委靡数日，啥事也干不了，读了读袁枚的《子不语》，聊与鬼狐妖怪为友，趁便就写了一文，论乾嘉时期知识阶层之心态与意识。略谓经学考据非其主流，谈狐说鬼，以言果报命数，才是风气。

可惜现实世界的事总不似鬼狐世界那么好玩。五月中，济南法院起诉了两位南洋学校的校长及财务主任，指其非法吸收公共财产。我消息闭塞，如此才知，不免恻恻。

南洋教育集团是大陆民办教育的龙头，在全大陆拥有十二个从幼儿园到高中的一贯制学校，广及南北各地，总产值十几亿人民币。二○○四年还被中国教育联合会授予民办学校最佳品牌称号，不料如今垮得如此悲惨，我当年也曾与南洋教育集团有些来往，商量合作在大陆办学。后虽未果，对其办学方式及绩效，颇有体会，原以为她会成功的，知此乃益欷歔。

我在新浪网的博客，此时也恰好有一老友留言，说："十年不见了，由于创办弘道大学的艰辛，深深地刻在我们的记忆里，给我带来了刻骨的伤痛，我清晰记得在武汉江鹰饭店的最后分别……"这话使人既惊喜故人重得联系，也与之一样，为那一段办学经历感到怆痛。

他指的，是我于一九九四年在湖北黄石办的弘道大学。昔年民办学校条件殊不具备，吾人徒恃理想，自然冲撞得遍体鳞伤。如今十余载过去了，大陆的民办教育似乎也还未登坦途。办学者，不能抵押、不能贷款、不能破产、不能重组、不能参股，而且用什么书、上什么课、用什么人，政府都要管，又无免税等优惠措施。故除非是借办学之名义炒地皮，否则都难以撑持。即或勉强撑持了，积久恐亦会生问题。最近，台湾育达的王广亚先生在郑州的学校，因不再发郑州大学的文凭而引发学生的抗议，即其一端。看来教育要回归于民间，脱离国家化，还早着呢！

2006.06.25

疯世足

有时人一生病发了烧，就什么事也不想干了。社会也一样，某些事，引得大伙儿发了热，其他的事就撇下了。不想干，也干不了。台湾的热，是政治。谈起政治，人人脑发涨、身发烫、旁的事儿似乎也不太想得起来，就想起来也没劲，或者老会觉得要等政局稳定了，某人下台了或某人上台了才好说。大陆这会儿的热，则是世界杯。

街头巷尾、出租车上，铺天盖地，全在谈世界杯。餐馆酒吧，以此为招徕；广告促销，以此名目。电台辟了许多节目，网上多了不少争论，例如李宇春的球评到底写得好不好之类。虽然本届世界杯并无中国队出赛，但以关心世界杯作为参与世界杯的一种方式、表达成为世界公民的一种盼望，仍然在社会上形成了热络的气氛，弄得像圣诞节似的，有嘉年华会的感觉。其他政经社会问题，就暂抛一边吧，等世界杯结束了再说。

这种情况，很难评论。有人说疯球总比疯政治好，有人却说正是因为政治没法参与，故只能去疯球。有人说别人喝汤，我们喊烫，不是神经吗？有人则认为体育超越政治，精髓便在于此。不然，看球老是跟爱国主义精神教育扯不清。可是也有人批评道，体育永难脱离政治，日本队出赛就没什么人巴望他们赢，谁说体育真能独立？世界杯本身不也是各国伸张其国族主义的大舞台？又有些人以为，世界杯的真正逻辑，其实并不是政治，而是商业利益伴随的炒作。以绯闻、花絮、球技、国族情绪为炒作之道具，与情人节兜售爱情一样。爱情和足球皆为商品，刺激体育消费而已。有的人却觉得，消费及商业运作，只是一种过程或方式，在消费活动中，消费者获得的并不是商业盈亏，而是爱情的感受、足球运动的体验。而那才是重要的，论者不能买椟还珠……

凡社会发热的事，都是如此争议难定的。就像在台湾政治热中，蓝绿阵营各有论述，谁也不能理解对方，更不能说服对方那样。为了避免纷争，有许多人就会躲开，不去碰这热题，好让自己清静清静。

在北京的世界杯热中，我选择的也是这条路。倒不见得是为了避免纷争，主因还是由于不太懂，又没太大爱好。对于诸般体育活动，为何大陆上独沽一味，唯对足球如此热衷，十分不解。

我发现：其实像我这样的人，在北京还顶多。别人都在热时，恰好可以借口不去凑热闹而独得几天清静。偶有事相约，也总说等过了这几天罢！世界杯倒成了个挡箭牌。据商场上做调查的朋友说，世界杯期间，商场营运，有些地方不升反降。其原因，或在此耶？

2006.07.09

夏日琐事

时序入夏，学校都已开始放假，学生不是返乡，就是在庆祝毕业，气氛又松弛又热烈。可是毕业也是几家欢乐几家愁。找定了工作的，忙着规划人生，奔向未来；迄今还没找着事的，则恓恓惶惶，仍在觅路前行。偏偏近年大学生就业率偏低，故人心不免浮动。

所谓就业率，不只是冷门科系毕业生才不好找事，恰好相反，一些热门科系，如法学、工商管理、计算机等，据《北京青年报》之调查，竟亦分别以35.6%、31.7%、21.1%排名在“滞销榜”的第三至第五名。大陆25~64岁的劳动人口中，具高等学历者仅占5%，为何却有那么多大学生失业，而热门科系也居然失业率这么高，更令人难以索解。想来原因不外以下几点。

一是虽然劳动人口中高等教育者偏低，可是许多职务恰被这些人占着了，遂使刚毕业的大学生不得其门而入。二、大学近年来扩张太快，社会固然需要人才，但同一时期同一类人大批毕业，社会实无法吸纳。三、近年大陆的高校扩张，还有点盲目赶流行的毛病。法学热门，一堆学校就拼命扩招法学专业；工商管理、计算机等科系或学校，近年也不晓得增加了多少。学生多如牛毛，怎么会不滞销？台湾近年法律科系也不是如此吗？抢热门的结果，必然如此，倒也不足为奇。四、近年大学量产成品既多，市场上当然就要比货、挑货，教学质量差或品牌不够好的学校毕业生乃渐渐乏人问津。故从某些方面看，大学生失业率高，反而是刺激教育逐渐从量产到注重质量的因素，不一定是坏事哩。

时序入夏以后，还有一特殊现象可述，那就是两岸文化交流的旺季又开始了。

两岸经贸来往，与季节关系不大，但学术文化交流大多仰赖暑假期间。本来寒假也便于交流，但寒假较短，又卡了年假，且天气太冷，许多地方不适合台湾人来往，暑间便都无此类顾虑，学校人员尤其愿意利用这段时间办会议、做活动。许多在台湾不经见的朋友，常会在北京街头或校园不期而遇；有些则是特地约了来喝酒。还有不少学生团，或自己组织了去大陆参访游览，或应大陆各系统之邀，结伴而往，早已无人过问。

近日台湾友人便因此而颇在北京相聚。我虽掉了牙，又感冒，也不能不出来酬酢。他乡故知，甚畅吾怀。又因故赴无锡，帮日月潭和太湖鼋头渚两地联系了，结为合作景区。陈振盛兄率原住民歌舞团来，踏舞纵歌，一时几乎忘了身不在台湾。此，夏日之琐事，而亦时代之征也。

2006.07.16

华语热不敌洋文热

日前全球三十七个国家八十所孔子学院的代表，才在北京召开全球孔子学院大会。距二〇〇四年底才在韩国成立第一家孔子学院，迄今不过一年半，就发展到这个规模，实在可惊。全球华语学习势头之猛，略可想象矣。据大陆汉语办公室的负责人说，今年会增加到一百所。而这个机构对于如此大好形势，却是烦恼多于欣喜，因为师资与教材皆大成问题。

据估计，全世界学汉语的人口超过三千万人，师资需求当然甚殷。可是大陆的对外汉语教师资格证书是受管制的，目前领有这种证书的不及五千人。杯水车薪，当然供不应求。许多人都看到了汉语教材研发及教师培训的市场前景，但何时对外汉语教学才能市场化，谁也不晓得。悲观的人，觉得事涉教育，当局绝不会放手。乐观的人，则期待由此打开一个教育市场化的契机，让教育可以在“输出国家软实力”的大帽子下，挣脱国家化的格局。未来到底会如何发展，还得看华语热这个“势”如何走。

在台湾，今年大学科系调整，也有不少学校呼应了华语热的情势，设立了华语教学科系；社会上则倡议拿汉字去申请世界文化遗产。显见在响应世界华语热这个题目上，两岸是可以相与喁和配合的。只不过，大陆是政治行为太多，台湾又嫌当局行为太少，令人感到无奈罢了。

大陆上推广汉语政府热、民间冷的另一原因，是内外有别。“对外汉语教学”纵然热火烧天，内部汉语文教学却未获等量之重视或起相应之作用。内部社会的思想意识乃至教育政策和环境，仍是独尊英语的。孩童自幼牙牙学英语，家长勒紧裤带送宝贝去上双语学校。直至高考、研究生入学或毕业，英语都是关键，有时甚且是门槛。英文不好，专业再好也没有用。情况比台湾还畸形。

其实如此大规模学英文，乃是民族智能、人力、财力之惊人浪费。我们有许多留洋读了博士，甚或在德国法国日本执教、任职的优秀杰出人士。去问问，谁是从幼儿园起就K德文啃法文的？大抵只是入了大学才开始学，或竟是到了德国才进歌德学院、到西班牙才去塞万提斯学院学语文。其成效，则是一年半载就足以游其上庠而窥其堂奥，何需在国内虚耗十几二十年，童而习之？结果一傅众咻，除了应付考试外，毫无用途。

如此明显之事实，说了也无人理会，仍在那儿死钻英文。今年香港的大学到内地招生，网上大吵，争论香港的学校有何优势，有人就举全英语教学为说。民情如此，除了长叹，还能怎么办？

2006.08.12

社科院与曾荫权

由北京过香港，准备返台两周。

香港的热门话题之一，就是七月十五日特首曾荫权在访问新加坡时说的：香港二〇一二年民主普选有望。

过去大家开玩笑，说台湾有民主而无法治，香港有法治而无民主，可是回归大陆之后，香港的民主环境已有显著变化，民主意识增强、民主行动也较前热烈。二○○三年七一游行以来，十万数十万人之游行，屡见不鲜，连台湾也未必有此盛况。

曾荫权上台以后，除了提升经济之外，政策上最大的特点，乃是充分利用葛兰西所说的转化方案（transformist project），把反对者的诉求接收过来，创造一个自己更有利的新位置："你讲民主，我比你还讲民主""你是民主派，我也是民主派"。争取二○一二年普选，一时之间竟成为统治者与反抗者共同的话语。不但令一向争取民主、批评中共及香港统治当局者惊疑不定，就是一向为现行治港模式辩护者亦颇不适应。

但，民主情势看来亦不容乐观。不少亲中央的学者已指出，香港的民主发展不可能脱离中国的全局考虑，在大陆尚不准备民主化时，香港就不可能走得太远。而且一贯的"外国势力利用与渗透"思维，更影响着香港民主普选之进程。在此情形下，曾荫权说二○一二年普选"有望"，听起来更像一种策略性的辞令，未必足以视为行动纲领，香港之民主前景，仍待观察。

2006.08.12

污染与治理

返台期间，少不得呼朋引伴，为浊世之欢。

但有趣的是，不少友人目前却去了大陆。除赴大陆供职谋生者外，趁假期出游者更多。现今大陆似已成为台湾人最大之出游地，出团情况要超过欧美澳。尤其今年欧洲酷热，令人惧畏，去大陆的仿佛就更多了。

盛夏当然也非游历大陆最好之时机，许多地方，热起来，并不比台湾欧洲逊色。且不说几大著名“火炉”，就是江湖河海也热得呛。

有一年我去游三峡，船舱里热，抢不到冷气房的床位，几乎热得无法入眠。江面上更热，偶有风至，皆如焚劫，毛发欲燃。没风时更糟。有一夜，船泊在白帝城附近，因不走动，故亦无风，整个人被一团热气裹住，几乎要投水自尽以求解脱。回来以后，恶补了几周，重读三峡有关诗文，才渐渐恢复了对三峡的美感与历史感。因此常劝人：某些景区千万别去，在家看看图片、读读诗文游记便可，若一定要去，也得挑对了时间去。

长江的问题不仅是热，更是污染。江上如此溽热，亦是因岸上草木不甚繁滋之故。江水染污，则使其调节空气之能力下降。目前长江污水量占全大陆百分之四十以上，且百分之八十之污水未经处理。而沿岸各大城市却仍在拼命冲项目、搞开发。高污染、高耗水之重化工项目越来越多，以致净水问题迄难改善。

不只长江本身如此，其流域四千多个湖泊，半数以上也均有优养化现象。就像太湖，近年治理算是较有绩效的了，却也仍是蓝藻肆虐。湖面青碧如抹茶，渐则泛蓝，太阳晒死了，就发出恶臭，令人不敢向迩。

扯到环境污染问题，实在扯远了，但“污染”与“治理”不断重复对治的逻辑，或许正是大陆社会的一个重要面向。河川不断加重其污染，而亦不断增加治污的投入，两者相扶而长，越治越污，越污越治，竟成一诡异之循环。

自然环境如此，社会亦然。近年官箴不肃、贪腐严重，不就是污染吗？政府一下要提高共产党员先进性，一下八荣八耻，大动作不少，敲锣打鼓，好不热闹。可是越肃越贪，越贪越肃。肃贪之力量越来越大，贪渎看来却也有升级之势。

文化环境呢？近年文艺整风及左派旧调已然不复重弹，旧的许多污染，似已得获治理，例如民国史事渐被合理对待、阶级斗争史观或农民起义渐少人说了、民国时期的学术史渐渐成为现今学术发展之基础等都是。但新的禁制消息，实仍不绝于耳地传来，且常是以治污为名义的。这不令人感慨吗？

2006.08.13

虚　耗

三日过港，转飞上海。

不料飞机抵香港上空时，机长才报告说是台风，前此几班均已因无法降落而返航。正忐忑间，飞机竟顺利着陆，庆幸之余，浑未料到抵港以后才更糟糕。

香港天文台对此次台风之测量，只挂了三号风球，所以民众仍以为飞机是能飞的，机场也未关闭，只能视状况决定。故或飞或不飞，一片混乱。受影响之航班六百余，旅客受困者近万人，乃赤蜡角机场启用以来所未见。

香港公私机关，向以管理见称，此番应变不足，不唯旅客抱怨连连，港人亦多批评。我在机场折腾至晚，才确定无法离港，匆匆联络了友人，入境投宿。四日又一早赶赴机场去等消息，折腾至晚间才能起飞。待抵上海，转无锡，乃已半夜。人生苦短，而竟如此虚耗了两日，又不能如古人舟行阻风便辄能留下几首好诗，颇为闷闷。

香港近正举办第三届香港国际教育展，有二百多家院校及组织参展。四成来自世界各地，只有一成是大陆。可是实际上香港学生近年赴大陆就学者已渐多，而且情况与从前颇不相同。从前好学生主要留在香港或出国求学，部分到台湾，所以有人开玩笑说考不上的才去大陆。如今情形迥异，来台湾者渐少，去外国又太贵，因此入内地升学渐成不少家境一般而资质优秀者的选择。今年三月，已有七千多学生赴内地就学，甫结束的大陆高考，也招录了九百多港生。人数看起来不多，但那是比例问题，而且港生多半只集中在北京、上海和广州，这些地方的高校竞争也较激烈，如港生分散申请，未来人数就还会再增加许多。

在内陆，对于今年香港学校赴内陆招生，而且抢了不少名校学生，争议很大。但其实香港学生北上升学，或大学生毕业后赴内地就业，才是大趋势。未来则青年学生之交流互动，势将更为热络，希望台湾与香港大陆的青年交流，未来也能如此。

离台之前，与马英九抽空见了一面，亦聊起此意。想昔年在陆委会时，曾规划采认台湾人士赴大陆求学之学历，同时亦开放大陆学生来台升学。当时曾邀清大校长刘兆玄等人来商，咸以为既可不占台湾学生名额，又能另筹大陆学生来台读书之奖助学金，对两岸改善关系、降低敌意，利莫大焉。不料方案拟就，且获“教育部”同意，而李登辉、黄昆辉大为恚怒，其事遂寝。至今十余载，略无寸进。此等虚耗，当然比起阻风而在机场困滞一二日更要严重得多。目前台湾各级学校都生源不足，开放大陆学生来台，才能解决燃眉之急。可是秉国者不此之图。吾人也徒呼奈何。此类虚耗，近十余年来，弥浸在台湾各层面、各领域，教育不过只是其中一端而已。

2006.08.13

台风之后

由台湾到上海，在香港因台风滞困了两天。可是由上海去杭州，再返北京时更惨，竟然登机后在舱里枯坐四个小时才起飞，抵北京已是深夜。原来近日雷雨不断，航班多误。一些朋友后来聊起，都说你这还算好的呢，许多飞机降不下来，转飞天津，甚或还有国际航班转到韩国去停的，旅客经此折腾，无不面无人色。

北方如此，南方更糟，继台风侵袭港澳粤之后，号称五十年来最强劲的台风“桑美”又重击浙江福建，已有百余人死亡，四百万人受灾。这已经是今年大陆第七个台风了，据说这两个月还会有好几个。

本来大陆不比台湾，罕有台风会登陆的。可是今年气候异常，太平洋上生成的台风反而较少，偏偏这少数几个台风却大量登陆。为何如此？大陆的气象专家说是青藏高原积雪减少之故。雪少，反射太阳能就少，夏天提早来临，高原会吸收更多热量，造成更多上升空气，使西太平洋下沉空气也越多，结果青藏高原就像吸尘器一般，不断把台风吸进内地。

若此说果然，则青藏高原的积雪只会越来越少，大陆岂不要进入台风密集区了吗？每年如此多台风，对其经济发展、粮食生产、交通运输之影响，不可小觑。对一些事情的评价，可能也将与现今不同。

例如台风之源假若是青藏高原，则开铁路让更多人快速且大量入藏，显然就不是好事。大批旅客去西藏，且不说自然环境，就是人文历史环境也吃不消。布达拉宫号称每天只能容纳二千三百人，全年八十三万人。实则今年上半年已接待了六十万人次，明显超过负荷。不能责怪该宫超额售票。游客蜂拥而至，有来头、有背景、有办法者多得是，管理单位拦得住吗？长此以往，人祸只能带来天灾。

当然，现在说这些是没什么用的。消费青康藏、云贵川，乃此一时代之大趋势，其名目可能叫作西部大开发或什么。总之，是东部人去消费去利用西部。西部也乐于人来消费，以求脱贫致富。这与资本主义国际拓展之逻辑是一样的。国族内部分区分工，西部为东部打工、穷人替富人打工、农民替城里人打工、整个社会如此，还有什么好说？

在报上见一新闻，云《无极》在云南香格里拉县千湖山碧沽天池拍戏时，严重破坏了生态，中央建设部对此甚表不满，罚了该剧组九万元，并免职了该县副县长。《无极》耗资十数亿，罚此区区九万元，岂非笑话？只可怜那以为拍了戏就可宣传地方、繁荣市面的小县长。而这，就是今天这个社会的逻辑。

2006.08.22

文化产业的迷惘

十四日由北京飞成都。成都与北京全然不同，正被热浪袭击。

本来蜀中向以少见太阳著称，所以“蜀犬吠日”。即使夏季，也甚舒爽。但今年是成都有史以来最酷热的一季。整个四川都在全力抗旱，据称旱灾受害三百二十余万人，有四百五十万头牲畜饮水困难，在渴死边缘。灾区达一百零八个县以上，直接经济损失六十一亿人民币以上，区域实行限电或工商业限电。大都市里，重庆烧到四十四度，蔬菜飙涨了一半的价。成都情况固然比重庆好得多，但连市政府的照明与空调也都已限停。如此溽暑，闷在没冷气的办公大楼里上班，也真难为了。

不过，我住的望江宾馆似乎不受影响，冷气开得很足。这个五星级大宾馆原为军方招待所，林彪旧有一别墅在此。今改对外营业，正显示了大陆军方以其资源“创收”之态度。可是美轮美奂的大厅中，“花好月圆”错成“月园”。“春日宴，绿酒一杯歌一遍”错成“缘酒”，看来文化仍待提升。

会议期间，我循例抽空去逛了青城山、都江堰、武侯祠、青羊宫等处。在这些地方，也照例会碰上不少解说的错误。在青羊宫，终于忍不住了，打断了一位导游的胡扯，替一台湾旅游团做导览。大陆近年为发展旅游，杜撰了许多历史与传说、伪造了许多古迹旅游点、乱编了许多旅游介绍词，透过每年三亿多的旅客量，正以惊人之速度在散播着。导游并不会自己瞎掰，大抵是因其旅游教育及教科书上本来就已是错的。这些旅游教材和乱编戏说的电视剧，是现今历史知识之两大杀手，不容淡然视之。

十八日由成都飞南京，转扬州，参加两岸中华文化发展论坛。南京现在号称“博爱之都”，我不知道那是什么意思。另外，该市现正以“民国文化”打造新的城市文化，还有人建议以民国文化去申报世界物质文化遗产，市内亦在开发民国文化旅游新景点。例如总统府附近仿民国建筑风格的“南京一九一二”，就是有意地营造一种民国文化气氛，提供民国大餐、民国茶点。而所谓民国文化及其情调、内涵到底是什么呢？据说是中山装、旗袍、西餐、啤酒、咖啡、卷烟、人力车、洋楼、电灯等等。南京一九一二之类新旅游点，事实上就是另一种上海“新天地”，只是以如此这般怪异的所谓民国文化为其妆扮而已。此等民国文化，凡略对民国史事有知者，恐怕都是要惊诧的。

南京的表现，代表了长江三角洲文化产业发展的焦虑与困境。什么困境？长三角的富裕，众所周知，但人均文化消费占日常支出的比重，江浙却不如成都、湖南。文化产业之规模又不如北京、深圳，品牌影响亦不如云南、湖南，人才集中度更是不如珠江三角洲与东北。政府的文化投入则与居民之文化消费不对称，体制上也僵化，人才流动困难。这些体制和结构的困境未能打破，当然就只能够玩噱头、耍花样了。

2006.08.27

取缔私塾有用吗？

上海近日关闭了“孟母堂”，令各办学机构不无惴惴，深恐哪一天忽然也说你违法，便把你的机构封了。其次，关闭一个机构，到底是只针对个案，还是意在打击一大片，不准这一类教学活动继续进行，行政部门未及早说清，以致传言揣测纷纷。

如今教育部才明确说是反对所有的全日制私塾形态的教育。理由是此类教育违背了《义务教育法》严格保障九年义务教育之精神。

为什么？教育部云，在外国，孩童可以在家里读完义务教育课程，可是在中国就不行，必须进合法的学校。若想读四书五经、传统文化，只能在假日去补习。家长集合起来自己教小孩，就是“私塾”。私塾太封闭，学生学不到学校里那样的与人相处能力、自立精神，而且学不到许多爱国主义教育内容及军训活动等。

话倒也说得明白，教育乃国家权力，岂容你私人来分杯羹？在外国可以，在中国可不行。所以不要谈爱迪生，或古代千千万万由私塾培养出来，有自主能力又能与人善处的文豪与贤哲。中华传统文化重要，爱国主义教育才更重要哩！

我并不想讥嘲大陆的教育部，只想指明这是一个过程。现在的所谓全日制私塾，其实就是台湾从前的“森林小学”。森林小学成为一种社会运动，发展为如今的社区大学，已漫漫二十年，迄今亦仍在与教育“国家化”的既有体制角力中，又妥协又抗争。大陆显然也已走上了这条路。“孟母堂”的办学方式，例如家长高度参与投入、收费较高、学生人数较少、自编教材等，均与森林小学不谋而合。如今虽遭取缔，但不准备屈服，拟提出行政申诉。这一种抗争态度，也仿佛森林小学当年之作为。他们显然会有很长的路要走，但这个起步十分重要。

当然，孟母堂毕竟不同于森林小学。主要不同，在于孟母堂或大陆这类新兴民间具有改革意义的自办学校，大抵都强调国学，甚或以国学为主。台湾则较强调森林、自主学习、沟通互动等。这是两岸不同社会文化环境使然。大陆社会目前有文化断层后急欲接上传统的渴求，所以不只小孩子希望他能濡养一些传统文化教养，就是大人也普遍有此需求。北大、清华、复旦，到处都在开国学班，企业家学国学，竟成时髦。清华的国学班都开到上海了，上海人送小孩去上孟母堂之类私塾，又有何可怪的呢?

何况，每个时代的复古都不是真要恢复古法，而是对当代的批判与反抗。谈国学、读四书五经，其实就是对现行教科书的不满；办私塾，就是对现在的中小学不满；家长自己教，其实就是嫌老师教得烂。因此，教育部取缔孟母堂，倒不如注视这老百姓对教育不满的心情，好好改造改造自己。

2006.08.28

《文学散步》简体字版

谢正一与刘国威、沈享民、姚玉霜率一团经厦门来北京。正一乃工党主席，来此当然别有应酬，故我昨日自领其余诸人去吃了狗肉。除狗肉外，台湾较罕吃得到的，只有驴肉，是以今天就去吃驴。吴兴元等适亦来访，遂邀共餐。

兴元出版我的《文学散步》，甫印出，便携来给我看了。印得很简素。此虽旧作，今日出版，或不为无益。只可惜黎湘萍兄一序，因稍长，删成现在这个样子的跋文，很对不住老友。

2006.09.04

文化复兴小气象

上周我曾在随笔中谈到上海取缔“孟母堂”的事。在这次事件中，我以为最有意思的，乃是它与台湾森林小学的类似性。可是本文发在新浪网上，读者却没有人关心这一点，或来询问森林小学的教育人本化运动过程。可见台湾经验对大陆人来说仍甚陌生，也不太会觉得有何需要借鉴之处。大家所关心的，主要是打破教育被国家垄断和发展国学这两方面。而这些，或许也是台湾读者所不甚能了解的。

据网上朋友提供给我的消息，现代私塾式教育早在一九九八年二月湖南娄底市的私塾就开始对儿童讲国学了。同年北京圣陶实验学校，也在义务教育课程之外开设了瑜伽、围棋、古诗文吟诵、传统蒙学读物如三字经、百家姓、千字文、四书、五经、京剧、昆曲、古琴、古筝、二胡、埙、鼓、书法、国画、篆刻、中医等课程。二〇〇〇年山东乐平县小巨人经典学校创立，据说是大陆第一所专门读经学校，幼儿班以读经为主。二〇〇五年上海的中小学生读经班，在上海图书馆开班，十分轰动。同年十月，苏州菊斋私塾也正式开课了。

凡此等等，我相信类似的例子还多得是，虽然总体上数量仍然不大，个体规模也都很小，但足以显示某种信息或趋向了。

其信息之一，是我已谈到的，对现有教育体制和内容的不满。二是对传统文化的断层与失落感到忧心，亟思补救。三是方法上，其实深受台湾影响，参酌台湾的儿童读经，特别是王财贵先生倡导的只诵读不讲解之办法。

对儿童教育的态度，其实也就是社会一般人的态度，社会上目前也同样有接续传统文化的渴求。但对大人说经典、讲传统文化，就不能只诵读而不讲解了，此即央视《百家讲坛》一类节目应运而生的原因。

在那儿讲清史、讲《红楼梦》、讲《三国演义》，都热火得很，近亦准备开讲孔子。若在台湾，此等节目谁会看呢？可是大陆上最热门的正是这些讲坛。主讲者阎崇年、刘心武、易中天等均胜似大明星，形成某某“现象”，需要文化评论者如张颐武兄等来分析某某某现象，这是台湾读者所难以想象的。

或谓此乃讲者个人魅力使然，恐怕也未必。像“孺童讲《论语》”，每次一则，简单注释，白话串讲一番，平实简要，也几乎每则都被推荐到新浪网首页上。新浪网还有个国学的博客圈，又定期还会推荐一些所谓国学大师。网站管理者不会无故这么做的，如此处理，必是因社会供需之原则而来。此即可见在社会心理及意识上，正处在一个努力想消弭文化断层的阶段。若非如此，各大学办的企业家国学班，又怎么能如此热门呢？一个小规模的中华文化复兴运动，似乎即形成于此一气氛中，虽然颇沾了些资本主义的气味。

2006.09.11

闽台文化如何交流？

五日由北京飞去厦门。北京凉飙已至，厦门虽仍炎热，亦已渐见秋意了。

自厦门又转到漳州的漳浦，去看赵家堡。南宋灭亡时，王族一支辗转逃至此地，改姓黄以避人耳目。至明朝才逐渐恢复赵姓，并修造大型城堡，以聚族御侮。

目前留下来的坞堡，广数百亩，城长千米，内有府第、园林、寺院、碑刻等，楼中则有密室与暗道，为闽南土楼较具规模者，现已列为大陆重点文物。这一支，在金门和台湾桃园也有分派，足征闽南人士由中原南来，又逐渐分流至金门台湾之迹。

漳浦另有国家地质公园。前此曾提出愿与台湾澎湖县共同向联合国教科文组织申请为自然世界遗产，因两边目前的玄武岩火山地质地貌原本就是连为一体的。

闽南与台湾这种关系密切的人文与自然渊源，在我这趟去参加的第十届国际贸易投资洽谈会和首届海峡两岸经济区论坛中，当然多所反映，我主持的一场闽台文化交流研讨会，更是以此为主题。

近年闽省总结闽台关系，提出“五缘”之说，厦门便有五缘湾、五缘大桥，其他各处提及五缘者，亦洋洋乎盈耳。谓地缘相近、血缘相亲、神缘相同等等。虽然五缘的闽南语发音恰恰好就是无缘，但闽地确乎以彼此关系特殊而自觉地发展闽台交流，农业与商贸合作均较他省热络，文化互动也较多。

但因关系如此紧密，不免又会因彼此文化同源，近年且渐渐形成了文化共同体或生活共同圈（在厦门可以看台湾电视、读台湾报纸，小三通尤便于往来，一日间可往返好几趟），而对未来之统一有更大于他处的期望。

可是此种期待视野未必合乎现实。世上同文同种之民族本来也颇有分为不同国家之例，犹如一家兄弟，亦常有因现实因素而分家者。故要不要统一，不因是否有共同之渊源与文化为条件，须在现实上有可合之机及统合之利，才可能合得起来。

其次，两岸间文化经贸交流了二十年，越来越热乎，然而政治僵局不但未打破，反而更僵了。足见以文化交流为手段，想达成政治统合之目的，成效不彰。过去两岸间以文化交流、经济互动为工具的作为，事实上也颇伤文化之主体性。未来似不应再让文化扮演这样的角色，文化就是文化，在两岸交流的格局中，我们更应该注重文化本身的价值与发展。

从文化的角度看，太强调闽南文化渊源，恐也非最佳之策略。一方面显得老气；二又助长了台湾内部闽南沙文主义之势力，忽略了台湾内部非闽南之多元文化体系；三则未能汲引台湾文化管理、人文艺术发展经验，文化创意产业之成果，不免可惜了。

2006.09.12

秋日杂记

在厦门，与舒婷、刘登翰、汪毅夫、吕振南、陈守举诸老友见了面，甚慰怀抱。徐学又陪了我几趟，介绍了不少俊彦，令我于重温金厦自然风光之外，又颇见人文之胜。

归来，刘梦溪先生约，金秋小聚，王蒙、汤一介、李泽厚、沈昌文、孙长江、严家炎、董秀玉诸先生并至。谈谐颇杂掌故。别的不说了，只记一事：

刘夫人陈祖芬言，曾游杭州，忽接刘再复电话，说人也在杭州，约见面。陈惊喜，便赶去。刘尚未至，另一友人先到了，遂坐寒暄。忽又接刘电话，云出车祸，不能来了，但住院紧急要用钱，请陈先设法张罗。陈即匆忙调借了几千元，交来人带走，随后再给刘梦溪先生电话，告知此事。恰巧香港潘耀明正在北京，与刘先生一道。大奇，说："哪有此事？刘再复，我昨天才在香港送他上飞机回美国呀！"原来，世界之大，无奇不有，居然有人打着刘再复的旗号行骗的！

其他好玩的事，打字费神，就不多谈了。

2006.09.17

评南怀瑾先生书

《中国传统文化十五讲》今天已印出，艾英通知我去取。印得很雅洁。晚上初安民、李黎、苏伟贞、骆以军、纪蔚然、蓝博洲等一票人来北京，吴兴文把我和高信疆约了出来一道喝酒，故亦顺便带了二册给兴文和安民。

计我在大陆已出版九本书了，列目如次：

《游的精神文化史论》，2001，河北教育出版社

《中国文人阶层史论》2004，兰州大学出版社

《文化符号学导论》，2005，北京大学出版社

《向古人借智慧》，2005，百花文艺出版社

《美人之美》，2005，百花文艺出版社

《晚明思潮》，2005，商务印书馆

《汉代思潮》，2005，商务印书馆

《文学散步》，2006，世界图书出版公司

《中国传统文化十五讲》，2006，北京大学出版社

这些书大多为旧作新刊，略有修订而已，只有北大出的两本是新著，而且均是讲记。《文化符号学导论》是由北大蔡元培、汤用彤讲座的讲稿扩充而成。《中国传统文化十五讲》也是在北大教中国文化史的产物。虽然原有文字稿，并不真是讲课记录，但讲记毕竟不同于著作。我原先也想采用同学们的录音记录，因为他们记得用心，颇为翔实；却终因我太忙，无暇修订核校而作罢，有点可惜了学生们的勤敏劳动。

当然，不敢径用录音整理稿之另一原因，是口谈总不如笔述严谨。课堂上因机、乘势、随兴之语，听者会心。变成文字记录以后，读者便常不解所谓，或竟嫌其拖沓、疏略。

随口之谈，尤多踳误，此虽大家亦不免。两岸讲学，以南怀瑾先生为最著，友人杜忠诰尝言："讲学者，鲁实先生以气胜，牟宗三先生以理胜，南先生则理气俱胜！"可见其于听者之感受！近年南先生讲记十余种流行海内外，畅销千万册，影响之大，莫可比肩。我在盗版书市观察，已到了十册不分售的地步，可见他受欢迎的程度。但即使像南先生这般，讲记中之疏漏与错误也是触目即是的。

姑以其《原本大学微言》为例。该书以《礼记·大学》为讲述对象，书名微言，便不甚通。盖先生另有《楞严大义今释》，故将本书名为微言，以相配合。但这是套用"微言大义"之成语，不知微言乃大义之相反辞，指不能正面大力揭扬，故仅能曲折委转迂回地说。《公羊传》定公元年云"定哀多微辞"即指此。桓公元年，何注"所见之世，臣子思其君父尤厚，故多微辞"，说明孔子之所以著书不得不用微辞，乃是因为要对君上有所批评；而在一个当权者势力尚未消失的时代，如果正面说，大干时讳，必令身危而言不行；可是又不能不说，遂只好隐微迂曲地说，读者也只好由其书法中去推测、体会其所讥刺批评者为何。南先生的演讲，乃对《大学》大力阐发之作，当然绝非微言，只能是大义。把讲稿命名为微言，恰好就弄拧了"微言"的意思。

书中阐发大学之道，自然十分精彩。旁沛周匝，浑身是口，足资启发。但口说失检之处，颇不少见。

如二十七讲，说到孔子赞佩管仲："微管仲，吾其被发左衽矣。"左衽，南先生的解释是："披头散发，穿光着右边臂膀的番服。"这是把印度西藏那种穿袈裟式的服制拿到春秋时期去说了。衽字，乃是衣襟的意思，故《说文》云："衽，衣衿也。衿，交衽也。”衿，就是襟，衣服从脖子上披下来，两边左右襟交错，束在身前，故叫襟。既是交襟，怎么会袒右臂？

三十七讲，又说郑庄公出生时，因其母“正在昏迷睡梦中，被惊醒痛醒了，所以在心理上有了主观的成见，压根就对这个儿子有反感”，也是误解了《左传》中“寤生”之义，郑庄公出生时，是头上脚下地生出来的，与一般婴儿头部先出产门不同，所以令母亲惊吓到了。故寤生者，忤生也，指其逆生，不是睡着生小孩的意思。

四十八讲，说达摩之所以要东渡中国，是因“震旦有大乘气象”。何谓大乘气象？南先生解释道：“所谓大乘气象，就正如佛说的娑婆世界中的中国，确然具有慈悲（仁义）的精神。娑婆是梵音，它的意义是说难忍能忍的堪忍精神。”这不是乱了套吗？

一、慈悲不是仁义，两者南辕北辙，否则当年熊十力与支那内学院诸君就不必苦苦争辩了。二、中国有大乘气象，是赞语；娑婆世界却是劣词，《大宝积经》卷五八：“何故名为娑婆世界？佛言彼界堪忍贪恚愚痴及诸苦恼，是故名为娑婆世界。……又彼界中，亦有众生，具足众恶，少能悔过，其心粗猛而无愧耻，不敬佛、不重法、不爱僧，当堕地狱畜生恶鬼。彼释迦如来，于此下劣众生中，悉能忍受辱骂嫌恨诽谤恼乱恶言恐胁……是故彼界名为娑婆。”经典讲得很明白：娑婆世界是一群堪忍能忍贪嗔痴的人住着的地方，佛陀来到此间，亦只能忍受其辱骂嫌恨。这样的世界何尝有大乘气象？岂能确有仁义精神？达摩岂曾如此诟骂中国？

其实，这个问题根本就不需要如此费劲地说解，因为娑婆世界乃是学佛人的基本常识。佛教义理，主要就是要教人如何从娑婆世界解脱度化到彼岸清凉世界的。没想到南先生以佛学大德名家，却把这个基本常识全讲倒了。

这类基本常识之错误，着实不少。如六十一讲，说雍正“对禅宗佛学方面的编著，比起他所批奏折公文的分量还要多”。五十六讲，说毕昇发明了活字板印刷，从此书本更为流通，且流传至西洋，知道采用活板印书。都近乎信口开河。毕昇发明活字板是事实，但读旧书的人都知道，中国书主要是木刻板而非活字板，尤其罕见毕昇那种胶泥活字。活字板印书，千不一见。至于是否影响了西方更是难说，证据恐怕甚少。雍正之佛学著作，不过就是《御编语录》，大陆有排印本两册，廿五开，五百页。可是他批的公文有多少呢？光是满文的朱批，汉译本由黄山书社出版，大十四开，达到二千六百多页。汉文朱批，更是在二千万字以上。谁多谁少，还用说吗？南先生艳称康雍乾三世以佛治国，故有如此离谱之夸饰。

四十讲又说：“蒙古族缺乏文化水平，特别信奉边疆少数民族所崇奉的喇嘛教，使元朝八十年间的政治，完全是喇嘛和番胡等人共治中国，使唐宋以来的儒道佛三家文化的基础，几乎完全为之伤残殆尽。”四十八讲，则说魏晋南北朝到唐，三百多年间儒家五经之学非常沉寂，只是用来作为普通教育课本而已，不像宋明以后，不讲孔孟之教，在士林社会中就为人所轻。这些论断，也都是错的。魏晋以迄隋唐，士族社会的标准，陈寅恪说得很清楚，经学礼法传家及累代官宦。经学正是士族凭借之重要条件。而元朝的问题，南先生那样的说法，恐怕元史专家泰半难以苟同。例如以朱熹《四书集注》科举取士，便是金元确定的。因信喇嘛教，遂使儒道佛之文化基础荡然云云，更是离奇。喇嘛教不就是佛教吗？藏传佛教，原先也颇受唐密影响，中土密教影响亦不可小觑，怎么讲得好像密宗喇嘛跟中原毫无关系，密宗又不是佛教那样？

三十六讲还说传统的家，本身就是社会，所以中国过去无“社会”这一名词，亦无关于社会之思想。这也荒唐。《论语·八佾》篇不就记“哀公问社于宰我”吗？家之外，自有乡社、里社，以至各种职业、游艺之社与会，如《武林旧事》《梦粱录》

等书社会条所载者，史不绝书。

诸如此类错误，我不便再举下去。且我本来也就没有讥消南先生的意思，偶思讲说之难，以此为证而已。我也有些书，本是讲录，其疏误恐怕比南先生还甚呢！

2006.09.18

台湾加油

北京之秋，乍暖还寒，但只要未起风，秋气便自怡人。在此秋声中，学校皆已开学了。

大陆学校开学较台湾早，教师节又订在九月十日，因此甫开学就要过教师节。其实老师与学生才刚见面，没真正建立师生情谊，想庆祝也无从庆祝起，故教师节之喜气，倒是仪式性多些。近年颇有些人建言：把孔子诞辰确定为九月二十八日，然后将教师节移到那时。如此便既可纪念孔子，又能让教师节过得更符实际，也更有意义。此意固善，但当局能听受吗？

我今年在北师大开始招研究生了。十日举行师生见面会。教书多年，指导博硕士生多矣，但在大陆招学生可还是新鲜事。因彼此制度极为不同，感觉我才更像新生，对其制度及仪式，无不感到“新奇”。

十三日去北大上课。今年仍讲文化史。但因前此所讲已由北大出版社出版为《中国传统文化十五讲》，故今年另以文化美学为线索，谈中国文化之性质与流变。教室安排太小，一些老听众来，便塞不下了，只好协调教务处去换教室。

课毕，沈昌文先生约了辽宁教育出版社贝塔斯曼集团的柳青松与万圣书园刘苏里共饭。除聊到北大附近号称世界最大书店

“第三极”开张以来的业界攻防战之外，颇语及两岸大学风气之异同，令我很有些感触。

大陆学生比台湾用功，是不消说的。具体指标之一，是无论酷暑冱寒，大清早校园内必然书声琅琅，一大堆人在背英文诵国文。台湾则学生晚睡晏起，连爬起来运动的都很少。二是起了床以后去不去上课。台湾学生逃课，几近天赋人权；能到半数，教师便可自豪。就是去上课了，也往往零零散散落座，或饮啖、聊天、睡觉以消磨之。大陆之听课风气当然远胜于此。旁系或外校去找课听的风气也很普遍。抄笔记、做录音，更较台湾学生勤快。指标三，就是办演讲时，台湾一般也是小猫三两只，大陆则听讲蔚为风气，冷热悬殊。

跟沈先生等人分析时，我当然发表了一通议论，解释台湾学生不必如此用功也能读得不错，因为社会提供的机会与养分远胜于大陆云云。但此处我不想再讲这一套，因这个优势台湾也正在消退中。

举例来说，北大除了有像我这样暂居北京的学者来教书外，还有许多资源与机会。如香港的许子东，每个月来讲六小时。北大当然不会有钱请他，是他要来北京凤凰卫视录像，所以让北大捡了个便宜。这类例子太多了，一位朋友就告诉我：在美国某名校读书多年，碰到的名人名师还不如在北大一年所见。这样的资源与机会，台湾渐渐要不如大陆了，能不努力乎？

2006.10.02

尊孔的年代

本周大陆之要事，厥唯祭孔。天津、曲阜、云南、衢州各地孔庙都举行了相关仪式。有些西装革履，鞠躬而退；有些端冕袍服，献牲献爵。有些说是遵古礼，有的宣称仿乾隆，还有两岸联线，实况直播，好不热闹。在大陆中央电视台看到台北、台南庄严肃穆地祭孔，更觉亲切。

大陆自去年开始，与联合国教科文组织合办全球联合祭孔。除在上海、武威、日本、韩国、新加坡、美国旧金山、德国科隆等三十几处孔庙进行祭祀外，中央电视台直播了三小时的曲阜祭孔。这是中共官方五十多年来规模最大、范围最广的祭孔活动。同时，北大、川大、人民大学都在编《儒藏》，人大还成立了孔子研究院和国学院，中国社会科学院更设了儒教研究中心。这些事例，均予人一种儒学复兴之感，今年之祭孔，在此基础上往前推展，似乎更显得理所当然。

祭孔只是一种文化仪式，但这样的仪式正反映着主流政治势力与社会意识之内涵。

官方主导的尊孔祭孔，大部分原因是为着呼应领导人所倡言的“以人为本”“和谐社会”“和平崛起”等理念，并强化国族意识。民间配合着官方尊孔祭孔，则别有怀抱。一方面也确实觉得过去讲矛盾讲斗争，如今应回过头来讲以人为本、和谐社会，故借彼之矛，陷彼之盾，大声应和。另一方面，地方政府对政治之考虑不若发展经济急迫，如何以孔子为品牌，招商引资，才是关注焦点。儒学如何能促进经济、强化商业伦理，遂成了某些人关心之议题。

还有一方面则是学界。学界对此大势各有思路。或主张儒教国教化，将孔孟之道写入宪法，并建立新科举及教育制度，形成儒教国家。或主张儒学儒教只能走非政治化的重建之路。或云儒学更应世俗化、大众化，让民众产生内在情感之认同和价值的归依。或以为儒学应该地方化、区域化，与地方史、社会史相结合。或谓近年儒学复兴显示过去把儒学纳入哲学中去研究是错的，应恢复儒学本身之独立性。

凡此等等，大家对尊孔祭孔是各取所需、各有解读的。不过正因它集合了各式不同的意识内涵和现实需要，所以才会成为当今主流思想及仪式行为之一。

在这样的仪式行为及文化符号底下，自然还存在着许多问题。例如祭孔虽然热闹，内中多是胡搞乱整，这就需要再做厘清、再做研究，再多些讨论。但方向总究是好的，至少以人为本或和谐云云，就比以官为本、以党为本，或以阶级斗争为纲好些吧?!假戏不妨真做，未来也许可以弄假成真，亦未可知。

2006.10.02

反贪腐之道

在台北展现了反贪腐的新公民运动之际，大陆之反腐败，近日也有了些表现。

具指标性的大案之一，是湖南郴州市委书记等一干人的贪渎事件。据说这批赃官被撤查的消息传开后，郴州“举城欢腾”，民众放鞭炮、放焰火、写条幅庆贺。这种气氛，虽说跟台北的百万人围城不好比，但民心向背总是清楚的。反贪反腐之心，人同此理。

不过，大陆现今之贪腐情况也有与台湾不同之处。大陆的腐败，大抵与其繁荣发展相扶相生。例如，若全取消了公费吃喝，市肆酒楼商铺至少要倒一半，其余可以类推。整个消费量和 GDP 的成长，实与贪腐有其结构性关系。这是一个层面，涉及总体制度问题，目前绝无可能改善。能改善的是另一个层面的事，也就是官员个人操守问题，郴州案即为此种。

郴州是什么地方呢？秦少游词："雾失楼台，月迷津渡，桃源望断无寻处。可堪孤馆闭春寒，杜鹃声里斜阳暮。……郴江幸自绕郴山，为谁流下潇湘去？"即作于郴州旅舍中，可知是个极美的地方。

但郴山郴水是弄不到钱的，要弄钱就得搞建设、出项目。于是"郴资桂一体化工程""高科技产业中心""南延东进工程""兴隆步行街工程""市政府移建工程""西发工程"一项项推出。市区中五岭广场与新市府大楼相连的几座桥，跟天安门前的金水桥一模一样。郴州底下一个桂阳县，则建了个欧阳海广场，占地一百多亩，也胜似天安门广场。一个永兴县，竟建了座人民大会堂，规模亦与北京相当。只是北京这座，内部以各省名厅，它则以各乡镇命名罢了。诸如此类，工程越大，贪腐也就愈甚。

这种勤政贪腐，与台湾的无能贪腐也不一样，但其伤害自然环境、伤害社会、伤害民众利益是一致的。贪官污吏遭撤查，民众欢庆，其心理可以想见。

只是此种撤查仍非探本之道。去每个县市看，哪里不搞形象工程，建大广场、兴标志性建筑，弄这个工程那个工程？这是一个模式，官员要利用这个模式才能把钱倒进荷包里。如果官员如此勤政而竟不贪腐，则他贪的就不是钱而是更大的爵与权，冀望因此类政绩工程升官。故若官场考评仍以此为指标，再办十个八个郴州案，勤政贪腐也不会断迹。

凡事都应如此看，需正本才能清源。

近来又听说要裁撤"驻京办事处"了。这当然是好事。各地驻京办，一九九一年北京只有一百八十六个市级以上的，现在暴增到将近六千个。为何连地区县市都如此热衷到北京设驻京办？原因不言可喻。现在说要减汰，当然政令一出，立刻就可把省级以下的驻京办都给裁了，但地方必须来北京活动、跑门路的原因没改变，谁不会变个名目照干呢？

2006.10.10

重学文明规范

三日即赴甘肃天水开会。近日旅泊不定，连中秋佳节都在旅中度过，实在游得有点过火了。

“十一”假期加上中秋佳节，构成了大陆本周浓厚的节庆气氛，而中秋的意蕴更似胜于“十一”的政治意涵。毕竟中秋是传统节日，有许多民俗活动相配合，增加了节庆的气氛。中秋的团圆意义更与家庭价值相呼应，有真正动人的力量，这都是政治纪念日所不能及的。

过去对此类传统节日漠不重视，但因韩国把端午节拿来申请世界文化遗产，当作他们自己的东西，让中国人大感刺激；加上社会改变，传统文化及家庭观念渐受重视，因此呼吁将端午中秋等节日定为国定假日之声，时有所闻，对于过这类节日也越来越在意了。

中秋团圆对假期旅游有什么影响？观察者见解不一。不过，据我所知，长沙有一班飞韩国首尔的航机，只有一位旅客，可见中秋与亲人在家团圆，跟趁放假跑出去玩，仍是有点矛盾的。有些旅游地区，针对中秋设计了若干旅游活动，希望能在黄金周大赚一票，可是就颇有不符期待者。某些风景区人数下降甚为明显，看来旅游文化也在逐渐转变中。

对旅游文化的反省，近日恰好又有一热门话题，即中国游客在国际上旅游，所表现出来的文化素养令人不敢恭维。过去对这一现象，大家只敢心里嘀咕、背后议论，但这会儿官方说要订立规范，甚至要限制举止不之端人士出境了，大家才好公开讨论，并倡议加强国民礼仪教育，从生活伦理上入手。

旅游者当然不是到了国外才特别缺乏文化素养，只是在国境里面大家见怪不怪，习以为常，并不以为意。到了国外，遭人嫌厌，才开始意识到这个问题严重。固然迄今仍有一部分人不甚服气，觉得那只是文化差异使然，凭什么要啥事都依从着外人的标准？我高兴就是要大声嚷，我上车就爱抢位子，我生气那就呀呀呸，吐口痰怎么了？还有些人则说老外也不见得文明，在机场还不是随地睡，凭什么来嘲笑咱们在酒店大厅里蹲着？……幸而此类“蛮横有理”的论调终非主流，社会上大体仍然认同行为举止应有文明规范。

所谓文明规范，也不是什么新东西，那就是古人所说的礼。君子本应彬彬有礼，中国自古以礼仪之邦自居或为人所敬重，不幸近百年来，号称要追求文明，结果把文明丢了，打倒礼教，蔚为风潮。粗鲁无礼，成为革命事业中之行为典范，到今天才猛然觉悟，感到重新恢复温文有礼的人生态度是重要的。整个民族兜这么一大圈，当然令人颇生感慨，但回归正途，终究是可庆幸的事！

2006.10.12

鲁南杂记

九月下旬尝有山东之游，补记数事如下。

一、合气道

陈达弘夫妇廿二日抵北京，云北京有一合气道馆，邀我同去观摩。去了才知是俱乐部，生意热火，各式健身运动，均有大批学员勤苦练习，合气道只是其中一项。北京及各城市此类健身美容俱乐部，近年遍地开花，蔚为时尚，这便是一个例子。

该合气道馆，乃新加坡教练所传授，陈达弘示范，则与之略有异同。陈在台创立中华合气道，拉我助拳，号称首席顾问。我就建议他在中华两字上做文章，把合气道中华化，如昔年陈元斌去日本，把中华武技化为柔道一般，或者索性另创禅武门。达弘也有意如此，但此事不易，仍须研议。目前他是六段，技术仍本于日本所传。

日本之武术产业远较我国发达，教学及管理均具条理。道场中礼仪行为与武技融合为一体，乃我国各派教武者所不及，教学法亦较佳。我虽然已看得熟了，但再看一遍仍深具感触。只是腰带忽然拉断了，得拎着裤子观战，不免有些扫兴。

二、微山湖

由北京乘夜车，廿三日清晨抵山东枣庄。晓曦甫动，雾气腾蒸，由火车窗望出去，地面犹如大湖，烟波浩淼。庄稼杂树，如水草错生于湖雾中，清丽迷离，不料鲁南有此妙景。

出车站，往住薛城。此为旧薛国，孟尝君封地亦曾在此，有冯谖毛遂故事可资玩味。史云该地“有任侠奸人数万家”，顷不见，唯屠狗者尚不乏，狗肉仍为四民之常食。

又有微山湖，乃殷微子退息之地，微子墓、张良墓俱在。微山岛居民，大抵即微子子孙或张良墓之守墓人后裔。然我乘舟往观，无限失望。

微子墓无古迹可述，墓道新立石人十数尊，云皆微子裔孙，孔子墨子俱列秩其中。墨翟身世，何从考证？而云乃微子后裔耶？张良墓，仅一土墩，旁且建一大寺，委屈张良为其陪侍。张良何许人？如此建制，岂非不伦不类？真要建庙以招徕香火，则张良曾从赤松子游，也该是建道观而非建佛寺。非要建寺不可，也该建座较像样的。此寺圆通殿居然供千手观音，另起两配殿供文殊普贤，释迦则不知去向。寺前另建一大院落，为书法碑林。大陆近年各地颇喜建此类“胜迹”，而实罕佳者，徒耗人力物力耳。

微山湖最大之景观，却非上述什么张良墓、微子墓等，而是铁道游击队纪念馆。铁道游击队自当纪念，但重视逾于张良微子，就不恰当。事实上，该馆也没什么东西可看。纪念碑前两艺人在卖唱，一打竹板唱快书，甚冷清；一号称王家祖传土琵琶，门庭若市。因旧有歌谣唱微山湖游击队“弹起我心爱的土琵琶”云云，故观光客每个人都上去吼一段：微山湖上静悄悄，弹起我的土琵琶……透过扩音器，让远近都晓得微山湖上正如何地静悄悄。

本来去枣庄，一大心愿是去看台儿庄古战场与纪念馆，但这一天瞻仰了这样的抗战史迹馆后，次日主办单位要组织去看台儿庄，我就推说头疼，懒得再跑了。

三、文学会

主办此次会议的是枣庄政协，承办则有枣庄师院、台港文学选刊、北京文学、十月、莽原等。名称很吓人，叫“两岸文学艺术高端论坛”。台湾有李瑞腾、张晓风、司马中原、张默、管管、辛郁、李锡奇等人，我讲了一场、主持了一场、演讲了一场。反正开会大体皆是这样，毋庸细表。

四、荀子墓

会议期间去了曲阜一趟，景物依旧。孔府有人来导览，我说不必导了，我比你熟呢！带她去看世系碑，说两年前曾来此，说过这个碑的说明弄错了，迄今仍未改正哩！她矢口允诺一定改正。我相信这回也许真会改，且记录于此，以观后验。

又去了一趟兰陵。镇上横一大牌坊，名称更是吓人：“天下第一酒都”。大概是因李白诗有云“兰陵美酒郁金香，玉碗盛来琥珀光，但使主人能醉客，不知何处是他乡”，故拏来壮胆。其实今之兰陵非古之兰陵矣，美酒不复能见，诵此诗，徒增枨触而已。

令人感触更深的是荀子墓。

荀子曾为楚兰陵令。然兰陵距曲阜、邹城不过百里，今属山东临沂。三位圣人接邻于此方圆百里间，不能不令人称奇，但荀子墓与孔墓孟墓荣枯可就不好比了。孔庙、孔府、孔林不用说，就是孟墓、孟府近年也修葺一新，颇见气象，荀子墓却是一抔黄土，满地衰草，孤立在一片庄稼地中。

距墓约一里许，便已不通车辆，须下来步行。黄土路，边上全是刚收割下来的玉米梗子叶子，空气中泛着一片土气和淡淡的玉米香。墓园短墙内，农民种着几畦青菜，此外就是杂草。

后来我遇到山东孔子基金会的刘示范先生，才知道就连这等破落相，都还是九〇年以后才修整的。一代大儒，如此境遇，令人不知该说什么才好。我们台湾一团人，在孔子墓前一同行过礼的，到此也只能再行一次礼，以表达我们的感慨和敬意而已。询之乡人，曰："上面拨的钱都不知哪儿去了，这路，还是我们一家一百元凑起来修的！"

2006.10.12

南宗祀孔记

在兰陵参谒荀子墓后，往游万亩石榴园。随后即与瑞腾往济南，宿一夜。他回台湾，我飞杭州，再转至衢州。

到衢州，是专为看南孔祭祀而来。相传宋室南渡时，孔子第四十八世孙孔端友，奉子贡手刻孔子及亓官夫人楷木像南迁至衢州，遂开孔家南宗一派。元代时，本欲封为衍圣公，当时南宗的孔洙不愿受，表示愿让予在曲阜的族弟孔治。到明代才复爵，至清仍享有与衍圣公相仿或略低之待遇，此即为孔府的南宗。民国期间，废爵，改称南北两宗为奉祀官。算来南孔在衢州也有八百多年历史了。

在南孔这方面，自认是嫡系，觉得北宗的爵位是由他们让予的。可是社会上大概只知有曲阜孔家，不晓得还有衢州南孔这一系。近年衢州政商各界或许感受到一股孔子文化符号的热潮，遂想到要借南孔这一名号来打响地方品牌，且为浙西龙游商帮文化提供个文化铺垫，始大力举办孔子节、祭孔等活动，本届尤为盛大。

研讨会上众官云集，学术当然不是重点。而论文中我也注意到了：把儒学跟商人伦理、商帮兴起、经济发展结合起来讲的颇不在少数。如此钩合，当然也没什么学术价值，但人们之所以谈得这样兴高采烈，正反映了社会的意识。

祭孔十分隆重，看来也确实有心做好，无奈知识不足，仍是令人大失所望。

衢州地位较为偏僻，之所以会选择大老远赶来此地而不去看曲阜之祭孔的人，多半是因衢州南孔既是数百年传承之宗族家庙，当有较为传统的礼仪可看，不料什么也没有。只敬献了五毂、花篮，念了一篇不太通的祭文，鞠了几个躬，然后就是大人小孩出来背诵和朗诵几篇《论语》，唱《礼运・大同篇》而退。一切传统的祭仪、祭器、祭乐都没有。

把背书和朗诵称为“颂礼”，更可笑。颂者，舞容也。读过《诗经》风雅颂的人都该晓得。如今根本没有舞，能叫作颂吗？祭祀的部分，也弄错了。祭字，从手持肉而祀，若无牲献，就只是荐，不是祭。现在，也无牛羊猪三牲，只有谷子和花篮，可是祭文还说“伏惟尚飨”，翻译成白话文就是：“恭敬地请您来享用吧！”难不成要孔子来吃花篮？祭服也不讲究，主祭者只着西装。这岂不与美国在祭祀其先贤时竟着长袍马褂一般滑稽？

对于南宗之强调现在奉祀官是孔子七十五代孙孔祥楷，说他是“嫡长孙”，我也不以为然。

孔祥楷当年承袭奉祀官是有争议的。孔繁英与孔繁杰闹了几年，到一九四八年才经行政院批示由孔祥楷承袭，原因是原南宗奉祀官孔繁豪无嗣，故以其胞弟繁英之子祥楷承袭，所以才有纠纷。纠纷虽经行政院裁定，但强调“嫡长孙”便无必要。何况，正式任命之委任状根本来不及发给，国府就迁往台湾了。奉祀官只有孔德成到了台湾，孔祥楷既无委任状，亦不可能在中华人民共和国里当着中华民国政府让他承袭的奉祀官位，则强调这些，甚或自刻一方印章说衢州这个家庙即是“大成至圣先师南宗奉祀官府”，不都显得无谓吗？

南宗所藏两件圣物，一是吴道子所绘孔子像，一是子贡手雕孔子及亓官夫人楷木像。这两件，我以为也都是不好拿出来说事的。

所谓吴道子像，当然是赝品，毋庸讨论。子贡手雕楷木圣像，也当然不是子贡所刻。道理很简单：一、汉以前没有刻人像作为崇拜对象的风气，俑人是替代殉葬者供仆役之用的。二、即使是俑，孔子也不赞成。子贡为孔门高弟，不会干这种事。三、亓官夫人是坐姿。中国人垂足而坐，时在晚唐以后，故此像至早不会早于北宋初年。宋建炎三年，孔端友奉此像南迁，固然大有可能，像却绝非晚唐以前之物。再说，这一对雕像，据我所知，曲阜索去，就没还过，现在供奉在衢州的乃是复制品！

讲这些不捧场的话，有点吃人招待还说人坏话的嫌疑，但我并不想毁谤孔府南宗。南孔之地位不容动摇，因此没有必要和曲阜较劲，在辈分、嫡庶和楷木圣像上做文章。好好以南孔之特殊地位，做点弘扬儒家文化的实事，各界才会对之有更多了解和敬意。此理甚明，本无须我来说，孔祥楷先生及南孔诸贤达，若静下来想想，大概也是会同意的。

2006.10.18

发展国学之道

日前邀集几位学生喝咖啡，咖啡店里有一群人正在开小会，讨论教育问题。我没太注意。不料其中一人竟起身来打招呼。原来是教育科学研究所的程方平先生，将近二十年不见，亏他认得出！送了我一册教育蓝皮书，是去年的中国教育发展报告，他和杨东平教授等有心人编的，定期追踪调查，提出针砭。

我看该书，觉得最有趣的，是其中关于国学现象的两篇专文。年度报告中有两篇是谈国学的，可见国学现象确为年度教育界之大事。

其中一篇，详尽报道了关于发展国学的各派争论，显示了学界对祭孔、科举、读经、办国学院、成立儒教研究中心等事的不同见解。另一篇则是对北京、上海、广州、郑州、沈阳等十个地区的民意调查。据统计，自认为知道什么是国学的只有23%。但只有2%的人认为国学是现代化之障碍，大部分人均视国学为民族精神及文化之主体，而其中之核心内容就是儒家文化。对于“己所不欲，勿施于人”“天行健，君子以自强不息”“君子喻于义，小人喻于利”“达则兼济天下，穷则独善其身”“贫贱不能移，威武不能屈”等道理，民众大抵均表认同。

这表示大家虽然对国学是什么仍不甚明白（所以选出的国学大师，第一名是鲁迅，第二名是季羡林。郭沫若、陈寅恪也在章太炎、黄侃等人之前），但对其价值却颇为肯定。故若有人办古文经典诵读班，只有28%的人表示自己和小孩都不会去，且有

60% 的人觉得现今国学发展有危机，替它担忧。若问道“希不希望孩子接受国学教育”，只有 21% 的被访者不愿意。

《南方周末》近曾有一评论谓:“和谐社会：难得的共识。”现在的社会，难得有什么共识，对于国学，大伙儿的共识就不如“和谐社会”这句口号高。可是百分之七八十的人愿接受国学教育，这个比例也就够高了。在这种社会集体意识底下，学界若还在争议该不该发展国学，岂不显得无谓？目前的问题，是如何发展，并发展成什么样的国学。

例如 68% 的人认为弘扬传统文化最有利的方式就是通过教育，增加相关课程及考试科目，但政府对此，有何相应措施吗？各地办国学院、国学班、国学研究所甚多，可是迄今教育部的学科分类表就还没修订，仍无国学这个学科，同样也无儒学等学科。在正式教育体制中，希望获得国学教育的人自然只能求诸社会补充教育体系，这是各地儿童读经班、企业家国学班纷纷开办的原因。可是政府又对这些班不支持，常想取缔之，这样能发展国学吗？又如各地弘扬传统文化，祭孔、祭黄帝、祭伏羲，甚为热闹，但祭不合义、礼不师古，流为仪式性之表演，又岂是发展国学之正途。

诸如此类，对国学应开始有些较实质之研究，对相关体制也应有些调整，争议及喊口号是没用的。

2006.10.18

大陆学生入台就学

近日台湾的技专学校校长正与大学校长们商议，准备联署呼吁当局开放大陆学生来台就学。技专校长们对此感受急切，原因十分简单，目前生源短少，学校都快撑不下去了。今年高中职及五专准备招生二十万，结果只招到了十四万。大学情形略好些，但录取率亦已达到九成，很快就会和技职院校同样窘迫。

生源减少，是台湾整体出生率下降所致。原因极为复杂，因此短期内不可能改善。目前几百所学校，面对此一形势，办法只有两条：一是认赔杀出，结束营业。把已变更成为公法人的学校捐给国家去收拾烂摊子，或设法转型。二是开辟境外生源。前者不但办学团体会觉得不甘心，损失太大，社会成本也高，因此走第二条路是学校及社会的基本选择。

但境外招生，谈何容易？欧美日韩的学生不会来，东南亚、南亚、东欧的学生不愿来。就算来了，语言、生活习惯、就学津贴都是大问题，学校恐怕还得蚀本。

反之，大陆就不同。大陆学生语言及生活习惯与台湾基本相通，学费缴交亦不成问题，几乎是我们争取生源唯一的选择。“教育部”、陆委会等单位宁愿花大力气、大把银子去东欧南亚招生，也不愿做最简单的一个动作：宣布开放大陆学生可来台就学，无非是政治思维和意识形态在作祟罢了。

面对大学校长们的呼吁，官员们迄今仍在说，大陆学生来台，出入境、停留时间、保证人、学费等配套措施十分复杂，且容后议。其实这些技术问题哪里复杂了？台湾又不是没有境外青年来留学过，比照一般留学生办理就得了。怕只怕官员们怕事，且以技术问题模糊政治考虑，置大学之生死于度外而已。

何况，社会上呼吁开放大陆学生来台、开放台湾学生赴大陆就学之学历采认，已十几年了，面对未来势必要开放的事，竟然一点腹案也没有。尸位素餐，还好意思拿来说嘴？

2006.10.23

做客大陆

十五日赴天津参加环渤海经济圈论坛，与南开大学诸君上下其议论。近年去天津，大都只是去听戏曲，与南开诸师友交游得少了。这次虽仍是匆匆来去，却颇有旧游之感，倒是戏曲没时间听了。

会议是南开台湾经济研究所主办的，台湾不少友人莅会。该所名誉所长即唐树备，以经济为主，在大陆研究台湾之机构中自树一帜。以此机构而办环渤海论坛，希望吸引台资赴渤海湾投资之意，不言可喻。

渤海湾，乃是大陆继珠江三角洲、长江三角洲之后崛起的经济区，近年发展甚快，又具有人才及科研密集之优势，因此前景看好，滨海新区之规画尤具气魄。可惜规画时缺了文化眼光，对于京津地区之历史文化资源未予关注，也没设法使之发扬。例如天津之天后宫妈祖文化、民间宗教、武术、戏曲等，均可在新的文化产业架构下发展之。此意，偶于酒座中对当地台办诸执事聊及，诸君说："讲得好，能不能写个报告或建议书，交给我们送上去？"我哈哈笑，敬谢不敏。

这或许就是台湾人在大陆的尴尬处境了。虽然名义上两岸一家，都是中国人，但大陆上许多地方仍是内外有别的。我们由台湾来，许多时候要守客人的分际。因此若主人垂问，不妨奉答；倘若忘其所以，越俎代庖，指手画脚；或是上条陈，出谋划策，令人疑为谋私，都不甚妥当。何况，驭者控缰执辔，驱纵自有其想法，我人旁观者，虽替他操心，他可不见得会听你的。说得多了，或竟批评起他的方向与技术，他可是要不高兴的呀。我自然不必取悦于他，但又何必费此一番气力来冒险？

大陆人对台湾人，亦有别样情绪，极为复杂。吸引台资、欢迎台商、认为台湾人都是同胞，觉得台湾人亲切的，是其中一面；觉得台湾人在大陆趾高气扬、自以为是，而实际上剥削劳工、包二奶、没文化的是另一面。既欣赏台湾民主成就、社会进步，又瞧不惯议会打架、街头示威。有时痛恨“台独”，更会把所有台湾人都视为仇敌；自居本宗，又不免将台湾看作庶弟；或者老以为自己有多么大，常要窃笑台湾人都有小家子气等，不一而足。这些复杂的情绪，也增添了台湾人在大陆生活的困难，应对进退，颇费斟酌。

会议期间，有台湾来大陆求学的学生谈及在大陆谋职不易，我想大陆公私机构不太用台籍毕业生，除了怕麻烦之外，这些情绪及其关联着的对台湾人之看法，或许也是其中一端。

在天津，接到友人电话，谓陈映真中风病危，亦不免颇有触会。旅行在大陆的台湾人啊，秋风中，善自珍摄吧！

2006.10.24

中医的处境

韩国于去年以江陵端午节向联合国教科文组织申请为世界文化遗产。消息传出，大陆社会大为震惊，没想到中国传统节日竟然成了韩国的文化遗产。因此今年就开始把中秋节定为国家非物质文化遗产，也开始要重视传统文化节日了。

无独有偶，韩国近日又已启动了把韩医送去“申遗”的程序。各界闻之，自然又是一片哗然。但在惊愕与愤怒之中，不无尴尬。因为正在稍早几天，大陆才有人发起万人签名活动，许多医药卫生工作者联合呼吁政府，要让中医退出国家医疗体系。此刻传来韩国以韩医“申遗”之消息，不啻救了中医一命。大陆卫生部也立刻表态，认为取消中医目前绝不可能云云。

大陆现有中医中药院校三十二个，在台湾一般人心目中，其教育体系、药材生产、成药制作和医疗环境应属尚可；不是有许多人负笈大陆来学中医吗？但事实上，那只是传统的光环所荫庇，现实处境中的中医已岌岌可危。

大陆在一九六八年时约有中医五十万人，现今仅二十七万人，能用中医汤药处方者仅一成左右。相较之下，西医却由八点七万人增至一百七十五万人，故中医居于绝对劣势。在国际上也一样是劣势。世界上中医药从业人员，大陆以外就有三十至五十万。世界植物药市场销售额每年约一百六十亿美元，日本汉药就占了80%，韩国占15%，大陆仅有3%左右。对于韩国以由中医发展成的韩医去“申遗”，大陆人民在情感上或许感到不能接受，但现实情势却令人难堪。

同样的问题，也出现在台湾。台湾的中医，情况只怕比大陆更糟。起码大陆的药材资源无可取代，目前仍能提供一万两千种左右的药材；而台湾对药材的开发、中医人才的培养、中医治疗护理体系、中医学术研究等各方面也都是不足的。中医教育，走的是中西医结合的路子；中药走的是则“科学中药”的路子。这是在发扬中医，还是把中医消融在西医体系中呢？

2006.10.24

秋游琐记

女儿论文写不出，就乱翻我的书杀时间，把《北溟行记》找出来看了看，跟我说："我觉得你最近的随笔都不好看，还是从前写的较有趣。"我想想也是。近日贴在新浪网上的，一部分是社论，一部分是专栏，都有板起面孔来说话的气味，少了私人的意兴，杂事也不好多记。如今既被她说破，我就来写写近日浪游的琐屑吧！

（一）

在枣庄，政协安排住的旅邸，服务很好，但屡有电话来询："要不要做保健，要不要按摩？"有次午睡都被惊醒，敬谢不敏。不料晚上又来了，迷迷糊糊爬起来接，答以："正睡觉呢，做什么按摩保健，你们吵不吵啊？"对方也不生气，谓："那么找个人来陪你睡不是挺好？""不要！""为什么不要？"居然有此一问，倒令我愣住了，乃正色对曰："因为——我钱花完啦！""去！"对方立刻就把电话挂了。早晨起来，跟同团人聊起来，众皆哈哈大笑，说拒娼之法，莫妙于此。

（二）

到了衢州，想起郁达夫在《烂柯记梦》一文中曾说衢州西安门外，新河沿下的浮桥边，原有江干的"花市"。虽然据他考察所得，比起兰溪的江山船要逊色得多，可是毕竟是一景，不知如今尚存否。乃于会议期间，自携一囊，独自江干寻去。找了半天，才知浮桥早已拆除，今沿河辟为绿地，林荫下，老人聚众唱戏曲的还有几处，花市花船却是早已成为历史了。

花事既已不见，便想起《聊斋》上又有"衢州三怪"之说，云衢州在清朝时，钟楼上有鬼，头上长角，相貌狞恶，闻人声即出，见者辄病。又城中一塘，夜出白练一匹，过者拾之，即卷入水。又有鸭鬼。夜静，作鸭声，人闻之亦病。我反正无事，何妨便去找这三怪。于是觅人问了路，先去钟楼。

楼在城北，但早已坍圮，只剩台基，高四五米，跨街而立。楼下门洞及其外围，全是摊铺，打烧饼、卖肉、煮面、蒸糕、贩杂货，应有尽有，一派市井烟尘气味，最合我之脾性。独角鬼似乎早已迁走或与市民沆瀣一气了。基座旁有一赵抃祠，却甚雅洁，祠宋代赵靖献公，参观还不用门票。

由钟楼往西，县学衙中有一塘，即白布塘，今改名县学塘，池波数亩，中立一亭，想是尚非夜中，白布还没出来。鸭鬼塘则未见，询之路人，多不知，只好罢了。独去找天妃宫、周灵王庙、神农殿。

郁达夫说城里有几处是非去看不可的地方，其一是豆腐铺作坊后面的天王塔，二是城东北的祥符寺，我都没找着。衢州本应有婺剧可看，去天后宫问，云不恰好，近日演的乃是越剧。道情呢？那种盲人拍打着蛇皮毛竹筒说唱的技艺，仿佛也难见了，街上净是流行热门音乐。

（三）

由北京飞兰州，天水派人来接。因还要等文幸福、黄坤尧二兄晚上由香港来了一齐去天水，因此我得了半天空，跑到西北师大找着刘志伟，拉了去街上闲逛。

本拟去看博物馆，不料仍在修建中，只好去回民街上吃羊肉泡馍，再去黄河奇石馆和馆长聊天嗑瓜子。他藏有奇石、皮影、秦腔脸谱、傩戏面具等甚多，相与讲论发扬保存之道，不觉日薄西山。遂回兰州天水办事处，大啖了一餐羊肉才乘车去天水。夜黑路远，弯来拐去，到时便已深夜。

天水会议期间，组织安排了去看麦积山石窟、伏羲庙、卦台山等处。我跟周凤五夫妇、吕正惠、高柏园等去了大地湾、女娲庙、街亭古战场。有一天又和吕正惠、周凤五去玉泉观，不料正惠酒意涌上来，步履踉跄。幸而观前恰有某旅游校学生在实习，一路搀扶照料，说“大叔，您走好”“大叔您喝口泉水”！而正惠神智不甚清楚，一直嚷着要喝茶，又惦念着关老爷在玉泉山降灵的事，对道观遂不及留意。其实此观不失为西北名迹！有石刻甚多，唯赵孟頫草书四碑，我以为不甚可靠。

又去看了李广墓、南郭寺。李墓本是衣冠冢，民国时期重建，亦被毁，今再修葺者。南郭寺则是杜甫当年流寓之地，世传李白亦有诗咏此寺，我亦以为不确。李白没有到过天水的证据，其诗是清编《直隶秦州新志》时载南郭寺一舍利塔顶石碣上刻了这首诗，到底是不是李白作，很难说，故《全唐诗》及《李太白全集》均未收。诗亦只是泛说禅寺，也未必就是指这儿，故不需以此增重，有杜甫就够了。寺中二妙轩碑廊，乃清诗人宋琬所刻，镌老杜秦州诗六十首，集王羲之王献之父子字为之，最堪摩挲。惜旧刻俱毁，今依拓本上石，略逊神妙。

本来游麦积山石窟也很可一述，但迩来不喜说阇黎家事，所以就省略了。

（四）

会议后，组织安排了去参观一农庄，据称是新科技。我看得莫名所以，疑心是让植物吃抗生素般的办法，因此就出来等，在门口闲逛。门首有几家木材场，我横竖是无事，便兜过去玩。场里竟然全都无人，只有一两条狗在烈日下吐舌头，好一派悠闲景致。看了一阵，看不出什么道理。忽然抬头见一木牌，才知原来是棺木店，专门备了木料来做棺材的。

由农场回来，组织又说要去参观一电子公司，我就不想再去了，拜托市里代为安排武术表演。市里体育局来电问了我，看我仿佛对其武术传统还不陌生，便欣然安排去了，叫我下午去看。

下午，乃约林安梧、庄灵、吕正惠同去。找呀找，找到一座体育场。一看，大吃一惊，全场插满旌旗，仿若一座城堡。里面人人都一身劲装，黄黑白红，什么都有，各门各派，不下百人。入得门来，一座体育场，四周全排满了刀枪剑戟，十八般兵器。场中则安高座，肃请我们四位看演出。

偌大一个场子，就为我们四个人表演？是的，而且排上三十几个节目，老拳师八十四岁到小青年一一献艺。场上翻翻滚滚，好不热闹。

天水武术，自成格局，四门拳、壳子棍，久具盛名。另有鞭杆及连枷。鞭杆即短棍，连枷是双截棍，但与李小龙式双截棍迥异。此次饱饫眼福，大体把天水武术看全了，只可惜崆峒派还未见着。

（五）

由兰州返北京，再去了天津。因在南开开会，故只去了估衣街、天后宫、文化街。估衣街最醒目的就是寿衣店多，挂出一个大大的酒帘儿般的寿招，迎风招摇。文化街十来年一个样，孔庙也依然堆满了廉价瓷器。

文化街隔着海河的对岸，是袁世凯故居，但现在给一家餐厅霸住了开店。门口挂了一牌，说此宅乃天津历史风貌建筑，等级为“特殊保护”。没想到政府居然是如此保护的，除非进去用餐，否则不准进入。

它对面一排老屋，则是冯国璋故居，让天津房产管理处自己占用了，除非去洽公，也同样不准进入。附近这类老宅子全都是如此，要不就破败如废墟，或成为大杂院，一堆人家生火、养鸽、晒被单于其中。一座意大利旧的军营，门口有警卫。我驱近照相，竟被厉声喝斥，不准我靠近。我大表不满，说这类历史建筑，既是天津历史风貌建筑，便是市民共享之历史资产，且应有效保护；如今却成为私产，拿来办公、做生意，还不准别人看，岂有此理？卫兵看我不高兴，才默然站回他的岗上，呆立如木鸡，装聋作哑起来。

附近唯一整修后供人参观的似是梁启超故居。有两栋，一为故居，一为饮冰室。但中午管理员要睡觉，因此闭馆两个小时。这也是其他国家少见的。我在台北故宫逛，就从未听说中午要闭馆。倒是有一年我中午困倦，跑到历史博物馆，找到“国家艺廊”一处较僻静的所在，倒在地板上睡了一大觉。后来一女馆员来，含笑把我唤起，才坐到窗边去看荷花。

2006.10.28

杨传珍论《美人之美》

夜得杨传珍信，云为我《美人之美》写的书评已刊于上海《文学报》，真是谢谢他。此书以谈西方小说为主，是我著作中较特别的。原由沈昌文先生介绍给辽教，已排定，竟因故未能出版。稽延数载，才在百花文艺出了。美人身世，不忌飘零，向来是如此的。传珍善解美人心事，故特为之抉幽探隐。

2006.10.31

秋天的思与不思

秋风飒飒，天气渐凉。但木叶仍未黄脱，看来北京今年是寒得较迟了。

秋天是思考的季节，故《文心雕龙》物色篇说：“春秋代序，阴阳惨舒，物色之动，心亦摇焉。是以献岁发春，悦豫之情畅；天高气清，阴沉之志远。”北京之秋，虽谈不上天高气清，但阴沉沉的感觉，确实也该是个适合沉下心绪来思考的季节。

无奈现代化的大都市，早已让人丧失了因物色变化而带来的对大自然之兴发与感觉，也就是丧失了诗与思。在应该秋游、赏菊、登高之际，仍为日常生活及职业所缚，只能在水泥丛林里蠕动。蠕动，用来形容北京交通堵塞下人们的活动状态，或许也是适合的。那个堵塞，并不分春天或秋天。

现代都市里的专业分工，又使得如今的人们已然丧失了对人生、宇宙、家国等等的全景式思考。我们大抵只能想想周边的一些小事琐事，或针对专技职业上的事去想想。这是想业务，故亦无美感可言，无诗。

最近这段期间，又恰好是上级开始检查业务的紧要时刻，要填各种报表、说故事、冲业绩，谁又有什么闲空去效法罗丹般兀坐沉思呢？

就是我们作研究、写文章的人，以作研究为职业，可也是写了文章亦不知要与谁沟通的。因人各有其学术专业，彼此间无共同之话题。你的观点、意见，只有一小撮同行会感兴趣。而这一小撮人，对你的论见，亦常是工具性地使用，成为他的论文数据或注解罢了。偏偏论文出版又不发达，你可能看不见；就算看见，亦在一年半载之后，时过境迁，诗兴与思致早已消歇或转移了，故亦毋庸对话、无法讨论。

在此情况下，思考就只能存在于大众传播中。由报纸、电视、网络来制作论题，导引公众思考，并操纵公共议题。

近年大陆媒体在这方面表现突出，与从前只能担任党之喉舌颇有不同。但议题规划仍是有些局限的，除了反贪腐、建立社会新秩序之类议题外，近受港台影响，也是大股煽色腥，麻辣劲爆得很。影视娱乐、小资绯闻，日不绝于耳目，供人茶余饭后嗑牙。闲嗑牙当然不能代替思考，可是脑袋全给这些塞满了，脑汁还能活动吗？

文化议题自然也不会没有，例如赵丽华诗引起的争议、关于玄幻文学的讨论，或探究文学是否已死、中医是否该活、秦始皇陵应不应挖开、国学要不要复兴等，均足以见一时之社会意识。但这些争论恐怕也都是虚假的。因为争议双方不会因讨论而改变立场，例如赵丽华从此就不写诗了吗？如此，讨论就丧失了沟通伦理的意义。各方人马各抒己见，争鸣乱鸣了一通，既不知于事何补，亦不能貌充深沉。现今报上网上的一些话题，本来也就只是要引出话来而已。

2006.11.06

人民的胜利

今天台湾的报纸，大概除了扁府溢领公务费用的阿卿嫂喜欢读的《人间福报》以外，都以扁嫂吴淑珍遭起诉为主标题。在大陆的台湾人，得闻此一消息，大抵都是高兴的。原因十分简单，只是阿扁支持者不能理解，所以且让我略说一二。

大陆在改革开放之初，一般民众大多对台湾之经济发展颇为艳羡；知识分子则期待台湾的民主改革能对大陆有先行的启示作用。故一个经济自由化、政府民主化的台湾，虽然小，却总能令人生出敬意。

可是李登辉主政后期，两岸关系陷入僵局，甚或数度紧张，大陆民众对台湾的感情便渐渐出现变化。觉得台湾在走跟大陆政权不合一的路时，也日益离开了中国的历史、文化和人民。去中国化，在台湾可能只是夺权的一种手段，但在大陆，却会激起义愤。那是和大陆当年“文革”破四旧时，台湾人反共一样的情绪。是缘于因对方破弃文化而生发的愤激之情，并因此而憎厌这样的政权。

此种文化义愤开始发酵，便会在文化上渐生轻藐台湾之心，觉得台湾人除了有几个钱之外什么也没有。

偏偏这些年台湾闭锁内斗，以两岸关系为筹码，弄得优势尽失、财政日蹙。而大陆经济一天好过一天，形势消长，结果如何，大家心知肚明，毋庸细表。

政治呢？本来台湾之政治民主化及言论自由，深受推许，后则发现其中多是黑金、派系、政党恶斗、置入性营销、司法操纵、民粹、媒体控制。于是台湾民主，竟成了个贬义词，几乎等同于“乱象”，丧失了作为大陆先行者或典范的价值。甚至还造成了若干反作用，让大陆某些反对民主、反自由主义者倚为口实，教训人说：你们要民主吗？看看台湾成了什么样子？

在此情况下，在大陆的台湾人，除了本身的专业可能还能让他拥有一些自尊和获得一点尊重外，谈到台湾，其实多不免虚憾。因为别人夸台湾好时，自己晓得台湾这些年的表现称不上好；旁人批评台湾时，又艰于措辞，不易辩解。迩来政府弊案频仍，领导人家人牵连甚深，而毫无知耻改过之表现，强掰硬拗，荒腔走板，连我们自己都看不下去，又何能为台湾辩护？此为一种伦理上的难局，令人无比遗憾。

如今，具有深绿背景的检察官陈瑞仁，无惧压力，毅然起诉“总统”及夫人（“总统”不是不起诉，而是因目前他尚未卸任，故只能待其离职后追诉），使我们终于舒了一口气，可以抬头见人。台湾的民主及司法体制，毕竟展现了它可贵的一面。

在此一期间，媒体锲而不舍，刨根揭弊，亦终于有了成果。老百姓栉风沐雨，游行呼喊，也终于听见了历史的回声。因此，这时我们感到的，并不像某些人所说，会因自己的领导人贪渎而羞愧。恰好相反，我们觉得骄傲：一个健康的社会才能鉴别它自身的毒瘤并切除它；诚信与廉耻，也不只是我们老百姓才需遵行的道德。台湾正在用自身的发展，说明这个真理！

2006.11.07

述书赋

有朋友要我在网上发些论文或笔记。我也很想如此。无奈论文太长、笔记太多，都不好处理。且网志犹如橱窗，但可摆设琳琅，然非专卖店，亦非学报或讲堂，故亦不好瞎折腾。偶然肆笔，或嘤鸣以求友，或卮言以适志可也。

今日无事，且贴一文。文章缘起，是因旧作《书艺丛谈》要出大陆版，友人命我作一短赋以代新序。呜呼，此调不弹数十年矣，体式颇觉生疏。幸好只要求作短，并不要《三都》《两京》那般宏侈，故还能勉强应命，略述书体、书艺、书学而已。文附后，大家看着玩玩吧：

余征人善怀，感思秋风。故纵浪游戏，懒役雕虫。而《书艺丛谈》忽欲重椠，乃为绪语，以继谈丛。曰：意以象立，神由思至。象丽乎天、存乎地、感其人、而见于事。抟彼意象，遂成文字（1）。离合动静，诘屈阴阳，蟉虬回迂兮，或隅或方。轩云龙龟鸾之妙婉，肆刻符金错之铿锵（2）。破鸿蒙而结篆，飞灵宝之玉章，五十六体，状式琳琅（3）。唯其体以时变，流略斯纷：周秦以上，契骨甲而镂金玉，彬奇籀而蔚古文（4）。斯篆代兴，悬针玉筋（5）。僮隶濡翰，解圆为分。一时蠶头雁末，凿石运斤，碑碣铭颂，胜构如云（6）。又或驰骤而为草，亦尝急就以成篇（7）。墨气入纸，会玄素而多妍；笔形见势，生阴阳以合天（8）。虚实刚柔，体象翩千，徐疾掠涩，妙在笔前（9）。后人追味其妙，寖多笔法之传。八法九宫（10）。外拓内擫（11）。颇申戈戟之威赫，亦效游女之便娟（12）。摹山阴而智永，诵黄庭而法印。建霓旌，宣阁帖；附崇墉，谱笔阵（13）。然拨镫授书，隐术竟湮讹于宋明；妙谛刻板，风力乃莫窥彼魏晋（14）。于是旁求碑榜，取象金石，霜毫若刃，骨气斯振。惜乎横钉植槊，巧密难藏形拙；方头逆尾，支离反矜势峻（15）。故道远而迷，帖学复进。虽时序之或因或革，亦人心之有逆有顺也。原夫书道奥区，归本性情。心闲手妙，宛转关生，谬以笔法绳尺，未为的评。顾笔墨裁度之雅、锋镞提按之精，安排布勒，岂其可轻？学由默识，迹以心清，笔正者宁非心正？技进者终于道成。作者仰天风而写流水，拟大象而阵甲兵，纵横艺苑，便可擅名。至若义路仁居，养其刚大之气；史锄经畲，备兹慎独之娱，闳中肆外，文与道俱。又或邈乎两仪未判之始，立于一画无朕之初，偶然欲书，路远愁予，其道集虚，澹泊之余。是皆哲匠眇思，示人坦途，吾欲与之而迁化兮，非其人而谁与？丙戌霜降，庐陵龚鹏程写于燕都小西天如来藏

又，草赋述书，岂堪言志？附说示友，聊葺斯文：

1. 古云立象以尽意，此就画卦言之耳。天地成象，人则观象生意，法象取譬焉。

2. 龙、云、龟、鸾、金错、刻符、仙人、麒麟、虎爪、鹤颈等，见唐韦续《五十六种书体》。

3. 灵宝赤章，谓灵宝道以真文赤书为天地开化之源。三元八会，玉字龙章，无文不生、无文不度、无文不成、无文不立、无文不明、无文不光。

4. 此谓古文奇字、籀文大篆，及六国文书。

5. 悬针、垂露，本系书体，见北朝王愔《古今文字志目》卷上；后指笔法，而唯李斯玉筋篆足以当之。

6. 汉隶殆即八分，改圆笔为方笔，变长体为扁形。

7.《汉志》但云《急就》一篇，而小学类末之叙录径称史游作急就篇。故《北齐书》云李铉“九岁入学，书急就篇”。《隋

志》始作《急就章》。后人以其书变草法，遂名为章草云。

8. 蔡邕《九势》：夫书肇自然，自然既生，阴阳生焉；阴阳既生，形势出矣。

9. 疾势、涩势、掠势，亦详蔡邕《九势》。

10. 八法，即永字八法。然八法无心之㇏、九乙元也之乚、立句卩之亅、阝阝之了，其法实未能备。且其法仅可施诸行楷，篆籀隶分皆未尽合用。今人喜谈笔法，奉以为圭臬，非也。

11. 沈尹默《二王书法管窥》云外拓筋胜、内擫骨胜。大王多内擫法，若定武兰亭、十七帖、榷场残本大观帖之二十二日、建安灵柩、旦极寒、追寻诸帖，及宝晋斋帖中王略诸帖皆是。王献之多外拓法，后世徐浩朱巨川告身、颜真卿刘中使、祭侄稿等法之。

12. 骨力与姿媚二途，至唐始中和之，详余书中各论。

13. 今人或云“半生师笔不师刀”，谓碑乃石镌，不足为凭。然帖亦刻枣而成，同属刀法而非笔法，唯习阁帖者未见刀也。

14. 拨镫四法，唐林蕴说。授笔要说，唐韩方明作。又晚唐卢隽自言得永兴家法，删《玉堂禁经》为《翰林隐术》，并编《临池妙诀》。盖书论于汉，以论形势为主，六朝而有书品论书法论。其法一在点画、一在结裹、一在执笔。嗣后始论笔意。此书学之三变也。

15. 王僧虔《笔意赞》：“努如植槊，勒若横钉，开张凤翼，宠耸擢芝英。”此境碑书辄能有之。然宁拙勿巧，或失虚和之道，故康有为曰：作榜书，须笔墨雍容，以安静简穆为上，若有意作气势，便是伧父。又曰：六朝人书无露筋者，雍容和厚，礼乐之美，人道之文也。为碑榜者，于此多不理会。

2006.11.16

城堡围坞的故事

王成勉兄办一纪念牟复礼先生的会，命我返台开会。因此会有几天不能照看这个网志，姑且把上回去厦门玩时写的随笔贴上，以代启事。文如下：

在福建彰州，东临台湾海峡的漳浦县，玳瑁山和丹灶山之间，有个小盆地。说是盆地，其实仍是丘陵，布满乌石，林野纵横。偶有一二聚落，均掩于盘石与林莽的坳隙里。

据说一九八二年，其中一个聚落赵家堡东面石山上，有块占地一亩多的巨石，忽然发出巨响，升起一股青烟，炸成九块。全乡震惊，不知主何吉凶。

接着，西边一个池塘里发现了一种新植物，农业局派人来调查，确定为野生水稻，为全省第一次发现。依古代祥瑞说来看，此乃“嘉禾”，颇为吉利，科学上也很重要，故中科院遗传所的专家立刻南来调研。村社干部陪着调研人员来到乡里，进堡休憩，却又把研究人员吓了一跳。原来这儿竟是明代即已建成的老城堡，藏在这鸟不生蛋的地方。于是调借了村民族谱，请人研究。各级政府也纷纷派员来此调查，不多久，此地便被列为全国重点文物保护单位了，看来“石破天惊”果是吉兆。

这赵家堡身世甚为离奇。原是赵宋王朝在崖山覆灭时逃出的一支，为闽冲郡王赵若和的后裔。当年逃亡，窜伏唯恐不深，所以来到这荒山海陬，改姓黄，以避人耳目。到了明代才恢复本姓，开始建城。现在城堡方广百余亩，城周一千余米，全用石条砌筑，上可跑马。城内有祠堂，府第、堂屋、园林、武庙、佛寺、石塔、石坊、碑刻等，还有一座方形土楼名完璧楼，取完璧归赵之意。虽称为土楼，大体也以石材为主，每间房里还有射孔向外。楼板上藏有密室，天井里暗辟密道，通往城外。

可见建城主要是为了防御，其次就是保护心中那一个已失落的王朝。所以楼名完璧、桥名汴派，还有一块石头上刻着“垂纶”，城中有座辑卿小院，据云为某代士人之读书处，花园中矗立着两块花岗石，但把它刻意雕成太湖石模样。或许，这是在缅怀汴京皇城里的艮岳吧!

这个王室遗族的故事，当然是动人的。如今堡内还住着八十余户。数百年来，他们相协相守，遥想东京之梦华、汴梁之旧事，在全世界灭国王族中乃是仅见的例子。何况它还开枝散叶，分支分派到了金门和台湾！台湾桃园就有赵家堡这一支，也在台湾建了宗祠，并与赵家堡叙谱来往。

因此这个堡实在是闽南移民史的一个好材料。闽南人一向自称是河洛人，说是由中原移民来的。可是古代的移民情况不甚好考究，赵家堡倒是个有明确史迹的例证，可以让人体会中原士族是如何展转到闽南，而又如何顽固地思念并保存故土家风。

可是本文之主旨其实并不在此处。因为赵家堡隔壁二三里地就另有一座诒安堡、一座人和城，规模大体相当，亦均建于明末，据称皆是为了备倭，所以才筑成如此坚固的堡垒。

但是，我们知道万历崇祯年间，日本对福建沿海的威胁早已消失。俞大猷、戚继光在嘉靖年间的经略，已使厦门漳州金门一带成为明朝海防据点，后来郑芝龙、郑成功之所以能以这个地方为根据地，就因这儿作为海军基地，已有近百年的历史。因而在赵家堡建城的万历二十八年（1600）或扩建的四十七年，绝对不会是倭寇猖獗之时。此地建城，目的不会是防倭，而是为了械斗。

梁启超曾说:《左传》里所记载的城濮之战、秦晋殽之战，都是春秋时的大战役，然其规模或许还比不上他们家乡的械斗。这个比喻，十分生动地说明了粤闽乡村的生活实相。械斗，就是农民拿起锄头扁担，妇女抄起洗衣篮，装满鹅卵石，跟别的村庄去火并、去厮杀。它又称分类械斗，因为是把人分了类的。闽南人跟非闽南人、闽南人里的漳州人跟泉州人、漳州人里的漳浦人跟外县人、漳浦人里的湖西乡跟外乡人、湖西乡里的这个村跟那个村、这个姓跟那个姓、拜这个神跟拜那个神的，一一切割分类之。于是方以类聚，物以群分，同类相亲，异类则抄起家伙，一棒打杀！

我没看过当年械斗的惨烈状况，但由赵家堡那种石头城式的防御工程，又是枪眼垛口，又是暗道，又是密室，便可相信梁启超的感受不假。杀戮之惨，或许真要胜过春秋那种讲礼乐的时代。

闽广武术之盛，大概亦由于此。南少林的传说、天地会的传奇，底子正是闽广各村各乡各堡要护宅卫村所形成的武风武技。

因此，像赵家堡那样的土楼，在闽粤史上绝不罕见。近年已成观光热门景点的闽西土楼，跟粤北四角楼、粤东围龙屋、赣南土园子一样，原本都是为了防御而建，深圳龙岗的城堡式围楼，尤其类似漳浦这些城堡。

闽西土楼、粤北四角楼、粤东围龙屋都是客家民居，所以颇有些专家以为这种围族聚居以御侮的形式是客家民居之特色。此殊不然。广府系、闽南系也一样有围。连台湾由漳州人开辟的宜兰也有不少地名就叫围或叫城。围与城堡建得越牢固，表示势力越小，越不安全，所以围要坚、城要高。像一般广府人只围村，客家人就要围楼围屋围堡，情况和赵家孤立在其他闽南族群间，就只好筑城那样。

据记载，咸丰同治间广东的土客械斗，双方死亡数百万人。仅鹤山、高明、开平、恩平等处，即焚略村庄二千余座，客家人迁回潮嘉原籍者达数十万人。惨况可以想见。我在深圳考察，去看了龙岗等地的围屋，真是气象磅礴，壁垒森严，号称“九厅十八井，十阁走马楼”，有八个碉堡，两座望楼，墙壁尽是枪口垛子，门外则设大炮，欧洲中古时期的城堡也不过如此。当年需有此等防御工事，才不至于族毁人亡，想来也是很可悲的。

如今，这些城、堡、围、坞，均不复有当年之功能。村里间畛域尽去，不必械斗了，古老的防御设施，改妆迎宾，成为旅游之资源，也许可称得上是社会的进步。但分类械斗之精神，是否一并消失了，还是它转换了形式，表现在其他方面?

2006.11.28

天涯行旅

在台湾开会期间，匆匆去来台北、中坜、台中、新竹几间大学，便又飞香港，在中文大学、科技大学演讲或开会。这样的旅程，当然只能说是我极个人化的特殊经验，但细细体味，便也会发现它可能也显示了当代知识人某些生活方式。

例如学者们所生存的社会，除了他所在的邦国，更重要的，或许还有其学术社群。而那个社群恰好是跨国界的。因此若要积极参与该社群，就常要进行跨国界的旅行。古代那种“三年不窥园”的皓首穷经方式，在今天不能说已无意义，但离群而索居，有时就不免孤陋。连孔老夫子都说不能独学而无友，都欢喜有朋友从远方来论学，我人又何能例外？如今世界若比邻，学术社群早已四海一家，同行相见于异国，更属寻常。且常是稍早才在某邦某会议场合班荆道故，俄而又在另一国另一地另一讲会聚首，感觉就如刚回家洗了澡出门倒垃圾又撞见了邻居一般。又或者，本国老友却久不得见面，反而屡在国际会议中相逢，不知要令人慨叹世界太小，抑或感伤居地人情太疏。

而知识人文化人本来也就旅居不恒，诞育于甲地、就学于乙地、谋食于丙地、谋道于丁地、迁徙流转于戊己庚辛各地者，比比皆是。今日在港，逢吴宏一、郑培凯诸先生，皆久寓香江之台湾学者。近年大陆学者进入香港大庠中者则尤伙。因此香港一些朋友就非常希望台湾学者也能多赴彼处执教，或到香港读学位、进入香港学术社群。而所谓香港学术社群，遂显然也是国际的。港人既不乏游走于英美澳洲加拿大者，各地之知识人文化人也麇集于此。

在香港中文大学这个会，名为“世界华人旅游文学会议”。议旨相关，更衬托出这个文化人天涯行旅的意味来。莅会者比一般人还要旅泊得厉害些，有些人，我才甫在北京遇见，又再重逢于此处。谈起来，有些马上还要去台北，真是人生如寄。如郑愁予从北美到香港来任教，亦已经年，匆匆见面，也说本周亦将回台湾一趟。他的名句，曾说:“我不是归人，是个过客。”如今，何处才是归程，何处又是客旅，恐怕愈发难说了。

台湾近些年来，张扬土地意识，批判过客心态，争着做土地的主人。其实茫茫逆旅，人生谁非过客？天不属于你，地更不属于你。偶然我们落籍于某处，偶然可能又携行囊他去。定庵诗:“偶赋凌云偶倦飞，偶然闲慕遂初衣。”人之或居或行，大半出于偶然，而且一时居一时行，谁也不会是永远的归人或居人。

过客对暂居之地，据说系恋之情常不如居者，因此过去我们常听到“爱台湾”“根留台湾”等口号。可是谁都知道过客因为他只能暂居，故有时格外珍惜旅居之岁月。旅游者的记录，往往比居人更能照见隐微、比居人更能体现出对该地乡土的感情来，正因此故。

2006.12.11

说孤独

由香港返北京，又往成都，日昨归来，旅中杂记数事。

一

在香港沙田丽豪酒店等车去机场时，看见一伙人簇拥着一位盛装少女。女孩灿若红霞，步履端严，身旁的人呵护着她，并为她高撑着一柄红伞。虽非那种红罗伞，却也看得出伞的品相不俗，不是我们通常在便利商店买来聊遮风日的那种。

我问大堂的服务员："为什么在屋里还打着伞呀？"她笑眯眯地说："啊！这是我们香港的风俗，新娘子出嫁都要打着伞，送上车，去夫家呢！"我看酒店大门口，果然停着一辆礼车。我来香港不知多少次了，竟都不晓得有此风俗，忽觉欣喜起来，仿佛也和酒店服务生一般，沾了喜气，没由来地高兴着。打伞，显然是为了要避煞，以求保佑女孩好福气。受了这样祝福的女子，定是"宜室宜家"的。

我看一群人在大门口送她上了礼车，扬长而去之后，当然继续在大堂上等车，翻看王性初送我的诗集《孤之旅》。但不一会儿，竟见女子与方才登车的几位亲友从侧门走了进来。红伞收起，几个人静默地穿过大堂上楼去了，没有惊扰到任何人。我大吃一惊，随即憬悟：刚才持伞送别登车也者，原来只是一个仪式。礼车由大门开出，在旅店周边绕了一圈，便由侧门再回宿旅邸了。

这个仪式，大概出于变通。古人出嫁及迎娶，都在家中，今则往往在旅社。故出嫁登车而去，仍得回到酒店来。以致看起来似乎有些滑稽。但旅馆自古便有“定婚店”一类故事，如今在婚俗文化中扮演更重要的角色，好像也没什么可怪的。若说仪式有些“虚文”矫饰之成分，那也未必然。孔子曰：“尔爱其羊，我爱其礼。”若无那红伞送嫁的场面，住在旅店里的新嫁娘，可显得多么冷淡寒伧哪！

二

王性初送给我的《孤之旅》，我原以为是狐之旅，仔细看，才知其中多孤独之感。老友刘登翰有序，申论他“宁愿孤独，享受生命之轻”的诗情。我性孤凉，自然很能体会他的那种感觉。但我之孤独感略异于是。

我小女儿小时，我们忙得无暇管她，她也就只得一个人在屋里自哭自笑，一下咿咿啊啊唱歌，一下咕咕唔唔演戏。我们初甚喜之，喜其不来烦我。后忽惊惧起来，担心这娃儿有自闭症。有天她妈问她：“小呆，你寂寞吗？”言下不胜歉疚之意。不料她抬起头来，呆呆看着她妈问道：“什么是寂寞？”

每想起这句话，就觉得有趣。人生憨直，原不知孤独是什么，又有什么可怕。故热闹过了，才觉凄凉；喧哗之后，才能感到静默之可爱或可畏。倘或根本没有热闹繁盛的经验，孤独感从何而生？原本习惯于孤独的人，更可能已“习与性成”，偶然把他放到热闹场中，他反而要浑身不自在了。此即所谓性耽幽独。隐士之隐，人以为难，其实有许多乃是天性如此，故入山唯恐不深，连“友麋鹿”都未必有兴趣，何况是与俗人相周旋？又有些人，未必是天性或习惯于孤独，但在世俗名利场中打滚久了，孤独对他宛若一剂清凉散，便也喜欢了起来。

因此孤独在某些人看来是挺可怜的状态，在某些人生活中，却可能是最适志适性的。

我性孤凉，故耽幽独，颇似寂寥自喜。但旅人生涯又并不都是寂寞的。一个旅人，总是在路上一个人孤独地走着，但偶尔会遇上几个同行的伙伴，走上一段。在这一段路上，言谈谐谑，起居相从，又总是热闹的。然后分袂，各奔东西，继续独自走向孤独的旅程。偶或到达一处山庄水寨，村寨中欢然把酒，歌舞遨游，亦尽朋聚从众之乐。可是“乐群”之后，仍是要走的。这样的旅途，孤独为其本质，群聚亦可乐也，两者兼之，方符游道。

三

在香港开会之余，去找了陈国球。在科技大学讲了一次，谈文学理论研究之现况。然后再去找我小女儿玩。父女俩在街上闲逛，八千里路云和月，毫无目的、毫无主题，乱逛了一通，讲话也全是乱搭野扯，极尽漫游之能事。

我这当年不知寂寞的小呆瓜女儿，现在一个人在香港读书，独在异乡为异客，看来比我更像个漫游者。问她寒假要不要跟我结伴去玩，她也没兴趣，说准备一个人去澳洲避寒呢！

四

由香港回北京，也不遑宁处，立刻住到香山去开了个会。然后又拎上行囊到成都。曹顺庆川大的博士生要答辩，我这次来考了七人，都是煌煌巨作，看得我两眼酸麻。七人中有一人未通过，把关严格，甚好！

考毕又做了两场演讲，更累。幸而刘绥滨由青城山来，约邀了喝一趟茶，我便去拉了王小盾、吴铭能等人出来雅聚了一番。又同去黄龙古镇玩，得逢巴蜀琴王王华德。老先生八十矣，犹精神矍铄，甫新婚。抚琴，不以清微淡远为旨，趣在流水，作激昂声。手法繁巧，拨挑出劲，颇有独到处。

由黄龙赶回成都，本要去熊猫基地看熊猫。但路上忽窜出一狗，车行太快，煞车不及，遂撞了过去，令人怆然，只能为它念念往生咒。抵川大，下车看，才知车子本身也破了个大洞，车牌都撞丢了，只好送厂修理，熊猫也就没法去看了。人生随缘，只能如此，倒可怜了那只狗！

2006.12.21

推介梁启超《国学入门》

由成都返北京。程恭让拉我去首都师大讲了一场，谈儒学新方向。介绍人从网上录了资料，说我是“天下第一才子”。哈哈，自来文无第一、武无第二，既说是天下第一才子，可知必是假的。且凡有誉者必有毁。夸我的言论不难找，谤我骂我的，恐怕也多得是。我有自知之明，故骂我不生气，夸我也不会飘飘然。

张泽珣、单文经由澳门来，约与共饭。单兄原在台湾师大，随赵宁到佛光大学待了一阵子，转去了澳门大学。谈起佛光经验，仍觉噩梦一场，对光头们不敢恭维。慨叹外界不知，尚为佛光山之表象所蔽。

接着就去了重庆。跟林忠山、黄冠钦等同去永川考察，忙累个不了。工人出版社拟出梁启超《国学入门》，命我作序，只好在路上胡乱写了。梁先生说他在翠微山，行箧中无一书可供参考，而竟写了这本著名的《国学必读书目》来。如今，我也是在旅中，也无一书。后先呼应，可发一笑。今且将文章附于后：

《国学入门》原先只是一篇文章，原名是“国学入门书要目及其读法”，是一九二三年梁启超应编《清华周刊》的学生之邀而作。深入浅出，对现今社会上一般毫无基础而又想略知国学门径的人，尤其适用。

目前的气氛，跟五四新文化运动之后颇有些相似，整体社会是在发展现代化，可是大家又觉得有增加传统文化认识的需要。当年也是如此。两种力量的相互激荡，一是向西方学习，迎接德先生与赛先生以促进现代化；一是以科学方法整理国故。这两种力量看起来仿佛是矛盾的，可实际上相辅相成，且彼此脉络潜通。这只要看五四新文化运动的代表人物如胡适之作为，便可知道了。

当时清华学校甫由清华学堂改制，学生大抵皆是准备再出国去留学的青年，符合第一项方向。但只是出去留学，学习别人的东西，并不符合整体的社会期待及自我之期许。当时的大学生，希望自己虽未必将来就要从事整理国故的工作，但至少不能不对国学有点基本认识。因此就去请胡适先生开一个书目，好让他们得到个国学入门的门径。

胡先生明白这些年轻人的想法，所以拟书目时声明："并不为国学有根底的人设想，只为普通青年人想得一点系统的国学知识的人设想"。不过，胡先生野心太大，开书目时还附带了一些别的目标，例如设想该书目"还可以供一切中小学校图书馆及地方公共图书馆之用"，这便不免把将出国留学的青年家中看成公私机关的书库了。他又还想借这个书目，教人一种历史的国学研究法。这也不免把一般人的国学知识教养，和准备从事国学研究者的学力混为一谈了。

因此胡先生《一个最低限度的国学书目》刊载在一九二二年《读书杂志》第七期上时就立刻引发了争议。向胡先生提问的学生首先表示不满。《清华周刊》一位记者写信给胡先生，认为范围太窄，只限于思想史和文学史；可是单就思想史和文学史而言，又显得太深，举书一百八十四种，包括工具书十四种，"我们是无论如何读不完的"（收入《胡适全集》第二卷）。胡先生对此亦有一答复，略谓国学之最基本部分便是思想与文学二部，书目则可再精简为卅九种。

显然学生们对胡先生之说仍未尽惬意，故转而请教梁启超先生。梁先生对胡先生之书目也不赞同，觉得胡先生有些文不对题，且不顾客观现实。客观现实是什么呢？就是一般青年对国学根本不了解，也不是要做国学家，所以胡先生开的书，没必要都读，甚或“十有七八可以不读”。其次，梁先生又觉胡先生范围太偏，选了一堆小说而把《史记》等史部书全都抛开，实有不妥（见《清华周刊》二八一期：书报介绍附刊三期，一九二三年五月）。

所以梁先生的拟目，一是范围比较完整，凡分五大类：甲、修养应用及思想史关系书，三十九种；乙、政治史及其他文献学，廿一种；丙、韵文类，四十四种；丁、小学及文法类，七种；戊、随意涉览书，卅种。共一百四十一种，总体上包含较广，符合所谓“国学”之涵义，而书目却较胡氏所列精简。二是每列一本书，大多有导读式的说明，对初学者极为有用。三、列的书虽然仍是不少，例如《二十四史》，卷帙浩繁，只算一种，一百四十一种合起来，一般青年人恐怕仍是看不完的。不过，梁先生在其中均有针对读者设想之斟酌。比方将此目再精简成廿五种，廿四史只读前四史，算是四种。或者在随意涉览类中即表明此为随意自由翻阅之书，不必照页次读，也未必要读完。又或说小学及文法类书，若不是有志就此深造，也可不读。其他还有《乐府诗集》只须读汉古辞，余不必读;《楚辞》屈宋以外亦不必读;《廿二史札记》中论校勘者也不必读等等，七折八扣下来，读者之负荷大为轻减。这便可以显示梁先生有“优柔善入”的诗人气质与为读者设想的体贴之意。

由于梁先生的书目有这许多长处，加上梁先生胡先生分别开列书单且又形成争论，在社会上具有话题效果，故影响甚大，即使到今天还令人津津乐道。一般社会人士，若想接触国学、增加些传统文化认知，梁先生这个书目也仍是必备的入门指南。

其实入门指南一类书最为难作。专家之学虽然专精，却常缺乏接引后学的本领，而且容易陷在专业框套中，不见大体。胡适所开书目不列《易经》《尚书》及各朝史书，而列了《缀白裘》

《儿女英雄传》等十三部小说，便是一例。他开列的大型总集，如《全唐诗》《宋六十家词》《元曲选一百种》等都也不便初学。梁先生对此予以矫正，自是因梁先生对国学有比胡先生更通博的根基，且与他早年办报以启迪民智的经历有关。为初学者说法，梁先生较胡先生更有经验。

故梁目除上文所述各点之外，还有几个重要的长处，一是通博，不拘限于本身专业和学派观点，二是接引有方。以下分别做些说明。

梁先生是康有为弟子，在经学立场上是今文经派。此派疑《周礼》晚出，不信《左氏》是《春秋》的传，对于属于古文经学派的《毛诗》也不以为然。但梁目在政治史及文献学类中不仅将《周礼》《左氏传》列入，在介绍《诗经》的注解时，唯一推荐的也是古文家系统的陈奂《诗毛氏传疏》。对于康有为批判古文经学的名作《新学伪经考》或今文学派崔适的《史记探源》，胡适都列入了，梁目却删去；只收康氏学派气味不强的《大同书》，以及曾是论敌的章太炎《国故论衡》。这些，均不仅可以征品格，且足以观识见。

因为这不是枝节问题，而是整个书目的平衡，他在举《论语》时，就推荐宋学派的朱熹《集注》与汉学派的焦循《论语通释》，兼及颜李学派的戴望《论语注》。胡适未列《墨子》，他也以为“孔墨在先秦时两圣并称，故此书非读不可”。凡此等等，可见他处处留心，要提供给初学者一个通博宽广的空间。他自己在清华教人辨伪，开讲“古书真伪及其年代”，可是列书目时并不排斥伪书，告诉人伪书也可以看、该怎么看，亦是本于此一态度。

此外，胡目列了佛书廿四种，在真正最低书目中也还有四种，梁先生则只在随意涉览类中列了一本《大唐三藏慈恩法师传》。梁氏佛学造诣不弱，著有《佛学研究十八篇》等书，可是他觉得那是专门之学，“其书目当别述之”，故未纳入。

又，小说类，胡目甚多，梁氏也不列。是他不重视小说吗？非也。梁先生曾说“小说为文学之最上乘”，并认为其感人之力最大，故倡言“欲改良群治，必自小说界革命始；欲新民必自新小说始”（《论小说与群治之关系》，一九〇二年，新小说，一号）。对于小说，梁先生自然是极重视的，但放在整体“国学”之比重中，小说该占什么位置呢？梁先生这便不得不有所权衡了。因此，他说：“一张书目名叫国学最低限度，里头有什么《三侠五义》《九命奇冤》却没有《史记》《汉书》《资治通鉴》，岂非笑话？”“文学范围，最少应包含古文及小说。……苟非欲作文学专家，则无专读小说之必要。”

凡此等等，亦皆可以看出梁氏比胡适善于接引。胡先生虽企图借着书目来示人以门径，以历史的线索作为治国学的历程。可是具体说时，却又自违其例，像思想史部，按理说在康有为章太炎崔适之后才该是胡适自己的《中国哲学史大纲》，胡先生却把自己那本列在《四书》及先秦诸子之前，作为第一本，这岂是历史的顺序？就算次序不错，依着历史的顺序读书，恐怕也未必就是好方法，因为从先秦读下来，读到清代，胡子都渐要白了。何况胡先生还主张读总集，无总集的时代才读别集，这就更令人望而生畏了。相较之下，梁先生的书单虽也大体依历史顺序排列，但一因有分类，二因各书底下说了读法，三因并不强调历史研究法，故在接引初学方面确实较平易可行。

以上介绍梁氏书目，都是对比着胡适的书目说，这固然与其缘起有关，但也想趁此机会略谈一种时代风气。

胡先生梁先生都是引领时代的文化巨人，梁先生对胡先生拟的书目，如此不客气，直言批评，且另提了一个书目，这在人情上是犯大忌讳的。我们现在学界中人，若非仇敌，断不会干此等事。可是两君并不以为嫌。在此之前，梁启超去北大三院大礼堂讲演，就曾以“评胡适之《中国哲学史大纲》”为题，这几乎是上门骂阵了。但胡适只理解为“这都表示他的天真烂漫，全无掩饰，不是他的短处，正是可爱之处”。梁亦虽对胡适《中国哲学史大纲》有所批评，而仍列入思想类必读书目中，亦是如此。这一方面可以看出两位学人的修养，一方面也可以看到一个真诚论学的时代。

梁先生曾在《治国学的两条大路》中强调除了用客观科学方法去研究文献外，更应用内省躬行的方法去砥砺德性的学问。这个提醒，不仅可以彰明梁先生治学何以能有如斯胸襟，更对今日学人深具启发。

据吴世昌和周传儒记录的《梁先生北海谈话记》，梁先生在清华执教时，每于暑间约学生同游北海，并邀名师同来讲学。有一次，约的友人未来，梁先生遂自己讲，而且集中讨论了当时的教育制度。认为现在的学校，完全偏于智育；老先生嘛，又偏于修养，因此梁先生期望新一代学人在做学问方面，能创造一种适应新潮的国学；在做人方面，能在社会上造就一种不逐时流的新人（本文《饮冰室合集》失收）。

这两面兼顾，“两者打成一片”的说法，也就是治国学的两条大路之说。路虽有二，人却是一，今日读先生书者，切勿歧路亡羊才好！

2006.12.22

时光倒影

由重庆返北京，见台湾新闻，谓星云获辅仁大学颁给荣誉法学博士学位。我是在网上看到这则消息的，点进去看阅者反应，果然绝大多数认为是无聊。想来老和尚八十矣，何需再添此虚名？何况，其企业经营及政治纵横捭阖之手段，又与法学何干乎？君子爱人以德，吾甚惜其老而不能戒之在得也。

周志文对我上回写的序不甚满意，希望再多写写。我早说过为人作序跋乃大苦事，如今只好再苦些，补写若干。

2007 年

四海游思录(上)

2007.01.02

丙戌消寒录

北地风寒，等闲不敢出门。陈兴武来找，乃同去吃火锅。

兴武云前此有孔祥吉、张伟等撰文称驻日公使何如璋为日本间谍，以日本外务省档案馆为证。然此档案系潜伏于何氏公馆中之日人井上陈政所书，刘晓峰有驳文。何氏为广东大埔人，乃兴武同里前辈，兴武亦尝为校其遗集，故深信何氏断不致为日人作伥也。因我前此亦曾引述张孔二氏之说，特转送何氏资料数种给我参考。

我对何如璋本无研究，但知彼于马尾中法战争时与张爱玲祖父张佩纶同获遣戍而已。展读遗编，才知他与张佩纶一样，竟都校注了《管子》，有《管子析疑》三十六卷。张氏平生遭际，我曾拟之为唐之李义山，所注《管子》，台湾商务曾影印之，何氏注本则未见。其《序》以管子为道家，谓近于法家者为伪篇，别择具手眼，惜世人不太了解他。

周末又出门一趟。则是学生送我一票，邀我去梨园剧场听昆曲。去了才知是北京昆曲社成立五十周年纪念演出，有《长生殿》《牡丹亭》《宝剑记》《玉簪记》《蝴蝶梦》《慈悲愿》等曲目。社员或清讴或粉墨，亦中规中矩。水平虽不能说如何好，在北京，如此便可谓难得。

这个社，是俞平伯先生发起的。俞夫人爱唱、能唱，俞先生也妇唱夫随，不仅校订了缩编牡丹亭，也参与组织及演出。他在清华大学还成立过一个谷音社。

现在这个研习社，看来颇有规模。北大哲学系楼宇烈先生还当过上一任的社长，我来了才晓得。我于一九八九年初次率团来北大开会，就赖楼先生支持才能开成，当时政治环境不比现在，况且又在“六四”前后，实在令我感荷。可是识荆近二十年，竟只知他是哲学名家、佛道兼治、古琴也很精，不晓得他竟于昆曲一道也有这般造诣与事功，真是比不识何如璋还糟糕。今人尚且当面不能深知，何况古人？可见知人之难。

耶诞夜，刘建华又来邀共餐，以慰我岑寂。但我懒得动，故杜门读章太炎《国故论衡》《訄书》以度良夜。作一小文，略解章先生之惑。不知章先生九原之下，亦将以我为知己否。

今则仍不出门，买了几张碟，在家把李连杰的《霍元甲》补看了。李打得卖力，但不精彩。霍元甲之迷踪拳，乃是猴拳；精武会的基本拳则是弹腿。李拍此片，对霍氏拳风、天津武术现象及精武精神却都不曾下功夫研究，可惜。

张艺谋《满城尽带黄金甲》，宣传吓死人，看来仍是色厉内荏，外强中干。故事本不算好，夸张视觉效果，而于服制、官制、仪注，几无一不错。梁代无这样的王，作战也不是这种打法。整体感觉反而不如刘德华演的《墨攻》。

但墨家以守城闻名，兼爱非攻，片名《墨攻》，便已不通。燕赵间之梁城亦不可考。既非魏之大梁，又只四千人一小城，竟有如此受民山呼万岁之梁王，不奇怪吗？

演戏嘛，谁都知道是瞎编了来作耍的，但违背历史知识太远，气了懂的人、愚了不懂的人，那又何必？

2007.01.03

丙戌冬末杂诗

丙戌冬末杂诗数章，时客燕京逾二载矣。

一、大泽龙归渐及春，燕城雪雾正侵人。余怀澹漠燕城里，殢酒题诗自养神。

二、将沙洗戟认吾戈，羁旅天涯好放歌。流水通天河畔望，前身战斗胜头陀（西游记以孙行者为战斗胜佛，又云人于通天河流去过去身）。

三、伶俜少日曾游侠，握手相从十万家。送者厓归行者远，一人聚义蓼儿洼（庄子：送者皆自厓返，君自此远矣）。

四、四十奢繁五十休，孰知休致最风流。恩雠暂了人都忘，我在须弥顶上游（旧尝作《四十自述》，今五十而退居避世）。

五、瞢腾老梦渐星星，只有残书到眼青。不怕伶伦吹苦竹，知音我自诉苍冥（义山诗：伶伦吹裂孤生竹，只恐知音不得听）。

六、书生冷坐空书咄，仗剑行来气类孤。今日英雄耽逸乐，更无人肯掷头颅。

七、小恙聊当趁夜航，昏然若入黑风乡。横流不解将趋向，为是躯壳自主张。

八、北鄙沙寒气肃高，椎牛割彘涮羊羔。俗移情性堪惊诧，不惯江南醉别螯。

九、我执我慢我多情，藏识无明俱妄生。灯下夜来笺摄论，却闻深巷卖饧声（楞伽阿跋多罗宝经云：如来之藏，为彼无始虚伪恶习所熏，名为藏识，生无明住地，与七识俱，如海波浪）。

2007.01.17

台湾民间讲学之风

这两天起大风，比下雪时还冷。陈卫平、沙永玲由台北来，遂拉了黎湘萍同去找他们。

他们住在国子监后面的“国学胡同”里，地名甚佳，小院落也很雅饬。天气好时可在院里坐听天风，如今太冷，只能在屋里闲聊。

湘萍是社科院文学所台湾研究室主任，对台湾之了解，自不用说。但聊到一些连他也称奇的事，他便嘱我在网志上略为介绍。没想到聊天吃饭还有任务，只好随便交代几句。

一是民间讲学。

台湾自来有民间讲学的传统。这几十年，现代教育体制虽已若铜墙铁壁，但老师宿儒散在民间自说自唱、自开自落，依然不绝。其中一部分是宗教界支持的，如佛学院、道教学院、天帝教的华山讲堂、轩辕教一贯道的国学班等，自成体系，也有一部分建制化。另一种则是私人团体所办，例如过去鹅湖所办，或我《国文天地》的文化讲习班均是。“新儒家”虽都在大学执教，但其民间讲学的性格仍一直很强，目前也还在推动自设基金会。此外，就是私人自己开讲了。

自己开讲，不同年代各有大师，而讲得最久的是毓鋆。毓老一九〇四年生，今已百零三岁。什么时候开始讲我不晓得。但是早在二十世纪七十年代我读大学前就已开讲了，所以约有三四十年。台北的文化人，凡喜欢听点传统文化的，许多都在那儿听过，如蒋勋、辛意云、刘君祖等等。讲堂名“天德黉舍”，又名

“奉元书院”，有匾曰“长白又一村”。有些老外也来听，如美国汉学家夏含夷，即为毓老门下。

毓老是满清宗室，系出礼亲王那一支，年辈与溥仪相当，小他几岁。学问出于康有为、梁启超、王国维，为公羊一脉。故所讲为四书五经，下贯管、老、墨家、法家、《春秋繁露》、《史记》等，欲以经世开太平。

他身世特殊，平生遭际亦有传奇色彩，曾在伪满工作。来台后，在文化哲学系教过书（文化的张其昀先生，本人虽曾在国民党内任过高职，但颇能用此等政治异类，如胡兰成返台执教，也是在文化），后来干脆自己开讲。

他既是讲公羊学，自然与学院中那种学究式的讲法不同，有经有权、有体有用，加上见多识广及身世传奇，故享誉数十年不衰。他不宣传，也不上媒体，无世俗名气，但圈内人都晓得。情况与南怀瑾不太一样。南老讲佛讲道，他主要是四书五经。机权作用，不免有些江湖，但不如南老之野。至今亦无讲记出版，又不见著述，倒还真有公羊家重口说的趣味。

毓老只是一个例子。民间讲学之生机就在“民间”二字，个人生命自相映照，自宗自派。此为台湾文化之一景。民间自有学问，不在学院门墙之内。

二是藏书。

大陆学者一般藏书较少。“文革”中烧了抢了，为一大原因。前些年居住条件差，工资又有限，故藏书条件不佳，书自然也不易积聚。我当年曾想购下王瑶、唐弢两先生的书，后未果，但因此对两先生的书略知一二。两先生所藏，在大陆就算是多了，但若与台湾一些老先生比，那就只能算是小巫。

例如王云五先生的书，在我办佛光大学时，捐给我的就有八万本，还未尽罄所藏。我自己先后所有，大概也达十余万册。友人陈信元，光是大陆文学类书放在学校供人阅看的，便有二万册以上。老辈则从前杨家骆、严灵峰、俞大维、郑学稼、任卓宣、胡秋原、沈云龙等，书皆如山如海。严先生无求备斋，有全世界〈易经〉〈老子〉〈庄子〉版本，曾刊印集编数种，士林德之，亦可略窥其所藏之富矣。

在两岸睽隔的年代，再加上禁书政策，我们要看大陆书，理论上是很难的。但因有这些老先生，事情就变得很简单。他们什么书都有，什么书都能进，又快又齐。世界、里仁、鼎文、明文、河洛等出版社，一些门生故吏，成天进进出出去他们家中搜罗，或根本就假借他们家做邮箱，在那儿等着包裹来，拆封便取去用，或索性就翻印了出来。此亦台湾文化之另一景也。

藏书的另外一型，是兼做出版或二手书买卖的。此类人数众多，有些专做台湾史，有些专收大陆书，或某类书。我想大陆应该也有类似的一批人或小社群，不过因台湾出版并非垄断性体系，因此藏家自兼出版、销售、进出口或许要自由些。

2007.01.20

猪脚记

友人于网志上见我江湖载酒，不免时来关切，劝我以有用之暇，好好读书作文，勿纵酒嬉游为妙。

良朋嘉言，敢不拜听？不过，喝酒是可以拿来说事的，读书做学问，犹如日常呼吸，有何可说？活着就要呼吸，呼吸才能活着，读书也一样，但我很难想象人专门写文章谈自己如何每天呼吸。看别人写他每天如何读书，文章大都好看，也令人佩服，但我总不免惜其功夫不到。读书，不择时、不择地，行所无事，自然而然，真要如呼吸一般，才是与生命合而为一呐！

至于作文，友人相劝，我知道是说要我好好做学问、写论文。这也是过虑了。游嬉诗酒，既与日常呼吸不相妨碍，自然也不会妨碍写论文。只是写论文做研究，亦无甚可说，因为那是每天都在写的，犹如一日三餐。今年元旦以来，便写了《论马一浮之国学》《书艺旁征》《土默热红学小引》《经学如何变成文学？》等等，害苦了替我打字的学生们。

近日真正倒霉的事，是脚摔伤了。

一日，友人招宴，我先告退。出餐厅时，因急着走，下台阶三步做一步，一大踏步往下赶。不料底下积雪未褪，地面结了一层冰，右脚踩上便滑了开去，霎时在餐厅门口表演了个大劈腿。但此时左脚却还在三层台阶上。结果一坐下去，左脚即结结实实磕在台阶上。一阵剧痛，左脚随后失去知觉，我想大概是断了。跌坐在餐厅门口，大约五分钟。北京也奇怪，居然人来人往，餐厅侍者更是站在门里迎宾送客，却无人来管。所以等到知觉渐复，才勉力把左脚抬起，试着站立。然后再试着拄地强行几步，叫上出租车回家去。

回去细看，脚幸而未断，但筋错骨转，已肿得个德国猪脚似的。女儿看了，又哈哈大笑，说："你上回写了篇《落齿记》，这次可再写一篇《摔跤记》了吧！"想想又说："去年你的游记，名叫《孤独的眼睛》，我不是都称它做孤独大眼睛吗？今年你的游记，要编成《自由的翅膀》。正好，两个做一对，这就是快乐大蹄膀啦！"

如此劣女，真堪痛恨。忙叫她休得取笑，快想办法来救治老爸。她想了一番，查书、上网，先订出一个计划，再确立了些步骤，最后决定仿效华陀治疗关公那般，好生整治整治。于是，先冷水浸泡，再热水烫滚，然后施以推拿，用力按摩。我疼得半死，说："嘿，你有虐待狂啊？"她说："唉呀，老爸，我好难过呀！你养我到那么大，连我有虐待狂这一点你也不知道？”

我少年时本来练拳打架，配有不少跌打损伤药酒，可惜旅中未能带来，否则何至于如此任她折磨？但后来想起，嘿嘿，我还有一贴膏药可用。不妨也贴上，以助治疗。如此如此，在膏药及女儿“辣手回春”的办法下，逐渐也能走了。

说起膏药，倒也有趣，不妨聊聊。

原来，台湾台南有一张义煌先生，家中本拜关帝。后以奇特因缘，关帝指示须迎奉一张将军。供奉以后，屡有奇异感应及因缘，乃为张将军建了一座庙。庙将落成，须有一碑记；碑记该找谁来写呢？须找一个名叫龚鹏程的人。于是乃联系了我，邀去参观。

我写了碑记并代撰了庙中一些楹联之后，因卸任佛光大学校长职，来了大陆。此事便渐佚忘。浮生浪迹，类此者多矣，谁都能记得呢？岂知张先生后来一直在找我。去年秋天，打电话来北京找着了我。说庙已建好，碑记须刊刻，嘱我书之。

我乃趁要回台湾开会前，找了一天，清早爬起来研墨书之。可恨我自己写的那篇碑文又臭又长，伏案作字，写毕，腰就几乎直不起来了。痛了两天。回台湾交差以后，张先生特赶到我家致谢，并送了一贴膏药。原意是要我贴腰伤的，此刻正好用来治脚伤。世间事，因缘一环扣一环，乃有如是者。略为志之，以为治猪脚时之谈资。

2007.01.25

古典诗歌研究汇刊

田青由巴黎返，约了去喝酒，又拉上张庆善。他们现在主持非物质文化遗产研究中心，事关重大，感触自多，所以谈了不少。吃完饭，田青说山西左权有一人在北京开足浴连锁店，也叫田青，于是又去找他。未遇。我说，下回也要办个活动，把名叫龚鹏程的人都找齐了聚一聚才好呢！

但“文化遗产”这个名字，我却不太喜欢。人死了才有遗产，文化本身是活的，怎好说是遗产？遗产可任凭子孙瓜分处置，文化岂能也是如此？故我向北大建议成立的研究中心，即称为文化资源。资源之保护、研究、开发、运用，则为我辈之事。

我平生好创新事端，过去曾创立道教学院，未来学、生死学、非营利事业管理、艺术管理、生命学、出版学系所等新学科，文化资源中心或许也可算一个吧。

不过我在中心没做什么事，只编书而已。因杜洁详恰好觉得在佛光大学气闷，辞职不干了，自办槐下书肆，做大掌柜。故与我商量，即以中心策划名义，辑编了《古典文献学丛刊》。去年已出版三编，共九十册。今年新计划是编《古典诗歌研究汇刊》，初编十六种二十册，已大致编好了。今日无事，且作一序，略道其缘起与旨趣罢！序曰：

中国人喜欢自称是诗的民族，把诗的地位推崇得极高，说是：“灵祇待之以致飨，幽微藉之以昭告；感天地，动鬼神，莫近于诗”（《诗品》序）。这不是其他任何文类所能比拟的。

以文类说，诗因早先与歌之关联较深，《尚书·尧典》所谓“诗言志，歌永言”，诗歌往往合在一块儿说，故“诗”历来均指韵文，可以依永和声者才叫作诗，以与不入韵之“文”相对。但有时我们也会把诗当成是整体文学的代称。例如说诗言志，此“诗”固然指与歌颇有关系的诗歌，却也不妨用来描述整个文学创作之性质，谓文学皆当言志。在文学批评史上讨论诗言志抑或诗缘情时，大家都是这么用的，其他文类当然也无此地位。

正因为如此，故每个时代文学之盛衰、评骘之指标，主要也是诗。诗，是每一时代文学之代表。一位文学家，若只能写其他文类、文体，而不能作诗，其作家身份，有时就不免令人存疑。倒是诗人除了诗以外，若不娴熟其他，亦无所谓；事实上诗人大抵也不擅其他文体，诗歌本身就足以让他屹立于文坛了。凡此等等，皆足以说明诗歌地位之优越。

文学研究，当然反映着文学现实。诗之地位特殊，最受重视，研究者自然远多于其他文类。研究者多，成果丰硕，自然又使得这个领域无论在思考深刻、视域广袤、论次谨严等各方面，都胜于在其他文类上的表现。也就是说，无论质或量，诗歌研究都较佳，亦最足以显示我们文学研究的水平。

关于台湾地区的中国古典文学研究，我曾主编过一册《五十年来台湾地区的中国古典文学研究》（2000，学生书局）概述其经纬。勾画盛衰，以观大势。如今更觉得这项工作值得继续且深入地做。但除此之外，辑编历年优秀论著，令人足以参见其持论之是非、观玩其间风气之趋移，恐怕更为必要。而要这么做的话，诗歌研究，当然就是首应介绍的项目。这就是编辑整理这套《古典诗歌研究汇刊》的基本原因。

诗歌研究，主力在各大学之中文系所，故辑刊首以各校博硕士论文为主。近代学院教育在学术规范之建立、学术话语之形成，以及学术生产上的操控，其作用已不用再解释，想来人人均已知之。博硕士论文，理论上仅是学子获取学术社群入门凭证的敲门砖，也是晋身于此社群的练习之作。但撰述时年富力强、精思锐志而为，往往新意迭现，令人倦眼乍明。有许多成名学者，其实平生主要著述，即是他的博硕士论文，原因亦在于此。是以历来均将这批论文视为整体学界学术成果之主要区块。本编首辑选刊这些论文，便是着眼于此。

所辑内容，为广义之诗歌，包含诗辞歌赋。这也是历代论诗之通义。今人所见或有不同，有的把诗和赋分开，有的让诗与歌划界，别有胜义，亦能自成伦类，然未必合乎古。故今不用其分，仍以“诗歌”标目。初辑十六种二十册，其余赓续编之。总一代之翰藻，诠历世之芳菲，发缘情述志之妙，次依声和永之绪，其足以供学界参考，毋庸赘叙焉！

2007.03.18

推荐何炳松

返台以来，闲居浪荡，网志久未更新，实在对不住费神来此浏览的朋友。不过差可告慰于诸君者，是本人幸尚健在，依旧在人间吃猫狗、骂秃驴，盛气长歌，不减吾狂。只因现在台湾已是个“惊奇之岛”，每天如在剧场，看着变幻莫测的戏剧，情节离奇，令人惊异不置。目不暇给之余，竟已无法腾出心力来评述这不知该让人悲还是怒的局面，颇有无从下笔之感。

时事既不好说，姑论往事，兼谈点学问吧。何炳松先生《世界简史》，我写一序，荐之。

2007.03.16

校园偶志

返台期间，主要是去台南成功大学讲课。但因这个“杰出学人讲座”对我颇为优待，故其实要上的课很少，不过每周去讲二次，趁便访友聊天罢了。

至今才去了两趟，一次却先到了台中，一次先到嘉义。与王明荪、雷家骥、杜志勇、邱瑞达诸老友串门、喝酒、吃田鼠，好不快活。到了台南，更是餐餐被拉去品尝美食。台南是旧城，旧城本应显得沧桑斑驳，但此番来见，却甚具风华，小吃尤其可观，感觉更胜曩昔，几顿西餐亦甚佳。不只是菜好，餐厅经营布置及主人风格均见巧思，令我有每周去南部享受阳光度假之感。

我在成大教书，是在廿五六年前。旧时同僚，或逝或散矣；健在者，亦由昔日青衿年少，一变而为白发人。但校园的感觉还是差不多，老榕凤凰木之外，木棉等也开得灿烂。偶荷书囊，穿过树林，便常误以为仍是那时少年。想起许多在这个校园中我曾经有的故人和往事，不胜低回。怀旧的年纪，碰到了这适合怀旧的环境，可真要命哪！

上课的情形就不说了。不过可以谈谈在另一个校园里授课的事，聊为对照。

这个学校，就是我去年曾去教过的珠海联合国际学院。这个新学校，那时我去教书时才二百来人，如今已扩招至数千人，亦建了自己的校区。虽然仍然尘土飞扬地在赶工，但教学活动似不受影响，生机勃然，跟成大或这两年我待得较久的北大、清华、北师大等百年老校，自然形成鲜明的对比。

老学校，靠的是传统，以及高素质的学生。学生进来就很好了，老学校提供他一个自由成长的机会，他就会抽枝发干，长成大材。所以办学者主要是“为道日损”式的，勿剪勿伐，不要乱搞乱整乱兴作，学校就会很好啦，不需用什么教育手段。新校恰好相反，一切均属草创，学生亦如璞玉，有待雕琢。因此，“为学日益”，须用许多办法，兴作鼓舞之，才能建立风格、奠定传统。

我于三月十四日来澳门，转珠海，到联合国际学院上课，讲中国文化。看见他们办学的一些设计，特有感触。

一是大班讲课，搭配辅导教学。我在淡江读大学时，校长张建邦先生就倡议“大班教学，小班讨论”，但实施起来颇不理想。大抵只是老师应付着大班上课，缺乏助教讲师之辅导，这种教学法就很难成功。后来各校通识课，也常有三五百人之大班，效果也都一样不佳。联合国际学院走国际化的路子，以英语教学为重，但利用中国文化课强化学生之通识修养，本就难得。为这个通识课，大老远，花这么多钱，这么大的精神找我来讲课，正可以看出办学者的用心。这个课，我讲时，辅导教师及助教也都来听。有一次我弄错了时间，迟了半小时去课堂，助教便撮述上一堂课之大意，为学生们复习。故虽老师迟到，学生也不躁乱。其实我每月才去一次，其他都要靠这些辅导教师去带学生，这种教学法，学校需有许多行政及教务之配合才办得到。而最有意思的是，学生似乎并不以此通识文化课为营养学分。我在学校两天，碰到三次学生来问我什么时候开讲，他们要来听。就是本来无课的，亦愿再来听讲。这在他校，确实少见。更少见的是，还有教授及家属们也来听，并热切与我讨论。此等风气，我在办南华佛光时，亦尝有之。可能是新学校，才会有一股以“论学团体”自我期许的气氛，老学校就难得见了。

二是全人教育。这学校提供全人教育，因此除上课之外，还有许多增进其他知能之训练。例如义工服务、野外求生、逆境突破、环境保护、团队合作等，有八个大项目。去年去云南做义工，今年准备去青海，要在青海湖净山净湖、去小学做服务等，再去西藏会合，开会讨论心得。我看过学生去年的学习心得报告，有些连我都很感动。我在佛光办过“移地教学”，但只是带学生去玩，可还不敢带学生去做工呢。

今年该校还准备仿英国牛津剑桥的学院晚餐制度，每周四举办一场“高桌晚餐”，学生着礼服，遵守礼仪参加；每次并请一位嘉宾做主讲。如症弦下月将去香港浸会大学任驻校作家，故该校便邀了他担任五月份的晚宴嘉宾。这个制度，我在佛光也想办，可惜没办成。因此格外想看看他们办得如何。

我在校时，恰好该校又成立了一个龙狮队。原来本学期另安排了高尔夫文化、日本弓道、中国舞龙舞狮等结合体育的文化课。学生本来较心仪高尔夫等，舞龙舞狮显得太土，不太愿意选，但成立舞龙舞狮队以后，却玩得很高兴。我在时，恰好找了佛山黄飞鸿第五代弟子们来，举行龙狮开光采青仪式，找我跟几位主管去为龙狮点睛开光。锣鼓敲打起来，令我又想起在南华时，也成立了一个鼓队，还差点弄了一个女子舞狮团。可见办新校，走全人教育，大家的思路都是差不多的。

当时我也要进口日本弓，发展弓道。经费有限，最后只好用西洋箭比赛弓。大家在南华小小的篮球场上，把几张榻榻米拿来做靶子，克难地射着玩。比起联合国际学院，看来要寒伧多了。虽然如此，我仍办过一场“射礼”，大家着古装演射，依然颇为好玩；至于鼓队嘛，没钱买太多器械，就去市场买了一堆擀面杖来冒充打鼓棒。此等奇思妙想，如今烟逝矣，只能祝福该校赓续尝试成功！

2007.04.08

过澳门

王顺仁送了两颗鳄鱼头来。上回与他及杜洁祥等人去吃鳄鱼，庖人此番又治了几尾，特留了头给我，遂由顺仁送来。我还来不及烹调，即飞澳门。

到澳门，见到张多马。陆委会旧友，今各有际遇，多马顷调澳门，任经济文化中心组长。我正要找他，他上周带一交流团到台北，也恰好在找我，结果时间凑不上，只好约了在澳门见。

澳门今日状况如何，老实说我已不清楚了。十五年前，我可是台湾有数的澳门专家呢！台澳文化交流，实居推动之功。但这几年澳门脱胎换骨，我又没时间研究，因此已颇为隔膜。这次特就此与多马请教，并略商办一二活动。

澳门的赌博事业，较前更甚。除葡京外，金沙、巴比伦等如雨后春笋，越开越旺，美国业者手笔尤大，竞相来此设局，无非看中了大陆豪客到澳门来赌最方便。

台湾最近嚷着也要开赌，一样是寄希望于大陆客。可是两岸局势如此，大陆旅客什么时候才能如观光旅游博彩业者期望地大批来台呢？就是来了，台湾能取代澳门吗？开赌之后，色情与犯罪问题如何解决？台湾治安现在又已如此，一旦开赌，情况更不可想象。可笑苏贞昌“内阁”，治安无方，还厚颜无耻，尸位素餐，不但吃了诺言，且更要进觑大宝。弄得小丑跳梁，在电视上公然亮枪放话，才找电视台晦气，惩治 TVBS、斗李涛。如此治事之本领，唉，不说也罢！

在澳门，又听到“草山行馆”被烧了。这栋老建筑，久经沧桑。日据时期建了，说是要接待日本太子，后因老蒋撤退来台，便做为临时官邸。士林官邸建好后，老蒋夫妇仍每年上山来住几个月，蒋逝世后则荒废了没人管。我与龙应台商量，改成官办民营形式，重新整修。即由我当时主持的佛光大学去经营，命名为草山行馆。记得要开馆时，何振盛兄等住进去装修布置，满山衰草，一座废墟，夜里老是闹鬼。振盛等跟我说了好多，绘影绘声，都是绝妙的笔记小说题材。后来整理好，我又征得不少老蒋文物，开馆时竟亦蔚然可观，成了阳明山一处景点。门上的横匾、屋内的厅堂名牌也都还是我写的。如今居然天火劫烧，俱化灰烬。我在澳门遥念，不胜欷歔矣。

2007.4.24

讲习国学

在成大两个月的讲座，今已是最后一节。友人说：“啊，想不到两个月就过了，真是岁月如梭！”我说：“如今科技进步，已是如航天飞机了，时间比从前更快呢！”

享受了两个月的南台湾阳光，也享受了友情的温暖和台南的美食，法式、德式、日式、美式、意式、土耳其式都拉我去尝过了，问我：还有一家“老友”，去过了没？说还没，于是一伙人就又跑去老友。

其实只是水饺卤菜，但墙上多有名家字画。询之，谓主人儒雅，多书画友，于大成、吴玙先生主持成大中文系时，即尝以字画义卖所得捐为清寒讲学金。每年发放，若不足，则主人自垫。市井多侠行，此即其一例。

上周在台南，还意外见到柳存仁先生。与先生久不见，每年都能收到先生的贺年卡，但我遗失了记事本，许多旧地址电话都觅不着，因此也就无法回信。去岁在刘梦溪先生《中国文化》上刊了两篇小文，据说柳先生还跟刘先生问起，而我竟仍未与柳公联络上。顷柳公游香江，再来台湾，应法鼓人文讲座之请，要在成大讲三场，故得惊喜相见。

先生九十矣，然神明不衰，不但站着一讲二小时，且记忆惊人，随口举示人名地名书名年号，累累如贯珠。我去听了一场，由利玛窦讲到李约瑟。另讲道教与养生等，我有课，不能去。问柳公是否曾传授养生秘诀，曰：“未授功法，看来对你偏心！”因昔年在新加坡开会时，柳公见我疲殆，要我夜半去他房里，亲授了我一套功法。

我自己在台南时，也是跑来跑去演讲的。上上周由台南去高雄，在高师大经学所讲了一场，上周去嘉义中正大学台湾文学所讲了两场。若加上这两个月跑了两趟珠海，还去政大讲了一次，也是够瞧的了。

高师，大概已二十年没去。昔年在此讲说，课余便随张梦机、曾昭旭老师等同去门口茶艺馆喝茶，情景犹在眼前。而昔年裁成者，今皆名宿矣！

中正，也距上次来演讲已十年。上次来，恰逢九二一大地震。学校招待我住在市区旅馆，结果半夜大震，差点从床上掉下来。赶下楼来看，墙面磁砖皆已剥落，对街小贩煮面锅的油水全震了出来，而三层楼的市场则震坍了，变成两层。晨赴学校，强作镇静，还大谈了一通学校该如何发展人文精神，而学校实验室震损爆炸的消息随后便传了来。此番来讲，没那么刺激，倒是与江宝钗、毛文芳、孙隆基、陈韵几位见着了。早晨的校园，为雾所环，如浮在海上，尤美。

如此忆旧，无大理趣，聊以见在台生活之一斑而已！

不过，所谓人文精神，半赖叙事。怀旧讲故事，正是人文精神维系的方法，因此姑且再说说。

昨，成大中文学报开审查会，林庆勋先生来，我说起三十四年前去铭传商专参加国学研习营的事。那一年是由孔孟学会主办，方东美、程石泉、陈立夫、华仲麐诸老主讲。方先生尤其元气淋漓，一口气讲了四个多小时，记录后来刊在全集《演讲录》里。但我们小朋友除了听讲外，玩得更快乐。记得结束晚会上我还代表我们这一组反串《苏三起解》的苏三，把同学们笑得打跌。而我们的辅导老师就是林先生。

结果林先生说他们当年之所以去参加辅导工作，其实也是去玩。因华仲麐先生说晚上要喝酒，找他们去做伴。华先生是贵州茅台酒厂的少东出身，当然酒量甚豪，饮馔亦精。他去英国留学时，随身带了一个司机，一个书僮，还有一个厨子。哈哈，你说这是去读什么书呢？

王伟勇兄则谓当年留洋者不乏此类，徐可熛先生去英国，也带了两个轿夫去。但扛着轿子上了街才发现不妥，随即下轿步行，把两轿夫遣回了。此类逸事，大抵与京师大学堂开办初期学生带着仆隶去上课差不多。

因说及国学研习营事，我今年也想赓续旧事！在暑假期间办个庐山国学研习营。计划已拟妥，与白鹿洞书院合办。相关报名办法及活动内容会挂在网上，有心参加者可去查看。今年以台湾学生为主。下次若找到钱，再来为大陆有心向学的朋友办个国学讲习会吧！

基于我的个性及我上述参加国学营之经验，我办的国学营自然与众不同，一定是又好玩又能对中国文化深有体会的！怎么样，要不要参加？

2007.4.26

文化旅游王阳明

二十四日上完最后一堂课，可爱的学生们拿了个蛋糕来，遂在班上分吃了，然后匆匆赶车回台北。二十五日清晨再赶飞机、转香港、飞杭州，来参加王阳明会议。

会议其实只是阳明国际文化节活动中一小项目。余姚近年大打文化牌，去年我来开过黄宗羲会议，今年则以阳明故居修建完成为由，大办活动。配合阳明故居及四明山旅游，有电视片《王阳明》播映、阳明书迹展、研讨会、全国阳明纪念地旅游合作联盟成立大会、全国阳明纪念地联合旅游宣传等。日本团就有上百人来，其运作模式，正可见大陆各省市发展文化旅游经济之一斑。

因此今天一早就被拉去故居广场晒太阳，听领导们讲话，即所谓故居开放典礼是也。

领导们在台上坐着，一一轮番讲之。他们对阳明学一窍不通，念着别人捉刀的稿子，而我们这些真正懂得阳明的专家和热心的市民挤在烈阳下听。令我想起当年我与李瑞腾筹划七七抗战纪念研讨会，主办者是国民党文工会。可是开幕即由瑞腾开之，请钱穆钱先生来主讲，讲完开始研讨，闭幕时主任才来道谢、宴请。此一方式，今不可见矣！

我因懒得听这一干人乱扯，便径自先溜进故居看了。因是修整的，故无太大的古迹价值，唯院落修饬可观而已。所展示及介绍，也可见主办者之用心，但错误仍不罕见。如泰州学派缺赵大洲；耿定向字天台误为天白之类。徐渭在浙中王门、李卓吾在泰州，皆非主要人物，而特予介绍，亦可见其眼光。但阳明后学文集数种，尚不经见，复制亦不易，未可一律抹煞其劳绩。

我出来后，开幕式才完，一干人又轰轰然进故居去参观。此时门口舞台则有余姚一舞蹈团跳贵州舞，一泗水铜钱桥舞犴队舞犴。可怜我们那些来开会的学者们恰好又因进故居去了所以没瞧见。

贵州舞，当然瞧不瞧无所谓。余姚人跳贵州舞，怎么可能地道？无非找个名目，说阳明在贵州悟道，故编此舞，让观众看个新奇罢了，跳得拙稚可哂。舞犴也一样拙劣。跳贵州舞时，一女子的裙饰差点掉了下来，舞犴时一人的头巾也松脱落地，观者匿笑。

但舞犴之拙，却恰好。犴舞本与舞龙差不多，但比舞龙土气得多。光那个犴，就像个土狗头。因此舞起来就要拙朴才好。此舞雩处没有的。中午吃饭时，说与台湾同来的谢大宁、林月惠听，他们都懊恼没跟着我跑。

2007.4.27

发扬阳明学

阳明研讨会中，逢去岁在余姚开黄宗羲会时之记者，问在故居开放典礼中余秋雨为何说此次阳明会议十分重要，乃向世界昭示中国人精神转向之重要标示。余秋雨说法如何，我未听见，不好评。只能告诉她，阳明在过去几十年，被视为唯心论，是遭批判的。整个中国，都向西方学习。且主要是学马列、讲唯物。如今幡然改途，回头重视传统，重勘阳明心学，自然有重大意义，全球之中国观，自应改观。唯如今大谈儒家，高扬阳明甚或孔子，与过去批他们，似又无本质之不同。过去是政治斗争，拿古人拿文化来做文章；现在是发展经济，一样拿古人来做文章。阳明复生，能同意如今人人昧着良知捞钱吗？

我自己在会上谈的是王学如何经世。自以为文小而旨远，但或许人未必能知。怎么说？

论阳明学，近代有一陋习，即是妖魔化程朱理学，说程朱如何禁锢人性，如何与官学结合，与政治宰制结合，如何类似欧洲中古经院哲学等等。然后再说王学如何革命，如何反叛，如何颠覆。这是近代革命气氛底下的产物，历史好像非断裂一下，非反一下，不足以言进步。此真大谬也！

且不说程朱之学不能如此看，以阳明学来说，阳明本身何尝自以为是革命是颠覆？阳明撰《朱子晚年定论》，正是想借此说明自己之说不悖于、不谬于朱熹。而其定家礼、论合族法、论祭法祭礼、论乡约，哪一种不本于朱子？昨在阳明故居，见其后学孙应奎所著《朱子抄》，可见阳明一脉，非与朱子为敌者。今人喜欢革命，于是东也革命西也革命，其实阳明未必是要革朱子之命的。

再说阳明实际上颠覆了朱学吗？当然也未！且不说晚明东林顾宪成等之反王学，整体学术界大趋势亦是批王学的。今人以为晚明为王学之天下，正是脑中文化地图错乱使然。至于阳明本人之学术格局，当然也没超出宋学，只能说是宋学之发展或延伸，与明道、五峰、象山关系甚深，又何可忽视哉？

近代论王学，又有一陋习，即大谈良知本心而未甚理会其“知行合一”之行。行是什么呢？就是政治实践、社会实践及个人身心实践的问题。于是王学成为学院之清谈，而其书院、家礼、宗法、祭礼、乡约之教亦不彰。

大陆在一九四九年后，从中央到地方，直接管理了人民所有生活。不但所有中介层、中介团体，如家族、宗亲会、乡里地缘团体、同乡会、会馆、行会、同业会、慈善团体、善堂、地方宗教团体、神明会、民间自助团体、互助会等都遭收编或消灭，连家庭也差点摧毁了。如此，若由阳明、朱熹之论宗法乡约处，重建一民间社会及伦理秩序，不是很重要的思路吗？

2007.4.30

书是毒药

由余姚乘火车往上海，把黄永武曾昭旭两先生的稿子交了。只一宿，便再转到南京。上海南京间，新开通动力车组。不知道为什么如此命名，只觉得坐起来像台湾高铁。直达，车程两小时，比高铁略慢。

乘车时，向例在火车站入口要检查行李。这是台湾所没有的。而更绝的，是其他人皆无问题，独我被拦下，要开箱检验。我问："有何违禁品？"曰："为什么有那么多书？"喔，原来书本跟炸弹、毒品一样，都是危险的。

好不容易找着钥匙，开了箱，保安人员一本本翻开来看。什么王阳明、龙场悟道、良知教、巴哈伊教，越看越觉我可疑，大喝一声："你是搞什么的？"眼看就要逮人了。幸好浙江省儒学会聘我为顾问的聘书凑巧掉了出来，才勉强解决了他们对我身份的疑惑。而我，也更加理解了一件事，在这个社会中，书，常与毒品、炸药被视为同类，读书人则常被视为嫌疑犯！

在南京看报，又知王财贵兄去广州一中学演讲，推动读经。报上对其言论，以奇谈视之，颇有质疑。夏虫不可以语冰，这也难怪。何况儿童读经这套观念与做法其实意在颠覆现有教育体制与观念呢！

现在的做法，是读新编课本，由浅入深，再花大时间教数学、学英文等等。实践了一百年，证明是彻底失败了的，而死不肯改，不知是何道理。

儿童读经有什么大好处不敢说，我自己可是过来人，少小花死劲学的英文数学，后来一点用处也无，徒然浪费了我多少精力，害我挨了多少板子、跪了多少算盘！唯有孩提时背的四书五经、读的诗词小说，至今永不再复习也不会遗忘。而且那些道理，孩童时未必欣赏，如今却越来越觉得醰醰乎有味。

因此，才贵的言论，依我看，实在是够温和、够乡愿的了。若照我的看法与经验，顶好是小孩子让他认真读四年小学，背点书，读点诗词小说，便放他去好好玩八年，爱干什么干什么。中学全给废了。将来想再读书的人进大学，想学点技能的人进职技学院，要谋职则进职场的训练班。各得其所，谁也甭耽误谁。偏激吗？你仔细想想，就会知道我说得太有道理了！

在南京，还看了电视《百家讲坛》。这个栏目越来越像说书了。讲历史，该启发观众关心历史的大变迁、大关键，而不是如此鸡零狗碎，东一个揭密西一个真相，一会儿明清，一会儿三国，一会儿汉武，宫廷斗争、人事纠葛，乃八卦狗仔队的历史化，非述史之正道也！

看王立群说《史记》，功力颇深，但节目形态如此，何能言太史公之“通古今之变，究天人之际”乎？

2007.5.13

澳门珠海去来

到北京才休养了几天，便又南下广州，转往珠海。在珠海上了两天课，再入澳门。继而又由澳门返珠海，去广州，返北京。折腾一大圈回来，筋软骨散，几乎说不出话来。

此番去珠海，邀了青城派掌门刘绥滨夫妇也到珠海，为联合国际学院的学生演讲一场，并演示青城武术。

传统武术门派，在今天，看起来很是兴旺。武馆武术学校遍地开花，电影电视推波助澜，各地武术比赛、打擂台、海选武林之星，一个接着一个地办。然而表演跟比赛就能代表传统武术吗？非也非也！表演都是花招；硬气功则半真半假，靠的是道具和窍门；套路嘛，光讲究着好看，跟体操没什么不同；兵器演练更是拿棍子鞭子噼里啪啦甩在地上乱打，这能叫武术吗？比赛呢？在规则底下，无论散打或自由搏击，看来都是死劲蛮打，什么门派招式也瞧不出。因此我有时很悲观地认为，传统武术到今天，只怕快要灭绝了。在珠海，便建议学校请一些传统门派的掌门或传人来讲讲，绥滨算是第一场。

讲毕，夜里到湖畔野店中，喝了一盅酒，再请他打两趟拳，彼此讲论一番。四野蛙鸣，夜风习习，亦浮生之一乐也。

去澳门，则是去交涉暑间办研习营的事。大抵谈妥了在澳门活动的安排，也去路环看了黑沙青年活动中心，将来学生准备住在那里。

黑沙海滩依旧美丽，路环与氹仔的渔村也依旧迷人，但澳门毕竟变化甚大，住宅博物馆前海湾几乎全被即将落成的拉斯维加斯新赌城挡住了。整个澳门，现已有赌场廿六座，十一日又有皇冠赌场开幕，号称六星级，不知到底奢华到什么程度。我对赌，任何赌都无兴趣。不是清高，而是我这赌徒，早已将人生孤注一掷在做学问上了，所以对其他事既没资本赌，也没兴趣赌，只能观察观察罢了。

澳门多旧友，得此机会相见亦甚好，张多马并带我去看了国父纪念馆的场地，准备十月在台湾办完书法展览后就移来此地展出。此地原为国父故居，国父元配卢慕贞夫人晚年一直住在这里，一九五一年才去世。一九五七年改为纪念馆，门榜为于右老题字。内中虽资料不多，但布置简素廓泰，仍足以兴发志意。

临别，多马送我一小盒澳门饼，并开玩笑说："这不是火腿！"彼此大笑。因为昔年去浙江，袁保新托我带点火腿肉回来，结果杨树标先生送一腿来，害我抱着这腿，如抱吉他，经杭州、绍兴、奉化、宁波、舟山，到普陀去拜观音！观世音菩萨在普陀山开道场，殆已千年，从来没有人怀掖一条金华火腿去看她，故此事堪称一奇。袁大嫂在澳门，负责外交事务，与多马同署办，故他知道这段轶事。

保新晓得我到了澳门，则打电话通知嫂夫人，替我点好了菜。饕餮旧友，故如是也。哈哈哈！

2007.05.17

讲 学

今在北师大开始讲课，旅途疲劳之余，几乎累杀。

我去年在北师大，开的是“新国学讲座”，凡六讲。四月底，于丹去台湾，在记者会上答记者问，说她讲《论语》，曾受南怀瑾、李泽厚和我之启发，并在北师大听我说过《论语》。友人把这新闻发了给我看，我很感谢她的抬举，可是我在北师大其实并未讲过《论语》。《论语》多难讲呀！谁讲都要挨骂。当年钱穆在台湾，于报端连载其《论语新解》，也一样备受批评，我小子岂敢随便乱说？在北师大讲的是：

（1）国学与新国学

（2）方法与方法论

（3）六经皆文

（4）文士与经学

（5）国学领域中的佛学

（6）非国学领域中的儒学

因其中有一讲讲长了，拖了两周，故后来最后一讲便没说。这回续讲，自然就要由“非国学领域的儒学”讲起。

国学云云，历来都以儒学为主，什么是非国学领域中的儒学呢？哈哈，简单说就是光研究国学的老师硕儒所不懂的儒学，亦即传统儒学之外，它在现代、在国外之状况。时间有限，今只能讲六讲：

（1）儒学的现代化转型

（2）儒学的现代性批判

（3）“儒学经世”在当代

（4）儒家的法学与政学

（5）儒家的心学与性学

（6）儒家的文学与美学

预计每周一讲。聊陈隅见，以切时用，其实于儒学之真精神恐怕还是无法叙及的。不过，讲学嘛，大概也就只能如此了。

本学期另在珠海联合国际学院讲八讲：

（1）儒

（2）道

（3）佛

（4）回

（5）宗（祖先崇拜）

（6）社（土地崇拜）

（7）文（文字崇拜）

（8）侠（英雄崇拜）

这类讲说，难在纵贯，比一般专题演讲可难得多了，须有博稽之功、综摄之力，而听者未必晓然，不如专业题目讨巧。因此每讲毕都大汗淋漓，累得半死。礼经有云：“人之患，在好为人师。”许多人的确能讲，也喜欢讲，我却实在是怕讲的，不得已才讲讲。

今日讲毕，学生领我去找周志文。他顷由台大办了退休手续，也来北师大讲学。三月就来了，而我恰好不在，仍在台湾讲课。他一个人不免有些岑寂，前两周竟溜回了台湾。但那时我又到杭州去了。待他再偕夫人同来北京，我却刚好南下了广州，故给他一信说：“人生不相见，动如参与商，此之谓也。”今日课毕，乃来找他相见。以后赖他替我讲讲吧！

2007.5.20

地板、书院、酒庄

去岁秋间，我住的小区公寓，楼下女士忽来兴师问罪，谓她们家屋顶漏了水，必是我屋子管线有问题，故要来索赔。我每日在此读书啸歌，不料竟是以邻为壑，私心甚感过意不去，因此通知物业管理人员来做勘察，确定责任归属，以便睦邻媾和。孰知左查右查，我家管线没什么问题，而她家照旧漏水。她去找物业抱怨，物业也就只好继续来反复查找弊端。

一日，工人又来我宅查勘。东掰掰西敲敲，忽听他喊了一声："坏了！"我们跑过去看，原来水管不慎扳断，水出势如泉涌。我们忙拿盆子、取杓子、端锅子、找桶子，扫之淘之倒之。可是水出势猛，一下就淹过厨房，漫入客厅卧室。我们连忙又找出破衣、烂布、拖鞋、木剑等一切仿佛可以阻截水势的东西去拦堵。可是不幸终于如鲧之治水，宣告失败。

待工人好不容易找来同僚，带了抽水机上楼来治水，并关闭大楼总水闸后，水才渐渐退去。但地板泡了一趟水，日后自然就要生出许多异样来。

先是出现了裂痕，继而翘起作波浪形，眼看是不能用了。老婆被绊了好几次，差点跌跤，于是她决定找物业去商量善后。

她文采本胜于我，只是平日懒于作文，但既如此决定了，即便动手写了一篇《淹水记》。叙事宛曲，仿佛《左传》；而制断精严，又似乎《春秋》。于是淹水之原委、责任之归属，无不粲然大明。然后陈下情而申大义，叙吾人睦邻之意愿，询物业补过之良方。既如陈情表般，动之以人情；又如讨敌檄般，胁之以法条。煌煌巨作，凡数千言。

文章送去，果然物业立时便决定来修了。来勘查以后，说定好了时间就来。于是，由秋徂冬，日居月将，岁月如梭。而冬去春来，一春又过去了。物业终于还是没来，地板则冷缩热胀，波生波平，几番沧桑矣。

我想，老婆的文章大概没什么用，正如她的言论，除了可威吓我以外，一向唬不了别人。谁知此番我回到北京，物业真的来修了。先是磨平地板，后是铺上玻璃钢。工期四天，天下大乱。

我无老婆大人之本领，无法详述修房子所造成的混乱，反正混乱之极，磨出的木屑，烟尘障屋蔽隙，散入所有地方，只好又找了清洁工来一努力清扫。大灾之后，继之以劳动，现在我筋疲肉痛，也懒得再描述了。

总之，我在北师大这期间，似与地板有仇。原配给我一房，一日中午，地底轰隆哔啦，如雷鸣，又如爆竹滥炸，女儿则以为是楼下瓦斯气爆。我从床上跳将起来，与她夺门而出，却原来是地板磁砖忽然爆裂，东一块西一块，高高低低，隆起如小山，丘陵处处。现在这屋子则是遭水淹了。

我把情况说给王宁听，她哈哈大笑。但据她说，我算最好的了，北师大汉字所近来流年不利，她左手摔伤了，脱了臼；易敏腿摔断了，粉碎性骨折；朱小健在课堂上晕了过去；李国英也正病着，不知是犯何灾星。

如此说来，我果然十分庆幸，房屋亦渐恢复旧观啦，不妨便趁此吉日良辰出去玩耍玩耍。

乃邀了周志文夫妇，请叶书含开车带我们去阳台山。书含佛光还没毕业，就来北京办慧聪书院，任院长。近日孙冶芳经济科学基金会又找他合作，在翠湖湿地公园建了一座四合院，准备开坛讲学。另觅了一处农场，有桃杏千头、菓窖三窟，则准备改制成酒窖，建一酒庄。他也趁机拉我来看看，好替他出点主意。

翠湖甚美，不逊江南。长河碧柳，足动人情。去大觉寺畔普照寺游观，亦不恶。寺不对外，故静闷。有银杏甚伟，朴茂可观，据云可八百年。又有娑罗树一株，主人云即七叶菩提。盖主人信佛，故如此云云，其实非是。娑罗树不甚知名，然明屠隆即有《娑罗馆清言》一帙，故亦佳木也。坐银杏下饮茶一盅，令人意解魂销。寺久废，殿内斑驳陈旧乏保养，然自古拙可喜。梁木间尚可见昔日改作教堂时之彩绘，周志文云有东正教渊源，而“五饼二鱼”作一碗五颗包子状，尤有趣。

2007.05.23

国学入门

有朋友来劝我开讲《论语》。我已说过了，不敢造次；因此要敬谢抬爱。且《论语》言近旨远，就其言说层面看，其实也没什么太多可说的，主要是体会。如云“学而时习之，不亦乐乎”，字面谁不认得？有何可讲？勉强要讲，就只好在“学”字、“习”字、“乐”字上翻来覆去做文章，训诂、引申、辩难，吵来吵去。可是学习之乐，岂能由此得之乎？况此语仿佛孔子自说自叹，故亲切动人。我人述之，举以教人，则变成了格言规范，听起来就像教训，谁乐意听教训呀？可见讲这书是难得讲好的，不是学究气太重，就是一副心灵导师状，再不就要抬杠。你说“人不知而不愠”，我就偏说应当推销自己，让人家知道；你说“导之以德，齐之以礼”，我就偏说法治重要。如此如此，虽矜新解，不是反成了笑话吗？

当然我也还是要讲说传述孔子等人之学的，不过，聊示门径，非敢代圣立言。去年刚写完《国学入门》。

2007.05.23

评《古典智慧》丛书

英国作家兰姆在《伊利亚随笔》中讨论“书与读”时，引用了莎士比亚《奥塞罗》第五幕中一段话来发抒其感概：

> 我真不晓得何处再觅神火，
> 重新将那已熄光焰续着——

他讲的，是一些内容虽好却销行不广的书。这些书，一时偶见，转眼便可能从世上消失，故令他颇生喟叹。自古人们相信立功立言立德可以不朽，功德因乎机遇，著书立说却似乎只要凭才气加上努力就可办到，孰知著作之传与不传，其实也要看它幸运与否。碰上好的读者，燃藜照夜，这书本的智慧之光就能继续照耀，不然也就扫入了历史的烟尘中，光暗焰熄了。

兰姆赋诗断章，引用莎翁此语，语脉脱离了原剧，却甚能曲尽其妙地形容出读者和书的关系。读者以其心光，上接书的智慧之光，彼此交映，才能让智慧传承下去。所以说经典虽好，可也得有人去读它。没人读，火就熄了。

因此关键是“神火”。神火指特殊的读者。这种读者，能以其特异的眼光，把火焰渐熄甚或已熄的书重新标举出来。通过他们的讲说、点评、仿作等，使得光焰续生，再度为人间照开黑暗。例如《韩愈文集》是宋朝欧阳修在破纸篓里发现的；而《孟子》在唐末以后备受尊崇，又是韩愈所推举的。韩愈、欧阳修就是制造神火，重燃已熄光焰的人。平常我们所谓的经典，即是这类人一代代不断点灯续火所造就的。

我们这个时代，韩愈、欧阳修不知为谁。但续火有心，从事者颇不在少数。现在要谈的《古典智慧》丛书，即属于此中之一。

本书原系台湾高谈文化公司所出版，大陆当代世界出版社改版发行。目前已刊十三种十六册，有《史记》《唐宋传奇》《宋代笔记》《六朝志怪》《庄子》《荀子》《世说新语》《贞观政要》《梦溪笔谈》《天工开物》《阅微草堂笔记》《今古奇观》《关汉卿杂剧》等。昔年台湾高谈文化并不高谈文化，而选择从介绍这些古典名著入手，以简介译白的方式普及于大众，故丛书又取名为“教你看懂”，想教人看懂《史记》这些书。卑之无甚高论，但续火之意不可言喻，如今引进内陆，主旨也在普及古典智慧。

古典智慧之有待普及于今，目前已无待申说了。若非狂呆，谁都知道人生下来是要学习才能有知识的，幼而向父母亲长学、长而向老师及前辈学，必须学了才能逐渐形成自己。因此亨利·米勒（Henry Miller）有本自传就叫《我一生的书》，因为正是那些书形塑了他的生命内容。若不读书，尤其是不亲近古之智者，生命又会有什么内容呢?

可是，古今暌隔，古代智者的话，今人已不易明白，故需有训诂、注释或译为口语等工作。本书所谓教你读懂也者，即指透过这些手段令人易知易懂。

传播古典智能之方法，原理虽然不外乎此，但传灯续火者历来却颇有不同的斟酌。台湾于七十年代起，大规模做古籍今注今译、白话《史记》《资治通鉴》等，以译文为主；《历代经典宝库》等，以重新讲述为主，原文仅附数篇，鼎尝一脔而止；《小桥流水》等诗歌词曲赏析，则或分主题或分作家或分文类，以注释诠赏为之；《经典丛刊》又以录呈原文为主，仅做导读及简释；另还有一大批重排原著的，门类至为复杂。我看大陆迩来印行传统文化典籍也是如此的，故此间并不能说什么方法就一定对一定好，各人用各人的方式去续火，我觉得都值得鼓励，只要做得好就成。只看原文亦甚佳，不过，那些加上注释整理的，毕竟代表一种心意，期望能因他们的努力，替读者节劳。今人能看得懂古书，这些都是应当感谢的。

本丛书基本上是摘选，各篇前有总述，篇后大部分都有译文，篇中再作注释。有些原文太长，则径作译白，体例因每本书之性质而异，颇有弹性，大方向则是浅俗易懂。

我对这大方向是赞同的。今人与古典隔阂太久，遽然接触，不免陌生；甚至于像久病虚痨的人，骤令其服用老参茸苓，他反而难以消受，此时就须使之浅显易入。这套书在选篇、注释、译文，撮述宗旨各方面都用了些心思，确能导引初机。

缺点也不是没有的。有些注释太过简略，如《贞观政要·谦让》录了两章，第二章孔颖达劝太宗“以明夷莅众”，注解说了“明夷”是《易经》一个卦的卦名，指“暗主在上，明臣在下不敢显露才智”。这就只解了“明夷”，未解释“莅众”。且此语乃是谏君，就不该说是明臣不敢显露才智，而是劝皇帝装傻。这是简而误的。《纳谏篇》魏征劝太宗，太宗感叹：“非公无能道此者。”注说：“道，同导。”也不对，道是说的意思。凡此之类，宜再检核。

其次是解说时有些疏脱，例如《阅微草堂笔记》中太湖渔女一篇，评论说这则笔记赞扬了一名渔户女如何如何，其实本篇是两个故事，赞扬了两名女子。《唐宋传奇》中谢小娥一篇，作者简介只说了“不详”两个字。其实本篇是以我为第一人称叙述的，许多人以为这个我就是元和间的文人李公佐，故明凌濛初《初刻拍案惊奇》把这个故事称为“李公佐巧解梦中言，谢小娥智擒船上盗”，此处不能只说不详。凡此之类，亦当补苴或修订。

另外，有些解说仍囿于批判封建社会、打倒迷信、揭发黑暗那样的旧思路，尤以《阅微草堂笔记》那本为甚。有些复杂的哲学问题，简单的综述或译白，也常不能令其智慧发显，像《庄子》《荀子》，就都不易掌握。荀子说性恶，但并不是如本书所云主张人的本性是恶；他的天论，说圣人不求知天，也非本书所云乃朴素唯物主义、讲人定胜天，而仍是要顺天政、养天情、全天功的。凡此之类，又皆应细加审诠，才能示人以轨辙。

虽则如此，瑕不掩瑜，把老经典的光焰继续燃照下去，我确信还是颇有作用。此类工作，于今非太多，而是做得太少。知识分子，与其高谈文化，不如振袂而起，一同来做，才能把火苗烧得更旺些。

2007.05.25

峨嵋记游

赴四川。下了机就被拉到峨嵋山，宿在红珠山宾馆。馆在报国寺旁。抗战时，蒋中正先生在报国寺办峨嵋军官训练团，自任团长，官邸旧址即扩充为此宾馆。风景殊丽，足以感受到峨嵋之秀。官邸则甚老朴，晨起坐其廊道间，观山峦湖树，深静怡人。而我又不免想到那阳明山已烧掉的草山行馆，故感触颇有异于一般游人。

由山脚上登金顶，贡噶雪山遥遥可见。然金顶如今变化甚大，旧貌弗存。建了一座十面普贤大铜像，华藏寺等又修成金、银、铜殿，侈丽以震俗目，令我不喜。幸而云气蒸腾，亘古不变，仍有若干灵气仙风可使人有所感受。

峨嵋在古代，固然以普贤道场著称，但道教亦极盛。故明人唐荆川有《峨嵋道人歌》，李寿民则作《蜀山剑侠传》。如今一切不存，只把“佛教圣地”拿去报成了世界文化遗产。其实既是残缺之遗产，又易令人误解。

这情况就跟青城山一样。青城山以道教去报了文化遗产，可是青城前山固为道教，后山却以佛教为主，青城派武术亦有佛家与侠家渊源，何尝尽属道教？

再说都江堰。以李冰治水去报成了文化遗产。然古代李冰治水到底在何处，本有极大的争论。《史记》只说李冰“凿离堆”，但离堆究竟在哪儿，诸家考证，意见不一，大抵有都江堰、乐山、南充三说，皆三江并流处。故乐山大佛的乌尤寺旁即有碑刻云“古离堆”。如今，乐山以大佛去申报文化遗产，灌口都江堰以李冰治水去申报，乃是行政上的取巧、申遗技术的操作，于是四川就有了多一点儿的文化遗产，而历史问题与真相遂遭了掩蔽。

都江堰的二王庙，亦因此而变成了祀李冰及其二公子。这是荒诞不经的！可是现在谁也不好说。二王庙，其实本来奉祀的是二郎神。二郎神才是灌县真正的民间信仰，灌口二郎神庙即其主庙。可是现今张冠李戴，所谓文化遗产，大抵皆如此。在成都，现正举行世界非物质遗产博览会，热闹非凡，而我一点儿也不想去看者，正为此故。

由峨嵋下山，往成都。居然封了路，不准下山。询之，曰：“一级戒备，有领导要来游山，下午三点半才准下山。”呜呼！此刻才一点左右，停车场附近连一处可以喝茶的地方也无，只能呆等，领略一下官威。

2007.05.26

成都志异

在成都，约了刘绥滨夫妇来，另邀吴铭能、徐新建等，同往望江公园喝茶。此乃薛涛井所在地，薛涛墓在焉。但这当然也是假的，其详可见我《自由的翅膀》一书所述。不过反正坐林间纳凉聊天，真真假假的故事又何必追究？

这公园现正在办竹文化展，竹林栽得不坏。打麻将的人，或许因竹展期间要加收门票，故亦减少了许多，以致显得格外清静。中午则徐新建另约了贵州黄平县副县长潘洪波来请吃饭。

我去年本与徐新建、游建西约好了一同去苗疆玩。二君皆贵州人，游建西还写过一本武侠小说《龙吟苗疆》，徐新建更是人类学专家，对苗疆极为熟稔，同去必然好玩。不料我俗务太多，竟然爽了约，由他们自行去了。黄平县对我未去，也很失望，此番县长恰好来锦江城公干，闻我亦在，遂稽留了一日，特来相见。

潘洪波乃汉名，苗名强流波金海，系父子连名制。他是副县长，但更是剧作家、摄影家及作曲家，又是巫师之后。因此聊起来甚为酣快，唱了许多他作的歌曲及巫歌。

晚上，去吴铭能处。推掉一切饭局，由他自制了两道小菜，煮了一锅绿豆汤，两人闲闲吃了一顿。他甫由贵州回来，去那儿巡回了三十一处监狱，跟犯人讲道理、说人生，效果宏著，接着还准备再去云南及四川各地的监狱巡讲。我很佩服他的精神，而彼监狱所见，亦多可惊可愕可喜可怒之事，述之娓娓可听。

饭毕，吴说有一友人收藏三星堆文物甚丰，遂又约去拜望。至则果然。大小数百件，陶玉铜石皆全，玉器尤多，且多带文字者。

三星堆文物，广汉所出，即今辟为博物馆者，以铜器为主，文字甚少，且是否为文字尚不敢确定，一般只说是图符。但民间所收大小玉器，文字则甚多，据云已检寻约千字。部分近乎甲骨，部分尚不可识读。对此类流散于坊肆之形器，学界基本存疑，因发掘采获无明确报告，不无赝鼎。而甲骨以前之文字，目前亦无确证足堪论定，如陶文之类，均介于图符与文字之间。因此我主张如当年甲骨出土时那样，仿刘鹗编《铁云藏龟》之例，将有文字者摹文附图刊出，以待学界考释，庶几真伪明而疑冰涣。可惜此事非他们几个民间收藏家所能为，只能等待有心的学术机构来参与了！

2007.06.02

珠海之旅

由成都返北京。才待了一天，又飞珠海。我这两年进出珠海多次，或由广州深圳，或经澳门，这次则特由珠海机场入。原因无他，经广州深圳或澳门转都太累，也许直接飞到珠海较为省事。

这是本学期最后一次到联合国际学院上课了，教得愉快，不过天气太热。今年气候异常，热得快、热得凶，由北京南下，更觉溽暑难当。幸而每日午间皆有暴雨，得以稍涤暑氛。入夜，则因午后下过雨，天气格外静定。月圆如镜，清光媚我，令人不忍入寐。

学校安排了一场访问，一无锡同学来做访谈。闻太湖今年因热得太早，湖上蓝藻之害提早爆发，水源污染，无锡人饮水漱洗都成了问题，甚为念挂。太湖今年还没去呢，听着电视里播放"太湖美呀，美就美在太湖水"的歌曲，格外感到荒唐。大陆近年生态问题越来越严重，这不过是其中一个警讯而已。

今日课毕，本拟去澳门谈些事，因故取消，遂返北京。但因是下午的飞机，早上逮着了些空，便请学校安排，由伍鸿宇兄陪我去唐家湾唐绍仪故居玩。

现在的珠海，除了拱北关口一带因毗邻澳门，较为繁华外，大抵皆为渔村，在大陆上算不得什么。但在清末，此地可是中外门户，颇得风气之先，容闳、唐绍仪等均为此地人士。孙中山翠亨村也在左近，过去且是同一个县治。我于1999年去美国哈佛耶鲁开会时，有天曾趁会中，找了郑愁予、龙应台同去容闳墓地拜访。墓园绝美，枫林碧草，闳静幽深。我们各带了个饭盒，坐在红枫林中把饭吃了，逡巡凭吊，咨嗟而返。如今我人到珠海若干次了，而竟未一访容闳那一辈人之遗迹，当然是说不过去的，因此借这个机会先到最近的唐家瞧瞧。

联合国际学院校址本身就在唐家湾，故唐家故居距校甚近。大概本来就是唐氏聚族居住的地方。唐绍仪之“共乐园”尚在。园子本名小玲珑山馆，后捐出，故名共乐园。在一小山丘上，傍一小湖。属南方园林，极为朴素。看来游客甚少，今为周末，而仅我们这两个客人，可见一斑。但也正因如此，所以没太修整，尚能保持旧貌。大陆各地古迹，为了观光旅游而修整后，往往焕然一新，尽变旧观，此处幸而还没遭了毒手。

可是共乐园只是唐家的花园，并非故居，故居在哪儿呢？询之，才知另有所在，且不开放。

我们想，虽不开放，去门口看看也罢。便寻了去。原来在一唐氏聚落深巷中，小门静闭，果然是不开放的。

我又想，虽不开放，打门试试，或也无妨。遂拍门。经一番交涉，居然开门让我们进去看了。

故居简朴，倒也没什么，而是看管的老者唐鸿光先生甚令我惊奇。原来他是唐绍仪侄媳妇之子。这位侄媳妇是谁呢？便是在台湾推广英语教育，作育英才无数的鹅妈妈赵丽莲。他既是赵丽莲公子，英文自然也极好。退休后，返回故里，当起唐绍仪故居管理员，每日莳花植草，打扫房子，闲暇则开班讲学，有不少青年来这么荒僻的地方找他学英文。亦可谓奇人也。

据唐先生说，房子过去被占用过，如今虽发还，但家具皆非原物。文化局花了二十万由各地搜来一批旧家具，聊以充数。屋内墙壁，贴砖敲凿仿旧，亦非原貌。然居今之世，能得如此，便已称幸，吾人亦不必深究啦！

由唐先生处，我亦知道珠海另有一位洪秀平先生，早年赴美求学，1998年返珠海，办了个平和语言村，强调浸泡式、全封闭英语培训。赚钱之后，洪君却受吾友蒋庆在贵阳办“阳明精舍”的启发，开始办起了一个“平和书院”，将来还拟建珠海中国文化书院。目前的工作，一是专题演讲；二是儿童读经；三是针对党政干部公务员，进行伦理道德培训；四是推动小区睦邻活动。此等事，我相信效果不会很大，但毕竟是有心人士！

由唐家再转往中山，去翠亨村参访孙中山先生故居。此处情况就跟唐绍仪宅完全不同了。游客多，整理建设亦好，纪念馆中以图片为主，但大体不谬，党派观点还不太浓厚。

参观出来，逢暴雨，驱车赶往机场，便误了航班。无奈只好明日再返北京。于是又乘了两小时车，才再回到学校，旅途中消磨的时间，实是可惊！由珠海进出，本以为简便，初不料反而折腾至此，打电话回北京告诉女儿，遭她好生耻笑了一顿。

夜间，孤身住在学校，无应酬、不访友，自去一小店，唤了一盘熏肉大饼，夹着大葱吃了。呵气荤冲，鼓腹而游，亦甚悠哉！

2007.06.15

读老书

旅途劳顿，返北京将息了几日，才稍缓过气来。可是稿债山积，毕竟仍是闲不了。

我原不用计算机写作。在学校时，因有司机，故不会开车；有会计，故不会算账；有秘书，故不会打字。号称校长，实乃废人。连每日作息，其实均是秘书安排，令我按表操课，作用殆如木偶一般。因此我虽配有计算机不只一台，却连开机也不懂。某次想自己试试，屏幕忽然迸出美女像，玉体横陈。我大吃了一惊，忙喊同事来修理。惹得她们哈哈大笑，说是替我布置的桌面，不料吓着我了。还有朋友揶揄我说像我这样什么都不会的，干职员可不成，没有单位能要，所以只能当校长。

但我的文稿，产量甚多，不免有人好奇来问："你们校长都用什么输入法呀？那么快！"大家就又都哈哈笑，说："校长呀，他都用叫人输入法！"叫人输入，谁打得快就请谁代为输入，且可请许多人输入，当然迅捷。而我呢，看别人打得飞快，自己也就写得酣畅，不知不觉每年竟要涂鸦上百万字。

校长卸任以后，来大陆客座，无人可供使唤，一切都要自己摸索练习，这可惨了。学生又替我架了个网站，要我每到一处便随笔略志行踪，以报存殁。只好勉为其难，开始迁就计算机。

可是我写作的习惯无法骤改，用计算机难以思索，终于还是手写。写毕，找传真机传回台湾，打好字再上网。这不免仍是叫人输入。老迈人应付新时代，看来终究有些适应不良。

这批随笔，后来结集为《北溟行记》。内容芜杂，近乎日录，但我对之格外有所感触。每一则，短短一页两页，我却常要为它们在我旅行的荒村野驿中找传真而伤透脑筋，花了许多钱，费了许多精力，还多亏了学生替我劳动，才有这个网志及这一堆乱七八糟的文章可以面世，说起来能不感慨么？

现在网志仍要继续写，看来有似航了海的船员，要继续写着航海日志了。

只是我不能如海员那般，他们闲着没事，每天空望着大海，不写点东西，何以度日？我要写的东西多，腾出手来写网志反而显得奢侈了。

这时我就佩服像胡适那样的人，每天那样忙，稿债那样多，还能日记不断，精力与毅力，实不可及。

徐晓恰好又给我送来了《胡适精品集》。煌煌十六册，还是1998年版，老友胡明所编。快读一过。许多文章读来仍有新意，论学语不蔓不枝，亦可见博览之功，此君未可小视也！

近年这些老辈著作多获得了重印机会，读来特别能勾起回忆。前两天何晓涛送我梁漱溟《乡村建设理论》、蒙文通《经学抉原》等，读来也都同样的感触。这些老书，是我少年时期的读物，如今再看，真如久违了的老友，令人缅念起读那些书时的诸般情境。例如刘师培的《中古文学史讲义》，附了《汉魏六朝专家文研究》，那是大学一年级李鍌先生教我们国文时命我们读的。我读了很佩服，就去图书馆把《刘申叔先生遗书》都看了，还另找了许多版本来读。今年我开始写中国文学史，又找到几家大陆重印的刘先生中古文学史，真有老友重逢的喜悦。虽然看见他穿了新衣，又改用了简体字，觉得仿佛谈吐有些变了样，却还是欣喜。只不过老友旧作不废江河，徒然显得后来者的无能，倒让我觉得不再努力些是不行的啦！

2007.06.17

骗人的社会

在北京，坐地铁。一人挟报纸，在人丛中兜售。一边挤，一边喊："刘德华死了，刘德华死了，昨晚九点四十五分被枪击死了，快来看咧，报纸！报纸！"我听了很吃惊，因为这么大的消息，我早上出门时竟没听说。他正好挤过我身边，我觑了他手上的报纸一眼，果然是刘德华的大头照及新闻，好像还是个什么法制报。

我下车后，即打电话回去问女儿："听说刘德华死了！""嗨，那是骗人的，每天都在地铁上骗人！"原来如此，怪不得车上人听得此君如此喊叫，都一脸漠然。北京真是个有趣的地方，什么怪事都有。类似此等骗人的事，台湾当然也多得是，但岂有公然在捷运上卖假报纸，喊嚷假新闻的？

跟徐晋如约了见面。晋如去广东中山大学读博士后，即未见。前一阵子他与十博士联手批于丹讲《论语》，很引起讨论。他认为我更适合去讲孔子，我不敢当，唯久不见，乃因此而渴欲一晤。可是旧电话均改换，一时找他不着，如今才联系上，约了晚上喝茶。

听他谈文化界现况，感觉我在地铁上听人报假消息诈骗，实在有点少见多怪。现今文化界学术界大嚷嚷着骗人以卖书卖报纸的，才多呢！

晋如顷在中山，敛华就实，能带学生作诗填词，我以为甚好。示我其自作《红桑照海词》之外，有《甘棠集》一种，乃彼与高松、陈骥、眭谦、曾少立、檀作文诸君结为诗社之社集；又《粤雅》一种，系中山大学岭南诗词研习社社刊。三种都好，版型、字体、装帧俱安雅。《粤雅》多学生作品，尤令人眼明心惊，仿佛如见昔日《词学季刊》模样。据云穗港澳近年屡办诗词比赛，以传承高贵之人文精神及高雅之审美情趣为宗旨，文风颇为可观。可惜我近年未及注意及之。想来时世虽乱，骗人者多，但沉潜旧学的风气毕竟不曾断了，这终究是可喜的。

十六日，去三味书屋演讲，论国学，也有此感，就不赘述了。

2007.6.22

渝洲散记

18日下午在北师大讲了本学期最后一讲，即乘机飞往重庆。抵渝时已夜深。端阳前夕，而水汽甚浓，殆欲雨也！初以为此地必然甚热，乃竟如此，颇出意料之外。

在此开会，因整天关在屋里，故不知此地过节习俗如何。金陵电台陈婷打长途电话来问，也只能粗略比较两岸过节的状况。我说大陆较乏过节气氛，粽子也不够好吃。陈婷很惊讶，说现在端午节的气氛不是已经很浓了吗？我说是，但一来台湾是放了假来专门庆祝，提醒大家过节，大陆则还不能正视这种传统节日，起码官方还是如此，节日总是政治性的。其次是大陆个别城市饮食风俗大抵单一，台湾却什么省的人都有，粽子多元化，故较大陆个别城市为胜。三是某些习俗，例如香囊香包之制作及时尚化，似乎也胜于大陆。这种比较未必准确，而且我的用意也不是挈短较长，争两岸之胜负，而是希望彼此观摩，共同发展端午文化，勿令韩国人专美。

我早年做民俗研究时，与娄子匡先生熟。娄先生每逢端阳，辄发函邀同道为雅聚。便笺十分清雅，我过去保存了不少，现今不知搁在何处。其所行仪俗，大约与《端午礼俗考》所载略似，但老辈雅趣，迄今难忘，每过端阳，我便会想起这位可爱的老先生。

至于会议，这个“两岸中华传统文化与现代化研讨会”已开了五届，本届过气官僚尤其多。某些国民党新党老党工，不知学问为何事，来此接受招待，发言巽佞，令我不太坐得住，因此不说也罢。

会议期间，重庆正庆祝成立直辖市十周年。为此放假、办各式庆典，跟香港庆祝回归十周年正相呼应，内涵也差不多，政治意味甚浓。我还在凤凰卫视看到一个节目，大夸港人如何热爱解放军，让我看得哈哈大笑。

我也看到了重庆江津临江城楼长联的新版本。这个联，本是光绪年间钟耘舫所作，凡 1612 字，比昆明大观楼联 180 字，或洞庭君山湘妃祠联 408 字都要长得多，号称天下第一长联。如今有某君据说花了十年，撰成了“重庆咏”长联，达 1810 字，以压倒之。我看了也是哈哈笑！联作这么长，谁看呐？且竞夸宏侈，乃近人之大病，其笨犹如组织万人去人民大会堂鼓琴、万人齐诵道德经、万人齐打太极拳、万人齐喊汪汪汪，除了多，有什么价值吗？

而文化的事，多可未必便好，往往还不如藏拙哩！试看此联第一句：“噫嚱！朝天门观长江嘉陵江两江龙腾，巨轮壮流，远帆轻波，劲浆骇浪，怒笛惊涛，浩浩荡荡，洋洋洒洒，倾亿多岁内陆海水纵横盆地。”就知纯是堆砌赘词，而且没有一小节是通的。龙腾是要飞起的，江流可如龙，可惜飞不起来。至于巨轮如何壮流？而既是龙腾又是壮流，又怎么会是轻波？洋洋洒洒，又可形容江水乎？内陆海水又作何解？此句便已不通了，对句以“伙颐……”对“噫嚱”当然也就可笑。《重庆晚报》为此联刊了个大半版，还说有某老板附庸风雅，欲开价三十万以刊藏之云云。这都是浮夸社会不懂文化的瞎起哄。如此发扬文化，文化危矣！

又记：

21 日往游磁器口。22 日主办单位组织了去游大足，看石刻。与团员聊起来，才知大多数人都不晓得大足石刻是什么，或者说根本什么也不晓得。例如与某名流谈起三味书屋，她说：“啊，为什么叫三味，是哪几种味呢？”原来她不知道鲁迅与三味书屋的典故。聊起冯玉祥赶溥仪出京，她说：“哦？什么时候的事？为什么要赶？从哪里赶出来？”我懒得跟如此这般的人出游，便约了宴红、周天德，一道去长寿县狮子滩。

此地有湖，广六十五平方公里，湖岛二百座，烟波浩淼，宛然又一千岛湖也。而游人尚多未知，故素朴可喜。偏偏天气又好，雨后凉润，雾霭薄薄地罩在湖上，渔舟小荡，遂如进入画境。湖中产翘唇鱼，尤为鲜美。来此静对湖山，烧七八斤鱼吃，远胜于陪无知者扯淡矣！

2007.06.28

关于论语征文比赛

今要返台，准备七月八日领团去白鹿洞办国学营。

前两天，中华书局、新浪网、中央电视台及曲阜市，在北京图书馆开办“我的论语心得”征文比赛，找我去参加启动仪式。我当然明白此举有些商业上的用意，但基于推广阅读《论语》的心情，仍去参加了。发言大意如下。

一

大陆近年之国学热或论语热，很多人不以为然，觉得热昏头了，该降降温。但依我看，热只是未正常化之现象。关键在于社会有加强认识传统文化之需求，媒体配合之、推扬之，而体制性的教育结构漠然不动，甚且打压之。激扬起来的气氛不能敛才就范，顺利进入教育体制内，焉得不在社会上继续鼓荡？此犹如人体不能舒风散热，那就只好持续发烧。以台湾来做对比。台湾的复兴中华文化运动很快就体现在中小学教材中，《论语》《孟子》成为“文化基本教材”，每个人都读过，自然也就不用于丹那样在电视台上开讲，更不必办什么征文比赛。因此，如今鼓吹阅读经典，更重要的，其实是促使教育体制改革，而不独发展为社会文化运动。

二

大陆现今之热，由上述观点看，乃是病态，或者说根本也还没热。因为在体制内尚不重视传统文化（不但无文化基本教材，中学语文教本里文言文的比例也较低。台湾现在高中课本的文言文占 65%，将来准备“去中国化”降为 45%，跟大陆看齐）。社会上又弥漫着一种认知魔障，老是在自命前卫，不断嘀咕：“都什么时代了，还要读二千年前的老古董吗？”这种心理既普遍存在于自以为是的知识人、主流社会中，传统文化就不可能真正热起来。

这些动不动就讽嘲讲国学、读经典是保守主义的人，为什么从不想想，西方人为何至今仍在读《圣经》，讲柏拉图、亚里士多德呢？柏拉图、亚里士多德都是反民主的，《圣经》尤其与科学民主不相干，可是人家美国总统就职还手按《圣经》宣誓呢！大学里讲人文社会科学也动辄上追柏拉图、亚里士多德，通识教育更以经典阅读为其核心。哪像我们这里的半吊子洋派人士，啥也不懂就摆出一副不屑的姿态？

不打破此等现代化魔障，莫说国学热，要正常化看待自己、看待传统文化都难上加难！

三

基于上述理由，对于推动阅读经典之活动，我们理应支持。此次各媒体在平日浮光掠影、媚俗、由少数人掌握话语权的情况外，愿合办征文，号召大众共同阅读经典，以深化理解，自然也是值得鼓励之事。

据闻前此大庆油田已举办过征文，不知文章内容如何。不过能让一般人都重新接触《论语》，毋宁是好事。中国古代，这些经典本来也就是一般民众之读物。宋明理学家惯在乡里与田夫野老讲习孔孟义理，民间更有耕读传家之传统。现在，教育普及，但国家化了的教育体制，却中断了这个传统。因此，恢复民间重新自读《论语》《孟子》，可能也有另一个意义，让耕读传统重新复苏于民间，是值得关注的。

四

不过，举行“《论语》心得征文比赛”也有该警惕之处，怎么说？

读《论语》《孟子》而办征文比赛，古代早已有之，即科举考试是也。科举的文章，并不像一般人所以为都是无聊的八股，只晓得根据朱熹注去发挥，看不到自己的见解。今人没见过八股文，所以如此瞎批评，其实八股科举就是要看考生的读书心得与见解，内中好文章也多得是。

例如《论语》“吾十有五而有志于学”一段，归有光的八股破题就说：“圣人所以至于道者，亦惟渐以至之也。”也就是说孔子是逐渐积累、逐渐进步，才能成为圣人的。此说看起来没什么新奇，实乃大违古注之说。《十三经注疏》中《论语》邢昺疏就说：“此章明夫子隐圣同凡，所以劝人也。”朱熹注也说：“圣人生知安行，固无积累之渐”“所以勉进后人也”（此句是朱熹引程子的话）。他们都认为孔子是圣人，而圣人是生而知之的，根本不必学。故凡孔子劝学之语，他们都解释为是孔子刻意劝勉别人的，并不是说他自己。归有光的见解就跟汉宋权威注解都不同。

诸如此类事例，可说俯拾即是，文章更不用说了，起码比今人写得好。但古代科举，人人读《论语》、人人有心得，人人也都能表现于文章，那又怎么样？效果如何？

看来并没什么了不起的效果。某些人，例如秦桧，还曾考中过状元呢！是征文比赛的冠军。但读圣贤书，所学何事，似乎亦没什么体会。然则办征文比赛果然有啥益处？

之所以如此，是因那些参加征文大赛的人，大半只是为了写好文章，以谋禄位。他们看《论语》，无非看一堆言说，然后再根据它，自己又造作一堆言说而已。

朱子在其《论语集注》前面，特列了一篇“读论语孟子法”，其中引程伊川云：“凡看论孟，须将圣人言语切己，不可只做一场话说。”此语甚要。儒学是实践性的学问，把心得写下来，只是为了观摩相印证，做个记录而已。重点不在作文，而在心得，心中确有所得，且能见于实践中。目的不在得奖。设奖只是个类似射礼的仪式，大家揖让而升，下而饮，引发论学取友之趣味罢了。

参加征文者，举办征文者，皆应有此认识才好！

2007.07.07

新国学

白鹿洞国学营明天就要启程了。前几天，因大学联考国文考题文言文的比例达六成六，又出了李斯的《谏逐客书》，竟引起所谓五大本土社团之抨击，谓大考中心已遭大陆势力把持，故用大陆作家打压台湾作家云云。可见如今在台湾，若想读点古书、看点文言文，就已经是政治不正确的了。若还想讲点用人唯才，勿拘限于省籍的道理，就更是不识时务了。至于国学，嘿，在本土派的土脑筋里，那当然不能是中国学问，而只能谈台湾史、台湾文学啦。世道既然如此，我可就偏要讲中国文化，偏要办国学营，偏要去白鹿洞！

近年我之大谈国学，固然是因爱好，但说来丧气，也颇有一大半原因是时世所激，不得不尔，情况殆如上述。故与大陆上讲国学的朋友，心情并不太相同。

我的国学，也跟一般治国学者有些差别。因我并不只是文史哲的面向，还有点别的东西。我在《国学入门》自序中曾提到：

治国学不只是述古，还要能从国学中生长出新学问来。我在管理学等领域的开拓，就是一个例子。读者不难隅反。

2007.07.20

江西记旅

八日即由台湾启程，开始“国学营”的活动。途经澳门、深圳、南昌、白鹿洞、庐山、景德镇、上饶、铅山，凡十日。行踪殆数千里，全团五十人。领队之累是不消说的，幸而办得颇为成功，差可安慰。所有讲习行程及课程，皆已挂在我网上；团员对此次研习之内容，亦别有论述，故均不再赘陈，只记几件琐事。

一、绳金塔

南昌屡来，名胜古迹唯绳金塔未至，故此次安排了来参观。“南昌故郡，洪都新府”，其物华天宝、人杰地灵，早自汉代以来即已著名。但不幸此地在1927年以后，标榜革命，把南昌暴动神圣化，以致洪都渐成赤都，到处张扬着革命的气焰，旧史遗事，颇遭抹煞；城中古迹，亦破坏殆尽。现在大概仅存的就是这座绳金塔了。其余滕王阁、万寿宫、佑民寺等，均是仿古复建而已。

可是也许旅游规划单位觉得光一座塔不足观，所以如今又在塔前建千佛殿，塔后建大成殿，塔侧再建戏台以合成一景区。

如此建制，不是可笑吗？凡寺庙建戏台，都不是为了娱人而是要演戏酬神的。故戏台上唱戏，得让神佛瞧得见。寺侧搭戏台，岂非荒唐？寺塔之后，建个大成殿，更不用说了，凡略知我国孔庙建制者，都晓得这是妄谬的。

大成殿内，塑三像，孔子居中，颜回左、澹台灭明右。曰澹台子羽尝授徒数百人，传易学，故奉之也。神座前，编钟、编磬各一列，中置一签柜，大书“易”字，鼓励游人抽一签卜之。旁则列坐老者五六人，各着唐装，装模作样，拱坐桌后，待人问易，以决吉凶。

这是什么玩意儿？大成殿无此规制，一也；澹台灭明授徒传易，亦属无稽，二也；关帝面前卖大刀，在孔夫子面前妄谈易，不知轻重，三也；儒门论易，不重占卜、不祈福佑，在此卖弄求神乞灵手段，以招徕顾客，颇背孔子论易之宗旨，四也。如此尊孔，令人见之，有些发火！

二、青云谱

青云谱道院，现在依旧挂着八大山人纪念馆的招牌，且将原来道院中的关帝殿、吕祖殿、许祖殿全都改为八大的纪念厅。

八大山人该不该纪念？当然该！但青云谱跟八大无关，“非其鬼而祭之，谄也”！应另外找个地方重建八大纪念馆，或在青云谱旁，或去洪崖都行，就是不该硬说青云谱是八大山人的旧居。青云谱是忠孝净明道的道院，应还它本来面目。

三、白鹿洞书院

在我们到白鹿洞办国学营之前，人民大学的国学院也刚在此办过半天讲习。此处具讲学之象征意义，是显而易见的。但现在此处不过是个空壳子，并无大儒在此主讲，亦无生徒在此研修。最多只如我们一般，利用这个场地办些活动罢了。

书院的朋友，跟我们谈得最多的，也不是朱熹、陆象山、王阳明之学问，或书院的精神、儒学的传统，而是狐仙的故事。说书院闹鬼，朱熹曾与狐仙有一段恋情等等。

鬼狐之说，信者信，疑者疑，我亦未必要持无鬼论。但聊当谈助可也，岂能将耳目心志都放在此处？且于朱夫子之道德文章、性理学问均置之弗讲而大谈其人狐苟合，不是糟蹋朱子吗？

朱子之劾唐仲友、之作诗讥胡铨“归对梨涡尚有情”，不正是反对私情的吗？杜撰他与狐女之情事，实在是窝囊他的谰言。吾人闻之，很为朱夫子抱不平。

四、庐山观妙亭

庐山乃古代名山，不像黄山到明清以后声名才较显。汉魏六朝唐宋之名僧、高道、文士、墨客，与此山有关系者不知凡几。但如今游山的人听来听去，却只听到朱元璋、蒋介石、毛泽东。这也是朱元璋，那也是毛主席，扩音喇叭、布招挂示，充耳塞目。一种历史遭了阉割，以张扬帝王意识的感觉，使人不快。青山绿水，遂都失了精神，几乎让我想逃开，不愿再看了。

在锦绣谷，仙人洞旁有一亭，名观妙。我跟周志文坐在亭中，看一导游领了一团人来，扯开麦克风，大喊：

啊，各位！这有座亭子。各位看，观妙亭。为什么观妙呢？啊！这就是蒋介石和宋美龄看晚霞的地方。晚霞很美，所以蒋介石到了这儿，就说了“妙，妙，妙”三声妙。为什么妙妙妙呢？这第一妙，当然是晚霞甚妙；这第二妙呢，是美人在旁，也很妙。至于第三妙嘛，啊，各位回头看，山壁上写着“竹林寺”三个字，这最后这一妙，就是指寺庙。所以观妙亭的妙，本来也写作庙，也就是观庙啦！因为蒋介石在此说了妙妙妙，因此他的副官随后便将之改名为观妙亭啦！副官拍马屁，所以后人又称这个亭子叫马屁亭！

讲毕，一团人啧啧称奇，咨嗟而去。接着又一团来，导游一样放大了麦克风音量，说了妙妙妙的故事。再来一团，还是妙妙妙。继来一团，又是妙妙妙。我跟周志文先是错愕，继则捧腹，说：“我们姑且在此等我们这一团的导游来，看她是不是也要妙妙妙，学猫叫！”

导游果然逐渐走来，看我们已到了，十分高兴，便开始讲这个妙妙妙的故事。我们待她讲完，再也忍不住，轰笑了起来。她一头雾水，忙问我们为何如此取笑她。我们才告诉她：观妙，是道家语，《老子》第一章“恒无，欲以观其妙”，此亭建在仙人洞畔，故用此语，欲人能观照道化，跟蒋介石有什么关系？跟佛寺又有什么关系？

她很狐疑，说妙妙妙是导游书上写着的，教材如此教，她们也就如此背，所以每个导游都妙妙妙。

这就是问题之所在了！我走南闯北，看古迹文物之介绍、听导游之讲解，十有七八是错的。这些错，有许多就源于导览教材。目前学界知识界对电视戏剧的“戏说历史”之风、对于丹南怀瑾等人错解经典，已有不少批评，可是对旅游教育中乱七八糟的状况却鲜少留意。不知因旅游业之兴旺，此等错误的文化知识传播才更可怕！

五、蒋士铨墓

由景德镇往上饶，宿一夜，即赴铅山，访辛稼轩墓。

不料雨势忽骤，乡间土路颇难行车，近至里许，而终不得不放弃，原车折返。大陆各地古迹遗址，若未辟为观光游览产业，大抵就都是这个样。不是旧址荒芜失修，就是道路破碎，难以趋觅、不便访谒。但若辟为旅游产业，那也完了，大半又修整得面目全非、虚假粗俗。因此可谓两难！

因等车子调头，在路旁土屋中坐，与老乡谈，彼云：“左近还有个蒋士铨墓哩，何不去看看？且就在路边。”乃大喜，一伙人连忙赶去。下车，穿过一处村落，渐往山上走。原来也不是山，乃一堤坝。铜矿场在此伐山采铜，贮水为池，以为淘洗，故为一大铜水污湖。水色橙褐，人若不慎掉了进去，恐怕要变成少林寺的十八铜人。墓就在湖中一小岛上，架一拱桥，与岸相接。

是时，雨势竟歇，骄阳肆虐。我等穿村爬山，上堤过桥，不禁气喘吁吁，汗如雨下。待得撑到蒋墓，无不面色如土。蒋墓仅一水泥堆，墓联已漫漶，但大体完好。料此间尚有后人，故还能保持。

士铨诗文戏曲俱擅，曾主讲于扬州安定书院、绍兴蕺山书院。归葬于此，从前我还没注意到，此行乃于无意中得拜。辛稼轩墓不得而见，见蒋氏墓，聊以代之，亦旅中一奇也。

六、鹅湖书院

淋了雨又晒了太阳，抵达鹅湖时，院长来迎，说："先吃饭罢！"遂用餐。

餐就设桌在廊庑之间，甚似台湾乡间庙宇"办桌"。土菜粗米，用大饭桶蒸了来吃，极朴野，却甚好。

餐毕，座谈。王邦雄师代表台湾"鹅湖派"发言。正讲到天理人心，儒学正脉处，忽然雷声大震，霹雳一响，近在顶门。天人相与，振聋发聩，莫过于此。大概这个道理，在此间久已不闻，故老天忽聆有人在此讲说，也要应和一声了！

2007.07.21

武士禅

近日因办国学营之故，所谈都是这些，颇感单调。看官或不嫌烦，我可觉得有点闷了，故今日且讲点别的。

上回去重庆，在机场买了本《叶隐闻书》解闷。旅中读毕，有些感触。本来想写点什么，一耽搁就忘了。今则略说一二。

此书为日人山本常朝口述，十一卷，谈的是日本武士道。日本武士道，思想内涵十分复杂，有儒教之武士道，讲究仁者之勇；有兵学者之武士道，讲究谋定而后动，以战争代替复仇。山本常朝谈的，却不是这些。他的书，形式上类似《论语》，故又被称为《叶隐论语》，或《叶隐论语摘抄》，但其实与儒家所说大相径庭。

分歧最大的，是鼓吹极端忠君。生命之价值，只在尽忠于主君，随时准备为主君奉献生命，以死报主殉主。我国人整天批评儒家倡言忠君，实则儒家并不主张尊君忠君。后世在帝制底下，由皇帝提倡的国家君王意识形态才鼓吹忠君，说“君要臣死，臣不得不死”一类话。孔孟荀何曾有这等妄语？但就是“君要臣死，臣不敢不死”，跟山本常朝所鼓吹的忠君思想比起来，仍是小巫见大巫的。那是君不见得会叫臣死，臣却拼了老命要为君去死，时时以忠君为生命唯一之价值，以为君去死为唯一之意义。一切精神锻炼、行为规范，均以此为鹄的。忠君至此，真令人叹为观止矣。

如此忠君，已近于宗教式之虔诚，死亡成了奉献的仪式，故讲究美感。

武士平时就要勤于照镜梳妆，怀中且需常带胭脂。晨起立刻沐浴，剃净顶门中央，整理发型、喷上香水。还要修剪指甲，用浮石打磨平滑，再用金色草抹上指甲油。战盔战甲也要熏香，有时还得插一枝梅花出征。牙齿上染的黑色更不可脱落，汗毛要常刮等等。临死时，尤其要讲究。要从容、要有仪度。有时切腹时还要听能剧、看歌舞，要死得优雅。

但此种从容雅度，与儒者就义赴死时所显示的大义凛然，如文天祥，颜真卿，实在是两回事；跟侠客慷慨悲歌，如荆轲之风萧萧兮易水寒，也是两回事。

儒与侠有生命的悲剧感，壮烈刚大之气，喷薄而出。山本常朝所歌颂的武士道却只是媚。是对这个生命的祭仪，作出一些姿态来，有以媚之。是有如孔子所批评王孙贾说“与其媚于奥，宁媚于灶”（八佾篇）的媚。其美感亦只是媚态。

在献祭生命时，武士所显示的轻生，或如山本常朝所提倡的：不要想那么多，先死了再说的所谓狂者精神，当然也与儒家的中道思想迥异。就是儒家所说的狂，也与之异趣。

狂者进取，狷者有所不为。有所不为就是舍。武士之舍生取死，乃是狷，不是狂。舍生是舍，取死一样是舍生，并没有进取到什么，也没有得到进取本身。

乐府诗，公无渡河，曰："公无渡河，公竟渡河。渡河而死，当奈公何！"那渡河前进的白发狂夫是死了，但他渡河本身这个行动，却彰显了他的生命是自主进取的，不听人言。武士之狂以取死，则是归依于他者的。该书卷十引了一首和歌，唱道："在事事皆伪的世上，唯有死才真实。"又说："若与真道拥抱，即使不祈祷，神佑依然。"此种以死为真道的想法，不就是信徒式的吗？日本真理教的信众，因相信死亡才能永生，而集体自杀，没有人会说他们勇敢。认为死亡可获神佑，可与道合一的武士，又怎能说他们是狂者或勇者呢？这连孔子所批评的"暴虎冯河"都及不上呀！

死亡既是献祭，自己取死固为一种献祭，自然也还要杀人为祭。宗教中本有"牺牲"一词，为了成就这宗教性，人命遂不值一提，是随时要杀了人去献祭的。

卷七载："山本吉左卫门武弘，在父亲神右卫门重澄的命令下，五岁时杀狗，十五岁时杀死刑罪犯。过去的人更是如此，一到十四五岁，就被迫累积杀人的经验。胜茂公年轻时，也被直茂公命令练习杀人，听说一次要连续杀十多个人。"又载一人乘船，看船上人不顺眼，就把那人杀了。然后命船夫摇到僻静处把尸体埋了。埋妥后，又竟把船家也杀了。杀毕，他本带一男妓上船，说"好歹你也是个男的，年轻时候体味一下杀人比较好"，故也让他在尸体上刺了一刀。诸如此类，皆不以人当人，把杀人当玩儿，或当成人生必需的训练。

这不能说是日本人特别无肺肝，只能说在一种杀牲献祭似的情境中，杀人被当成从事这种宗教性的仪式过程。

杀人，当然也包含着自杀。自杀也是要练习的，届时才能从容不迫，完成此种祭仪。书中对此，着墨甚多。

当然，贪生怕死，乃人之常情，要叫人忠君赴死并不那么容易。故皈依死道、效命主君，仍有待于教育。要强化人求死之信念，山本常朝辄乞灵于佛教。

卷八云：“在日本，佛法广为流行，连世俗人都称道佛法。可这些人多半都是胆小鬼、贪生怕死，与佛法背道而驰。因为佛法讲究‘生死事大’、‘断念生死’、‘脱离生死’。尚未开悟，就要直面生死，难免以生死为头等大事。原本没有比死更为轻松的事了。”卷十一又说：“武士，若不离生死，则无用。所谓万能一心，并非无心，是说离开生死，一心任事。”这都是用佛法来去除武士的怕死之心的话。

但佛教之说生死，固然有叫人勘破我执、勿迷恋其生这个部分，更重要的，却是由生死流转说无常、空、苦。武士道有取于佛教者，仅为其偏义而已。

讲到此，不由得想起《佛之主事们：殖民主义下的佛教研究》（*Curators of the Buddha*：*The Study of Buddhism under Colonialism*，*The University of Chicago Press*，1995）中两篇文章。

其一是加州大学伯克莱校区 Robert H.Sharf 教授的《日本民族主义之禅》。此文认为日本铃木大拙的禅学，是日本殖民主义与西洋东方主义结合成的怪物。为了在日本明治维新以后，现代化过程中塑造日本民族精神，铃木倡言一种日本式的、经验性的禅。禅在铃木的宣传中，并不是佛教一个教派，甚至也不是一种宗教，而是超越历史的、直接的体悟。通过对禅的这种解释，铃木等人把禅与“日本人”结合起来。佛教或禅，成为日本拥有的独特精神。宣扬这种日本精神，又恰好与日本对亚洲的殖民扩张同步、同构。

另一篇是意大利 Gustavo Benavides 教授的《Giuseppe Tucci 与法西斯时代的佛教学》。讨论世界著名西藏学及佛教学者 Tucci 在墨索里尼主政时期的演讲与随笔。在 1941—1943 年，Tucci 为了加强日本与意大利法西斯政权合作，在《大和》(Yamto)上发表了许多文章。他借助于铃木大拙的论著，显示了他对现代主义的质疑、对禅的向往、和对受禅学影响的日本武士道之着迷。这些文章中，科学式的观察，跟怀旧式的浪漫东方主义论断交织为一，由批评现代性，去武装法西斯。他从铃木大拙那里学到的，正是日本民族主义意识形态中那种超越时间、当下即是、死生如一的态度。

这两篇文章谈的，都是后来的事，离1700年左右成书的《叶隐闻书》已有不少时日。但文中所谈到的问题恐怕不能说与该书没有关系。佛教，一般都觉得它慈悲、不杀、护生、出世、寂静，但在日本武士道的运用中，却完全两样。那是要杀人、要自杀、教人死生如一而实际上是叫人去死而不重生的；是曾与殖民主义、法西斯、东方主义相联结的。铃木之禅，和武士道之禅，内在或许有其一脉相承的关系。

此种武士禅，本质上只是借禅以巩固人赴死之心，故亦无禅者之其他修养，故武士之好色、好货，皆颇异于修行人。

好色，尤其是好男色，乃日本武士之一大特征。卷一引述井原西鹤之名句“没有契兄的少年，跟没有丈夫的女人一样”，可见当时风气之一斑。日本佛教，本有不禁色的宗派，婚娶如常人；吃肉，甚至吃鹤也不在话下。但如此普遍的男风现象，恐为佛教教义所不容，然而似乎也没看见当时佛教界对此有何批评、有何纠正。大概在彼此利益相关的结构中，和尚们也就睁一眼闭一眼啦！

说了这么多，全是恶评，似乎没一句好话。但其实书还是很好看的。文字素美，李冬君的译笔颇有松秀清婉之致。书中论武士心性及行事法则、说锅岛藩家族史及武士言行，亦均可以备史考，也可以见风俗。

看毕，才发现原来书是友人吴兴文出版的，更觉得好玩。我治中国侠客史，本常留意日本的武道史，以与比较。而过去竟未读过此书，亦可算是无知。亏得兴文印了出来，才得一见，故还得感谢他。

2007.07.30

秘境探密

罗布尔卡和大昭寺，其实我是廿四日才去看的。罗布尔卡号称夏宫，其中一幢，目前供所谓本尊神，谓游客各依本人生辰的甲子年数，查到该年的本尊佛，再由喇嘛为之解说休咎。此固为敛财之一法，但此法明显源于道教六十甲子神的信仰。密教自起源至今，均与道教有密切之关系，此即一例。

廿五日去山南，先到雅砻河去看雍布拉康。拉康即宫殿之意。这座城堡，系第一代吐蕃王聂赤赞普于公元前二世纪所建。今日所见，当然不可能是原貌，但规模大体可想。此宫极小，可是地势甚好，在一小山顶上，下俯雅砻河谷，大山旷野，气象恢阔。游人多骑马或骑骆驼上山，也有不少汉地僧尼来游。

聂赤赞普，俗称第一代藏王，墓也在山南，故雅砻河沟又被称为藏文化之发祥地。但这也就是姑且说说而已。西藏早期并无统一之政权，北方那曲附近有象雄王国，西边阿里附近还有古格王国，故所谓藏王，乃是后来吐蕃兴盛以后推尊之结果。藏地称号，不乏此例，如班禅喇嘛，第一代、二代、三代就都是推尊的。

吐蕃势盛，是在松赞干布时期。这也常被推尊为佛教在藏地传播之始，故距雍布拉康不远处的昌珠寺，便以松赞干布及文成公主在此驻居为说。所藏珍珠唐卡观音休憩图，十分著称。前此曾经被盗，在广州追回，差点儿就出境了。

桑耶寺就较远，车行一个多小时才到桑耶镇。寺为藏地第一座佛、法、僧三宝俱全者，乃莲花生所创，糅合汉藏印式，壁画及造像皆颇可观。且因历史特殊，宁玛、萨迦各派教法尚存。在拉萨附近，这是很不容易的。

但如此重要之庙，旅客来游者亦不少，每年祭典演藏戏时更是人山人海，而道路居然仍未铺上柏油，有些令人难以理解。

幸而道路虽泥烂，沿着雅鲁藏布江走，一路风景不恶，雄山、大水、沙岭、奇岩，伴着蓝天白云，使人目不暇给。“蓝天白云”这个辞，看起来俗套。实则世上当得起这个形容的，也只有西藏的天和云吧！

我在雅砻河谷附近所见，大抵如此。因第二天讲座改为上午，故与藏人挤大巴去，又挤巴士赶回。筋酥骨散，早早睡了，准备次日之演讲。

这次来西藏，是配合珠海的联合国际学院办活动。该校强调全人教育，故暑假也规划有许多训练课程。青藏高原一行，便有三个小队：一队去青海湖附近净山净湖，做环保。一队去支持偏远地区小学教育。去了个土族的县，据说是土谷浑后裔，全国唯一土族自治县，学生去了都住在乡民家里。另一队则做登山训练，去爬了六千公尺的山。三队各有奇遇，听起来好像都很好玩。然后会师拉萨，要各抒心得并做综合讨论。而因他们一路由广州到青海、西藏，途中已对西藏文化略有闻见，所以安排了我和西藏大学副校长王启龙做个讲座，综合说明西藏文化，以助了解。

启龙乃藏学专家，曾编李方桂先生全集，著译西藏语言文化著作甚多，旧在海外相逢，曾邀他来台湾佛光大学访问。后来我去北京清华客座，也得到他的关照。如今他调到藏大来主持校务，正好介绍了他跟联合国际学院合作，一道讲论西藏文史，亦可算友朋中一桩快事。谁知西藏在暑间是个大旺季，各级“领导”、各界友人、各地机关都找机会到拉萨来旅游、考察、访视，他每天疲于接待，竟无法从容开讲，剩下我一个人唱独角戏。

我于藏学，粗知皮毛，这次仅就藏传佛教，也就是密宗这部分略说大概。

当然这部分也还是难讲的。密宗之来历及内涵，众说纷纭，在西藏这一块，更与本教、地方信仰、蒙古青海诸少数民族宗教及观念相混糅，格外难以清理。派别又多，派系间的斗争又激烈，其间关系更不易搞清楚。

例如宁玛派寺庙中所供奉的尊神玛摩等，就是本教的神。一位护法神载未尔，红脸、三睛，骑红马行于血海中，据云也是莲花生收服的地方厉鬼，故今亦奉为土地。还有一位事业王，本是突厥人奉的神，叫遍白天，后来作为密教护法，在桑耶寺转世，职司占卜。清朝确定金瓶掣签制度以前，这种神卜一直担任达赖与班禅转世的说明者和确定者，作用大得很，可是其实本非佛教之人。

此外，教派复杂，不易明了，如英人约翰·布洛非尔德（John-Blofeld）《西藏佛教密宗》里，一直把宁玛派称为红帽派、把格鲁派称为黄帽派。实则宁玛是红教，格鲁是黄教，另有白教（噶举）、花教（萨迦）之分。红帽，是噶玛派里的一系。

噶玛派有黑帽红帽二种。黑帽系活佛称为大宝法王，是藏族史上首创转世制度的。红帽系始于元朝，后占拉萨，对格鲁派十分不友善，命格鲁派僧人见了噶玛派均须致敬，并不准色拉寺、哲蚌寺参加传戒大会。但此派后来在政治上衰弱，曾搬兵廓尔喀（尼泊尔）来争夺扎什伦布寺。以致乾隆派兵入藏，击败廓尔喀，红帽系十世活佛却朱嘉措自杀。乾隆令将其尸体分挂藏区各大寺，以昭炯戒，并没收了该派寺产，僧人全部送到格鲁派寺院，强迫改宗，故以后遂绝了这一系。Blofeld 没弄清此间曲折，所以将红教与红帽混为一谈（但这也可能是译者耿升的错误，或藏地现在的一般认识）。

Blofeld 还说萨迦派世系可上溯于阿底峡，这也是错的。奉阿底峡的是噶丹派，萨迦派创于贾觉杰波，二派关系向来不睦。诸如此类，讲起来费劲。

讲毕，去游布达拉宫。“布达拉”即汉语“普陀”之另一种译法，指观世音道场。藏人尊奉观世音，达赖亦被认为是观世音化身，故建此宫以居之。旅游旺季，票极难买。不是钱的问题，而是须有购票许可，得到许可才能买票，因此一张票虽一百元，外边喊价则有三百七百一千二千不等。管理之不善，可见一斑。

布达拉宫下方新开放“雪城”，有印经院、公署、监狱、民居、官员房宅、建筑展、酿酒展等。颇强调西藏过去的统治，人民过着农奴制的悲惨生活，新中国成立后，才发生翻天覆地的大变动。

唯其用以说明农奴制之材料，一部分是当时的刑罚，说当时如何剥人皮、挖人眼等等。这些不是农奴制使然，而是宗教。密教确有用人体供献之一派想法及作为（显教中也不乏燃指供佛、刺血写经、断臂求法一类事），但与农奴不农奴无关。对西藏的理解，应了解其宗教。

廿七日我独自去了色拉寺，廿八日又去了哲蚌寺。细雨霏霏，感受不俗。另外，游人较少去的几处，不妨略做一二介绍。

一是扎基寺。这是藏地的财神庙，神如汉地庙宇中的黑无常一般，黑脸、吐红舌。但香火鼎盛，远胜于其他寺院，门口哈达堆如山积。不收门票，因为都是本地人来拜。拜时，自带一瓶酒，或在寺前购买。故寺院前面全是酒摊子。什么酒都可以，还有一种酒就标明了叫财神酒，专用来供神的。寺院本身也卖。拜时奉酒，倒在一大酒盏中，下为大酒缸。酒气熏天。人即坐此酒气中与喇嘛掷骰子，卜问休咎。可谓一大奇观。

二是仓姑寺。在大小昭寺之间，僻居市廛里，不易发现，游客也不太知道。倒是本地人群聚寺中凉棚下喝酥油茶，颇为自在。这是尼姑庵。拉萨的尼姑庵不少，但此地最居市中心。

三是清真寺。拉萨清真寺有两座，一在东郊，一在大小昭寺中间，八廓街里。一般人只知到拉萨看佛寺，只知拉萨满地都是佛寺、都是喇嘛，不知市中心便有这样一大块回民区，故值得来此看看。

2007.08.02

藏事续记

才由西藏回北京，又要返台了。预计在台湾待两周，将再去福州开世界华文文学的会。暑假期间，看来比平时更忙呢！气候又不正，忽雷忽雨忽而暴晒，令人难以招架。

今日既要南飞，西藏事就不多说了，补述一二如下：

前此曾谈到佛教以外，伊斯兰教、天主教都曾入藏传布，因想到友人范稳写的《水乳大地》，不就是讲这个吗？他写的，主要是澜沧江峡谷盐田县一带的故事，虽非拉萨，仍算藏区，涉及藏人、纳西人与天主教徒之间的纠葛。其中主轴，即是传教士进入藏区传教带出的故事。

十二世纪时，欧洲便流行古老东方有一个未被发现的基督教王国之说，谓其国王叫约翰长老，身兼国王与教皇，政教合一。欧洲传教士到东方来传教，也与来寻找这个老基督王国有关，他们一直希望能让它回到基督世界中去。近年这个老传说不再流行，代之而起的是来找“失去的地平线”：香格里拉。

故洋人来游西藏者，比过去传教士还要多。拉萨等地，过去不曾轻易被传教士所攻占的教区，如今却遍地都是配合着洋人品味做买卖的店铺，充满了欧洲的风情。因此也有友人说去了感到十分失望，没想到拉萨如此“小资”，不似想象中古老、纯朴。

小资风情当然不免，但大部分藏区及其人民还是纯朴的。光逛商业大街、观光特产店、洗桑拿、住饭店、游热门景区、泡酒吧、唱卡拉OK，不能发现这些，须深入藏民生活中才能体会。可惜大多数人无暇也无意如此。

在拉萨，我就遇到不少内地来此工作的汉人，对西藏、藏人、藏文化毫无兴趣，只活在汉人圈子里，情况比窝在欧美唐人街里的华人更严重。因为“不懂”还裹着一层骄傲，以愚昧来衬托着身份，令人觉得可憎又可怜。

藏人许多文化本来也不易了解。如前文曾谈过的人体献祭。现在在商场上，便常有人胫骨法号或头颅骨法器出售。这些当然不是真的，跟那些天珠玛瑙绿松石一样，都是仿作。但以此惊诧观光客，令其大掏腰包，岂不正是利用它的“奇风异俗”来赚钱？布达拉宫底下，雪城中则把用脚胫骨做法号当成是农奴制社会里的陋俗来批判。第二历史档案馆供稿编成的《老拉萨：圣城暮色》（江苏美术出版社）则说人脚胫骨是天葬师刻意留下的，以十六岁处女胫骨为最佳。

实则此非天葬所得。少女死的机会太少了，即使天葬时偶或存之，大部分还得仰赖献祭。范稳说十七岁、虎年生的少女骨最合适；献出胫骨的少女及其家人将受到寺院供养终生，并获得人们之尊敬。庶几得之。

这种人体献祭，在各宗教中其实是很普遍的。早期各民族杀人为牲、杀人为殉，或取头颅、或割耳朵奉祭，或用血、或用心肝，皆不罕见。所杀，有异族、敌人、奴隶，也有本氏族的人。若是本族人，舍身奉祭者，往往都受推重，如汤之祷桑林、如周公之祝金滕，均属此类以身为牲者也。河伯娶亲故事中那种饰少女以嫁河伯的类型也是。这类“圣姑”，在许多地方或宗教中也是有的。金庸小说《倚天屠龙记》里的波斯明教圣女小昭，其实也属于此一类型。我过去写过一篇《以人为药》的论文，谈中医如何利用人体器官乃至其排泄物作为药用，如今看来还该再写一篇《以人为牲》专论此事。只不过，我杀生已著盛名，再写这类文章，佛门的呆阇黎、笨居士、无聊护法信徒们又将惊疑不定，认为我吃猫吃狗还不够，又鼓吹着要吃人了，哈哈哈！

2007.08.13

少谈政事

有人来指责我说一回台湾就像失了踪。诚然，但也没办法，只能告罪。

台湾的政治与社会，每天都令人目不暇接，仿佛每件事都值得评述，可是似乎又都不必评说了。在这个岛上，再光怪陆离的事，我们都曾看过了，因此眼前这些，便也没什么可说。这种心情，如今恐怕甚为普遍，所以听到陈阿扁又要迷航观光了，大家只是说：“喔！”听到吕秀莲胡吹大气说她在美国如何受礼遇，大家也只是说：喔！听到杜正胜被约谈了，大家只是说：“喔！”听说杜的儿子杜明夷因打人要遭高雄市府解雇了，大家仍只是说：“喔！”就是红衫军要被起诉了，大家还是淡淡地说：“喔！”

有些人连“喔”都懒得说，因为报已懒得看、电视也懒得听，哀莫大如心死，故一切都不用说了。或者只想“吾与汝偕亡”，一把天火，把台湾烧了，大伙儿了账，俱归清静。

心情如此，还是少谈政事，闭门读书为好。

2007.08.16

学者散文

在北京时跟周志文商量，编一套台湾学者的散文集。学者散文，与寻常写散文者不同。一般散文，大抵只是呓语、呢喃，滥情的文艺腔。学者则不会写文章，多半直木无文，味同嚼蜡。唯有极少数能合学人之诗与诗人之诗为一手。过去如周作人、王了一、梁实秋、台静农、张中行等，都是这种类型，现今尤其值得提倡。故准备先推出颜元叔、马森、汉宝德、黄碧端、金恒镳、南方朔、陈芳明等人的作品，我与周志文也各编一本。

回台湾几天，便把稿子编完了。恰好张辉诚也要出一本散文集，跑来找我写序。我说："写序可以，但既是没稿酬的买卖，我亦不能吃亏；我替你写序，你就帮我的集子写篇评述好了。"辉诚无可奈何，一个头两个大。因为对自己老师，褒也不是，贬也不行。若不写，又恐得罪我，起码我的序也就赖掉了。于是勉强应命，回去写了一篇评述。

我素以整人为快乐之本，读之觉得很好玩，似乎看见他在灯前左支右绌、愁苦万状之态，真盛夏之消暑良方也。

2007.08.25

丁亥七夕

赴福州。这次是参加"世界华文文学研究"研讨会，会议规模颇大，而实兼为刘登翰先生庆祝七十。台湾有李锡奇、张默、辛郁、应凤凰等参加，李瑞腾也带了儿子李时雍与文学馆的简弘毅一道，和我同机飞往。

我们其实是赶在台风之前一步走的，风，尾随而至。才抵福州，对外的交通便中断了。夹风夹雨，所以我也无法逃会去逛山戏水，乖乖关在于山宾馆里开会。

我于 1988 年正式参与大陆的学术会议活动，当年就是来福州。近二十年间，发展出来的学界关系绵密而复杂，不但在台湾学者之中无人能比，就是大陆学界，其实也没有一个人比我更复杂。因为大陆学者基本上只在某个领域或几个领域，我却是人文社会各学科兼摄且游走十方的。虽则如此，毕竟仍时时怀念福州，感念此地开启了我这个大缘。

主办单位也充分利用我这位老友，因此让我昨天上午报告，下午讲评，而且一次评十二篇，可真累坏我了。我属猴，一向坐不住，在主席台上一坐一整天，结果可想而知。

今早则是刘登翰的书法展，取名“墨象”。有一年他来台湾，我陪他去乌来，在燕子湖畔拜会友人李雅卿夫妇办的毛毛虫实验小学。那时该校跟森林小学一样，都在和国家教育体制对抗，争取社会支持。我们去玩，恰好碰到小朋友们要写海报，便挽起袖子，一齐帮小朋友们好好写了一大通。平时写字之趣味，皆远不及此番在山中、湖畔、简陋的校舍里跟小朋友们写字值得回味。今天来看刘登翰的书法展，不禁就想起了这一段。

今天又恰好是七夕。风雨七夕，亦堪玩味。这个中国古老节日，现在已没什么文化意蕴了，商人只借这个日子鼓吹情人节，以卖花、卖巧克力、卖保险套。而情人节之内涵全是西方文化的东西，中国式的七夕，遂徒存框廓而已。

就如端午节在中国不太受重视，而在韩国大力发扬后才取得世界文化遗产之地位那样，七夕现在在我国徒存形骸，便也比不上日本。

七夕风俗于唐代传入日本，在《万叶集》《古今和歌集》中即已有不少歌咏牛郎织女的诗句，而且衍成每年定例的节日。平安时的七夕节那一天，要沐浴七次、用餐七次，并向天上星斗供奉七种食物（桃、梨、瓜、茄子、大豆、干鲷、干鲍），还要在楸叶上扎七根金银线针。因此当时好像就已经比中国的七夕乞巧还要繁复了。

到室町时期，在楮叶上更要写上七首和歌，玩七种游戏：下棋、扔绣球、射箭、闻香、玩花骨牌、赛和歌以及拼合贝壳等。江户时期，则供奉七个砚台，以祈求孩子们学业好。再将瓜切成七片，放在七个盘子里，点上七个灯笼。江户末期还有在竹叶上挂诗笺表达心愿的风俗，一直延续到现在。日本阴历七夕，更与扫墓团圆结合，气氛当然亦非我国所能比。

下午风雨稍戢，我独自冲雨去林则徐祠附近逛逛。林公祠如故，唯因风雨，一个游客也无，是难得的幽静。秋池水涨，空阶滴翠，别有静定之美。

祠堂附近，乃是福州老城区三坊七巷所在。沿街走去，一片残垣断壁，在台风气氛中格外感觉残败。原来不是风摧雨打，而是政府拆迁。警察与保安一队队，或巡逻或站岗，气象森肃。三坊七巷，连巷里都迁完了，故已成一片废墟。仅余的一些名人故居，大抵也贴上了封条，唯一二野狗、三五老人在废墟间走动而已。

据说这叫作改建或整修。也就是现今各地流行的办法，把老城区敲掉，把居民迁走，留下二三标本，粉妆玉琢一番，再辟为观光点，以招徕观光客。拆光真古董，打扮出几个假古董，这就是我们这一代对历史的伟大贡献。幸而此次来榕，赶在它被扫进历史的垃圾堆之前，凭吊了老古董最后一眼。

这当然只是我的感慨，本地人是否也如我一般觉得遗憾呢？恐怕未必。我在古街区，问人老宅旧舍的事，十之八九是一脸茫然或充满了惊愕，仿佛问了他什么外星球怪兽的问题似的。例如我在街口问一年轻女孩：“严复故居何在？”她大惊，摇头摆手逃开。我再去问一店口服务员，她也摇头表示从不知有什么严复或盐父。一年轻小伙子倒很热情，看她发窘，即跳出来解围说：“啊，我知道，就在隔壁转角呀！”那女子大吃一惊，不禁崇拜地看着他。我连忙道谢，转过街角，果然就在十公尺处便有一大户旧屋，但不是严复，而是林觉民、冰心的故居。

年轻人如此，老者亦然。跟我乱指一通，害我绕了许多冤枉路，令我对福州的好印象大打折扣。这不是认不认识路的问题，而是古迹、历史、文化根本不在他们的视域中，故视而不见，从来不安在心上。如我在街边见一大殿，赭墙黑瓦，看来不是寺庙，便问街边店家：“这是什么呢？”答：“喔，我们也不知道！”天哪，我很后悔有这一问！因为店在这大殿后面，站在店门口看，就可看到殿上四个大字：“仰之弥高”，这不是孔庙吗？开店于此，日对宫墙，而不识之无，居人之文化历史意识可知矣！

晚上，在于山顶上办丁亥七夕诗歌朗诵会，虽有风雨，而听众踊跃。表演大率生涩，而热诚可感。却又是另一番景光。看来福州关心文学、喜爱艺术的人并不少，只是如何让这种对文学文化的热爱普遍成一般市民的文化意识，也许还是个值得讨论的课题。

七夕还要想这些事，实在也太累了，算了，不写了！七夕本该有诗，遂也懒得作啦。

2007.08.27

六经皆文

由武夷山返北京。去北大出版社拿了《国学入门》的样书，此书简体字版已印出来了，过几天可能还要办个新书的什么发布会。商务版的《唐代思潮》据说下周也可上市，然后再出《清代思潮》。出书容易校对难，手上还有几本稿子在校对中，直校得我柔肠寸断，眼迸金星，十分痛悔写这么多干啥。

台湾学生书局的《六经皆文；经学史 / 文学史》也要出了，自序一篇，附于后。

在写这篇文章时，我刚好见到公寓的楼梯门口贴着一张儿童读经班的招生传单。儿童读经，这个活动或运动，在台湾已经发展得极为普遍了。之所以着重于儿童，道理很简单，大一点的青少年，在他们的语文教材或公民与道德教材中，经典的材料本已不少，国中就有《论语》，高中还有《中国文化基本教材》，内容即是《四书》。因此儿童读经，无非让小孩提早一点接触那些他们将来都会读到的东西，培养些熟悉感，而且避免在考试升学的境况下才与圣贤言语邂逅会适应不良。部分替代了儿童唱游活动的读经，当然也比一般玩游戏式的唱游更具意义。

近年此种读经活动在大陆开展，情况显然又有所不同。据国际儒学联合会二〇〇七年第六期工作通报说：自一九八九年迄今，参加中华古诗文经典诵读工程者，已达六百万人，加上其它途径在青少年中普及的人数则超过一千万人。在这一千万人背后，至少还有二千多万家长和教师。因此情势看来十分蓬勃。不过，因大陆在中学教育体系中并未安排经典课程，故须读经者本不限于儿童，又因比台湾有更强的延续传统文化之意蕴，故而引起的争议也比台湾激烈。二〇〇六年华东师大出版胡晓明编的《读经：启蒙还是愚昧》，即可见其争议之一斑。

但无论如何，读经在现在引起的争议，比起从前，实在是太小了。钱基博曾描述他们家乡无锡，在民国十七年时，一私立小学校长在课余教学生诵读《孝经》，其校中教员竟向市党部教育局检举，说该校长是反革命。民国二十一年他去上海开高等教育问题讨论会时，提案尊孔读经，也大遭揶揄（《教育杂志》，25卷5号，1935）。这类现象，显示了当时自命开明的人士大抵均是反对读经的。纵使是一些研究经学的学者，例如后来批注《经学历史》的周予同，也大力称赞蔡元培担任教育部长时之废除读经，认为现代根本无读经的必要。这种气氛，到后来越演越烈，至文革时期而达高峰。批孔扬秦，虽说是政治力量的操作，可是社会主流意识恐怕也有非批孔斥经不足以强国的心态与之配合吧！

如今时势气运似已剥极而复，读经虽仍有若干争议，毕竟实际上读了的人已然不少。而在学界中，经学研究也渐取得了正当性。例如台湾“中央研究院”文哲所中即有经学组，大陆虽无此建制，在学科分类中也还没有经学这个学门，但自二〇〇三年我代表佛光大学，与“中研院”、北京清华大学合办第一届经学研讨会以来，这类研讨亦已渐渐蔚为新兴学术论域，参与者颇不在少数。大型文献集编，例如《儒藏》工程，当然也推动了这个趋势。

这是整体时代意见气候的大概状况。读者看到这儿，或者已猜到底下我将接着说明我个人的经学研究及我这本书在这个环境或趋势中的位置。

然而不是的。我做学问，独来独往，与潮流未必有关。少年时期，偶得父兄师保之教导，读了点经书。但既与儿童读经运动性质不同，彼时亦无此运动；对于那个时代到底如何反对尊孔读经，我更是漠然无知。只是老师教习过，我也喜欢，便摸索着找相关的书来看。记得小学五年级时去书店买一本《易本义》，店员还认为我胡闹，不可能看得懂，不肯卖给我呢！可是那时我早已知道各书肆中其实大部分经学著述都有得买了，正式学校体制及主流意识形态虽仍陷溺在五四新文化思潮与现代化观念中，民间文化工作者却对刊印传布传统经史十分热心，因此在书肆中游走，从《幼学琼林》，到《十三经注疏》，几乎什么都可以看得到。

我正式读经，只跟小学三年级的导师黄灿如先生读了几年，其他大约就是如此东摸摸西看看。经学的家法师法，虽不尽了然，但优游博涉于其中，感觉是极亲切极愉快的。后来我看见许多人谈起读经，都觉得那是件非常困难非常严肃的事，好像非打熬起十二分气力、非有绝大愿力不能从事，尤其不适合少年人心性，非棰楚督责之不能让人终卷，皆大不以为然，因为实在与我自己的阅读经验相去甚远。

依我自己的经验去推想，传统读书人以经书为其基本文化滋养，应该也是极自然极平易的。

入大学以后，因受章太炎、刘师培、康有为、马一浮、熊十力诸先生之影响，很花了些时间治经学。大三写《古学微论》、硕士论文作《孔颖达周易正义研究》，也都涉及了经学史的重构问题。我久不满于皮锡瑞之《经学历史》，觉马宗霍等人之经学史亦仅为经学著述史而已，且局限于清代经学的框架，以汉学为矩矱，不能见经学之全体大用。故当时颇欲考经学成立之源、辨魏晋南北朝隋唐之变，以为尔后论宋元明清经学流嬗之先导，弄得自己很有些小经生硁硁然的味道。

但我读经的经验，终究使我无法做一名专业治经者。治经成为专业，其实是乾嘉朴学典范下描述的历史及它影响的结果。可是现代化的学科分化与学术分工，又对经学作为一种专业产生了质疑，觉得经学还是太笼统含混，里边什么都有，所以应该再予切割分化，把它分入史学、社会学、文学、伦理学或什么什么学科中去。如此拆解下来，经便只成了材料，经学也不成其为学了。要对治这种专业性分化，讲经学的朋友乃不得不强调经学本身即是一完整而独立之学科，也将经学研究专业化，以对抗现代学术的专业分工。于是，这就又接合到乾嘉的经学观，出现了较专业的治经者。

我读经，以优游博涉为主，认为经书是传统中国人的基本文化滋养，故经典本身固须考论，经典作为文化土壤，它滋养生成了什么也很重要，应予关注。而且这话也不是这个重要那个也重要的兼顾式及开拓式讲法，而是与专业治经有本质之异的。

专业经生，是以语言训诂、文献考证去确定经文之本义正解，还其本来面貌。经书文字被当成是历史性的存在，故能以考察当时语言文字、典章制度、社会状况去复原。乾嘉朴学之治经，后来发展为章学诚所谓的“六经皆史”，经学终于渐渐成为史学，成为如章太炎所说“说经者所以存古，非以是适今也”，均与此认识及方法有关。

我的想法也是历史性的，但是是不一样的历史。我所指的历史性，重点在于流变，是太史公云述史所以究古今之变的那种历史性。故经之本义正解未必重要，我亦未必知，或者我根本就觉得那些未必可知。反对读经的人，每举王国维“以弟之愚暗，于《书》所不能解者殆十之五，于《诗》亦十之一二”（《观堂集林》卷一，《与友人论诗书中成语》）之说，以表示经书难晓。其实难晓有什么关系？王国维说他对经书还有许多不懂的，实则他自以为已懂的，又真即是本义正解吗？但就算解错了又怎么样？本义正解不可知，所可知者，仅慕道向义者仿佛测度之言而已。慕道向义之人，累代不绝，各自读经，各自领受。饮河满腹，巢林一枝，随分契会，遂皆欢喜赞叹而去。其说经也，亦自道其理会耳。一时有一时之感会，一地有一地之受用，治经学史者，固宜观其异同而审其流变焉。

如此，一就不会再看重乾嘉所提倡的那套治经法。二亦不会再如皮锡瑞等人论经学史，以汉为盛、以魏晋南北朝隋唐宋明为中衰；认为历代都从经典找到了面对其时代问题的方法，故其解经各有重点，风格各异。三则不会如章太炎那样，觉得说经只是存古，不足以适今。经学在每个时代都是活的，每个时代的经学都是该时代人“适今”的结果。对历史的诠释，与他们面对时代的行动，乃是合为一体的。故我们今日治经读经，也不纯是学究或考古，而是可与我们存活在当代的生命相鼓荡，以激扬生发出一些东西，来面对我们的时代的。古代人由其经学土壤中生长出许多他们那一代的学问，不也即是如此吗？

我自己如何从经学中激扬生发一些东西出来，另文再说，兹先说古人。因为专业治经者既为专业，因此他们研究经学时眼光便也只集中在古代那些专业经生上，纵使人家本来不是专业经师，亦仍想办法要把它塑造成一副经生模样。例如惠栋，号称吴派宗匠、乾嘉经学朴学之大师，笃守汉儒法度。如斯云云，岂遂能知惠栋乎？惠栋除讲经学外，曾花大气力注解王渔洋诗、注《太上感应篇》。这些诗与通俗因果报应书，在惠栋生命中居什么地位，与其经学又有何关系，专业经学家是视而不见或根本未及注意到的。吴皖之后的汪中、焦循、凌廷堪，博学于文、游艺使才，明明属于博学型文人，可是在专业经学家的塑造下，竟变成了“继承乾嘉朴学的扬州学派”。而之后的常州学者，据龚定庵描述是“人人妙擅小乐府，尔雅哀怨声能遒”。可是专业经学研究者也懒得过问他们的词学，只就其经学著作去考论。凡此之类事例，都说明了专业化的经学研究要不就是扭曲，要不就是割裂，对于公羊经学与词的关系这一类问题，大抵也不感兴趣或无力穷究。

顺着这样的观察，我们还可以发现：专业经师这个说法，本身就是种特殊的历史建构。乾嘉朴学的功绩之一，正在于此。在宋代明代，其理学不就是经学的一种形态吗？如朱子之论性理、论太极，本于《礼》《易》，他除注《四书》之外，也注《诗》《易》，蔡沈的《书集传》也本于他，朱学一派何尝独尊《四书》而弃五经？何况，从义理上，朱子会认为《五经》与《四书》是两条路吗？他所体会的天理，难道又不是从经典上来的吗？还有，所谓《四书》，不就只是《十三经》中的一部分吗？朱子他们治经，而从其中体认出天理心性等等，乃是他们那一代经学的特色。朱学如此，阳明学呢？写至此，恰有友人寄了韩国阳明学者郑齐斗的《霞谷集》来，翻开卷十七《经学集录》，讲的是什么？上编：天之道、道之用、道之体、性之德、性之道、达道达德；中编：性命一理、物我一性、事物止一、一贯大小、本来一理、博约为仁、大中时中；下编：知能、知行、精一、明诚、诚道合、忠恕、修己安人、仁一体。可见当时人论这些知行诚仁问题时，本自认为即是经学。清初人反对宋明，认为经被宋明人讲岔了，所以要重新讲经学。可是他们为了强调自己才是真正的经学家，自己才拥有了解经典本义的方法，竟把经学与理学切割开来，把理学说得好像就不是经学似的，岂非大悖于历史真相乎？

同样被割裂的，还有文学。唐代经学的形态，当然会跟汉代不同，古文运动所希望达到的“文与道俱”境界，其道就本于圣贤之经。因此其经学见解未必见诸著述，特别是不见得仍以汉儒式的笺注出之，而常表现于其文章。元明以后，经义之讨论与阐发，进一步与文学结合，体现于科举制义中。乾嘉诸儒也反对这些做法，痛斥制义及评点讲章，认为此皆为作文而生，非治经者所宜。因此他们的治经成果，或采汉儒笺注方式，或为一条一条的，根本不成文章。早在汉代，王充就曾批评当时经生的毛病在于不会写文章。现在，清儒则大力宏阐这种不成文章的表达方式，以自别于用文章来表达经义的那一路数，斥其为说经之蠹贼，又岂不可笑？

对于这些问题，此处不好谈太多，总之是乾嘉以来逐渐定型的经学观或经学史观，确实已该修正修正了。

本书即是这种修正工作的一个发端。书名《六经皆文》，是相对于章学诚的《六经皆史》而说。《六经皆史》，乃章氏为消解乾嘉朴学经学之势而提出的一套讲法，谓六经皆古代官史，掌于公府，春秋以后才有私人著述。彼欲以此尊周公、黜孔子、崇公弃私，夷经学而为史学。我无此雄心，也不赞成他那套迂古的历史观，故我说六经皆文，并不远征于上古，只从中世讲起。上古文道合一，从本原上说六经皆文，我在《文化符号学》中早已谈得多了，所以也无须再讲。中世则是文与道已分的时代，经史子集在汉代逐渐开始分家，至魏晋南北朝而确定。可是混沌凿破后，人们又蕲其相合，于是才有刘勰的宗经征圣、才有北魏隋代摹仿《尚书》的文风、才有唐代儒者想结合文与道的努力。此一动向，不仅使得宋元明清科举考试均采取了以文章来阐述经义的形态，也使文学写作以六经为典范；同时，以读经为阅读之基本模型而发展出来的读法、条例，浸假也成为一般文学审美阅读的基本方法（我称此为细部批评）。

在这个动向中，经学与文学是两相穿透的，不是某方影响另一方或互相影响那么简单。如文学中论诗，皆推原于《诗经》，诗经学里正变、比兴、美刺等观念，及具体诗篇的美学表现，无一不影响着诗人的创作。可是文学家对《诗经》的理解，同样又刺激着研究《诗经》者，使得解诗时越来越重视其文学性。而这种文学性的《诗经》解说，当然更会跟诗家论诗相孚相发。我在《文学诗经学》一篇中曾以清朝诗话为例，描述了这个动态的关系，推轮大辂，其余不难隅反。

要观察这一类动向，我们才能明白现今通行的经学史框架不但空洞而且颇有误导之嫌。文学史也一样。文学史的基本立场是反汉儒反经学，以说魏晋的审美自觉。唐代以后，虽以古文史观笼罩一切，令人不知骈文才是通行文体，但论古文时亦局限于以文论文，对于文道关系很少讨论。治文学史者普遍又对经义、对宋明理学茫然无知，所以除了把八股文乱骂一通外，大抵皆视若无睹，亦罕能涉及诗词文章文学批评与经学关系的抉发。因此，我这些论析，对反省文学史框架，或许也有一定的意义。

近年世道日坏，学风也愈来愈坏，论文写作渐成知识产业中批量生产的商品，讲究规格化、数量化、标准化，产品还要分级。学者则以承揽业务、包发工程鸣高。结果是 SSCI、CSSCI 等唉唉不绝。期刊分级、教授分等，学校以兹为指标，国家以此投资助。看来一片欣欣向荣，漪欤盛哉，其实是每年制造若干万吨学术垃圾，许多基本问题却闲置着没人愿意去碰；大家勤于放焰火，而少人从事埋水管的工作。我对此风气，当然是不满的。但世风如此，旁人自然也未必瞧我顺眼，以上云云，或许还要大遭主流文学史家、经学史家之诟谇呢！然此亦何伤？吾将自论经史文章于广漠之野、逍遥之乡也。

岁在丁亥，立秋，写于台北龙坡里云起楼

2007.08.28

闽西北游志

福州、泰宁、建阳之游，尚有记略，补述如次。

在福州，住在于山宾馆。于山上有戚公祠、白塔寺、炼丹井、碧霞元君庙等古迹，因皆未辟为观光点，只供市民游憩，故都好。戚公祠尤佳。

戚继光在浙闽经营多年，丰功伟绩足资凭吊，祠亦雅静幽深。闽派园林，以巨石古榕组构之，气象自与苏州扬州园林迥异。雨中独游，见一老者光着膀子在殿前打八卦拳，另几位老者在石亭中唱福州戏，感觉亦甚好。碧霞元君祠，南方也不多见。

二十日福州开完会后，即赴泰宁。车行四小时乃达。群山环峙，近年方以丹霞地貌获列为国家地质公园，正摩拳擦掌准备大搞旅游。但因旅游事业刚起步，故相关配套措施及景区建设尚未完备，旧城镇却又还没完全转型，故还有些拙朴的容颜可以看看。过几年，大概也就不用看或没得看了。此为我这次特意转来瞧瞧的缘故。

福建与江西交界的山脉，福建这一边，上为武夷山，下延伸到泰宁等处；江西那一边，下延伸为龙虎山，都是丹霞地貌，碧水丹山，风景奇秀。有石骨崛耸、云氤水氲之美。然因景观相似，旅游项目大抵亦雷同，都搞竹筏漂流、爬山、走峡谷，伴以喝茶、吃土菜野味等等。泰宁的金湖泛舟、上清溪漂流、寨下大峡谷纵走，亦仍是如此。虽没什么特色，但浮生暂得此一日闲游，正亦不恶。

泰宁目前虽僻处闽西北山中，但从前人文荟萃，朱熹、李纲、杨时均曾在此讲学。可是现今已没什么遗风或故址可供凭吊，人文景观，唯明李春烨的尚书第及朱德周恩来的红军旧事二者而已。其余古街古城门古井状元街等皆不足观。且亦与大多数城镇一样，建新洋楼式的民族风大街，卖时尚精品；用硬铺面街路、美术灯、雕塑来制造气氛，令人摇头。又因分区停电，在尚书第，本来可看到地方戏的，竟也无法演（古代唱戏，尤其是地方戏，哪需要用电？当时也没有电。如今没电可就唱不成戏了，实在滑稽）。跑到街上想吃一盅擂茶，也因无电烧水而罢。

倒是在建宁，晚上约了刘登翰、李锡奇夫妇、张默、辛郁、张重岗等去喝茶，再摸去吃夜宵，见识到泰宁人的夜生活，大为称奇。此乃山城小镇，人口不过数万，而民主街一带歌城卡拉OK竟达数十家，皆本地人消费，夜摊小吃配合之，通宵喧歌不绝。大山小镇居民的生活形态，真是奇怪。

廿二日中午，大队人马回福州，我则独去建阳。毛汉光先生五年前到建阳结婚，我们佛光大学一票人特来贺婚，王骏也从北京飞来，毛公夫妇很感念，老说希望我们能再去建阳玩。其他人不好凑集，我既到了泰宁，说什么也得去探望探望，故联络了南平市政府来接，由泰宁经邵武往建阳。

这一路可不比福州到泰宁有高速公路，翻山越岭，车行三小时才抵达。幸而山青水碧，景色可观，民居尤朴实可喜。这一带经济作物是烟草，故农舍多有烟楼，以供熏烘烟叶。其建筑与台湾南部不同，乃是高狭的小土楼。麻沙附近则为葡萄产区。

麻沙这个地名，对我们读古书的人来说，别有感会。因宋代刻书以麻沙本为最盛，记得朱熹《建阳县学藏书记》曾言：“版本书籍，上自六经，下及训传，行四方者，无远不至。”元明以后，盛况依旧，清人查初白有诗谓：“江西估客建阳来，不载兰花与药材，妆点溪山真不俗，麻沙坊里贩书回。”可见到清代也还是盛的。现在虽然溪山仅存，人文不兴，但吾人过此，感觉仍是十分异样。

抵建阳，先去毛公家拜访。所居十分宽敞，壁面上两大幅书画，均毛公自作。一为西安昭陵壁画摹本及题识，一为《赤兔赋》。看来毛公在此颐养，雅兴不浅。所居面对麻阳溪，可谓坐拥湖山矣！晚上去溪上湖畔吃鱼。餐毕喝茶，与建阳文化局旅游局诸君谈建阳陶瓷、书坊、朱熹蔡元定家族事等。夜则自己一个人走出来，在建阳市区转了一圈，吃炖罐、喝鱼丸汤，不亦快哉！

2007.08.29

武夷访古

武夷之游补记：

早上先去看了建阳博物馆。方整建中。旧馆舍极简陋，未来新馆想必会较好，但地方政府的文化经费一向不足，故吾人亦不敢乐观。馆内有民办跆拳道馆，却是兴旺得很。近年韩国武术产业发展甚好，已胜过日本，更不用提我国传统武术了。如此小县，便可见其规模。

由建阳去武夷山，杨金鑫先生来会合，导之入止止庵。武夷山屡来，而止止庵在武夷宫后山山坳中，昔所未至，今由杨先生领路才得见着。旧有培风书院在此，但如今仅存一门坊。止止庵就以这石门坊为其大门。止止，是庄子语，曰：“虚室生白，吉祥止止。”故用为道观名。观已圮废，今复建。而道观又用讲儒学的培风书院门坊为大门，感觉甚怪，却可征沧海桑田之变。

庵内首供王灵官像，神幡上绣作王灵光。一导游带人入，则大声介绍曰：王光灵如何如何。令人失笑。武夷山本道教洞天，夙有传统，而今人对之却极陌生，所以可叹。

杨先生为有心人。旧在南平任副秘书长，病肝，呕血数升。医者剖腹疗之，谓肝一叶已硬化如木石，一叶已糜烂，不过一年半载，便将命终。杨先生既以为必死，乃发大愿，做善事，散尽财产，以待大去。不料善事越做越多，身体竟越来越好。因访知此地废弃，便又发愿重建，变卖祖产以为之，经营十载，居然大观，实堪感佩。

如今此地建成白真人殿、玉皇殿二座，其他相应设施俱全。白真人者，供白玉蟾，丹派南宗第四祖也，昔尝在武夷传道。玉皇殿则不用说。殿阁皆用原木，隔山渡水运来，古朴可喜。杨先生还想在此发展易学研究，这一点我倒还可帮点小忙，因此提了些设想。

下午去古汉城遗址。武夷山获列为世界文化遗产，此地为一重点，旅人以其距景区稍远，皆不来或根本不知道要来，故只有我们这一批游客。

古汉城，其实是古越城，越王建国于此，汉武帝时派兵灭之。其故事，我在《自由的翅膀》中有一篇《祖国·民族》已谈过，故此处也就不用再说。只是这越城被改题为汉城，显示的就会只是一页伤心史：越国在此被灭，宫室被焚掠，人民被迁至江淮，遗址二千多年以后才被发现。若仍题为古越城，情况就会不同，感觉两样。

古汉城博物馆很简陋，文物却很珍贵，但保存及展示条件不佳。估计应是游客少，故也无银子可多办事。门口一塑像，谓是越王；展示大厅上一大画，云是越人迎越王，均不谛当。越人断发文身，而图像均作汉王官冕服状。展示厅顶面图画，则采长沙马王堆帛书图式。可见当时盖博物馆时就没弄清楚。遗址区之说明亦不足，倒是井水依然甘甜可饮。中国几千年的古井，唯有这一口仍可生饮。我们在遗址处晒得七荤八素，掬水痛饮，凉沁心肺，真是感到无比畅快。

游遗址毕，往城村。老民居宛然犹存，牌坊、宗祠、宅院、寺庙都很完好。我与毛汉光先生把村子绕了一大半，毛夫人则在村前骑马，玩得尽兴。村中有些碑刻很有价值。晚上武夷学院宴请。武夷学院本是南平专校，迁来此，升格成大学，校舍十分宏阔美观，令我称奇。这次在泰宁游罢，应凤凰、蒲若茜等人另由武夷学院接来武夷山，今晚正好会合。席间向应凤凰等人介绍武夷文化，听者大奇，说该请我担任武夷文化大使，比本地人还懂呢！哈哈，岂有此理！

餐毕，拉了毛公夫妇及应凤凰去找包红妹。她是包公廿八代后裔，与夫婿在武夷山经营文物艺术品买卖。五年前来武夷时认得，后来店面迁走遂没找着，如今才问杜洁祥要到电话，联络了去她家喝茶，并听弹筝。我奔南走北，各地非学界非政界之“民间友人”甚多，虽或久久才得一见，但觌面相亲，辄多感念。上次来武夷，到一茶庄找老板，不在，一行人便告辞走了。夜里在某处山产店吃野味，老板竟觅来，说：我猜到是你，又猜到会来吃野味，故找来。令我大为惊喜。可惜此次想再找他的茶庄，却已搬了。

次日早上先去毛公武夷新居看看。房子正在装修，三房两厅，准备十月即入住成为武夷山民，使人羡慕。据毛公言，近年因就婚闽中，也开始研究海峡史。因与谈船舶建造技术与航海事，甚有收获。他本是中古史之大家，精研士族政治，但近年来往建阳厦门金门嘉义之间，考察了许多福建古船厂及遗址，认为过去中国船只无法解决九十度横向风的问题，故航海均是沿着海岸向南向北走。出福州泉州港，直渡台湾海峡困难，沿海下南洋却容易，所以台湾虽近，历来反而没有开发、没有移垦。要到十六世纪后，技术上突破了，情况才有改变。看来毛公准备在此潜心著作，再创一个学术第二春了。

继而往天心永乐禅寺品茗。此寺即岩茶大红袍祖产地。唐贯休、宋朱熹皆尝来此，有诗文。明永乐间以茶为贡品，因赐寺名永乐。入清尤为一大丛林。“文革”间毁之，仅余一旧殿。现方重建，正大兴土木中。

方丈道泽，毕业于灵岩山佛学院，颇打禅语。我陪毛公与之聊了一会儿，便出来喝茶。中午并在寺用斋。我素不喜吃斋，偶一顿却无妨。何况这两天吃了不少麂子、野猪、野兔、蛇、穿山甲，吃点斋也是好的。

此寺与台湾关系密切。高雄开证法师及其法嗣传孝法师均对此寺之重建贡献甚大。传孝即现任住持道泽之依止师，亦为名誉住持。惜开证法师已逝。在寺中还见到妙湛法师之塔、赵朴老的许多题识。想起在高雄见到开证法师、在南普陀见到妙湛法师、在灵岩山寺见到明学法师、在北京医院见到赵朴老，一时前尘旧影，触绪纷来。佛教所谓“无常”，此即是矣，何必说禅饮茶始能得之？

2007.09.03

网中应答

先解释标题。古人有《岭外代答》之书，今简单响应网上一些朋友的意见，故曰网中应答。

有朋友赐告：出书不要太快。原因是穷学生买不起我那么多书。这个建议很实在，我会谨记，也谢谢枵腹苦读的朋友。不过，或许购读我的书也是省钱之一法。怎么说呢？

我想大家都知道：五岳归来不看山。多看好书，养成了眼力和文字品味，一般出版品就看不上眼了。这道理跟女人挑衣饰相仿。只买好书，自然省钱。其次，我的书，特点是除旧布新，打破旧典范、开出新视野。在所论那一个论域中，通常是要推倒一切的。故读了我的书，自然又会明白该领域中已有的一些东西其实大多是错的，徒乱人意，可以不看。如此，岂不更是省钱吗？哈哈哈！已有人说我是自大狂了，现在还说这种话，更要得罪人啦！

计我现在大陆已出版的书凡十二种，尚有若干在编、在排印中。祸灾枣梨，且害了读者诸君的荷包，敬请担待。

还有朋友论及前此我所谈到的“学者散文”的问题，同声相和，不妨摘录于后：

据我所知，港台不少著名文史学者都曾在报纸开设专栏，诸如龚鹏程、张大春、汪荣祖、李欧梵等人。特别是龚鹏程先生，几乎是两支笔写作，一手写锦绣随意的专栏文字，一手写严谨博学的学术著作，真是不能不令人感佩。

与之相比，大陆的报纸上那些花花绿绿的专栏文字似乎全部被一些刚刚入门的文人或者作家所占领，一度专栏文字几乎成为小女人散文、私生活实录、谈性说爱、文化酷评和油嘴滑舌者们的文字领地，这些文字的快餐品的确培养了一批自己的忠实读者，但遗憾的是大多文字也只能成为一次性茶余饭后的消费品。因此对比台湾报纸上的专栏文字，我有时奇怪为何我们的报纸不可以留出一部分版面给那些文史学者们去自由写作？不知道究竟是我们的读者层次太低，还是我们的学者太高贵，或者是我们的报纸对于这些学者们不寄予吸引眼球的希望？北大教授陈平原先生曾呼吁大学者应多写小文章，并且还身体力行，但响应者寥寥。以我所见，在我们的学者文人中，似乎频繁的写作这些小文章就是不务正业的形象，但我以为完全没有必要如此严肃刻板，岂不知陈平原先生的学问著作同样扎实严谨，让人敬佩。

我也十分赞同大学者写小文章，是因为大凡大学者学养深厚，同时还有他们人生经历大都丰富多彩，写作素材自然取之不尽，因此读他们的文章常会在不经意的地方发现许多很有趣的细节。

2007.09.07

每个人的故事

林湘华来电，云已就聘人民大学文学院。很为她高兴。近年两岸情势丕变，过去是大陆人竞相到台湾打工，这些年则台湾诸业萧条，商人多赴大陆，文教人士渐渐也要跨海谋生。相关事例，不可胜数（前此在台，便建议杨树清写一本报导文学，叫《台湾文化人在北京》或上海什么的，以志此一段特殊的历史）。其中教育界因历来较为稳定，故过去很少人会想到大陆来谋职，近则不然。由于学校太多，出生率却下降，以致学校招生困难，不得不裁员缩编，以防倒闭。新进博士，想如过去般到好大学去教书，实在愈来愈难，到大陆乃成为新的选择。像吴铭能去四川大学，我看他就比在台湾时快乐。湘华到人民大学去，想必也会大有发挥的。

易先德夫妇来，亦谈及谋职事。先德身世颇奇。少年出家，烧戒疤，如星云法师般，几乎把脑袋烧坏。但他没有星云的好运气，奔南走北，参学、做杂役、办儿童读经班、盖庙、建图书馆、教书、打禅，什么都干过。诸苦备尝，而一事无成。用佛教术语说，叫因缘不具足。一度想自杀，如今还俗，在北京“北漂”。编点书、写点稿，但文化热情不减。知我回到北京，遂来与谈。语云：“君子谋道不谋食。”固然，但我想起秦琼卖马的故事，心下还是不免有所感。

看来每个人都有每个人的故事。不同的机、不同的遇，不一样的无可奈何。

我过去的故事，略见于《四十自述》。如今要出大陆版，重新校看之余，不禁又想起诸如上述一些别人的故事，心情竟有点萧瑟呢！

书请汤一介先生作序。与汤先生相识近二十载，我现在来大陆，也是因他邀我担任蔡元培、汤用彤讲座之故。倩其赐序，亦志此一段情谊也。

2007.09.11

讲学忙

《唐代思潮》已由商务印书馆印出。六七三页。这个系列已出《汉代》《晚明》，还将继续编下去，把我有关魏晋南北朝、宋代、清代的论文都集编起来，通贯整个思潮史。当代能出这样的系列的人，恐怕不多。《汉代》《晚明》两种略已售罄，又补了一些文章，近期会再出增订本。反正我文章多得不得了，编也编不完的。哈哈哈！

前两天又去商务涵芬楼讲“国学复兴年代的隐忧”，对现今之国学热，做点文化分析。这其实是北大为了替刚出版的《国学入门》作宣传而策划的。但我觉得老王卖瓜，谈我自己的书，没啥意思；不如讨论点文化问题，故讲此。

本学期还没在学校讲呢，便先在书店讲，据说还要安排去另几处继续讲，苦也！更苦的是十五日要去武夷山，参加人大国学院之会讲；十七日转南京，去南京大学讲“中国文化经典”；然后再去广州珠海讲课。鸿飞南北，想来又是好一阵大累！

想着都累，自然不想写文。读杨传珍一读书记《天地间多了什么——龚鹏程〈四十自述〉读后》，与上一篇汤一介先生论我《四十自述》呼应。谢谢他们对我的鼓励。

2007.09.15

民间讲学

陈卫平、沙永玲夫妇来北京。他们在北京的住处，是一四合院，就在孔庙国子监后方“国学胡同”中。庭中有一株枣树；还有一株，倒不是枣，而是香椿。婆娑葳蕤，亭亭荫天。坐其下，喝茶看书，枣子砰砰掉下，树叶光影迷离，遂觉一世无哗，岁月静好。

但日子太闲逸了，卫平说：“来讲讲学吧，此处虽无杏树，当不得杏坛，却也不妨讲讲！”他在台湾，曾于毓鋆先生处听讲十四年。老先生一百多岁了，还讲学不辍，我辈能不感奋？

我也觉得是可以讲讲的。我初来北京，就想仿当年章太炎，于北京重新开办“国学讲习会”。可是因缘不具足，故迄今未动，只在各大学里讲讲。如果在此乘兴讲说，同怀诸友，来相切磋，亦非坏事。

所以现在商量的情况是：不胡乱张大旗号，叫什么国学院，就称为国学小院。在这里，可定期以友朋聊天聚会方式，办茶会、琴会、诗会，以及我的讲会。诠三教、叙九流、衡东西、而说道术。

现下我要出去云游，场地也需布置，因此讲会要到十一月一日才能开始。今只是提前预告罢了，届时要讲什么，临近了再说吧。

2007.09.25

南方归来

十五日赴武夷山，参加人民大学国学院的“国学论坛”。这个论坛人数不多，但对国学亦尚无共识。唯詹杭伦说我们不能只管死人叫大师，现在也是有国学大师的，如龚某某就是。吴光附和之。遂成为会中少数共识，可为一笑。

十六日夜即飞厦门，陈守举来接。吃完饭，已近午夜，厦门人“博饼”，犹自热闹未休。这个风俗，似是厦门特色，连台湾也没有。所以旅馆中特有说明书，介绍玩法。我太累，无力去博状元，倒头睡了。清晨六时便再赴机场，转往金陵。

这次到南京，是江苏省办“江苏大讲堂”，分邀诸文化人演讲。据云本周就要办十一场，所以吴颖文已累得椎间盘突出，躺在家中不能动了。现今各地一窝蜂竞办讲堂论坛，累得大家人仰马翻，多有如是者，我则应命到南京大学去讲。

我是南大兼职教授，但老没时间来南大讲课，实在感到惭愧。此次能借机来讲，自亦欣喜。讲题是“向古人借智慧：谈中国文化经典”。南京夜雨，而听者踊跃，令讲者也颇受鼓舞。

次日风雨大作，原来是台风来了。我乘风遁去，飞抵广州，与陈肩兄等欢晤，再去珠海联合国际学院上课，并约了少林寺武僧团总教练德扬法师来论拳，就不一一絮说了。

2007.10.01

文化在民间

回北京后，在中关村图书大厦讲了一次，谈国学与当代教育。颇觉现在不少人还纠缠在“国学的定义”“到底什么是国学”之类问题上。

一先生更有趣，问：“佛学是国学，还是外国学？”我答：“佛学生于外国，但传来两千年了，在中国也起了甚大之作用，故胡适、梁启超以来皆视为国学中重要部分。胡氏所列国学必读书目中，开列的佛经就有几十种。”他很不满，说：“但你读过韩愈的《谏迎佛骨表》吗？”我道：“韩文公之宏论，我当然景仰；但时代不同，今日或应采较宽容之态度为好。”他遂激动起来，道：“可是佛学是害人的。你看泰国、缅甸，哪一个信奉佛教的国家是强的？人家印度都不要的东西，我们为什么要捡起来？台湾，信佛教更是疯狂，可是越信越乱，你看陈水扁——”我有些不快：“我跟陈水扁有什么关系？陈水扁也不信佛教。”他更激动了，站起来，抡着臂，大喊：“你们台湾都去中国化了，你还跑来这里讲国学，骗子！假国学大师！我告诉你：要想得救，就要信基督教！上帝就是道！就是生命！道成肉身——”大家原以为他是狂热的民族主义者或儒家信徒，听至此，却都笑起来了。忙把他轰走。社会性演讲，往往如此。

但此事也可有另一种解读，显示了基督教在当代发展的势头颇为强劲。我在西藏拉萨，有天上长途车，一人上车兜售书刊，卖着卖着就传起教来。书其实是作为福音，可赠送的。他传得非常热情，浑不顾车里车外的佛教气氛。令我想起来便觉他也与这位先生有一样的气质。

这几天我还另参加了一场杨氏宗亲会。宗亲会在大陆现在还是不合法的，但他们以编《杨氏通谱》为号召，凝聚了海内外宗亲。如今已出古代卷，近一千页；还要再出当代卷和海外卷。颇令人赞叹。此种宗族、乡里、行会、兴趣结社、地方宗教等门间社会之复苏，是大陆正在转变的关键，利病互形，值得关注。

与徐晋如也匆匆见了一面。晋如出示新作《大学诗词写作教程》一种，是他在中山大学为学生开示诗法词法的记录。四编十七章，原原本本，看起来是讲具体做法，其实是教人如何做个真正的诗人。详述诗法，而探本诗心，为坊间一切谈诗词写作之书所未有。且讲得明白精要，实在难得。因诗法繁密，谈起来容易琐碎；诗心深窈，说来又涉玄眇。能讲得如此深着明切，足见功力。他在中山带学生作诗填词，办社团，办得热闹，且发起穗港澳诗词联谊大赛，亦可看成是几十年被压抑、被忽略领域之复苏。未来当产生大影响。

我在二十八日参加四海经典教育机构举行的祭孔仪式时，对冯哲说“文化之根毕竟仍在民间”；大抵也就是这个意思。冯哲办儿童读经班、开素食馆、办民间孔子学院、出版大中华文库，都是可称道的。

我离去时，在门口，和他同唱《礼记·礼运》大同一章。旧时台湾电视台屡播这首歌，所以与我年岁相仿者大抵都能唱，歌声盘旋于脑际，其实也就这个理想老是萦回于心头。大同之理想，或许永无实现之日，但此歌声自将永远盘桓在我们心中。

2007.10.03

讲　史

长假方屆，各处人山人海，故等闲不敢出门。二十日，有关方面安排了去云居山看石经。一路堵塞，抵达时已过五时，暮色四合，职员都要赶着搭车回家，只好草草了事。回程到丰台，也是人山人海，挤着看张学友的演唱会。门票一张要一千八百八，低点儿的八百八，可是座无虚席，真令人惊叹北京市民的消费能力。我坐看了一阵，颇艳羡台上台下热力无限。我毕竟老朽，风寒腰痛，不能终席，便独自出来找车返回了。但经此折腾，血压飙高，头疼到现在，自然就更不想出门。

不出门，略读书、略清文债，写了不少。有替浙江大学楼含松兄写的序文一篇。我久不满于鲁迅的小说研究，中华书局版《近代思潮与人物》中有一文粗发其凡，可与该序文参看，其余的，将来再另文说明好了。

2007.10.17

书同文

汉字研讨会办完了，把朋友都送走，我也准备于今日南下广州珠海。

这次会议，叙旧的成分较大，学术讨论其次。但在学术问题上亦非毫无进展。两岸文字研究上歧见渐渐趋合，两岸“书同文”的理想是一致的，如何达成书同文的方法与步骤，也渐有共识。大抵一是不再将传统文字视为错字及不规范字，胡乱取缔；二是在通用字表中列入正体字；三是在中小学课本中附载繁体字，增加学童的认识并资对照；四是逐步检讨简化字表中的问题；五是加强社会教育。

所谓加强社会教育，是说过去因要推行简化字，造了许多舆论，做了许多宣传，例如说拼音是世界文字进化的趋势，简化是历史的规律，简化字易写易认，有助于扫盲等等。这些宣传早已成为民众之一般“常识”，而民众又不懂正体字，只知道繁体字，既名为繁体，就必然繁杂不易学习，以致对传统文字既不熟悉又心生厌鄙。而且一般民众又不懂文字学，对简化字里面不合理、不符合中国文字规律之处，根本也不会晓得。所以他们很难理解为什么简化字强力推行了几十年，许多学者还是不能接受，还要批判它、反对它；更不能了解我们这些从小学用传统字的人，看简化字为何越看越生气，觉得那是个混乱且错误的体系。民众更不晓得简化字其实比传统汉字难辨识，也不尽好写，在扫盲和教育上，效果亦比不上传统文字。这些都是需要教育的，但过去那些歪理，讲了几十年，现在要改口，当然也不容易，慢慢来吧！

歧见之趋同，有时也不是在道理上争辩就能解决的，还须有情感上的基础。例如朋友和家人，歧见虽大，毕竟容易商量，就是吵吵，也不伤和气，这就易于达成共识。否则越要据理而争，双方的裂痕即越大，越凑不到一块儿去。两岸文字学界，从十八年前我带队去语言文字工作委员会“踢馆”那时的剑拔弩张，火花四射，到现在和衷共济，其实也不容易。这个领域的进展，是两岸关系的一个缩影，其他地方也还有不少这样的例子。但愿未来在政治上也能如此，那就是两岸人民之福了。

2007.10.22

讲　学

南下珠海，在联合国际学院讲“中国文学中的自然”二讲。另邀峨嵋派武术大师吴信良来，讲述并演示峨嵋武技。

峨嵋派被金庸害惨了，令人一想到峨嵋就想起灭绝师太及那一帮尼姑，网络上更是一大堆煞有介事的胡扯，说是女人的门派，以致峨嵋派竟成了“蛾眉派”。武侠小说影响力之大，实是厉害！其实峨嵋乃少林之外，史实最明确、历史最久远之门派。派内支系众多，五花八叶，各擅胜场，兼有僧、道、俗、侠各色人物。近年推广宣传不及少林武当，故不甚为人所知，实在可惜了。

与吴先生讲论完了以后，我便转去番禺，与陈肩会合。次日再由广州转往东莞，去找白义海。白是崆峒派太极门掌门。崆峒上代掌教王进（号燕飞霞）前几年过逝，其妻为日本人，故在日本成立国际崆峒武术协会，并有道馆，白义海则仍在大陆发展。但崆峒毕竟较为僻远（远在甘肃平凉），推广不易，因此近年又到广州东莞来。我追踪崆峒派有年，前此在天水失之交臂，今才访得他原来跑到海边来了，所以此番特意寻来。

崆峒派被今人认识，恐怕也只从金庸的《倚天屠龙记》来，以为崆峒绝技即是七伤拳。实则崆峒无此艺，该派内有飞龙门、花架门、太极门等。我到东莞找到白义海，玩了一会儿推手，便被拉去吃新疆大盘鸡。

在广州，另在“岭南大讲堂”讲了一场。现在各省都办大讲堂，上个月我在江苏大讲堂讲，今则在此。都是省委策划的，但此间则由人文学会具体承办。本来要我讲道家的艺术精神，我觉得这个题目讲的人多了，特别是徐复观先生的大作珠玉在前，故可以不再讲，改说“儒家的艺术精神”。此题，徐先生讲不了，牟宗三先生也讲不了，让我来讲讲看。

讲会由《羊城晚报》何龙主持，讲毕用餐时，总编辑张宇航也来。我谈到报社在对汉字文化方面应做些社会教育推广工作，诸君咸以为不谬。

餐毕陈肩陪我去东莞。他的古诗联语，昔年颇为钱锺书所赏识。因说起钱对当代学人之评骘，陈云他曾据钱说撰一联语云：“胸无墨、心无窍、目无珠，余欲无言，看上庠三无教授；腹有书、笔有神、身有胆，天如有道，知野屋大有文章。”这是他的游戏笔墨，我就不敢如此说了。他又说某次道逢王敬羲先生，王拿出一张纸片，原来是高阳向王介绍可去他女友开的一家餐厅试试菜，随手记的地址。陈乃作一绝云：“落拓缁衣有泪痕，不须更说美人恩，酒家遥指知何处，片纸珍藏墨尚温。”此亦戏作，聊以备掌故。

陈肩醉心诗歌联语，谈话总不离如何推广此道，看来这便是他的宗教，我愧弗如。因说到十一月一日我要在北京“国学小院”讲学，同时也拟请陈兴武兄在那儿办一个诗社，凡对作诗、赏诗、谈诗有兴趣的人，都可以去聚一聚。不会作也无妨，教一下格律，五分钟就会了。能掌握格律了，再稍润瀹其诗心，自然便能诗言志。陈兴武把这个诗社取名为“燕鸣诗社”，燕是燕京、燕会、燕居之意，燕燕嘤鸣以求友，故以此名。他并作有社联云：“燕羽差池倚秋社，鸣笙宛转探春诗。”陈肩也和了一联说：“燕子诗中风欲赋，鸣鸾社里雨将来。”希望这个诗社将来确能如二位所善祷善颂地发展起来。

至于我的讲会，十一月一日准备先讲一个总题，以“文化的分与合”分疏中西学术之基本性格，底下再从《论语》讲起，二日讲"学"而时习之，三日讲学而"时"习之，四日讲学而时"习"之。地点在雍和宫对面孔庙后之国学胡同，晚上七时至九时。同来讲习，不必束修，唯有场地茶资二十元而已。若要乐捐，则欢迎，多多益善，哈哈哈！

2007.10.26

国学讲习会

近日要开国学讲习会。

之所以忽然要讲学，原因有二：一、国学热已热了一阵子，但真正能把国学讲清楚的，倒还少见，我来试试。希望能从虚热闹转为真沉潜。二、恢复民间讲学。

民间讲学，本是古老的传统，孔子、马融、郑玄、朱熹、王阳明，谁不在民间讲？但近代大学体制形成后，情况颇有不同。整个教育都纳入了这个体制，完全消化或排挤了民间讲学的需要与空间。民间讲学似乎已不需要，因为大学已太多；民间讲学也不正规，因不受体制所认可。而且公私机关、文化机构、社团、媒体所办的文化学术演讲又很多，一般人也搞不清楚，以为这就叫民间讲学了，孰知其大谬不然！

时代虽然如此，但这个传统迄未死绝，仍有不少人还在讲。远的，如章太炎一九一三年在北京遭袁世凯软禁时讲，一九二二年在上海《申报》讲，晚年又在苏州国学会讲。马一浮在杭州讲、在江西讲、在四川讲等等。近则如台湾的钱穆、牟宗三、南怀瑾、毓鋆等都是。诸先生皆尝主大学讲坛，他们若愿意再去大学开课，各校也必喜出望外，万分欢迎，可是他们还是只喜欢自己在家里讲讲。为什么？

那就是老传统的魅力。私人讲学，才可以称心而谈；从游者，亦皆为析疑问道而来，故也才有相与论学的悦泽之感。真学问、真精神，便似乎才由此出得来。贵州盘山有首民歌是这样唱的：

> 吃菜要吃白菜头，
> 跟哥要跟大贼头，
> 睡到半夜钢刀响，
> 哥穿绫罗妹穿绸。

民间讲学，于今仿佛大贼头打家劫舍的买卖。学问，也就是财货之获得，可能来路不正，但也可能反而很正。因为兴许是劫富济贫或竟分到了不义之财。而且，不管正不正，光这番半夜钢刀响的生机淋漓气魄，就要让人眉飞色舞了，何况还将得到绫罗绸缎呢！

现在，我也要立山寨、开讲会了，诸位跟我这大贼头一道吃吃白菜头吧！

2007.11.05

国学小院的活动

一

十月二十八日，北师大开办“辅仁国学研究所”，举行座谈，邀我去观礼。这是北大国学研究所、人大国学院、厦门大学国学院、深圳大学国学所之外，另一著名大学开办的同类建制，足证国学研究正不断深化。

但我到会后，听见一研究马列哲学之某校院长大放厥词，说国学非学科，讲国学的人往往反民主、反科学、反法治，又只知复古而不能注目于今人之生活与贡献等等，令我几乎脑充血。什么时代了，此类妄人居然还如此之多、居然还如此大言不惭，又不幸此类人往往踞居高位，掌握学术权力，这正是今日大陆学术不振之主因。

二

前此谈到要开讲会时，引了一首民歌，现在再讲一首。

清末宣传革命的陈天华，写了本《猛回头》，用弹词的形式唱，一开头就是：

拿鼓板，坐长街，高声大唱。尊一声，众同胞，细听端详。

听什么呢？

我中华，泱泱大国，文明昌盛；而如今奄奄一息，即将灭亡。

为什么？他说：

这原因，真真是，一言难尽，待咱们细细微，共做商量。

我们现在要解释的，大概也仍与他这个问题有关。如今虽非在长街上拿着鼓板高声大唱，却也不妨细细微微，共做商量。

三

因是师友讲习，取义于相互切磋，老实说，也就是我自己觉得好玩，故不收听课费。茶资二十元，只是打理场地之需。有些朋友还不满意，似乎讲学只应白讲，这就说不过去了。上周哈佛有教授来北京讲“快乐学”，三天收费美金三千元。此学我亦能讲，学而时习之，不亦乐乎！不就是快乐学吗？但我可没要诸君花如此大价钱来听。其他单位邀我去讲，则也是要有束修、有报酬的呀！

四

四天讲会，陈卫平先生主持，由我来讲，看来还算成功。小院既小，容纳不了太多人，这几天高朋满座，害得有不少朋友罚站，殊觉过意不去。还有不少人连听四天，热情亦可感，而且渐渐形成了一种师友讲习的气氛，这是可喜的。

为维持这已鼓舞起来的论学气氛，我们拟每星期四晚上七至九时举行读书会。已参加过讲会的伙伴，自可参加；若有新朋友，亦甚欢迎。有朋自远方来，不亦乐乎。这三天已讲毕“学而时习之，不亦乐乎”了，接下去就该实践底下这一句。

自本周起，每隔周周六下午三至五时，是诗社雅集。不会作诗也无妨，请陈兴武先生从头带起，借以“兴于诗”，以吟咏情性。

每周周日上午九时半起，另有琴会，由叶书含主持，邀名师来教古琴，借以“游于艺”。

我近日要南游。七日即去南京大学演讲，九日再转去海宁，参加王国维诞生一百三十周年研讨会。回来以后，十七日下午才能再在国学小院讲“中国的书院与讲会”，特此说明。

五

刚才已说过：国学小院除我的讲会之外，其他时间还有陈兴武的诗会、叶书含的琴会等活动。陈兴武已获郭丙华先生赞助，凡参加诗会者，皆可获赠《诗韵合璧》《诗词格律》《诗词写作教程》等作诗参考书，因此也欢迎来作诗弹琴。前此我有诗一首，咏陈兴武招集燕鸣诗社，附录于后，云：

秋风吹老鱼龙意，社约听传鸛鹤心。
有客挥戈扬大雅，一诗新铸胜黄金。
也知时世须匡济，敢溺文章自放吟？
只为今生都是苦，故邀朋辈散胸襟。

2007.11.13

南京、海宁、嘉兴

六日晚在北师大辅仁国学研究所演讲。此会由国际儒联所办之“国际儒学院”主办，我是第一讲。

七日由北京飞南京。南京大雾，飞机延误，住店又略有周折，晚间匆匆去南大演讲，遂颇累。次日再去浦口校区讲一次。现在大陆许多高校都在发展第二第三校区，但校区广远，来往不便，对人力、物力、时间都是可悲的浪费，而主事者乐此不疲，不知何故。

我这次到南京来，是“法鼓人文讲座”之安排，思想家中心具体举办。台湾法鼓山在大陆若干大学设此讲座，邀世界知名学者主讲。台湾也有，上半年我在成功大学时，便适逢柳存仁先生在成大讲。我在大陆，过去也在清华讲过二次，此番南来，距上回在南大演讲不过一个月，因此颇有些朋友以为我一直在南京玩到现在呢！

演讲的情况，已有朋友在网上发表了感想，就不多说了。有些提问，恕我无法一一回答，反正循我思路自己去想，便不难有答案。

九日一早即离宁，经上海去海宁开王国维纪念研究会。这次在南京，时间太过匆遽，故许多老友都无法联络了见面，甚憾。抵海宁却意外见着王学海。十八年前我与社科院文学所许明等谋组一基金会，推动大陆及两岸学术活动，许明曾邀王学海任秘书长，后来事没弄成，我与王兄遂也无缘共事。其间我亦于一九九二年推动过两岸王国维会在海宁召开，但当时我又因任官而不能来，种种稽延，不想拖至今日才得见着。

海宁这次会议，名义上由北大、清华、人大、北师大四校合办，实际承办则为海宁文联，可以显示地方对学术文化名人的关注与热情，但实质学术研究上的突破则无多。我本来准备讲讲耶律楚材，因王国维写过《耶律文正公年谱》及《余记》。但我估计在这个会上未必能有多少共鸣，故临时改讲“古雅说与王国维的审美趣味”。

本来我是与卢永璘先生共同主持第一场讨论的。然因安排的主讲人时间都非常节约，以致时间剩下不少，又临时找不到人穿插，说不得，只好由我自己上台救火。不过我上台便说，我乃学界之独行大盗，惯于杀人放火，故此非来救火，乃是来放火的。放什么火呢？就是谈古雅说并纠正历来学界对王国维文学史观之误解。

当然，放火云云，只是好玩。此番来海宁，本意也是玩玩，故趁便去访了海神庙、匾联馆、王国维故居、陈阁老旧宅等处。

匾联馆无甚可观，一些联匾还没整理，散堆在地上。说明亦简陋，多不注明出处。有个匾，上写“富贵神僊”四字，因书法家写异体字，僊下写作山，说明便老老实实打了个大问号，让我看得哈哈大笑。

陈家老宅则附会乾隆是陈阁老儿子的传说，每天在门口排演乾隆驾到，陈家人仓皇窜出来下跪接驾的戏码，以此招徕游客，不值一哂。但老宅中玉烟堂帖及藏真帖刻石均极精，令人流连不忍遽去。

王国维旧宅近日才整葺一新，铺上红地毯，以迎嘉宾。可是其中资料有限，并与大陆所有这类学者故居纪念馆一样，都只是一个空壳子，贴上些图片而已。没有研究，也不做文献整理。我给市政府领导们提了些建议，例如组织王先生学术纪念基金会，或将故居充实为一具学术文化内涵之机构等。说了也不知有用无用，姑且尽些心力吧！

由王先生故居出来后，即转去看潮。海宁潮，名动天下，但季节不对，现在并非潮水最大的时候。虽如此，仍可观。潮来一线，如万头鼋鳌鱼鳖鼓涌而至，轰轰然，哗哗哗，跳波窜水，忽忽而去。与在台湾海边观潮一进一退者迥异。据云还有回头潮、碰头潮，可惜未见。又，潮水可观而观潮设施有待加强，占鳌塔斑驳失修，又无其他古迹或文物可供远来者徘徊想望，殊感怅怅。

自海宁出，转往嘉兴，宿于南湖之滨。夜游梅湾街区，很不喜欢。以老风情包裹小资气味，模仿上海新天地，尽是酒吧、快餐、中餐西吃式的高级餐厅。想听点地方戏，却不可得。打电话问旅游单位、演出公司，都不得要领。可怜嘉兴这一带，本来应该是海宁皮影戏、桐乡花鼓戏、桐乡三跳、平湖钹子书、海盐腔、海盐骚子书、嘉善田歌、嘉善宣卷盛行之地。而如今本地人生活中却与之绝缘了。

十二日清早，游湖，乘船到烟雨楼。楼在湖心岛上，除乾隆诗碑外，古今碑刻多不恶，东坡马券刻石尤好。但现今南湖被一种政治气味搞坏了，一股劲强调该地是共产党的诞生地。因第一次全国代表大会在南湖召开，故不仅有革命纪念馆，连烟雨楼也处处要说它与共产党有这样那样的关系，董必武就写了一碑，刻石建亭于楼畔。这不是荼毒湖山吗？如此这般的烟雨楼，倒还真不如金庸笔下乱写一通，让江南七怪跟丘处机大打出手的烟雨楼了。

2007.11.20

冬日杂记

自南方归来。北京木叶黄脱，遍地萧瑟，果然是一派北方冬寒景象。

王玉奎兄弟自承德来，与任定成、王骏同来邀饮。说起与王骏、林信华去石家庄吃狗肉，其后我又去承德拜访他等往事，大发豪兴说：“再找小寒以后，大伙儿去承德，杀一条狗、烹一锅羊来喝酒吧！”结果承德还没去呢，我已先醉了，昏睡了一下午才由他们送回。看来老矣，不能再与诸君纵酒啦！

十七日在国学小院讲“中国的书院与讲会”。记得南华大学刚创办时，我也讲过一次，谈书院精神。坐在榻榻米的教室，木条长几，讲者听者皆席地而坐，关了灯，每张茶几上点一烛盏，秉烛夜谈，益饶清趣。如今不可能再这样做，但一群人在温暖的屋里谈书院传统，看着小院中木叶纷飞，也是不错的感觉，颇有涉世苍茫之慨。

该日无诗会，陈兴武却也到了，原来他也来弹古琴。据说他们弹了一早上，中午去吃饭，聊起诗会正教格律，许多人初习此道，感觉又陌生又好玩，陈便以菜谱上的菜名征对：“土豆烧牛肉。”李曼对以“蕃茄炖鲍鱼”，陈大嗟赏。我听了亦以为有趣。作诗本来就是游于艺，应该从游戏中体会。凡百学问皆出于玩，无玩心，就玩不出道理。而且饮啖虽俗事，作诗却不妨由此落想。俗事俗情，一转也可能另见趣味。例如我有冬夜一小绝句云“福圆枸杞炖牛鞭，颇喜冬寒醉饱眠。未必养心须忌口，老夫刚证祖师禅”，即是如此。押鞭韵，仿佛东坡用屎字，所谓：“脚踏牛屎觅归路，家在牛栏西复西。”

国学小院的讲会、诗会、琴会，看来已上轨道。今晚我又要南下无锡、转南京、去杭州、飞广州、入成都、游重庆，一去二十几天，讲会要稍停一会儿。诗会琴会则照旧，每周六日聚会。十二月一日下午（周六）三至五时，则另请张克镇先生来讲中医，题目是“以传统文化拓展医学新空间”，有兴趣的人都欢迎来听。张先生善针灸，也许还可以为有需要的人扎一针。

以上是国学小院的事。最近多谈国学小院，其实在其他地方我也没闲着。昨姜小青先生来北京，我们准备编个《东亚汉学荟要》，先辑印日本《诗经》学著作若干种，以飨学林。

北师大今天则举行研究生开题。我的几个研究生准备做《文选》李善注引用小学类书研究、《诗经》毛传郑注与朱熹注的同词异训比较、女族字的形成与内涵研究等，跟李运富、王立军诸先生的学生一道，一一考来，不觉累歪。

2007.12.08

南行杂诗

与王明荪、魏铭佑约了在无锡聚会。二君由澳门转来，我自北京乘夜车往。在鼋头渚徜徉二日。湖山无恙，甚可喜也。前此，太湖因蓝藻肆虐，水质颇受影响。但非闹到不可收拾，不会真去收拾，乃中国社会之常态，如今闹起来了，中央与地方才会认真去整治，因此未必不是好事。湖面清寒，游人不多，也显得较为清静。

鼋头渚景区中多是昔日私家旧宅。如荣家醉乐堂，蒋介石曾经莅止，今皆无用。唐文治茹经堂亦然。其实唐氏教育事业颇多可述，国学专科学校尤其值得讨论。茹经堂如今闲置无用，殊为可惜。也许我该仿去年在太湖办“太湖论道”研讨会那般，在此地也办个相关的会议。

由无锡转南京，一宿而去杭州。杭州更暖和，西湖亦明丽。然车水马龙，游人如织，我也无暇细细入湖品赏，因为此番要来开两个会，一是工商大学与儒学会合办的儒学高峰会；一是浙江大学办的武侠文学会。两会撞期，我得两头跑，本来江西龙虎山还有一道教会议得去，实在分身乏术，只好由明荪去了。

当然我的个性不可能不玩。湖畔恰逢月圆，独行柳堤，静对湖波，仍能体会到不少孤凉之趣。与王翼奇、尚佐文同往唐云艺术馆小憩，亦颇韵。唐云书画不足观，但藏品甚佳，可见其眼力毕竟不俗。馆在湖山佳处，日对雷锋夕照，当亦可游。王先生示我《绿痕庐诗话》及吟稿一帙，则尤佳。

浙大在会议结束后，安排我去讲了一场“生活的儒学”。讲毕又去湖畔居喝茶，归来已晏。因次日要赶清早飞机去广州，故即准备就寝。不料林保淳却来邀谈。保淳乃现任中华武侠文学会会长，人称“武林百晓生”，由台湾来会。但我们根本没时间聊叙，所以趁此机会出来沿湖漫步。月黑风高，保淳又不良于行，拄着拐杖，且走且歇。在“西湖天地”逛了一阵。游人俱散，店家也都纷纷收拾打烊，一派荒率景象。我与林保淳、张乐林三人无处可去，只好找了一家“哈根打死”冰淇淋店，各坐夜风中吃了一球冰而已。西湖良夜，居然如此，可笑！

有南行杂诗数首，略述这类事。

一、北鄙霜风似虎狼，身如候雁遂南翔；鹧鸪天外莺啼序，错谓桐阴夏昼长。（到西湖）

二、剑气花光萃此湖，更凭诗酒下神巫；小谈侠义非吾事，早入蒲菰讯野凫。（武侠小说研讨会，金庸亦到场）

三、曾慨斯文劫火余，说诗今见绿痕庐；清言何必干时讳，但话江山便起予。（与王翼奇、楼含松先生等湖畔居夜话）

四、哈根打死一球冰，夜自梦腾意自兴；略谱英雄刀剑录，不知四野已无灯。（与林保淳、张乐林夜谈武林掌故）

2007.12.09

广州杂感

由杭州飞广州。陈肩来接，去一酒店参加中医论坛，与陆广莘先生略谈。

陆先生谓西医治病，中医养生，途径各别，议论甚精到。然中医未尝不找病治病。《诸病源候论》一类，皆找病者也；针灸汤药丹方，则多治病者也。唯中医之治病，与西医以杀敌法治病不同罢了。

我从前在随笔中曾提到去陕西茂陵，霍去病墓目前香火胜于武帝茂陵，原因之一，是土人在霍墓设了一小庙，说拜霍去病可以去病，且病字边上的点都去掉了，说这叫一点病也没有。这不是笑话吗？一、霍去病只二十四岁就死了，拜此夭折少年以求长寿，毋乃滑稽！就像杭州人喜欢去太子湾拍婚纱照，说是以求早生贵子，最好将来还是个太子。殊不知那位太子三岁就夭折了。二、人要去病，再容易不过。只消把人杀了，自然病也就没了。从前一笑话书说，某医者挂招牌曰“包治驼背”。一驼子去就医，医者用两块木板把他夹起，重石压之，说如此保证就把你的背可压直了。驼子叫苦说：“若如此，我的背固然直了，可是我这老命也就休矣！”医者则道：“我只管这背，谁管你死活！”杀病疗法，即类乎此。三、一点病也没有，自然是个死人。活人多少都是有点病的。古人说有病在治疗中，通常不说治病，而说是养病、养痾，养之以待病与人相安而已。此中医之精义也，亦可当人生哲学看。

廿六日在中山大学演讲，由徐晋如张罗，陈永正诸先生皆因此到会，甚快。廿七日则在暨大讲。蒋述卓先生安排。朱寿桐先生因在澳门无法赶回，因此我请他把门下研究生调来，我另行与他们餐叙。我喜找年轻人论学，“有朋自远方来，不亦乐乎”，我是能践斯言的；而且还常要倒过来，自己飞来飞去找人论学，这是我胜于孔子之处。

暨南大学校园风致与台湾暨大不甚相同，据闻二校交流亦不甚多，倒是政大丁敏前一阵子曾住此做佛教文学研究。我廿七日逮着些空，哪也不想去，便钻进该校图书馆去读书。

该校图书馆颇新颖，设施及观念都好，胜似台湾不少大学。然特藏华人华社资料不如预期丰富，与台湾及东南亚华人华社研究机构之合作亦有待展开，但意外的是该校善本颇为可观。倒不是说什么宋元精椠，而是章太炎先生藏书几乎全数在此。先生藏书约四千册，其中明本及清初本约四百册。版本未必足重，然上多批识及跋语，故弥足珍贵。据云明年可以整理出版。其他清初文集，多未纳入重修清史计划；小说戏曲艺术书，亦有外界不经见者，令我有见猎心喜之感。建议该校再宽列经费整理，或辑编重刊。

学校里还有些早年旧著，读之慨然，哭笑不得。例如北大哲学系 1970 年级工农兵学员编的《论语批注》，中华书局 1974 年版，解释“学而时习之”一段，说是：“孔丘创立的儒家学派，不仅是一个反动的思想流派，主要还是一个反动的政治集团，为了复辟奴隶制，阴谋篡夺鲁国新兴地主阶级的政权，孔丘开坛设教，广招生徒，大肆宣传他那套反动的说教，大造反革命舆论，拼凑反革命队伍……”因此，学而时习之，就是“把自己训练成复辟奴隶制的帮凶”；有朋自远方来，就是“拉拢来自远方的反革命党羽”等等。

当年这类书多得不得了，但内容大抵千篇一律。如福建人民出版社的厦门大学中文系工农兵学员编《剥开孔老二的画皮》，凡十章：一、孔老二反动的一生；二、克己复礼是反革命复辟的纲领；三、仁就是吃人；四、反动的天命观与天才论；五、阴险毒辣的中庸之道……等。其他《大学》《中庸》《孝经》《孟子》《乐记》……都有批判。各省都铆起来干，包括《三字经》等皆不放过，湖南人民出版社就有一本《肃清孔孟之道的流毒和影响：批判三字经、女儿经、神童诗、名贤集、弟子规、千字文资料选编》。看来那真是个疯狂的年代，“举一反三”，说是“注入奴隶主阶级政治观念的推类教学法”；因材施教，说是“为没落奴隶主阶级选优拔尖的措施”（见冯天瑜《孔丘教育思想批判》，1975，人民出版社）。呜呼！活在那个年代的人，真是太辛苦了！

2007.12.15

珠海、成都、重庆

十二月一、二日在珠海联合国际学院召开“国情国学教学研讨会”。邀了台大周志文、中正大学雷家骥、佛光郭冠廷、浙江儒学会吴光、日本同志社大学蔡孟翰来。

整个会议的设计及原委大抵是：因大陆的大学向例要有国情教育或爱国主义教育、政治课之类，而这类课，教的人没劲，学的也不感兴趣，内容亦多无聊。故我向郭少棠先生建议：国情教育既不能不开，何不索性好好办，让它更有内涵，学生确能有所得？其方法则是把国情与历史文化结合起来，变成国情国学教育。

具体怎么做呢？今年先以黄宗羲《明夷待访录》为基础。黄氏这本书乃是针对明朝灭亡之后对中国政治社会体制做的反省，里面谈到立君、置相、设官、建省、定都、田赋、财政、军备、教育、取士、法治等各方面的问题。这些问题，既是总结明代以前的情况而做的反省，则借着该书的论述，学生立刻就能掌握数千年来中国政经社会变迁之大概及利弊得失所在。再加以清代已迄现今之状况之比较，则今日国情之优劣是非，岂不一目了然？

例如黄氏论建都，反对明代定都于北京，并对历代立都问题有所讨论；其后清朝建都仍在北京，民国建都南京，但孙中山先生又曾主张建都兰州，中华人民共和国又都北京，可是近年迁都之议不断。一国定都问题，兹事体大，不只关涉山川情势，亦与经济、国防、战略有关，通过这类讨论，即不难开拓视野，深入了解中国之相关问题。像教育，黄宗羲大力抨击明代的学校，而明代那些问题为什么该批评，看看我们现在的教育，学生立刻就明白了。这才是真正的国情教育，不是政治宣传、爱国主义教育那一套。

会议的安排也比较特别，一人讲半小时，随即讨论。大抵每人讲两题，与一般研讨会迥异，效果也格外好。学生讨论热切，提问亦颇不俗，大家都很高兴。下次准备再策划一个论书院传统的会，再来玩一玩。

因迎接雷家骥等人远道来，此番特地找了一家店吃龙虎凤，也就是蛇猫鸡。吃得我与家骥大呼过瘾，志文等人则面色如土。崆峒派玄空门掌门人白义海乃回民，对此亦不敢向迩。

会议散了以后，“君向潇湘我向秦”，他们回杭州、日本、台湾，我则由广州转去成都，准备继续漂泊西南天地间。

抵成都，三日在川大文学院讲了一场。四日又与吴铭能、敬木林、赖和平、赵敏、胡小柳等共游青城山。在山上喝茶唱歌，好不惬意。晚并与青城派掌门刘绥滨夫妇会了一面。

赵敏、胡小柳均在川大宗教所博士班。三日夜半，赵来接我去他家茶叙，小柳与江西财经大学张晟亦同来。喝茶论道之顷，三君便要拜师，于是胡里胡涂竟受了大礼，收了三个徒弟。我向来讲学，不主秘授，即使是当年办中华道教学院，也把历年道教家传秘授的传统改为公开普传的体系。故虽也有不少朋友发愿向学，说是要来拜师，我都不曾收过。不料一时好玩，居然破戒，得着几个好徒弟。

例既开了，五日便又请了王庆余先生来做见证师，接受了历史学院赖和平的磕头。我常年云游，且德薄学浅，未必能教他们什么，但一时缘会，未来必有足资忆念之处。

王庆余先生乃筋经门传人，一生传奇，文武艺业俱精。我拉吴铭能、徐新建两兄来，与王先生茗谈，并去喝简阳羊肉汤，令他们大感兴味。我多识神州奇才异能之士，新建又擅长民俗调查，因此我建议应做个计划，有系统地做口述历史性的调查保存文化资源，否则未来老辈凋零，悔之晚矣！

六日由成都去重庆，先到大足去看石刻。承石刻博物馆安排，径去宝顶山。大足石刻我已看过多次，但冬天来，却还是第一趟，感觉近年有关研究较有进展。

去重庆是应西南大学杨玉辉之邀，来开宗教与法治的研讨会。大陆的宗教政策及环境之所以颇受国际诟病，原因在于：（1）非登记制，乃许可制；（2）未开放宗教市场，自由竞争；（3）限制宗教活动场所，无法自由传教；（4）只有僧团神职人员团体，无法组织信徒；（5）无法制环境。本次会议谈的其实是第五项，而且也不能深谈，深谈就不能办了。因为目前根本没有法律，完全是行政机关用行政命令在管着宗教，宗教怎么可能正常发展呢？

重庆与成都一样，都在下雨，而重庆雨后雾气尤重。会议既然无法深谈，我便自去找乐子。乘着雨，由西南大学这一门走到那一门。西南师大合并了农校等，并成了现在这么个庞然大物，校地几近万亩。在雨中又不能上缙云山去看竹子喝茶，所以就去西南大学另一头找了家狗肉店。一个人坐店中，吃了一锅肉，饮了两盅酒。璧山狗肉，别有滋味，与徐州或花江狗肉均不相同。冷雨山城，雾气昏蒙中，自食自乐，亦别有情趣也。

2007.12.24

儒学复兴年代的隐忧

中国发展的道路，在上世纪八十年代充满了争论，主潮似乎是要继续五四运动以来的现代化，以奔向蔚蓝色的海洋。九十年代后，情况丕变，传统文化愈来愈受重视，各种被描述为“国学热”“儒学复兴”的社会现象，目不暇接。既有学院中竞设国学院所、争开国学班之状况，也有社会上遍是文化讲坛、儿童读经班，乃至出现国学辣妹、汉服运动之类。各地又或祭孔、祭三皇、祭五帝，或大讲姓氏文化、尊祖报本，或抬出乡贤名儒，号召儒商。凡此等等，无法殚述，形成新时代最特殊的文化景观。

这种文化现象之形成，原因复杂，此处无法分析。分析也没什么用，因为事实已然发生。因此现在我要谈的，乃是对它的一些反思。

不用说，我对大陆的儒学复苏是赞赏的。我在台湾成长，当年之理想，便是风雨如晦、鸡鸣不已，期待儒学能在神州复兴。如今美梦成真，不胜雀跃。看见孔子重被珍视，圣经贤传又复炳炳琅琅于人口，一本于丹讲《论语》而竟可销行数百万册，全球且遍设孔子学院，不禁飘飘然又有文化大国国民之感。

然而，儒学复兴或许又来得太快太轻易了。学术界还没准备好、社会条件也不足，以致所谓儒学复兴不仅颇见乱象，真实内涵亦颇堪疑。

例如学界到处办国学院、国学班，可是国学中断或停滞了几十年，如今通晓国学的人有多少？师资何在？教材又在哪儿？过去讲马列、批判孔子的人，如今俯徇时尚，转来讲儒学，当然没什么不好，但真正的研究又如何？八十年代，通过对港台新儒家的介绍与对话，并整理章太炎熊十力等早期儒者的文集，儒学研究确实奠定了点基础，也培养了若干人才。但新时代儒风大盛，儒学研究却其实并无进展。没有新学派，也无新理论。从前留下来的学术问题，看来也没人在意。因此虽然社会上儒学仿佛热得很，我们内行人却很明白：儒学研究目前甚是萧条。新意无多，学术社群也没什么活力。

而就在老成凋谢、中壮辈濒届退休、青年学者又还不成气候的这个时候，社会对儒学之需求却是空前巨大。要学界提供各式讲员、写各种书。学界根本无法应付，出版社遂只好大量翻印老书或出版通俗讲论（如张居正、南怀瑾及各大学各名师的讲记），以应时需。这类书，在盗版市场上更多，足征社会需求之殷。但通俗讲论本来粗浅，内中且多错误。出版社大出特出，无非图其方便，找个人讲讲，录音整理即可成书，不用等学者十年磨一剑。印老书，当然好，可是也往往欠缺学术考虑。如胡适《说儒》原只是一篇小文章，但现在配了图，包装成了一本大书。该文本是有争议的，就一本书而言，其内容亦显单薄。可是学界现今并没什么总说儒家较好的著作，出版社这么做，恐也出于无奈。

学界无以支应社会需求外，社会条件也不足。社会条件是什么呢？实的是制度，虚的是文化心理。

制度方面，大陆的孔庙、书院、朱熹王阳明黄宗羲章太炎等名儒故居及旧址，现在大都不属于教育与科研体制，而是隶辖文化部门或旅游部门，不讲学、不做研究，只是辟地做生意，兜揽游客上门。正式教育体制中，大学文科的系所、经费、资源皆远不及理工商管吃香，学生报考文科的热情也正逐年下降。中小学教材的传统文化部分则比重不足，也未能如台湾般将《四书》纳入课程，对于以私塾方式实施国学教育的机构还颇思取缔。大学里的国学班国学院虽办得热闹，国学却迄今仍不被教育主管官署视为一正式学门。儒学同样也非正式学科，只能挂在“哲学”底下，作为“中国哲学”的一个分支。可是儒学的历史面社会面等等，均非哲学所能涵括。此类制度的社会条件若未改善，国学或儒学云云便只是虚热闹，很难落实。

社会文化心态方面，则是浮嚣、躁动。感觉传统文化好、感觉需要补充文化知识，便一股脑发起劲来，很有群众运动的架势。这个工程、那个大典，汹汹然好不热闹。若究其实，却多是空乏无底气的。学术性不足，而普及化太早，有点儿本末倒置。

这不仅是发展儒学才如此。好日子没过上几天，饮膳品位根本还没提升，已嚷着要吃粗食吃土菜，说是厌珍馐而贵螺蛤了；生活上根本还没学会规矩，不太懂得文明礼仪，已大喊要挣脱礼教了；人文与艺术，根本还不娴熟法度，对中西传统不识之无，已然高谈创新，要把自己建立为典范了。此等浮嚣的文化心态，使得大家热衷于放焰火或看烟火表演，而吝于注意埋水管的工作。媒体与社会联手打造着文化明星、追求轰动效应，却并不关心上述儒学发展之体制问题，也未必支持学术。令人沉思的儒学内涵，遂往往在此情境中被简化成一客快餐，或一品点缀快乐生活的巧克力冰淇淋。

在所谓儒学复兴的这个年代，恰好又逢着经济成长，全民“向钱看”，朝野上下交征利。以致儒学发展颇受经济利益之驱遣，商业炒作、时尚风潮，构成一幅奇异的风景。

儒学与企业管理的问题也一样，原本值得深论，可是目前各学院与人才培训机构所谈中国式管理、易经与决策模式、由历史看管理、中国谋略学、帝王术等等，乃是功利实用导向的。让儒学与现代企管勉强钩合，以媚时俗，很少人去阐发儒学对人逐利竞名的批判态度。

前一阵子李零所写《丧家狗》一书，在我看，便是对上述现象的发牢骚。他说："古人云：'衣食足而后知荣辱'，其实衣食虽足，亦未必知荣辱。"这就是指现今的社会。他又说："学《论语》有两条最难学，一是'三军可夺帅，匹夫不可夺志'，二是'不义而富且贵，于我如浮云'。现在，哭着闹着学《论语》的，不妨先学这两条，试试看。"前者谓儒学强调独立之人格，不当随时俗转移；后者指儒学贵义轻利，富贵名利均应以义衡之，绝不是如今人般苟逐名利不择手段，然后以圣贤言语涂饰之、附会之。学界中人助纣为虐，曲学阿世，无怪乎为他所鄙视。其语或嫌尖刻，但时尚化、媚俗式地发展儒学，难道不该批评吗？

造成这种现象的原因之一，是整个社会仍在现代化的进程中。我国社会的现代化转型转了上百年，现在还在持续发展其现代性。现代化的基本态度，便是要扫除传统。这种文化态度，七十年代以后虽替换成"传统与现代结合""取其精华、弃其糟粕""创造性转化"等说词，看起来不那么斩截、对立，但实质上并没什么改变。而这种社会，正如 Peter Berger《飘泊的心灵：现代化过程中的意识变迁》一书所述，是要奇妙地消除史迹、遗忘历史的。我们过去的现代化历程不就是如此吗？如今看起来好像业已不然，可实际上现代化仍是我们这个社会的主要发展动向，人们仍对现代化表现着正面期待，为社会意识之主流正价值。儒学或传统文化是放在这个现代化框架中被接纳、被重新认识的，儒学必须符合现代化期待才能获得社会认可。

然而，我们不要忘了：既要讲现代化，又要发扬儒学，在某些时候是会精神分裂的。现代化的清除史迹，与尊重历史文化的意识，本来就相矛盾。现在我们是采分裂认同或囫囵弥合的方式勉强安顿之，可是冲突是不可免的。儒学复兴、读经运动、国学热，都一再引起现代化人士之质疑与批判，谓为“保守主义复辟”或“走向蒙昧”。此类争论，不是某些人对儒学特具敌意使然，而是在现代化进程中发展儒学必有的冲突。冲突的结果，看来是儒学越来越盛、读经活动越办越畅旺，实则是儒学以向现代化妥协告终，强调复兴儒学无碍于现代化或可让社会的现代化更好些、更快些。

如此强调，本身就充满了现代性，具有工具的、实用的、现世的思考。认为儒学可有助于我们的工作、管理，可帮我们成功、快乐或提高社经地位，增强竞争力。扩而大之，更可强化国家的“软实力”、号召全球华人之精神认同、建立全球化格局中新的文化身份等等。

对于现代社会中人天破裂的精神处境、机器化的理性态度、科层化的社会及其思维，西方当代思想家颇有评析、儒家思想中也不乏批判现代性之资源。但在我们这儿，这些往往都被掩盖或忽略了。社会上仍在喊：“科教兴国”“科学技术是第一生产力”。谈儒学的人，则也许仍是冬烘老学究，徒抱遗经，以护存文化为职志，而对此现代化情境漠无感知，无从应对；也许随顺情境，以猎时名；也许求同存异，勉求儒学发展之机。总之，儒学还是不能真正复兴的。

推展儒学的人，不仅要面对这等现代化情境，他尚有体制化的犹豫。因为目前一部分困境肇因于儒学还不能进入体制，故尚不能成为主流意识或国家意识形态，以主导社会进程。是以亦颇有学者倡言“政治儒学”。政治儒学，在现实环境中，看来很难实践，因为可能动摇党政结构。这姑且不论，只说在学科组织、科研项目、教育体系这些层次，儒学就还没充分体制化。想推展儒学，自然颇有困难。但体制化一定好吗？这又不免令人犹豫了。

重构生活场域谈何容易？现代社会的特征之一，就是家庭形态的变革和家庭结构的不稳定。现代人在面临科层体制之压迫（例如工作压力、强制退休等）时，既无田园可归，又无家庭可以退守，而现代社会工作与行动的漂移又强化了人们的无家感，这是现代文学与艺术中经常谈及的现代困境。人人都想改善，可是被现代化裹挟了的现代人，哪这么容易就能挣脱现代生活形态的樊笼？连重建家庭在伦理生活场域中的地位，皆如此困难，遑论宗族、乡里、学校、社会？

何况还有大众消费文化的问题。消费时代，大众不是接受文化之教养，而是消费着文化。传媒及文化产业推波助澜，追求消费的数量与钞票，一如政客追求着选票。故阿多诺（Theodor Adomo）形容媒体是“把启蒙的可能，变成了野蛮化的可能”，不只败坏趣味，更迟钝感觉，为集权主义铺路。在这个时代，推展儒学，可能亦只如推销一种新的文化产品。善于包装与营销者，自会在其间利用话题传播、区隔市场、异业结盟诸术，销行其产品。大众或分众购买此等产品，其心态亦类如买维他命补品。胶囊一粒，轻松入口，便蕲能健身益神，并不感觉儒学是要真正在日常生活上从事“学”与“思”并做伦理实践的。

所以，为儒学复兴而欢喜或忧伤的人终将明白，原来只是空欢喜与虚担心，儒学并未真正复兴，在现今这种体制和社会中也不可能复兴。

那要怎样才能使儒学复兴呢？儒学应以何种形式重返中国？答案其实就隐藏在前面的批评中。生活场域的重构或许困难，但生活儒学，即以儒学介入生活仍是可能的尝试。

不过那是另一篇文章或一批文章才能谈的事，在此我反而觉得也许先不要谈那么多。游谈无根，是古代文人之通病，而于今为烈，知识人的实践性都实践在嘴皮子上，以言说为真实。现在发展儒学，首先不是在方向路线上争辩，而是沉潜下来好好读书。连四书五经都没通览，却在那儿辩说该不该读经，岂非可笑？在浮嚣的社会风气中，知识人首先要静定得下来，覃思熟虑，做点理论的突破或文献的掌握。根深自然叶茂，深入了才能浅出，要做社会推广，先得努力钻钻象牙塔。社会大众呢？则也该知道体制和社会结构问题若不改善，儒学发展就难，我们自己存在的困境亦无法改变。为了我们自己的未来，我们不该浮光掠影地把玩古人的智慧，而当崇本务实，更关注生活情境的完善！

2007.12.24

莽莽征尘

由重庆返北京，遽逢小雪。这是北京今年初雪，适当我归来之际，弥觉可喜。

但在北京待不了几天，匆匆上了新浪网的访谈直播，便又南下珠海。这是本学期最后一次上课，讲文学史与艺术，两讲。

在珠海联合国际学院，本次也邀了昆仑派掌门人周金生先生来。昆仑派僻处西陲，外界较为陌生，周掌门亦七十余矣，此番应邀由青海飞来，颇为不易。周先生亦尹氏八卦掌及王宗岳太极拳传人。王宗岳拳论，夙推为太极宗源，然其拳法究竟如何，则无流传。周先生所获传授，为第五代。架子甚小，无弓步马步仆步，有转膝，擦地而行。其理论谓弓马架大则移动腾娜不便，速度较慢，不利于实战云。其练法有快中慢三速，讲究上中下三盘呼应，合以后天八卦天盘地盘人盘、外盘中盘内盘，故又与八卦类似。

由珠海匆匆再赶回北京，则是因陈仕华兄自台湾专程赶来，讨论校注《四库全书总目提要》之事。广东地区，气温二十余度，北京夜中为零下五六度，温差太大，令我半夜归来，几乎冻杀。

《四库总目提要》为治学者之津梁，第一要籍。但版本状况复杂，除殿本、浙本、粤本外，《四库提要分纂稿》、《四库全书荟要》书前提要、《武英殿聚珍版丛书》书前提要、《四库全书简明目录》及各阁本均当参校。余嘉锡、胡玉缙、刘兆佑、崔富章、杨武泉、李裕民诸先生之考辨，亦应参考，故其事甚繁，非一人所能就事。这次仕华来，就是商量台湾淡江大学与北师大如何就此事展开合作。

谈完此事后，我又要去天津盘山商议恢复重建北少林的事，然后转往韩国去开阳明学者郑齐斗的研讨会。驿马星大动，殊不得已也。

2007.12.31

天津及韩国去来

在天津，宿利顺德饭店。此店是英国人强租天津港区时所建，为我国境内第一所现代旅邸，迄今百余年矣。不少条约即在此签定，中外交通史上若干名人亦辄下榻于此，如美国总统胡佛即尝住此多年，其余孙中山、梅兰芳、张学良等甚多。今尚保留若干旧式房间，以供凭吊。我请旅社侍应生带我去看了胡佛、梅兰芳、班禅喇嘛所住过的几间，其他因时间匆遽，不及细观。

继去天津杨柳青。正逢大雾，且行且雪，昏茫不辨远近，摸索始至。至则先去看版画，拓了几张钟馗、门神秦琼尉迟恭。刻意不上色。我觉得杨柳青的年画若只存线刻，便近乎宋人白描，较为高古；染色则俗，徒显民间趣味。而民间性又只以神祃为好，其他善祷善颂、吉祥喜庆者，大抵无甚艺术性。

由杨柳青年画馆转往南河镇，文化局人员陪同我去拜会霍元甲故居、纪念馆及武校。如今这个镇正拟改名为元甲镇或精武镇，镇上书记即兼精武集团老总，故可以说整个镇都在利用霍元甲这个资源，纪念馆且将辟为霍元甲主题公园，占地数千亩。但故居只是新盖的砖房，本非旧址；纪念馆目前也颇寒俭，文物无多。对其发展，我有些忧虑。

我曾做过精武体育会的研究，尤其是马来西亚精武会，国人几乎全无研究，唯有我的论文可供参据。故我说我对其发展有些担心，当非泛泛兴感。不过此事说来话长，今甚困乏，也就懒得说了。

为何困乏？说来可笑。我由天津直奔北京机场，去汉城开阳明学会。抵仁川机场后，径转江华岛，在岛上开会。我的论文研究韩国阳明学主要代表人郑齐斗的经世思想。此题是连韩国人自己也不太懂的，故所论颇获好评，晚上心情大好，韩国朋友又热情招待，于是生鱼生蟹生蚝生牛肉，大吃了一顿。夜中肠胃竟闹起了暴动，狂拉猛泻不已。次日韩国朋友忙把我送去医院，又打点滴又吃灵药，而居然毫无起色。俗语云铁打的汉子也经不住三天泻。想那秦琼，如此好汉，在旅途中得了痢疾，还不是病恹恹的，最后且要卖马，还当掉了随身兵器熟铜黄金锏，可知此事不是闹着玩的。为免小命送在旅途，还是赶紧打道回府为妙。于是开完会，登时就改了机票，飞回北京。

韩国已多年没去了。近年韩国大兴中国热，会议甚少找台湾学者参加。我这次去，本拟借机多会会彼邦学界友人，以申文化交谊。不料遽撄奇疾，踉跄而返，殊为败兴。

回得家来，女儿居然哈哈大笑，说：“倘若你客死异乡，还可因处境凄凉，博得一些同情。但如果未来《年谱》上说是吃生牛肉拉稀拉到死，可多么好笑啊！哈哈哈！”

虽然被她取笑，但我已乏力与之打嘴鼓，看来要将养几日才得康复啦！

又记：

在韩国，虽因病而匆匆赶回，但住在江华岛上倒也别有体会。这个岛就在汉城附近，可是历史与风俗自成格局。据云古代檀君即生于这座岛上，今岛中摩尼山，顶上仍有石坛，传说即檀君祭天之处。韩国古代人有诗云“丽代郊天信有征，檀君旧事最难言”者，便指其事。看来有征，事又难言，故如此。

为何难言？“感生”你信吗？无父无母，感而生之，比孙悟空打石头里迸出来还奇。但这个信仰乃韩国民族起源神话之一，又不能怀疑，就与不能否认上帝造人及玛利亚处女怀孕那样。感天地而生，所以要祭天，这也是合理的。檀君还有三个儿子，所居即三郎山，各有神迹、故事及古迹。这是江华岛特殊之处。

除有上古神话外，这岛也是高丽王朝抗元之地。蒙古攻进朝鲜半岛时，高丽王朝退据岛上，抗战七十年，今岛上城郭犹存。据云从前盗墓挖宝者甚多，拿一长铁杆钻刺入地，若听到滋滋声，就可能掘到古瓷器。近代日本打进韩国，又在这里签下了江华条约，占领全韩。故这是光荣与屈辱、古史与今情交织之岛。

我因病，除开会外，不能遍游该岛，只去看了传灯寺、高丽王城、巨石墓葬群等。因这个岛过去较荒僻，韩国朱子学势盛，阳明学只在这儿传播，郑齐斗尤为此中巨擘，此次会议亦以研讨郑氏学说为主，因此我与郑仁在、金哲洙、小川晴久美、方祖猷几位又特意往郑氏墓凭吊。

郑齐斗墓与其父毗邻，长林衰草，颇为雅洁。韩国朋友置酒为奠，并行跪拜礼，令我与方祖猷为之肃然。我对方先生说：“你看人家一个阳明学者，坟地整理得如此干净，韩国人祭拜又如此虔敬；咱们阳明墓却一塌糊涂，底下是个养鹅场，屎粪成堆！”方先生说：“唉！人家是真心尊敬先贤，我们的那些古迹陵墓，要不就没人闻问，要不就只用来搞旅游弄钱，怎么比？”相与惋叹！

2008年

四海游思录(上)

2008.01.09

重振文人书法

今赴台南成功大学艺术所，讲“书学与武学”。与成大诸友欢聚，甚快！艺术所在礼贤楼，二十多年前来成大教书时，即住在这里。现在辟为教学场所，仍让我怀念不已。

书法展也还在继续，张大春有贺诗一首，我则于昨天在中国时报刊出重振文人书法的文章，以为鼓吹。均附贴于后。大春近日耽诗，据说去年就作了一千多首。昨将我“福圆枸杞炖牛鞭”的诗抄给他看，他说红曲枸杞炖牛鞭更要营养些，相与大笑。此乐，浮屠哪得知？大春诗中用我烤羊事件之典故，殆亦由于此。

张大春：贺鹏程书展

一时云起压冬阳。南国合须无雁行。蹀影归来寒咄字。穷年消息倦观光。八分澹荡三分老。不尽萧森更尽觞。我有轻毫勤拂拭。伴君沾酱下烧羊。

书法是文字的艺术，不是线条或墨块。正如雕塑与建筑不能说是水泥土浆或钢片的艺术那样。

可是因文字在其他国家并未真正独立，多只是作为语言的记录或仿品，故书法艺术在旁的地方皆不发达，唯独在我国才得茁壮，地位且远高于绘画及一切杂艺。

林语堂在《吾国吾民》里曾言：“书法提供给了中国人以基本的美感，中国人就是通过书法才学会线条和形体的基本要领。因此，若不懂中国书法及其艺术灵感，就无法谈论中国艺术。”“只有在书法上，我们才能看见中国人艺术心灵的极致。”宗白华也在《中西画法所表现的空间意识》一文中说道：“中国音乐衰弱，书法却代替了它成为一种表达最高意境与情操的民族艺术。”此类言语，均是对书法艺术的赞歌。而书法艺术，正是怎么赞颂也不过分的。

可惜这门艺术近来颇为衰微。外邦人士对中国艺术之审美品位，大抵仍局限于器物工艺层次，对音乐绘画已少赏音，遑论书法！以致国际艺品市场中书法作品之标值辄低于绘画乃至工艺品。国人对书法艺术，亦因毛笔退出实用领域、古典文化氛围消失、审美趣味变化等因素，渐生疏隔。纵使还有不少人拼命在练字，甚或以书法名家，但技未必进于道，看来也是令人失望者多。

因书法渐衰，故亦不乏振兴其道的倡议。可是这些设想往往搞错了方向，以致愈振兴愈糟。

许多改革者都以为，当世书风是被文人书法所笼罩且无生气的。如姜寿田《现代书法家批评》就说：“传统文人书法，从二王、苏东坡、黄山谷的重韵、书气，到明代董其昌的重禅气、谈意，再到清代刘墉重庙堂气，以致最终形成帖派末流的馆阁体，由暗弱到死寂。”

整个现代书法，可说都建立在这种对文人书法的批判上。改革之道，则有沈尹默之类重返唐贤法度的主张。另外还有不少更激进的想法，例如从文人气的反面：匪气、绿林气、工匠气、村野民间气等各方面去发展书法。或更趋近现代艺术，摆脱诗文对书法的制约，单独写一个字、几个字，或俚俗语，回到线条本质及造型之美；或根本抽象化、拼贴组合化、观念艺术化等等。

其方法与方向十分分歧，但其基调，无不是反对文人书法的。有时则以文人书法来概括传统书风。凡将“传统书法”跟

"现代书法艺术"对举起来说时，传统书法指的就是文人书法，是要被打倒的对象。

这其中，匪气、绿林气、工匠气、村野气，根本不值得讨论。沈尹默回归唐法的主张则影响深远，如今练字的人，入手谁不从欧虞颜柳开始？先生把写字的人分为两类：书家和善书者。说"善书者是会写字，字写得好看的人，但它的点画，有时与笔法偶然暗合，有时则不然，尤其是不能各种皆工"。书家则精通八法："点画使转，处处皆须合法，不能丝毫苟且从事"。两者相比：

书家的书，好比精通六法的画师的画。善书者的书，就好比文人的写意画。善书者的书，正如文人画，也有它的风致可爱处。但不能学，只能参观，以博其趣。

沈先生是重法度的人，论书尤重执笔法，常批评苏东坡单钩执笔，且肆口"我书意造本无法"，往往为不讲究的人所借口。故他反对文人书法文人画，说："自元以来，书画都江河日下。到了明清两代，可看的书画就越来越少了。"其实不只元以后可看的渐少，宋代苏黄便已入了文人书画的歧途。依他看，也是殊不足取的。书法的典范，遂仅能是"二王、欧、虞、褚、颜诸家遗留下来的成绩"。

沈先生所代表的，是一种具有现代性的专业化分工态度，强调专业书家、专业画家。文人书文人画在其观念中，等于"业余"或"外行"。专业者才精通这一行所该具有的法度技艺；文人玩票，虽也偶有暗合处，毕竟非真积力久而得，故不牢靠；虽有趣，却不正规，不足为训。

这种区分，显然是比拟绘画史上"行家"与"戾家"之分而来的。因对清代书风不满，欲借此反拨文人书风，重返二王唐贤之法。这样的态度，自然是复古的，但复古之目的，殆在除弊，用以批判当世。

但文人书法如此不堪吗？如今书坛之弊，真是文人书法造成的吗？只有打倒或摆脱了文人书法才能发展书法艺术吗？我对这些看法，都不以为然。

道理非常简单，当代书风，到底是文人气太重还是缺乏文人气？当代所谓“书法界”，无论什么协会、学会、书法教室以及展售场所，参与者不都是戮力钻研笔法、苦练欧虞褚颜诸家遗迹，各体皆工的吗？书家仅以善书著称，文名则罕觏。故古人多写自己的文章诗歌，今人只能抄抄古人的诗文或节临古碑帖。诗文既非所长，文人气自然也就难得具备。古人批评专业书人画匠时所指摘的毛病，如“本色之弊，易流俚腐”“腔或近乎打油”“气韵索然”等，倒是极为普遍。

在这样的现实状况中，救弊之道，理应是提倡文人书法，以药不学无文之病。焉能倒过来再批文人书法？这不仅是打已死之虎，非英雄手段；抑且开错了药方，会使时代病更入膏肓。前者叫作无的而放矢，后者是庸医误诊，不免害人性命。

现代艺术式的实验书法，又不仅脱离了文人传统，也试着脱离文字，以线条、色块、造型、创意为说。颠覆的，不只是文人书法，更是书法之本质。如此一来，还能否或适否仍称为书法，实在大有疑问。书法之本质是文字的艺术化。把字写得好看，从实用文书变成艺术欣赏对象，乃其形成之原理。脱离了这一点而去谈墨色、线条、抽象、构图，就都是胡扯。

事实上，脱离文字后，那些墨象、表现、拼贴或什么，观者亦极迷茫。其美感到底在哪儿，往往从画面和线条中难以体会，需要创作者另用言说去阐释说明。因而现代书法常变成了语言艺术或行动艺术，理论一套又一套，主义一堆又一堆，真要这些朋友写几个字来看看，恐怕是不成的。他们或许善于用言说编织论述，但是否为书法便很难说。重提文人书法之概念，对此类人亦未必无益。

须知书法之性质与传统，是与绘画不同的。画本来是独立的，后来才与诗文书法结合，更晚则加上了印章，于是出现了文人画。文人画是画史之变，故崛起时颇贻“戾家”“不当行”“非本色”之讥，书法却不然。若附和文人画这个词，说文人书法，则书法本来就是文人的。文字、文学与书艺，从来结合为一体，不可析分，不是单纯的笔墨线条而已。

自书法艺术初起，至文人篆刻之盛，这整个历史，通贯为书法史，而其实也就是文人书法史。不能掌握这个脉络，并体会其中蕴含的道理，对中国书法，终归是门外汉，是站在场边子上说话。企图打倒文人书法以振兴中国书法，也终是不知从何说起的！

因此，无论从哪方面看，文人书法在今天，不是应被打倒，而是该再提倡。今天书坛的一些弊病，不是文人书法造成的，反而是对文人书法认识不清，却又胡乱反抗使然。

2008.02.23

春 游

春天来了，浪游的日子似乎也开始了。

十七日由澳门转机抵北京。在机上看到《澳门月刊》。前半当然还是主旋律：为祖国和澳门的繁荣发展作出贡献、奇峰险峻阻挡不住勇者的脚步等等。但后半就不少批评时政之宏文。例如直指当局对国际金融战争视而不见，无异为虎作伥，那只老虎就是美国。对中美第三次战略经济对话也重炮轰击，谓外资将逐渐垄断中国之工商农贸诸产业，占尽好处。又直言目前大陆地方政治生态环境恶化的总根源，其实就在于领导者个人高度集权及权力过分集中。还说中国近代之所以挨打，即源于腐败。因此，三十年改革开放，最滞后的两个领域，一就是党及国家制度的集权问题，党政不分；二则是新闻出版不自由。此等言论，能在这样的刊物上见着，澳门果然已有新气象了。

抵北京后，王瑞智夫妇邀去吃饭，送了我一册他新制作出版的《未央歌》。居然精装正体字，煌煌六七百页。我觉得版式及印刷都比台湾商务原版还好。台湾商务版太老气，畅销了几十年，连重排一遍都不肯，不断照相重印，当然显得模糊。这样的书，又能这样在大陆出版，很让人欣喜。

我自己的《北溟行记》大陆版，也由世纪出版集团上海人民出版社印出了。名称跟台湾印刻版一样，内容则约有一半不同，收了二〇〇五年去清华客座以后的一些随笔。个别在大陆碍眼的字句当然不能幸存，但大体无讹，师友们也就姑且看看吧！我在网上看到一位朋友说去复旦买到几本好久未买着的好书，其中之一就是这本。写书能让人喜欢读，自然是高兴的！

以上都是快乐的事，新春自应快乐。到北京不久便逢元宵佳节，当然也须出去找乐子。

于是便去河北蔚县看社火。蔚县之蔚，地方上都念成尉迟恭之尉，在靠近山西处，路过涿鹿、小五台山。山路难行，又长达二百余公里，跑到半途，车就爆了胎，只好找间野店草草就餐，吃了盆狗肉。

抵达蔚县已半夜，社火早过，清寒砭骨。元宵还没吃呢，于是再找了家小店，央求主人煮了点汤圆来应景。吃毕睡觉，准备明早看庙会。

不料早起一看，好大的积雪，白茫茫一片。庙会逢此大雪，也就办不成了。我恐山路积雪难行，乃催促着赶回。沿途缓缓磨蹭而行，从早晨竟开到深夜十一时许才回来。在西直门，一路警把车拦下，准备作酒测。一看车，说："你这车跑了老远，轮胎都磨出味儿来啦！"我则庆幸没出车祸、没掉进山沟里。路上看见翻了摔了撞了的车可有几十辆呢！

如此徒劳往返，看来不太乐。却也不然。北地新雪，看得高兴。今年北方缺雨雪而南方大冻，北京好久没下雪了。而且此雪若我仍在北京就见不着。北京太暖了，雪下不来，要到蔚县及山区才能有这般雪景可看。素裹银妆，千里冰封，尤其是山峦被雪埋了，一片银白。从涿鹿平原远远看去，竟似西藏或云南的大雪山。盘旋于山道上回望，则又仿佛四川的贡噶雪山。此境平素岂能见之？

其次是途经河北斋堂县爨底下村。村子是明代屯兵守关人后裔群居而成的，我原以为是爨族或爨姓聚居，结果却不是，全是韩姓。土木砖瓦，迄今犹存旧貌，虽开发旅游而风味不失，十分整洁素朴。每户人家自己住着，客人来了就是客栈，所以也全村都是驿店。

我去的一家，主人韩孟达君正在练字，满屋子炕上都摆满了他的习作。看来虽是小地方而风雅犹存。据说全村的春联都出自他手笔，还曾拜师学过呐！近正写王羲之《黄庭经》《圣教叙》，颇识甘苦，拿出一大沓毛边纸，邀我一同写着玩。说《黄庭经》中多古字，苦不尽识，且无法断句，亦不知其意。我略为其言之。彼不逢我，此惑恐终身不能解也。

玩毕，与主人一同包水饺，并炖吃了一锅野兔而返。又在村口野台地上放烟火、放鞭炮。月明星灿，炮惊山鸟，不亦乐乎！

2008.03.03

迷踪拳之谜

返北京才几天，便又“不安于室”，南下广州、珠海，再转往无锡、上海。列子御风，去以七日。

在珠海，邀王洪海先生来讲精武体育会霍元甲事。

霍元甲事，在今日，经电影电视渲染，几于无人不知；而可惜正因电影电视渲染，故几乎没有人知道真正的霍元甲究竟是什么样。王洪海自称农民作家，曾撰《正说霍元甲》（百花文艺出版社）、《中国近代爱国武术家霍元甲》（天津霍元甲纪念馆出版）及小说《霍元甲》等书，对霍氏生平考核最称翔实，是当代研究霍氏真正的专家。王氏与霍家为同里世好，故能如此。

但王氏书也有不足之处。一是太偏重霍氏个人及家族，而对精武体育会之描述不足。例如精武会中济济多士，可是赵连和、赵连城在书中只简单提了一笔，鹰爪门陈子正、螳螂拳罗光玉便都没叙述到。精武会在全国的拓展情况，所叙也极少。精武会在南洋的发展，则因霍元甲儿子霍东阁在印度尼西亚教拳的缘故，对印度尼西亚叙述独详，而马来西亚、新加坡等地，竟几乎未谈。

其次是他太侧重霍元甲的生平事迹，而对他的“艺”论述不足。

这个问题是与上一问题关联的。李连杰《霍元甲》电影拍摄后，霍家人对之极为不满，去法院提出了控告。因为电影中描写霍元甲全家灭门，对家属后人来说自然觉得难以忍受。其他事迹，电影中也乱扯一通。王氏既与他们家世交好，替他们申辩，情有可原。但霍元甲之所以重要，老实说跟他有没有后裔没太大关系，跟他的生平琐事也没太大关系，主要是他的艺。无此技艺，便无法成那些事，也不值得人们来研究。

可是王先生的论著在这方面却是不足的。霍元甲的武术到底是怎么回事，李连杰、袁和平固然搞不清楚，王先生也不太明白。我在天津南河镇霍元甲故居（其实故居早坍了，这是新造的假古董）访问时，霍氏曾孙霍自正先生练了一趟霍家拳给我看，形貌略具，而精气神采似乎也相去远甚，这是现今最遗憾的事。

精武会所刊行之拳谱甚多，包括潭腿、工力拳、少林拳、鹰爪连拳、螳螂拳等。霍氏迷踪拳却无专书，只有霍氏练手拳，号称杂采各派手法而成，如少林、鹰爪、长拳、佛家、形意、八卦、太极、螳螂。但太极、形意、八卦如何与少林、螳螂、鹰爪等等混合为一，实在很玄，因为彼此拳理上大相径庭，不无参差之处。且若以此拳为迷踪艺之一，那么迷踪拳大抵就跟北派长拳差不多，可是以姜容樵在民国十八年所写的《写真秘宗拳》考之，情况却颇为不同。

据姜容樵说，流传于河北沧州的，叫秘宗拳。分两支，下洼一带，称为秘宗架，燕青拳；城厢附近，称燕青架，秘宗拳。又称秘宗艺、迷踪艺、猊猔艺。其艺由道光年间鲁人孙通所传。孙氏晚年尝游东三省，又在天津静海授徒，"闻霍元甲君之曾祖，系孙之弟子"，因此"霍氏所传之全部刀棍拳棒，动作名称，理法功用，皆与孙氏所传完全相同，其为秘宗之正宗也明矣"。

依他这样说，秘宗拳就不是霍家拳，而是广泛流行于山东河北乃至东三省的一个拳种，只是霍家人也练它罢了。可是霍家所练究竟是否正宗呢？姜氏的说法似乎又有所保留。

因为姜氏所描述的秘宗拳，乃是近于太极拳的拳种，因此曾服务于中央国术馆的沧州人王子平替姜书作序时说："其与普通秘宗拳有别者，即斯术之不用力而有内动，不养气而气自贯丹田，上下连络，动作自然，决无踪窜蹦跳之弊，亦无聚气努力之害。"

他所批评的"普通秘宗拳"即包括了霍元甲所传习的那一种。姜氏讲得更直接："余以二十年之广征博访，幸遇秘宗艺之能者十余人，然求其真能得斯术之三昧者，不过二三人而已。……学者率多莽夫，徒以使气努力为妙用，以鼓胸踢腰为美观，滞而不化。……及见静海霍氏之秘宗，亦殆受其弊而不知。"（序）直言霍氏之秘宗虽然确是秘宗，所谓"正宗"，但仍未得真传。

据姜氏评价，秘宗以沧州较佳，能得真传三四成；天津南洼与天津城两派大约两成；河间、任邱、献县所传也差不多；霍氏家乡静海及青县则只得一成。至于山东德州青州，更差，一成也不到，因为纯刚不柔。另有衮州、济宁、汶上、拳架与沧州完全不同，但其八趟秘宗合战拳，又称八趟燕青靠，颇存古风。

古风是什么呢？就是柔。姜氏甚至有时会直接说它叫柔术。假若不柔，那就错了，因此他说：“练手拳、绵掌拳、秘宗靠，皆无一顾之价值。”他的书，名叫《写真秘宗拳》，就是想把这个真相揭露出来。

姜氏描述的迷踪艺：“斯术姿式动作完全太极，见效之速，又似形意，偶有步法手法，转辗进退，则又类似八卦。考古证今，固知孙通大师之秘宗艺，决非今日以讹传讹之秘宗所可望项背者。”

这种秘宗艺，“柔多刚少，无蹂脚、无坡腿，旋风脚、二起脚则更不见”（序）“在最初发明之时，其技确为柔术上乘、内家正宗。其姿式、动作、理法、功用，无不与太极拳息息相通”（第一章）。

该书第一章“论秘宗与太极相同之点”“论秘宗之天然内功”“论今昔之秘宗艺”、第二章“秘宗拳之要诀”各节，对于它与太极相似之处阐述极详。不只说站立时一样要竖项、顶动、垂肩、含胸、舌抵上腭、提肛，而且演式时要如回翔之鸟，动作不停，纯任自然，不用力而有内劲，不蓄气而气贯丹田，同时还说此拳之要诀亦有拗、粘、靠、拦诸法。总之，是在太极八卦还没发明之前，内家拳术之正宗。

姜氏是与霍元甲同时代而略晚的人，对于霍氏技艺，亦褒亦贬，既许为正宗，说各地所传“唯精武霍氏遗传仍存少许之古派”，又批评它不尽合古法，刚多柔少，第一章且专门辟一节，名叫“论静海霍氏之秘宗艺”。里面说“霍氏所学，皆近代之秘宗艺而非最古之猊猔艺，似乎偏于一方。霍氏对此，亦颇自认，且不耻下问，可见霍氏之肯虚心，能容纳，固非世之以一得自矜者所能及其项背”，实是阳褒阴抑，要推倒霍氏秘宗拳这个大招牌，另立一法门。

姜氏本身也是武术大家，他这种说法到底对不对，迄今没什么人考辨。可是在当时精武会及霍元甲声望如此之高的时代，公然著书立说如此，没一点证据或把握，恐怕是不行的。因此我从发言情境上认为姜氏之说决不能漫然视之。霍氏迷踪艺固然柔少刚多，然而王洪海《正说霍元甲》一书中便收有一张精武会员习武的照片，练武的人是在“云南蒙自个碧铁路公司柔术部”，可见精武会也讲究柔术，并不只一味刚猛。至于姜氏强调拳术不能只有猛力，须有内功，乃是练武的通理，练秘宗拳当然也不能不如此。故其说还是很应参考的。也唯有通过这类挑战霍氏权威的言论，我们才能更深入且准确地把握迷踪艺到底是什么艺。

其实，迷宗艺之谜还不只在于它究竟是内家拳抑或外家拳。它本是猴拳之一支，又名或古名猊猔便是明证。可是如今已不太看得出它与猴拳的关联。姜氏解释说是当年因见群猴嬉斗于山中，彼此往来，纯任自然，又有老猴婆娑作舞，凝神敛气，刚柔相济，故才创立此拳，恐怕也是臆想的成分多些。关于这部分，我也很想知道答案，可惜天津霍元甲文武学校里南拳北腿、练着去打金牌的朋友，不太能跟我解释呢！

2008.03.04

近事杂记

武当派掌门游玄德来北京，约了见面，谈起他们要在蓟县开发府君山（即古崆峒山，传说黄帝问道于广成子处），居然与少林要在蓟县重建北少林同步。天津市政府真会做生意，以宗教带动地方经济的算盘打得精。将来少林武当同在一处，亦是件趣事。

另有一记者打电话来问北师大教授季广茂在网上爆粗口骂川师大副教授钟华的事。我人虽在北师大，可是许多状况并不深知，什么学生跳楼啦、教授吵架啦，均是后知后觉。这次也是弄了半天才搞清楚，原来是季教授写了一本书，钟氏撰文批评之。季氏觉得受辱，乃在网上痛诟钟为“屁眼教授”“脑子便秘”等等，引起许多讨论。

记者问我意见，我没读过双方原始论文，只知上述表象，实在无法作答。但季氏被评后，如此大动肝火，口不择言，却让我深有所感。

昔时少年气盛，颇以端正学风、建立客观学术伦理自许，常撰书评，痛施斧钺。我记得还有一个笔名，就叫钟馗，意思是要专门收拾学界的魑魅魍魉。即便不写书评，我的论文里，对时贤前辈，也动辄要纠谬定讹一番。笔锋不自检束，更常出之以讥嘲狎侮。文气甚壮、文势足观，读起来很是过瘾。那时节，没有人会像季广茂那样大动肝火来回骂；大家都装斯文，不是默不吭声，就是表现出一副虚心受教或很有礼貌的样子。我也就以为真达到了净化学风、提高学术的效果了，不免暗自窃喜。谁知“良言一句三冬暖，恶语伤人六月寒”，我虽是婆心苦口，药世良言，可听的人不这么认为，总觉得伤了伦常、灭了声名、坏了他的人格、侮辱了他的智商、鄙视了他的学问。其门人与亲属也同仇敌忾，视我为恶寇。我后来在仕途与学界遭了不知多少冷箭，挨了不知多少闷棍，多与此有关。人情如此，能不悚惕乎？

因此后来记者问时，我就说批评固应严正，亦当存恕道，至少应戒用讥封讽狎侮语；否则就应有一个批评制度或环境来保障写书评的人。记者说是不是季某或现代人缺乏修养使然？我说未必，古人也不乏这样的例子。如修《五经正义》的孔颖达，年轻时去听人家讲经，大申驳议，让人下不了台。结果人家派了刺客来杀他，他躲到杨玄感家里，才逃过一劫。季某还只在网上骂骂而已，毕竟没能动手呢！

另外，前此赴国学小院。陈兴武诗会，在北地寒风中居然还有十多人参加，可谓难得。该日邀徐晋如来讲，他以此次穗港澳诗词比赛得奖作品为例，讨论诗词写作之原则，颇见条理。听讲毕，与诸君同去吃火锅。王功权君来，问藏密修行法门，略为说之。王君近日斥资二千万，成立中华诗词研究院，整理诗词文献，又喜修佛法，看来大陆此类人还不少呢！

2008.03.06

多情怀酒伴

由上海取回散文集的稿件，匆匆校对一遍，写了一篇后记。这是一批台湾学者散文系列中的一本，该系列由我跟周志文策划，首批收了马森、周志文、颜元叔、黄碧端、尉天骢、汉宝德、齐邦媛、南方朔等人的自选集，将来准备继续编下去。后记略述为文之道，云：

我的职业之一是教书匠。故编讲义、写学术论文似乎即是本业，作诗写散文这等事，则仿佛业余遣兴一般，有韩愈所谓“多情怀酒伴，余事做诗人”的味道，是为余事。

可是韩愈讲的，是说人应以生活为本，成就一个有意味的生活之后才能成为一位好诗人。现今的社会则恰好反过来，人首先是个职业人，职业限定了生活，限定了你该干什么不该干什么，同时也就限定了你的社会功能与角色，限定了旁人怎么看你，和你怎么认知自己。故学者即不宜舞文弄墨，混迹于诗家散文作者群中。当然，学者写论文，以收辑材料，抄来抄去、注来注去为能事，想写篇清通简要的文章都不容易，就是想冒充诗人散文家，往往也冒充不来。因此若偶有例外，人皆诧怪，视如蝙蝠，既非禽又非兽。本丛书为蝙福们专辟一藏身之处，曰学者散文系列，即缘此故。说起来，还应感谢出版社的宽宏大量、菩萨心肠呢！可是以我飞天神蝠的眼光看来，例外好像才是正常的，现在一般的散文家恐怕才是走错了路。

以《文心雕龙》所叙来看，有韵的诗赋乐府颂祝铭诔之外，无韵之文包括史传、诸子、论说、诏策、奏启、议对、书记。前者诗言志，不免缘情而绮靡；后者则说理为主，叙事为辅，旨不在抒情言志，其情其志，只在说理叙事中见之。这是我国文章的大传统，后来唐代古文运动诸君虽反六朝骈俪，但这个大原则可没什么变，因此韩愈柳宗元的那些《原道》《原毁》《天爵论》《四维论》等等才那么多。柳宗元曾说："吕道洲善言道。"（答吴武陵论非国语书）其实他们谁不善言道？甚至整个古文运动就是个以文言道的大旗号，号召着尔后的文家朝此不断努力。

五四新文化运动之后，把中国这个文章写作传统抛弃了，采一种"纯文学"的说法，以诗、散文、戏剧、小说四分天下，诗与散文抒情、戏剧小说叙事。说理记事的文章，则或曰杂文，或摒于纯文学门外，不视为文学作品。而那不能说理言道的所谓散文，抒点生活小情绪、记点身畔琐细事，抒情比不上诗，叙事又比不上小说，本身倒像个蝙蝠，地位可虑、角色堪疑。散文家在文坛之位置，竟低于小说家和诗人，把古来文章家的荣耀丧失殆尽。

这据说是学了外国，可是外国何尝如此？

在古希腊，修辞学和论辩术本来就是孪生的，仿佛中国文学中有诸子论说那样，是以理服人而辅以修辞雄辩之巧。到了罗马时期，西塞罗更以其雄恣之言辩为十六世纪拉丁散文之先导，直到十八世纪末，其文体与风格仍被英国散文家奉为楷模。于此可见西方散文主要源头一样是说理的。

中古时期圣奥古斯丁《忏悔录》看来是抒情的，可是实质上正是言道之作，此亦说明了这个传统是如何强韧有力。十六世纪，法国蒙田《随笔》三卷，基本上也都是论文。十七世纪的笛卡儿，以哲学家为散文巨匠，原理从同。至于培根论文集，那更不消说了。十八世纪英国号称散文时代，爱迪生和史梯尔合办的《旁观者》杂志乃其主要阵地，而这个刊物的宗旨，就是要把哲学从书房和图书馆、从中学和大学，带到俱乐部跟咖啡座上。因此那时的作家，如伯克立写的《视觉新论》《人知原理论》，往往都是哲学论著。后来休谟的《人性论》也是如此。另外，写《罗马帝国衰亡史》的吉朋，则做着如我国文章家从事史传写作那类事情。十九世纪英国散文家与哲学家大抵仍与从前一样，兰姆、梭罗、卡莱尔、罗斯金、阿诺德、赫胥黎，谁不是自有一套哲思或学理的？

某年，诺贝尔奖颁给了以写哲学论文著称的罗素，中国人皆诧异道：“那不是文学奖吗？何以竟给了哲学家？”不晓得原来欧洲散文老传统本来如此，文章的论点、见地，结合着文采修辞，不是肤浅松散的轻噫漫谈就可叫作散文的。

所以我说散文本该是学者才写得。一般所谓散文家，书读得少，思绪又散漫无条理，原是难以胜任的。不幸我们这个时代，学者们的脑子更坏，更不能驱遣文字。无奈只好由散文作者们暂充场面。大家见怪不怪，渐渐习以为常，遂也以为散文本来就是那个样，其实是大谬不然的。

以上我对散文的这类偏见，大略已抒发于收入本书的《论散文》及收入《二〇〇〇年龚鹏程学思报告》的《吃喝拉撒睡：散文的后现代性》诸文中。因此也不必再多讲了，兹仅介绍一下我自己的散文。

如上所述，我认为散文主要是说理叙事的，故作者须对其生活形成一套见解、对其存在拥有一种体认、对其人生态度与意义取向有一番思考，如此方能说理莹彻，所叙之事也才有叙述之价值。我自己写的文章，虽距此目标甚远，但基本上是朝此迈进的。偶或因机因境，快意骋辞，不自检束，亦仍能由此见到我这个人的想法与脾性。

我的文字，受中国古代文学之影响极深，则是谁都看得出来的。我自幼便不喜欢白话文，以能写文言文自鸣得意。到大学毕了业，仍几乎不会作语体文。如此作怪，在当代自属异数。可是，我的散文其实还有另一个渊源，那却是一般人所不知道的。

那渊源是什么呢？其实就是我在上文所叙述的我所理解之西方散文传统。我读书作文，皆喜振叶寻根、观澜索源，由掌握其整体脉络整个传统入手，故颇浸淫西塞罗、蒙田、培根、兰姆诸君之手笔，还受过不少存在主义之影响。寝馈研练，黾勉不已，渐渐才变成今天这个体段。

这期间，我曾出版过《少年游》《豪赌族》等散文集及《时代边缘之声》等一大堆散文论文混杂的集子。事实上，我的散文像论文，论文像散文，我自己是不太分的，别人也未必分得清。有一年，我写了篇论游戏理论的文章，张晓风先生就认为是好散文，选入了该年度的散文选里呢！

然而，说理叙事而能情味醰醰，谈何容易？其所以能如此，又非说理叙事云云所能尽其底蕴，底蕴反而是在情上。此理虽较玄眇，难以具论，但读者若略诵韩愈“多情怀酒伴”之语，亦可思之过半矣！

2008.03.12

大开眼界

今年初在台湾办了书法展，澳门基金会吴志良兄看了，觉得也该在澳门办一场，乃安排了三月十七号起，在澳门教科文中心展到三十日。昨由北京将裱好的字扛到澳门。但托运以后，竟支离破碎，箱也破了、包也散了，字轴散乱，还有整根木轴都被打断的。从前，我还真不知道机场所谓贵重物品保存原来是如此保存法，此番大开眼界，自是目瞪口呆。无奈收拾之后，才匆匆赶到珠海。

不过，不愉快的事不必多说。旅中写了一篇文章，张泽珣《北魏道教造像碑研究》序。

2008.03.21

珠澳事记

在珠海联合国际学院召开的“国情国学教学研讨会”，这次是第二届，以书院传统为主题。邀了中国文化书院王守常、岳麓书院李兵、韩国世宗大学李庆龙、日本千叶大学蔡孟翰诸位来，加上我与周志文，并请郭少棠先生讲“从新亚书院到联合国际学院”，以示薪传。

书院精神，乃当代批判反省中国教育问题之主要资源，几乎所有不满当代教育的人，都会从这个资源去重新开发未来可走的路，本届会议自不例外。会议与上次借《明夷待访录》来谈中国国情一样圆满成功。我自以为这是能替现今各校实施的那种政令倡导式国情教育提供一个好榜样的。

但我自己却是累得很。十一日飞抵澳门，把准备在澳门办书艺展的材料交给张多马兄，再转到珠海校园时已近深夜十一时。

十二、三日上完课，请武当派掌门游玄德来讲论武当拳术后，即再赴澳门。十四日请朱寿桐、张泽珣、郑振伟找了几位学生来帮忙，才将展场布置停当，然后就再赶回珠海去筹备开会事宜。

十五、六日开完会，又转回澳门，张罗着十七日开幕的事。

澳门教科文中心隶属澳门基金会。此会之性质大约类似台湾的“国家”艺术基金会，但功能似乎更大，澳门大学亦属该会，可见一斑。迩来业务渐繁，而教科文中心已不敷使用，准备拆了扩建。故我这次展览，竟是拆建前的回光返照，说来也算趣事。

展出看来也很成功。展场比上次在台北展出时略大些，或看起来大些，布置了五十一件，对联、挂轴各半。因旅途携带不便，故在装裱形式上未作太多变化，只以用纸、颜色及字体之变动来调节视觉效果，反应也还不恶。

展场贵宾云集，张泽珣且带了澳大的学生来此权充上课，由我导览，作了一次书法教学。王岳川恰好在澳大客座，也来看了，谈起我文人书法的观点，颇为赞同。据他说北大现已有书法研究所，他还是副座。我孤陋，居然不知。在北京时，只与北师大、首都师大的书法科系有些来往。

展会场上见到常宗豪先生则最惊喜。与常先生不见，殆十余年矣！先生自香港中文大学退休后，即颐养于濠上，前亦曾在澳门艺术博物馆办过个人书法展，风华颇异于时流。有次我去天津，龚敏兄弟招呼我去他们办的艺廊写字玩，曾与常先生通了趟电话，此番相遇于海滨，殊出意料。

其实澳门人文荟萃。以人口密度言，文学艺术家之多，可能冠于整个华人地区，可惜当局对此未必重视。如今的澳门，经济大好，政府钱多得花不完，也不想花，更不知怎么花。文人学者投闲置散、养尊处优，而其实是无所事事。想改造社会、贡献心力，亦辄有无处使力之感。学生也无心于学业。因经济太好，工作机会太多，学生无升学压力，也不想升学。就是去学校读书，例如进大学，多数也只是兼差，大半是另有正职的。所以能按时去上那几堂课就已不易了，何能奢求他们用功于课业？澳大人文学院院长郝雨凡有次请吃饭，说他还曾收到学生的投诉，说某老师上课竟然打扰他睡觉，要求处分云云，可见风气！

但澳门的经济也不是没有问题的。目前主要仍靠赌场，可是，一、赌场已开到廿七家，客源基本饱和，内部竞争压力渐增。一旦诸方势力开始拼场，社会必然动荡。二、美资、澳资大举进入，本地老赌王只能挟政治势力以相抗，未来问题将越趋复杂。三、依博彩业形成之单一经济形态，未来性可忧。未来台湾若金门、澎湖开赌，加上两岸三通，澳门自将大受影响，荣景不再。四、把澳门转型为博彩、旅游休闲、会展中心的综合型经济，喊了许多年，可是迄今成效不彰。

旅游事业最可惜。澳门申报了世界文化遗产，目前也以此为号召，但是对澳门文化的开发、研究，其实极为贫乏；就算是用它们来招揽观光，也做得不太地道。例如普济寺的连理树居然死了；康真君庙依然废弃着；议事亭前的老建筑全都租给商家开店，以至去看世界文化遗产的人只看到一堆麦当劳、星巴克、精品皮包店、牛仔裤店等，都是令人摇头的。

我准备推动一个以珠海、澳门、日本长崎、马来西亚槟城、台湾淡水的跨国城市研究，针对这些中西文化交流老城市新问题做些综合探讨。以上这些问题，以后再说吧！

2008.04.12

偃武修文

自澳门回到北京后，大感惊异。我在北京生活多年，但好像这回才发现北京的春天原来如此花光灿烂。本以为已错过了去江南赏春的时间了，不料此地春光竟也缤纷可喜。槐柳银杏纷纷抽条，绿成一片不说，桃花李花樱花也都怒放了，还有紫丁香白丁香一类花树错杂其间，令人眼前一亮。尤其令人神醉的是元大都遗址公园里的“海棠花溪”。上千株西府海棠，蔚为花海，花下行吟或泛舟，辄疑身在江南，就是日本京都东京的樱花，也不过如此了。只是游客无此风雅，不能在花下饮酒、赋诗、鸣筝、吹箫、鼓琴或作舞而已。

而我也不能赶着春光去游春嬉春，手上要写要校的稿子不少，害得我有些辜负春光。

我为《中国诗歌史论》《中国小说史论》《中国现当代文学论》《中国文学批评史论》四本书撰写了总序，以志此写读生活之一斑。前几篇老在谈武术，现在偃武修文，正好换换口味。

2008.04.28

让传统文化走进校园

近日依然东奔西走。十五日赴珠海，十七日深夜飞北京，十八日便又到了土耳其，二十七日才倦游归来。

去珠海前，中华书局与北师大教育所合办了一场小学校长论坛，谈如何让优秀传统文化走进校园，命我去讲一点个人感受。开讲时，我想起小学时的老师，不禁有些感怀。

我读的是现代化的学校，并未受过私塾教育。但自幼在家中已习得一些基本文史知识。入小学后，得逢黄灿如老师，她命我每晚去她家中温习功课，功课做完，就在她家随意泛览诗文章回小说。寒暑假则要我午后去她宅中背诵《孟子》《论语》等。这个经验，似乎也略同于古代之私塾。

后来我读了初中高中大学硕士博士，当然习得了许多其他的知识，不局限于上述传统文化内容。我也从事过许多行业，编过杂志、做过出版、当过官，还办过几所大学。但从小所受到的那一点传统文化教育，实在一生受用不尽，远胜于后来学到的其他知识。因此每想起小学老师，就心怀感激。每听一些没读过什么古代典籍、没机会自幼受传统文化熏陶的人在咕哝：读多了古书会不会食古不化、会不会不适应现代社会等等时，便心生怜悯。因为这些可怜人从来没尝过龙肝凤胆，竟兀自惊疑吃了会泻肚子呢！

但我自己学习传统文化的经验，也令我深知社会上对它的质疑其来有自。

像我读书时，整个教育体制其实就是一套迥异于传统的现代格局。这个格局始于清末之教育改革。废科举、立学堂，遂把中国几千年的教育体系一并废了。而新学堂里，唯新是举，那些传统文化、圣经贤传，巴不得全丢进字纸篓里去。因此光绪二十九年《奏定学堂章程》已说道：当时社会上正弥漫着“唯恐经书一日不废”的舆论气氛。清政府对此，惄焉忧之，故刻意在中小学堂上列了读经之课，以免诸生忘本。可是时世潮流所趋，非人力所能阻挡，清朝迅即灭亡，民国元年便废了小学读经。此后袁世凯于民国四年时曾准备恢复，旋因称帝不成而不了了之。民国十四年，段祺瑞执政，章士钊任教育总长，又拟恢复。亦不果。可见时势风气之一斑。

这段期间，恰好也是五四运动掀起反传统浪潮的时代。整个社会都朝西化的路子在走，并把西化称为现代化，视传统为现代化之阻碍。

直到民国二十年才渐渐出现反省批判这条新路的气候。当时国民大会召开于南京，即有代表提案希望恢复读经，但提案依然没能通过。足见新潮仍居主流。可是反对者毕竟多了，广东湖南不遵中央号令，自行规定学童须得读经，虽被新派人讥讽是军阀提倡读经，但新潮权威看来业已遭到了挑战。廿四年遂有十位教授之“中国本位文化宣言”，认为中国固然应与世界交流，却也不能邯郸学步，失其本我。

后来的思想界，大概仍延续着这样的脉络。新潮鼓荡，继续涤除前进的障碍，终于酿成“文革”、破四旧、对传统文化大革其命。可是冲过头了，渐渐又起了反省的声音，欲拨乱而反正。二〇〇四年大陆许嘉璐等人发表的“甲申文化宣言”，不就像十教授中国本位文化宣言的翻版吗？儿童读经渐渐蔚为时尚，乃至有所谓国学热，亦均代表对反传统浪潮之批判反省。

台湾在大陆“文革”期间，曾推行着中华文化复兴运动，但当时文化界学术界主流其实一样是扬五四之大旗，力行现代化的。故六十年代即有中西文化论战。情况犹如现今大陆虽不乏倡言本位文化，呼吁读经、重视传统文化的，可是主流的现代教育体制对此仍乏响应，且不少人还指责那些提倡读经、讲传统文化的人是“走向蒙昧的文化保守主义”。

也就是说，整个传统文化，近百年间都是在不利的环境下挣扎着发展下来的。主流思潮与体制乃是新代现代化教育，大部分时间均主张灭绝或扬弃传统文化，少部分企图扭转局势的宣言或动作，迄今尚未真正改变这个格局。

因此，我们现在从事传统文化教育，除了整体环境不利之外，还必须面对许多历史留下来的问题

例如，现今小学教育是以白话文为主的。大陆的教本几乎没有文言文，台湾是在五、六年级时融入文言，中学时才渐渐增多，比例由15%渐增至35%。可是不管如何，文言与白话在现代是分裂的，学习者面对它们时的认知、心态、学习方法都不一样。

这种文言白话区隔为二的现象，是五四白话文运动后才有的。古人不会如此。一个人既看古文八大家的篇章，也同时看着通俗章回小说。讲话时，对上层人士自然之乎者也，与佣仆市井人士言谈，则一样要使用白话，整个语言是交织糅混在生活具体情境中的。我们已经丧失了这种情境。因此文言文仿佛就需刻意去学才学得成，且文言好像也与白话是隔断的两套语言系统，所以两者间竟然需要“翻译”，仿若外国文字一般。

说到文字，也是问题一箩筐。近代新思潮之一就是检讨批判汉字，认为汉字不科学、不改革不足以使中国现代化，所以从国民政府时代就推行简体字，大陆后来更厉行文字改革，一度准备废除汉学，走上拼音化道路。如今虽悬崖勒马，不再继续改革，可是仍维持着简化字，并把它称为“规范字”。小学教学基本就是使用这套文字

但以这套文字来教小朋友识读应用，实在问题重重。目前规定一、二年级要认八百至一千,三、四年级要认二千五百字，五、六年级要认三千字，大部分还得会写，数量比台湾还多。台湾的小学生大抵只要求认二千二至二千七。而且据大陆所定国民常用字表看，常用字只有两千，因此小学就得学三千字恐怕太多了。不过这并不打紧，要命的是字太难认。

如老師的師，现在写成师，左右两个在现代汉语词典中都不是部首，请问要查什么部？頭，本在页部，现在写成头，请

问查什么部？葉，本是草木枝叶，故在草部，现在变成了叶，该查口部吗？衛，现在成了卫，查什么部？聖人的聖，现写成圣，又像怪人，又像老土，查什么部？門、開、關，本来都跟门有关，如今开关都把门给拆了，查什么部？塵，本是尘土，今写成尘，竟在小部，不再是土了。聽，本是用耳朵才能听，今写成听，竟在口部，不再用耳了。傑，本是人傑地灵之傑，今写成杰，竟被火烧，放在火部，不再是人了。诸如此类，实在是一团混乱，义类不明，归部不清，小朋友识读时只能一个个去死记，因为部首归字的原则已遭破坏，许多地方无法用部首识字法去辨识和记忆。

你或许要说我把问题夸大了，全国几亿小学生都这么读，情况没那么严重，部首归这归那，熟悉了就好。是吗？我看到过一本教人如何教小孩子识字写字的教材《现代小学识字写字教学》，里面就把欢字既放在又部又放在欠部；把辞字一会儿放在辛部，一会儿放在舌部。可见就是专家学者也闹不清楚，小朋友能不犯糊涂吗？

简化字使得部首识字教学困难，情况既如此，改用其他教学法会好些吗？恐怕也一样。例如字族识字法，青、清、请、情、晴都以青为偏旁，形成一组字，认得了青，也就可连带认识这一串字，这称为字族识字法。可是我也见过一本推荐这种教学法的书，把清请都印成了清。因为简化字言字边简化后，几乎绝对会跟三点水相混。

目前小学里还常用“字理识字法”或“部件识字法”来教学，可是汉字简化以后字理就难讲了。像廣，本是形声字，黄声，今改为广，形声之理便不可说。而且广字乃是尼姑庵之庵的本字，弄得《红楼梦》里大家去赏芦花的秋雪庵，小朋友读来老以为是秋雪廣。又如廠字，现在把厂里东西都搬空了，变成厂，字理亦不通。且厂乃山崖的厓字，亦容易弄混。进，本是一小鸟跳跃前进之貌，如今竟是一口井跳跳跳。壓，从土，压声，今作压，既非土，又不见声。兒，象形，象小孩脑袋特别大之形，而且小孩子脑上囟门未闭，故以此为特征。现写成儿，也全无字理可说。

这些困难，教过小孩子的人便能体会。今年政协大会期间，有几十位委员提案，希望在小学里恢复教繁体字，其实正是许多家长与教师的心声。对于革命时期造成的错误，希望能予改善补救。可惜教育部一口便回绝了这项提议，足证历史留下的伤害，修补起来是挺费事的，矫枉需要时间，急也急不来。

而传统文化教育在这里总体不利的情况下进行，困蹇可知。因此目前传统文化教育仍只能采取补充、辅助之方式。如教识读书写，以简化字为主，略辅以传统汉字之识读；阅读篇章，以白话为主，略辅以文言文或传统典籍、诗词等；教材教本，以现代教育体系规范者为主，而传统文化教学放在有心的学校自编教本中去发挥；正规课堂，依国家规范教学、传统文化教学多放在课外补充等。现在各中小学的所谓传统文化教育、儿童诵读，不都是这样吗？

不是大陆现在才如此，我当年在台湾读中小学时基本也是如此。黄灿如老师固然教我课外大读诗文典籍，可是她绝不准我上课时看。一次我在课间读《水浒传》，她发现后，竟一把抓起那么厚的一本书，啪，撕成两半！这个动作，令我毕生难忘，也使我充分理解到传统文化在现在教育体制中卑微的地位，只能以辅助、补充、课余的方式为之。

且纵使身为辅贰，也不能太过招摇。就如这次论坛的题目："让优秀传统文化走进校园"，在传统文化上面刻意加了个限定词："优秀"。这就预存了一个观念和心态：传统文化有精华也有糟粕，我们不是复古，也不拟全面恢复传统文化，只是挑选一些优秀的传统文化进校园去教教小孩子而已。这不是为了防止被批评被质疑，而预做防范，或根本等于告饶吗？传统文化是否为优秀，评判的标准又是什么？若以现代教育尺寸去挑拣、去过滤、去筛选，那又何必再去进行什么传统文化教育呢？

传统文化教育目前看起来热闹，可是实际处境如此，能不令人感慨吗？

2008.04.29

土耳其旅游答客问

我屡欲由新疆通中亚，去土耳其，而皆未果。四月十八日，经《万象》杂志与土耳其驻大陆使馆之安排，去旅行了一趟，主要是在伊斯坦堡，安卡拉、安那托利亚（Central Anatolia）中部及卡帕多细亚（Cappadocia）一带活动。着眼于欧亚文明交会之问题，故不选择它沿爱琴海、地中海地区。

目前去土耳其的中国人极多，且有不少人挚爱这条路线，认为到伊斯坦堡比去巴黎更酷。因此我走马看花的旅行日志或一鳞半爪的见闻，根本没有写出来的价值，我在旅途中写了一天就放弃了，只专心做个观光客。

但回来以后，竟有朋友好奇来问道：

哇，好棒，去土耳其，就可以每天做土耳其浴了！

答：不，土耳其人基本上都不洗土耳其浴。家家都有浴室了，谁还去公共澡堂？那大抵只是用来宰观光客的。且多独立设置，就是五星级旅店也未必有。洗一次索价不菲，因为他们都知道你不会再来了。

那至少可以每天喝到土耳其咖啡？

答：土耳其是咖啡文化的起源地，据说喝啡的风俗即是由此传播到维也纳的。可是土耳其人一般也不喝咖啡，平时只喝茶。

茶称为Cay，中译“恰伊茶”，其实就是茶字。泡成茶卤，兑开水喝，另加方糖二三颗。还有化学合成的苹果茶。我去一家陶器作坊时，主人奉茶，曾获喝一盅，甜腻无比，同样是本地人不喝，专用来供观光客的。

若想喝咖啡呢？

答：大城市有星巴克、某当奴，也有茶座可点咖啡。但价格不菲，为茶之三倍，分量则约一半。且土耳其咖啡不过滤，底下全是渣。当然上面也一半是渣，所以喝来一嘴沙。土耳其有种占卜术，即以此为断。因你若喝到没什么渣的土耳其咖啡，那就可以去抽奖了，必有好运。这样的咖啡，自然也可能有人特别喜爱；但你若想带点回来，基本上也没有，超市里较容易买到的是雀巢咖啡或三合一。伊斯坦堡香料市场倒是有，当工艺品卖，买咖啡杯或勺时附上一包。

那么，喝茶吧！

答：也行，但要注意价格，从一杯三里拉，到三杯一里拉不等，价差极大。土耳其一里拉约等于人民币六元，他们的公务员，例如警察，月薪约七百里拉。但若你若在街上讨杯茶喝，竟要三里拉，你会心理很不平衡。土耳其又干，一天要喝七八杯茶，茶资实在颇为可观。

不喝茶，就喝水如何？

答：一样！一瓶五角到三里拉不等，视你运气及长相而定。

何必买矿泉水？自己带壶热水出去逛不就得了？

答：想喝热水？基本没有。旅馆不提供热水壶、电热器及开水。你当然也可以请柜台送一壶热水来，但一壶约五里拉。

旅馆为何竟不提供热水？

答：旅馆还不提供鞋、牙膏、牙刷、梳子、茶杯等，旅客最好自备。不过旅店通常会提醒你，他们已替你把这些东西都妥为保管在柜台了，你若去取，只须交付极优惠之价格，各几里拉便可。

旅馆里的餐饮如何？

答：旅店各式各样，可选择者多，但基本上都难吃。旅行社安排的各种美食餐厅，也都难吃。因大抵是旅游餐。餐厅跟各旅行社有合作关系，各有专供的旅行团及国别对象。例如有的是日本客的定点餐厅，有些专营韩国团，有的针对欧洲团，有的店只有台湾客喜欢去，各色人等付的钱及口味各不相同，餐厅当然就因此而分了类。不过，我的建议是都不要去，千万别听旅馆、旅行社、游游指南上的吹嘘，地道的土耳其饮食，只能自费去街上闲逛时，跟本地人一样在街边巷里找！

街边巷里都有些什么？

答：没什么，基本上也很单调。土耳其美食在欧洲夙享盛名。但那是对欧洲人而言，对中国人来说，吃一两天尝鲜也还好玩，再下去就会尝试绝食了。因为食材太少。菜，翻来覆去，只有色拉、生菜、番茄、小黄瓜、土豆，或单吃或剁碎了吃，或混拌油醋去吃；肉，只有鸡、牛羊，海边略有些鱼虾而已。不准吃猪肉，又无鸭鹅兔驴等数不尽的食材。烹饪手法更单调，不会蒸、不会炒，只会烤和煮。所以一尾鱼只能烤成一段木头般的死肉，淋上一点酸汁，浇拌一些香料，便成了当地所谓美食。不会做蒸鱼，也不能做鱼汤。汤，我在土耳其喝来喝去，约只两种，一红一白，均是熬煮，用番茄、扁豆、肉屑、奶酪、洋芋等熬成，没有青菜豆腐汤、蛋花汤、海带汤、鱼汤、鸡汤、牛羊肉汤、老鸭汤等无数煮焖炖煲之技。因此归纳起来，只能说是单调。

做牛羊肉应该比较拿手吧？

答：当然！土耳其人乃突厥后裔，饮食风俗与新疆维吾尔哈萨克极为近似，且受伊斯兰教规影响，不准吃猪，故日常食肉，以牛羊肉为主。不过，肉似太少。以肉丁、肉屑、小块肉为主，肉排肉腿皆罕见。中国北方那种涮羊肉、烤全羊、手抓羊，从羊头、羊心、羊肝、羊肺、羊肠、羊血、羊腿、羊蹄、吃到羊尾巴的风气，此地邈乎无闻。故若想吃牛羊肉，去土耳其，不如去新疆内蒙。

饼呢？

答：饼是中亚发明的，是中国人做烘饼的老祖宗，当然不差。且古风犹存，用大炉贴烧，风味不恶。不过一样是单调。基本上是类似春卷皮或荷叶饼的干烤白饼，夹着牛肉或鸡肉、碎菜吃，宛如北京台湾都有的沙威玛烤肉夹饼，有时也夹面包。可见饼亦已不如中国多姿多样！

甜点呢？

答：甜品不错。据说土耳其人酷喜甜，是受《古兰经》的影响。经文上说："享受甜蜜的味道是虔诚的标志。"故土耳其人吃得极甜，茶都加两三颗方糖，可见一斑。其实糖本来就是中亚民族发明的，后来才传到中国和欧洲。古代中国只有饴和饧，不会制蔗糖、砂糖，唐代才由中亚学来，所以中亚民族乃吃糖的老祖宗，风俗形成在《古兰经》以前。现在仍然擅长做糖果糕点，旅客不可错过。但吃前需有些心理准备，有糖尿病及其嫌疑者勿轻易冒险，奇甜无比。

讲了半天都是吃，你就没看见什么其他的吗？

答：唉呀，吃多么重要呀！土耳其作为欧亚文化之交汇区，正需从其饮食见之。例如欧洲人看土耳其，觉得它丰富，中国人看土耳其吃食，觉得它简略，原因就是土耳其得欧亚之中。

欧洲人只有面包，土耳其就多了饼，且有一种加上了做面包技巧的饼，比我们的锅盔还厚，又不像锅盔那么干。欧洲人只有土豆、面包，土耳其日常也就吃米饭，还有蛤蜊镶饭、葡萄叶包饭之类吃法。香料用得又多，适足以表现它在世界香料贸易中的地位。伊斯坦堡香料市场上举目所见，姹紫嫣红，令人目迷五色者，类皆为此等物。其中且有些为土耳其特产，像我们中医里的乳香，乳香木就只土耳其有。它在香料世界的地位如此，饮食中用香料之道自然也就极其丰富。例如茴香，我固然吃过茴香肉包、炒茴香等，可就从没想过它可添入酒里。土耳其人常喝一种葡萄白兰地，有浓厚的茴香味，喝时可兑水。但只要一兑了水，立刻变成奶白色，如饮酸奶一般，十分有趣。味道初喝时很不习惯，但略饮便也觉其风味独具。所以，观察土耳其，饮食是不可忽略的！

也就是说，饮食表现了土耳其的多元文化现象？

答：我刚才只说它表现了居于欧亚文化之中间者的身份，以及表现了它在香料贸易上的地位，并没直接说它多不多元。目前土耳其为多元文化之表征的说法甚嚣尘上，土耳其本身以此为宣传、旅行社以此为号召、世人以此为标签去认识土耳其，可是我对此却是存疑的。

仍从饮食上看，我国闽、广、江浙，各省方言、风俗、饮食之差异多么大！但我从伊斯坦堡到卡帕多细亚，跑过的距离，至少可以由山东到内蒙了，而其区域差异绝对小于我国任何两个省，起码饮食就基本相同，可见其内部一元化其实颇为严重。

目前全国95%左右为伊斯兰教徒，凯末尔又提倡民族国家理论与政策，要求土耳其只能是土耳其人之土耳其，以致三十年代引发民族大迁徙，希腊人均弃其田产庐墓，返回希腊。卡帕多细亚地区旧的教堂、旅邸、民居乃因此多成废墟。今以此废墟为观光景点，作为古代文化多元之证，实不免令人哭笑不得。

赫梯人、拜占庭帝国之历史，其实也是如此。除了在博物馆中展示，或用为观光资源之外，现实上并不在意。我在安卡拉国家博物馆旁的城堡里游观时，就发现他们把许多罗马时代希腊化时代之教堂、墓碑、纪念建筑取来作为堆砌城墙的石料，情况跟咱们国内把一些老碑刻胡乱拿来铺路、架桥，做新建筑的基石完全一个样。我们各地方为发展旅游，也大力宣扬历史文化，但“经济搭台，文化唱戏”，传统历史文化何尝真被这批人所体认、所珍惜，道理和土耳其正是相同的。

可是土耳其在欧亚之间的角色与地位，似乎也使它不多元也不行。

答：对，欧亚文明在此交会，形成了文化交会的格局，这种位置与格局，使它不多元也不可能。

但这种交会也可能只代表了冲突，未必即等于融合。而且这只是历史之实然，人对于这种历史实际之处境，却可能另有体会，或对此交会冲突之局筹思有以平抑之。我觉得土耳其即是这一类。

在拜占庭时代，把本来被禁止、藏躲在卡帕多细亚山窟地洞里的基督教忽然拔举为国教，扬之于青云之上。反过来压制了原本生存在这块土地上的老信仰。等到拜占庭被灭，鄂图曼帝国以伊斯兰教为国教、基督教又被压到地层底下。鄂图曼本是亚洲文明，突厥人本身也自有其文化，曾信奉过本族原有宗教、佛教、摩尼教等，可是信了伊斯兰教以后，却尽弃故我，把旧文化全丢了。奉伊斯兰真主之名，跟欧洲各国争衡了几世纪之后，如今又欲“脱亚入欧”，积极让自己成为欧洲之一部分。

这样一个国家，虽绝大部分领土在亚洲，人种亦属亚洲，文化更与欧洲颇有差异，却在自我意识与认同问题上如此，岂不像极了近代的日本？凯末尔昔年也最欣赏日本天皇。正显示着这其中存在着太多错乱，历史层层掩盖，文化一次一次被否定，人的主观选择又一次次企图扭转历史实然的处境。欧亚多种文明冲突的悲怆，绝不是把多元文化拿来观光赏玩的人所能体会的。

你的讲法总是太极端。文明冲突的同时，应该也就有融合。

答：理论上固然如此，实际状况则要看是冲突为主，抑或以融合、沟通交流为主。土耳其这个地方，因争战不断、生存竞争激烈，看来竟是有我无你式的冲突为主。

早期西台王国何等强大？把巴比伦王国都给灭了，势力进入两河流域，并进兵埃及。不旋踵西台王国又被灭了。乌拉尔、佛尼吉亚诸国崛起，又与希腊大战，特洛伊战争、名垂青史。接着波斯势力进入，又把诸国灭掉。亚历山大东征，攻占拜占庭，波斯萨桑王朝攻占安那托利亚中部。哥德人口入侵，希腊人的城市颇遭破坏。

再来就是东西罗马分裂。东罗马以基督教为国教，不只压制异教，抹灭了早期的文明。就是它自己也穷折腾。例如基督教分裂为罗马公教和东正教，几乎势不两立；八世纪时还大掀圣像破坏运动之风，与“文革”打砸古物、破四旧一个样，时间则长达一百年，圣索非亚教堂等各处之壁画、镶嵌等，几乎破坏殆尽。

至十一世纪，塞尔柱帝国崛起，也就是在中国西北被唐太宗击败的突厥人，西迁至此，攻下了这片土地。希腊罗马化的时代当然就结束了。可是塞尔柱衰亡分裂后，十字军东征，又洗劫了跟自己一样的基督教文明，你说这是什么乱七八糟的事？

十四世纪以后，鄂图曼帝国建立，奉唯一真神阿拉，其他文明自然更遭破坏或掩盖，所以至今我们在土耳其旅行，所能看到的历史，大抵皆是劫后残存的废墟、断垣，靠沉船与考古所得，聊窥一斑。传世的文物，其实绝少。就是托普卡普王宫、朵玛巴切王宫，这几处具指标意味的处所，亦无多少传承文物可观。安卡拉与伊斯坦堡博物馆，则主要是考古。

考古是拨开一层层被掩盖的沙土，去发现历史。倒过来说，我们就可知此地文明是在一次次杀伐争战中被层层掩盖或竟消灭了的。看起来，此地各文明之特性，乃是不宽容。两大主要帝国，一奉基督教、一奉伊斯兰教，而都是唯我独一，不容商量的。因此我说此地文明殆以冲突为主，融合是其次的。

融合方面，难道就全无可述？

答：那又不然，此地既为欧亚交通之孔道，来往交流，势不可少。且不说别的，人种就是个大熔炉。雅利安人与突厥人大量长期混血，中间还有若干少数民族及来往商旅，文明自不会那么纯一单调。

我在托普卡普王宫曾见其御膳房改装的瓷器展厅，看见它所收藏的元明清中国瓷器，多达万余件，论数量，乃台北故宫以外第一，不乏精品，看得令人目眩神移。青瓷白瓷也多。另外还有不少日本的“伊万里烧”、维也纳瓷器等。当年中国瓷器流通于西方，土耳其本身就是主要中介者，可是它后来大量吸收中国制瓷技术，又旁采希腊维也纳各地之风格，在伊兹尼克（znik）、阿凡诺斯（Avanos）等地发展了极好的瓷作，土耳其蓝、苏丹红之色彩，运用极为成功。在古代大量用以装饰其宫殿、教堂，现在则为地毯之外一大工艺生产。

地毯也一样。地毯编织，是中亚民族的绝技，但土耳其吸收了中国丝绸纺织技巧，所编丝质地毯堪称世界第一。此均文化融合之效。此类事例，不能殚述，只能请老兄你自己去玩时细细体会啦！

你的讲法，怎么好像跟我看过的旅游报道不太一样？

答：现今为了因应去土耳其旅游的热潮，各种 LP（也就是旅游指南，千万不要误以为是台湾政客的粗口）不计其数。光是 Lonely Planet 授权的中文版，简体字本就厚达 637 页，且蝇头细字，需另附放大镜一副，以供阅读。可见旅客上路前绝不愁没有材料可以参考。若不爱看书，网中材料也多得是，图文并茂，足供采撷。

不过，旅游指南大抵皆是为着哄人去那儿玩而编写的，所以报导均有选择性。例如它会告诉你某处如何好玩、风景如何秀丽，可是常忘了提醒你：也许需长途跋涉十小时、路上或许无聊得想自杀，或许已把你颠得骨架子都散了等等。

而土耳其的许多事，又不方便介绍，因为不乏禁忌。例如对它的国父凯末尔将军之功过是非、它与库德族的战事、与亚美尼亚人的纷争、与塞浦路斯的纠葛，旅客最好莫要询问，更莫讨论。因为2006年诺贝尔文学奖得主，土耳其作家帕穆克在德国演讲时，提到亚美尼亚人曾遭杀害，都还被土耳其法院以破坏国家形象之罪名起诉，咱们外人又岂容你到土耳其境内来说三道四？旅游指南为了你好，大抵不提起这类事。你什么也不知道，才好去尽情吃喝玩乐、采购血拼一番。基于这些原因，所以旅游指南虽然详尽，我的问答或许也还不乏参考价值呢！

2008.04.29

吊柏杨

这两日，正在旅行后的浑浑噩噩中，忽闻柏杨先生物故，大感震悼。

先生以郭衣洞为名，写了许多小说，但论现代小说史的人，几乎没有谁讨论它。影响绝大、无与伦比的《异域》，却署名邓克保，当年谁也不晓得竟出自他的手笔。后来知道时，台湾已今非昔比，讲台湾文学史的朋友，当然不会措意此书。大陆呢？其内容也根本就不可能在大陆印行。因此，作为文学家的柏老，其实是孤独的。

他后来以写杂文出名，并以写杂文入狱。实在也是荒谬。那些杂文，嬉笑怒骂，本来无非插科打诨。是在报社服务时期的趁笔之作，聊为专栏补白，跟他精心写作的小说不可以道里计，而却以此成名，柏杨心中想必不能无憾。

后来他以此贾祸，入了狱，成为人权斗士。更是不虞之祸形成了不虞之誉。因为他本非有意争人权、唱反调、求民主。当时是在一个错乱的年代中，被冤枉为杂文影射讥讽当道，所以才入了狱。当时柏杨并没有政治动机，也没有政治理论。跟许多思想犯、政治犯颇为不同。

当然坐牢也成就了他的思想。在狱中，乃至出狱以后，他大力研究历史，编写了千万字，还花了十几年白话翻译《资治通鉴》。延续过去鲁迅说中国只有一部吃人的历史云云，他努力阐明中国乃是酱缸文化，非现代化不足以找到出路。这是个人遭际与时代感受的真诚心声。

但酱缸文化之说，只可以惊俗目。聊为一时口谈可也，毕竟经不起推敲。他花大气力做的史编、史纂、史论，史学界其实也不太看得上眼。其史料、史法、史例、史论，甚至翻译，在在可商。故亦与其小说一般，学界对之，但存诸不论不议之列。

也就是说，他后来虽克享大名，但名实错乱，我觉得他是很寂寞的。晚年以人权斗士之名，被当道动不动就拿来摆弄摆弄，李登辉、陈水扁，都动辄找他“请益”，其实只是利用他罢了。名愈高，愈令人觉得不忍，觉得正是这错乱的时代一个错乱的标本。有些地方替他塑了像、许多人高谈柏老柏老，可是真正了解他的有多少呢?

其实他做了许多外界并不太知道的事。例如他跟李瑞腾合编的东南亚华文文学资料书，是这个领域开山之作，影响深远。这类事，乃至他深沉的心声，恐怕都还有待世人再多做些了解呢!

2008.05.12

关于出版

收到川大宋代文化研究中心编的《宋代文化研究》。其中居然有一文论宋翔凤的经学。宋氏为清代常州学者，不是宋朝人，编辑弄错啦!

说及此事，是因有朋友怪我的书出版太慢，预告了老半天，还没上市，故要我催催书店。其实编辑工作常常忙中有错，谨慎点也不是坏事。

不过，《龚鹏程四十自述》与《书到玩时方恨少》，确实是已经出了。前者由工人出版社刊行，后者是黄山书社。五月三十一号下午还要举行《龚鹏程四十自述》的发布会。

手上还有不少书要出，这里先预告一本，《武艺丛谈》。哈哈，勿怪老夫吊人胃口！

2008.05.19

灾　后

四川大地震灾情之惨重，不必多谈，举世已尽知矣！十三日赴珠海，联合国际学院邀韩少功来做讲座，并同时举办文化创意大赛。本来是很喜庆的活动，学生们表现亦甚佳，但更令人动容的是那种自发的关怀之情，鼓舞捐输，尽心罄力，使我这饱经忧患的人也深有所感。

在珠海时，我又邀得郑州刘义明先生来。刘先生为苌家拳第八代掌门。此拳创于清乾隆年间，为海内少数真有来历、授受可考之拳种，学理与技法影响后世武学甚深。可惜近年世俗声名不著，故特请来演示，以开学者之耳目。

十五日晚在暨南大学打尖一宿，次日又飞厦门。厦门也在热烈捐输中，且已派救援队赴四川。

此番赴厦门，主要是厦门卫视要做个讲座。讲两题：国学生与死、国学新与旧。抵达后，下午即录像，在厦大演讲。共讲四小时，几乎累瘫了。

讲毕，次日与周宁、徐学、陈守举、张宏诸兄快晤，并商量下半年在厦门举办书法展的事。张宏的宏宝斋，与北京荣宝斋、上海朵云轩等被评为五星级资深艺廊，挂了个金字招牌。此等名号，实在有趣。在他处看了不少收藏。近年大陆文物艺品热，正反映了社会上的文化需求与品位渐渐提高。不过，文化的事，非一蹴可及，还得慢慢培养。我在厦门看电视，阳光卫视有一节目，介绍兰亭集序诸帖及相关故事，字幕就全用正体字，此甚可喜也。然御笔、御碑之御全写成了禦，这便是还有待改进之处。

又，抵厦门时，恰逢诗人郑愁予先生伉俪。郑先生已移居金门，乘渡轮至，袖中摸出一瓶金门高粱，竟然还是李锡奇画展的纪念酒。遥想当年在金门办诗酒节的豪情逸趣，相与抚掌。郑先生说回金门后，还要号召人去四川协助灾后重建呢！

2008.05.25

国学营招生

国学营，去年去白鹿洞，今年去孔孟故里，登泰山，共同体会中华文化之美。现在开始招生！前进山东，探索孔子与儒家文化的故乡！

一、活动简介

1. 国学研习营，去年开办庐山白鹿洞鹅湖书院之旅，成果丰硕，十分圆满。今年将续办山东之旅。

2. 自汉朝以来，儒家文化成为中国思想的主流，成为两千多年来中国人立身处世的中心思想。继去年在白鹿洞书院研习中国文化而大获好评的庐山国学营，今年我们将前往孔子与孟子的家乡，讲学于洙泗之上，体会舞雩歌咏之美，探访儒家文化的发源地。

3. 有“五岳独尊”之盛名的泰山，在中国文化中备受推崇，历代帝王皆以封禅祭祀泰山为盛事。登临泰山，体会孔子“登泰山而小天下”、杜甫“会当凌绝顶，一览众山小”的心境与感动。

4. 济南自古有“泉城”之称，城内有泉水百余处，以趵突泉、黑虎泉、五龙潭、珍珠泉四大名泉久负盛名，有“家家泉水，户户垂杨”的美誉。遨游《老残游记》笔下的大明湖、千佛山，领略“四面荷花三面柳，一城山色半城湖”的济南风光。

5. 本团与一般旅游团不同，不但有正式课程，旅途还将与山东大学、聊城大学等学术团体交流；考察济南（大明湖、千佛山、趵突泉、灵岩寺佛教文化）、曲阜孔庙、孔府、孔林、舞雩台、尼山书院、洙泗书院、微山湖、荀子墓、孟子故里、曹植墓、万亩石榴园、张良墓等处，以深度的文化之旅，开拓心胸，增长见识。

2008.05.28

另一双眼睛

有朋友说我常以台湾或西方之眼看大陆，好像这是大罪，罪不可赦。哈哈，我倒以为这正说出了我的长处！

从前，魏征曾告诫唐太宗：“以铜为鉴，可以正衣冠；以古为鉴，可以正得失。”人都需要看镜子。看镜子时，也就是在练习用另一双眼睛，假想自己是别人，从另外的角度或对立面看自己，继而纠正自己。不但要看镜子，我们还要看史书、读古书。以史为鉴，拿古人做自己的榜样。学人家的长处，也警惕着别人的短处。

个人如此，国家社会亦然。对我们现在这个时代与社会，我们有生活于其中的体会、认识与感情，但它对不对、好不好、能不能再予改善，或还有什么发展的可能性，则可透过两个方面来探讨。一是以古为镜，用古代不同的社会状况、思想资源，来观察、批评、反省现代。二是以其他社会，例如同一文化体系的不同社会群体（像大陆人就应看看台湾、香港、海外华人社会。台湾人便该看看大陆）；或不同文化体系的其他国家，像欧美。要透过这些，才能发现我们身处其中、习焉不察、以为本来如是，或自以为已经非常好了的情况，还有改善之可能，或可有另外一些不同之理解。

因此，以另一副眼睛看，乃是做学问、观察社会的必要法门。古代、西方、台湾等华人社会，则是我们现在最重要的三个参照系。当然，若能在现实世界之上，还有一个超越界的理想社会以供参照，所谓“究天人之际”，那就更全面了。

五四运动以后，国人非唯不肯以古为鉴，甚且以古为仇。如今某些人又持中国国情特殊论，反对以他人他国为鉴。这些朋友也许从不照镜子，故我也不好劝他们多学着用上述四个参照系来想问题，但我自己却是习惯这样做的。

三十一日（周六）下午两点，我将在北京市海淀图书城旁的第三极书店做我《龚鹏程四十自述》的发表会，谈我如何以另一双眼观察、批判我自己，并略述治学之法。有愿意做点学问的朋友，欢迎来聊聊。

关于赈灾部分。由徐晓倡议，已募集了十万册书籍，六月一日就将送达灾区。香港中国文化研究院，则联合了青年报等单位，要把他们做的《灿烂的中国文明》网站多媒体光盘一百万套送去。

后面这件事尤其与上文所谈有关。因为该研究院并不在大陆，而在香港。可是它的网站介绍中国文化，远胜于大陆，曾荣获联合国“世界最佳文化网站”大奖。二十五日在人民大会堂举行征文活动及光盘赠送仪式，邀我也去参加，并聘季羡林、冯其庸、李学勤、汤一介、袁行霈、王文章、罗哲文和我等为院士。其实我等只是荣誉职，成绩都是胡从经先生的香港团队做的。他们的眼睛，看到了中国古代文化的精彩，也看到了现在的不足和需求。

2008.06.04

写作与出版

山东画报出版社已出版了我的《侠的精神文化史论》，近方收到，展读慨然。

旧作《大侠》一书，为此道中开荒之作，锦冠出版社刊行。但不久出版社关门，我那本书也就绝版了。后来增益新作，由风云时代出版。本想在大陆另与论儒道释诸文合刊成一套丛书，辗转未果。如今才终得印出简体字版，与旧作《游的精神文化史论》可视为姊妹篇。尝有朋友抱憾说我在《游的精神文化史论》那本书中论了游士、游女，这个游那个游，而独独对游侠论得太少。其实谈侠说剑，俱在此书，不妨并观。山东画报还要再出我一册《武艺丛谈》，将来也是可以合看的。

三十一日，承工人出版社好意，又为我《龚鹏程四十自述》一书做了新书发布会。说到《龚鹏程四十自述》，感慨自然更多。昔年替我出书的周安托兄，已归道山。而我记录的那个四十岁的灵魂，也在风尘中逐渐老去了。

此书与坊间一般传记颇不相同。寻常传记、回忆录，是“左史记言，右史记事”那个传统中的记事之作，重在叙述相关人事经历。我这是自序之体，犹如司马迁的《太史公自序》或刘勰的《文心雕龙·序志篇》，属于“诗言志”的传统。故谈的不是个人的自然生命，而是文化生命。体例也从诗讲起，分诗、思、事、史四部分，每部分各五章。谈我“十有五而有志于学”以后，求学问道之过程，并如何“三十而立”、如何四十而大惑。其中当然也不乏对事件时局之描述，因为我历世之经历也颇丰富（卓克华兄每次在我返台时，都找我去一家面馆吃清真牛肉面，他推崇那是台北最好的，并为该店诌了一副对联说：“相逢唯食牛肉面，世味须问龚夫子。”可见世味久谙，人所共知），但论次别有重点，目前恐少有同类之作。

克华又曾说我这本书乃治学方法之书，我亦以为如此。四十以前著作四五十种，纲要大抵在是。不过一般人读之，未必须如此严肃地看，把它当散文读也不妨。通常散文家无学问，学者又无文采，此书略能两兼之。

发布会上，沈昌文先生及詹海云兄替我做了介绍。沈公云他欣赏我能文情并茂、中西兼通，并戏称为我之“粉丝”。海云与我，则是前一天葛荣晋、张践、王杰诸先生邀了同去大觉寺喝茶时才碰到。他由台湾来，在民族大学讲学，三十一日正好要回去，听说我有这个活动，临时把机票给改了来替我助阵。诸君盛情，至可感也！

计我在大陆已出版了十六种书，旧作当陆续修订整理，以就教于学林；新的研究也要赓续录出，以示自强不已。近方写《中国文学史》，已成其半矣！

2008.06.11

诗人节

今年端午，大陆第一次放假。许多人并不知道放假的原因，也无法体会其文化含义，仍把它像“五一”、“十一”那样过。放假、休息、玩玩、打打牌，或促进节日经济，好好消费一番，顶多就吃吃粽子应应景而已。

前此曾应海峡电视台之邀，去电视台谈了一下端午民俗。今则参加中华诗词研究院所办的“北京诗词青年峰会”。

本来昨已去陶然亭公园参观过了。该公园贴出了许多诗栏，介绍诗歌史、作诗基本知识及创作比赛佳作，提醒游园者：中国是诗的民族、陶然亭也有深厚的诗歌吟唱传统，现在显然也希望能再鼓励市民来作诗。目前效果虽然看来还不明显，但公园能注意及此，并以此庆祝端午节，我仍以为甚是难得。

今天这个会则更为难得。诗词研究院能主办此会，而又居然有那么多青年诗词创作高手来参加，令我大为惊异。什么碰壁斋主、种桃道人、矫庵、嘘堂、苏无名、静虚子、天涯孤舟、东海一枭，听起来仿佛武侠人物的年轻诗人，济济一堂。袖示所作，则才情不容小觑，颇令我有不知今夕何夕之感。五四运动快九十周年了，传统文学生命力旺盛，还未被革掉老命，仍显得很年轻、有活力，真让人高兴。

本来端午就有两个意义，一是民俗的端午，即挂菖蒲艾草、喝雄黄酒、缠丝缕、佩香囊以驱吉避凶的那一部分；另一部分则属于文化上的端午，以祭屈原为核心。屈原在大陆课本上，被当成爱国主义教材，其实屈子之意义远超过此。台湾以端午为诗人节，正是看重屈原的文化意义，他芳菲高洁的人格，实时时提醒着诗人应该努力拒斥流俗。

五四运动就是个世俗化的文化运动，在文学改革方面，以白话反文言，首先是把文学问题简化为文字媒介问题，然后再把文字浅化为语言。西方的现代诗，兴起时是具有批判现代社会、探索现代人精神意识状态之含义的，可是我们的白话诗运动，主要重点却不在思想内涵，而在形式、语言媒介上，并幼稚地以为改用白话或现代口语就自然可表现现代精神思想了。对于口语远比文字浅俗、不精确、不凝练、不深刻的媒介特性，却又避而不谈。甚而在意识内容上大骂“文以载道”，强调诗言志或抒情，说是要讲自己的话。可是，自己这个情这个志到底有何内容、有何深度，为何值得抒、值得言，则未深究。而反对形上学、反对宗教之态度，更使得整个文化运动缺乏超越性之面向，也缺乏历史性，故会表现为打倒传统。

这种平面的、浅俗的文化态度，把诗文跟道的关系松脱了开来，看似解放了诗文，但不再具有神圣性的诗文创作活动，跟工匠雕刻、歌手奏乐唱歌有何不同？文仅一艺而已，结果就是这一套文字游戏也竞争不过其他视觉艺术、表演艺术，必将逐渐没落、逐渐边缘化。目前的情况就是如此。

因此，纠正“五四”以来文学革命之弊端，重新创作传统诗词文学，不只是在形式上维护、传承原有诗体、文言，乃至骈文。更要在精神上反流俗，在文化上开展对现代性的批判，这才能真正走出一个新局面来。

2008.06.17

大连行

十三日赴大连图书馆演讲，谈“生活的儒学”。此题我近来常讲，内容各不相同，但方向基本一致，都是希望能让儒学在现代社会生活场域中复活的。故不同于一般只能从存有论、伦理学方面去讲儒学的学究，亦不同于用儒学来讲国家意识形态者。

但此行有感触者，不在这个问题上，而是以下数事。

一、大连图书馆馆长张本义先生，早于二〇〇〇年即创办白云书院，以义塾形态开办国学班及国粹讲会。有亲子班、基础班、提高班、成人班等。书院依清代书房风格装潢，课桌、书案及文具摆设皆具古意。学童向孔子行礼、诵学规而后就学，据云迄今已毕业数千人矣。院中并附吟唱团，吟诵传统诗词，在海内外颇有演出，是现今大陆书院教育较成功者。尤难得的，是经费仰赖自筹而教师又皆义工，可见人心不死，故能如是。

二、大连图书馆本身的馆藏也十分丰富。我懒得出去游览所谓市政建设，故向张馆长请求入书库去读书，大体摸了一遍。觉得该馆有几部分东西较为特殊。一当然是满铁资料，其中中日文资料均甚精，在今日尤不可多得。二是地方志。三是满文档案。四是罗振玉藏书。五是小说戏曲。小说戏曲部分，从前孙楷第先生略介绍过，此外则还没做学术整理，我以为是极可惜的。

像满铁资料，相对于日本人来说，我们的整理即远为不及。可是政府在许多地方乱搞建设、滥花钱，而对文献整理却吝于支持；因此馆里经费与人力均不足以真正展开这些研究，只能勉强守着这批宝贝，令人看着着急。

三、馆里多笃学好书之士，张馆长不必说了，招呼我的孙海鹏诸君亦然，范旭仑君更是木讷的读书人。图书馆待遇菲薄，大连居大不易，然钻研书卷，自适其乐。此在今日浮华浇薄之世，不免令人感到未来文化还能有点希望。

四、在大连偶值萧文立先生，并去他那儿看了些罗雪堂的东西。他并不是一般意义的学者，研治文史只是“业余”。但游于雪堂之孙罗继祖先生之门，根柢遂较一般学者扎实；且因与张本义先生合编《罗雪堂合集》，视野敞阔，亦非拘墟者可比。在大陆各城市，我多多少少会找到他们这样的民间学者。名气不甚大、性气有点不合时宜，或自学成才，或亲承一二老宿之教，因心有所好，故术业颇有专攻，反而比学院中人更能如韦伯所说：“以学术为志业”。此类奇人逸士，或竟为此间文化发皇之真正主力亦未可知。如前此“诗词研究院”所办的诗词青年峰会，不也是聚了一批奇人逸士吗？

2008.06.19

出版与出版人

新出《四十自述》《侠的精神文化史论》均有书评，将来再贴出来，供朋友们参考。

《四十自述》与台版无大异。叙旧事，再做增饰，就没意思了。

《侠的精神文化史论》跟旧作《大侠》相比，补了《汉代的游侠》《清代的侠义小说》《英雄与美人：晚明晚清文化景观再探》《侠骨柔情：近代知识分子的生命型态》《武侠小说的现代化转型》《人在江湖：夜访古龙》《划破黑暗的刀》《藏在雾里的剑》《看三少爷的剑》《且争雄于帝疆》《E世代的金庸：金庸小说在网络和电子游戏上的表现》《少年侠客行》《论报仇》《刀剑录》等十四篇，等于新作了。

近日另出商务版《汉代思潮》增订本。补了《中国文学史汉代篇》共八篇文章，约六十页。《晚明思潮》则比台湾版多了《冯梦龙的春秋学》《黄宗羲民本思想探赜》《王学经世：兼论其与朱子学和现代社会之关系》《蕅益智旭唯识学发隐》四篇，一百余页。

另外，《书到玩时方恨少》即是台版《孤独的眼睛》，大体未动，只改了书名。而《北溟行记》则是书名未改，内容不一样。台湾版收的是2004年8月到2005年1月间的全部旅行笔记。大陆版收到2006年6月，但是摘选，故两者有一大半是不同的。未来如有机缘，再把所有旅行笔记合刊吧！

历年著作，大抵即如上述这般，增来补去，改头换面，有时连我自己亦不太弄得清楚，未来如有人要研究，版本问题恐怕也颇费事。那为何不如古人般，待写定而后刊呢？嗨！今古异势，整个出版及阅读的情境不同了，写定而后刊，既无可能，亦无必要。若要完整，只能期待将来做数据库啦！

其实今天讲一些书籍出版的事，本也不是要谈我自己的书，而是忽接到台湾学生书局老东家鲍家骅先生的噩耗，触绪纷沓。一时间，与出版相关的事凌杂生于眼前，不知该说些什么好，故乱扯了以上几句话罢了。

台湾学生书局，是鲍先生与刘国瑞、刘厚余诸先生创办的，除出版文史哲图书外，还办过纯文学月刊、王子月刊、书目季刊等。后来刘国老去经营联经出版公司，彭正雄先生去自办文史哲出版社，都仍与学生书局声气相通，故可说是台湾文史哲学书籍出版的主力之一。

老派经营，不与时髦风气相竞逐，故无俗世声名或巨额财利，但对文化实有贡献。如新儒家牟宗三、唐君毅、徐复观诸先生书大抵皆由书局出版。吴相湘、屈万里、刘兆佑诸先生主持编务时，致力整理文献，对台湾图书馆学、文献学界亦均有重大影响，至今《书目季刊》仍为台湾唯一专业民办文献学期刊。又，语言文字学方面、古典文学方面，书局之出版事业亦皆与该学科之荣枯直接相关。全世界研究汉学的人，也没有不知道学生书局的。这对一民办出版社来说，是极不容易的事。

实际上，整个书局只有十来个人，至今成书数千种，且均为有用之书，非畅销垃圾，其勤敏即可见一斑，文化识见亦可见一斑。

有一年，我去日本庆应义塾大学参访，说是佛光大学校长来了，对方漫然视之，如待一般客人。待我提出要去看斯道文库，始矍然有些敬意，觉得来人有点文化，知道他们的家底。等到我在文库中看见该校颇藏学生书局之书，而说起我亦曾在书局主持过编务后，对方才改容致礼，态度大不相同。那时，我忽想起古代和尚待客“坐、请坐、请上座；茶、泡茶、泡好茶”的典故，真觉得做一个正派出版人实在是极有尊严的事。书店的总编辑，在人家心目中，竟远比大学校长重要得多。从前胡适曾想辞了北大校长，去商务当总编，我以前不明白其中的道理，那一霎间却完全了解了。一家好的出版社，影响与贡献，实在比一所大学还要大呀！

可是你若与书局的人说他们有如此大的贡献、在外邦有如此大的地位，他们又一定谦逊不遑。老派人，诚笃谦和，若出本性，对读书人尤其敬重，这是书店的传统。我很喜欢这种感觉与气氛，初不料老先生竟然就辞世了！唉！

2008.06.26

写读生涯

前此谈到出版新书的事。不好意思，嘿嘿，又有新作出版了。

北大出版社刚印出“龚鹏程文学漫步”系列中的《中国诗歌史论》《中国小说史论》《中国文学批评史论》。诗歌史、小说史都各有三十八万五千字，批评史五十二万八千字。乃是我历年在文学研究方面论文的选编。大陆学界朋友要找出我在台湾过去曾出版过的论文并不容易，我问学较勤，笔耕不辍，文章又多散失，现在选辑起来，应稍可便于参考。

说到读书做学问，其实甚难。我迄今成书数十种，看起来好像很容易，誉我者说我是天才，酸我的嗤我草率、轻易为文。实则哪个领域不是真积力久、坐破蒲团才获得了这么一点点知识？哪本书不是钻研考索、不断增订之所得？我现今近视一千三百度，非无故也！我不是畅销作家，故每撰一文，大抵都在“攻坚”，想要解决一个问题、阐明一个观念、突破一个范式、提倡一种方法。这种文章之难写，亦不可为不知者道。幸而我以此为乐，“学而时习之，不亦乐乎！人不知而不愠，不亦君子乎！”故仍然每天读个不停、写个不停。

旅行方面，刚去了山东。中华文化标志城办公室来邀我去讨论相关规划事，遂赴济南。住在舜耕山庄附近，泉城公园等处均绿化颇佳，但城中为奥运而大兴土木之势仍未稍缓。

抽空与山大傅永军、山东画报尹奎友、韩猛诸兄见了。并与韩猛同去拜访李恩久先生，谈山东武坛掌故。李先生还练了一趟陈氏太极济南架，是我写读生涯不错的调剂呢！

2008.07.04

武林玄学

这几天，何香凝美术馆跟我们北京大学文化资源中心合办“反思二十世纪中国：文化与艺术”研讨会。今日才开完，明日又要去山东，开始办国学营。前后十天。料想必定甚忙，不会有空照顾这个网志，故先贴一文，以代休假通告：

我在一本武术专业杂志上，看到一则广告。说四川唐门之药功、暗器天下闻名，历代用药高手皆出自唐门，该武馆就传授这种功夫，而且还能教人一击必杀术、通天雷、霸王鞭等，保证两小时之内就能让人学会用头臂开碑碎石、腹压千斤、睡钉床而上压巨石等绝技。

四川唐门？那不是古龙小说中杜撰的门派吗？我曾访问过古龙，他也很得意那是他的创造。怎么现在居然真有一个四川唐门，且“历代用毒高手皆出自其门下”？

速成的功法更是神奇。开碑碎石等硬功不足为奇，奇的是两个小时就能练成。我自己练过铁砂掌，对于如何用药行气以助练功，并不陌生，于此道中亦会过不少高手。可就不晓得竟然还有此速成之法，颇感慨昔年枉费了不少时日。

但是速成好像也并不是这家武馆的专利。我又看到有一家某某山太极功夫馆，开办太极拳速成班，说太极是种能量运动，所以唯有进这个速成班，才能让生命到达十三势的状态。它把“十三势”解释为生命能量。太极十三势能这样解释，实在超出我这文学博士、教授之理解范围。而太极拳可以如此速成，我就更不能理解了。

不只太极拳。某意拳武术馆亦郑重承诺：十天训练就能全面了解中国实战武术。但意拳，顾名思义，着重于意，而意气之动并非短期可以臻效。何况就算掌握了意拳，即能全面了解中国实战武术乎？又何况只有十天？

我这些疑问，在这些武术“大师”“传人”“宗师”“不世出的奇人”眼中看来，一定觉得是大惊小怪。因为还有人说他们传授的某某山龙门绝技，一个月就可以飞身上房，并可在水面行走呢！

这家武馆也教一种速通小周天法，又有闪电内气外放、隔空击物法，七天便可轻松击灭五米外的蜡烛。

所谓龙门，指道教全真龙门派，也就是丘处机那一派。这一派的道经，我无有不熟的，可就还真不知有此功法，殊感惭愧。

然而，劈空拳的吉尼斯世界纪录，我知道是青城派刘绥滨兄保持的，他也不过能在一米开外击灭火烛而已。这家武馆所教弟子却只要速成小周天就能闪电放气，那看来刘掌门也不用再练了。

但这家武馆好像也未必就称得上是独门绝技，因为另一家也表示他们的五行秘宗神功，可以三天得气丹圆、十五天运行大小周天，然后便可单掌隔空削砖。若不隔空，则可劈断十块耐火砖，全身具金钟罩铁布衫功夫，不怕任何重击；内劲一抖，便可将人击出丈外。此外，他们还传授幻影夜行术、草上飞行术、踏雪无痕等轻功。如此神技，岂不令人叹服？

然另一山之太乙丹道内功第某代嫡系传人可能就不服。因为他就教一种太乙金龙功，七到十五天，人人均可速成内家金丹，七天就能聚气成丹，再采用一种以每人生辰八字全信息的加持灵药，即可获得上述诸家所说之各项神技。

另一家则说他们可以教人五马分身、白纸站人、走荷叶、踩气球、掌断钢板、意念点火、五指出烟、沾衣飞人三丈外。

别家说，发人三丈算什么？我的九宫神力，四十九天即能内气外放隔空击物，五十米外击灭蜡烛，击起水浪。神力所到，风起叶落，中掌者如树叶飘出。甚至可以伸手从活牛身上取骨，扬手撒出，骨碎纷飞。

又一家说其白玉蟾密传大法，可让人九天就学会隐身术，一次隐身二十分钟，连影子都没有。继续修炼，则凡接触到的东西都能化气隐形。

还有一家据说是“千古道、武、医之泰斗”的无极天罡超感应武道，更可以金针度穴、灵符组场布气、梦中传功，直收宇宙高能。短期便可修得无上剑罡，七天通灵，具超感应反击绝杀风格。功力深的，尚可以意念杀人，全身无处不太极。

全身无处不太极，在另一些朋友那里，称为“全身无处不丹田”。我看到这样的说法，也觉得很惭愧。我一九八九年就在台湾与中华道教协会诸长老创办了中华道教学院，为海内外道教教育之鼻祖，可是我完全不知丹田居然可以全身都有；也不晓得若全身皆是丹田，那还需要丹田做什么？

不只讲道讲气的如此如此这般，练少林拳的武馆也一样。开碑裂石、口咬钢条、吞舔火铲、喷水断砖、豆腐上行走，金钟罩铁布衫不说，还教大成拳、李小龙截拳道，完全搞不清楚什么跟什么。

还有“千年不传之密”的大公开、大放送，只要函附若干元即可获得。隔山打牛、隔山点穴、三步倒、杀手棍、沾衣闭穴，什么都行。例如让你在八小时内即能手指上放青烟，名曰阴阳指；能让人的身体任何一点闪光，并治疗疾病，名曰霹雳掌。又还有五部通灵法、弃壳升仙法、焚身化骨法等等。有一家还教弹指神功和施放血滴子。

看这些，当然令我不禁再次感叹，过去何必花那么多时间精力去读丹经拳谱、去苦练功夫。如此速成，岂不正符合这个快餐时代之需？犹如大力水手，一瓶菠菜吃下去，即可神力无穷，还练什么练？

可是看官莫要搞错了！唐门是古龙杜撰的，弹指神功也是。血滴子更是清代侠义小说的杜撰，从来没这东西。金钟罩、铁布衫当然有，但出于清代义和团、金钟罩教等秘密社会，后来也被证实了并不太罩得住。草上飞、踏雪无痕、水上漂，也不用骗人，这样的功夫，王度庐写的小说中都还没出现哩！点穴之法，王征南首创，时在明末，但其技不传。王度庐等人始移用于武侠小说中，但仅限于一二绝顶高手才能施为，哪来什么千年之秘？又岂是人人随便就能学得？至于练精化气、练气化虚、九转丹成，宋金以前无此说；宋金以来，诸祖穷毕生之力，亦未必即能功行圆满，焉得如此随意便能成就？

因此看来，这里面颇多没常识的人在哄另一些也没常识的。把天罡、太乙、灵光、周天、信息、能量、磁场、超感应、金丹等词汇套来套去。术法内容也差不多，开碑裂石、腹压千斤、隔山打牛等等抄来抄去。广告词都讲得信誓旦旦，称为独门之秘法神功，可是对比着看，又老疑心其为仿制品。

我不反对武术界的朋友如此煞费苦心地做生意。毕竟这个年头想生存也不容易，武馆之经营维持不能不靠广告招徕。而上述广告就算夸张点，比起化妆品、药品、黑心食品其实还是小巫见大巫。赚那一点儿函授钱面授费，说来亦是可怜的。

但这类广告太多，必然会令我们对医、道、武术的认识愈来愈混乱。武术界凭空出现一大堆掌门人、传人、宗师、大师，这个派、那个门，什么什么嫡传、什么什么千古绝学、什么什么神功。

其实中华武术虽然博大精深，可也没那么神。所谓硬气功，不过道具、药物加上巧劲，从前江湖上称为彩法、药法和手法，而且大部分与武术技击也无关。腹能压千斤巨石、可以汽车过身、可以在上面敲石板，未必能让人打一拳、戳一指。因为那些表演都是平面击打，力量是分散的；一拳一指，尖锥透力，力量是集中的。故这些过去只有江湖上卖膏药的人才会演练，真正的武术家并不作兴表演此等杂艺。

杂艺之中，又颇用药法、彩法。如掌断钢板钢筋，是事先用98% 的盐酸，加水、发软剂，混合涂于钢上，以减弱其硬度。舌舔火铲、烧红铁链挂身，是先用高浓度硼砂调水以浸洗。开碑裂石，是把石头先断开，用胡葱汁、地榆汁共煎成糊状，涂在裂缝上黏合了。轻功上房，是用茯苓、桂心各 150 克，研末，蜜炼成丸如指大，先吃上五天。暴打不痛，是用乳香、没药、木别子、地龙骨、白蜡等共研末，蜜炼成丸，事先吃下，即全身失去痛感，怎么打也不痛。凡此等等，事涉江湖道上朋友们的衣食，我不好讲太多，但它们与武术无关，其实是很清楚的。

而内功练气，大半也同样与武技无关。古代服气练养之学，本不与武功合起来讲。讲武术而重气论，事在清初，如今愈演愈烈，当然颇有度越前人之处。可是内功练气是极难的，非真积力久不能成功。练气而要能用于武技上，更是难上加难。例如内气外放，真有多少人能练成？就算练到内气可以外放，替人补气调理还勉强，要以之击人，哈，前文不是说了吗？劈空拳，目前也不过能打灭一米开外的蜡烛而已，隔山打牛、凌空点穴、五十米以外叶落浪起，不是说笑话吗？

要谈武论艺，还是该提倡一点朴实的学风才好。

2008.07.25

看台湾

十七日返台，迄今一周。

刚回来时，台湾因台风淹水；这几天又酷暑难当，看来天气跟经济一样糟。所以社会上对大陆观光客来台颇为期待。可是也有人说：他们要来台湾看什么呢？

我刚在山东办完国学营。山东大学为我们举行了开营仪式，并请杜泽逊教授向团员介绍了山东省正在编文献集成的事，且谓此工作颇受启发于台湾银行过去所编的《台湾文献丛刊》。这个刊物，在大陆各台湾研究机构夙有好评，却不料对山东省之文献整理亦有裨益，令我憬然有悟。

方今两岸开放直航，大陆人士来台旅游者，想必均以游赏山川风物为主。例如阿里山、日月潭诸名胜，当为行程首选。确实，台湾地形地貌特殊，海上耸起数千公尺之中央山脉，东北的海蚀地形、南部的垦丁热带景观、东部的断崖与大理石切割地形，如太鲁阁等，皆为大陆所无。相关动植物，亦颇有大陆不经见者。故山川之美，足供临赏，可以移情。但自然美景，其实世界各处都有，雄奇幽绝之处，台湾未必就能独占鳌头，无可替代。唯有人文景观则不然。台湾的历史因素，形成了特殊的中华文化区，语言、文字、风俗、文物，在在可观。这才是大陆人士来台所愿注目的。

来台旅客，目前大抵均由旅行社安排了去景区游赏，台湾之语言、文字、风俗、文物，虽未必能专门去观察体会之，但行程中当亦能略有体验，因此此处也就毋庸详说。倒是台湾的文献之美，或许可略予介绍，聊为提醒。

台湾本为海上孤岛，开辟甚晚，明末清初汉文化才渐移入。清末又遭割让给日本。

台湾开辟虽晚，但在清朝已人文鼎盛，胜过许多大陆地区。其详可见《台湾文献丛刊》《台湾文献史料丛刊》《台湾先贤诗文集汇刊》《台湾文献汇刊》等。顷正编辑的《全台文》《全台诗》《全台赋》，莫不卷帙浩繁，文采斐然。如《全台文》所收，止于一九四五年，便有七十五册，二千万余言。《台湾小说汇编》，凡四十六册。大陆论晚清民初小说史及鸳鸯蝴蝶派者，于此可说全未寓目，不知当时海外尚有此一文脉奇葩也。

除台湾士人本身之创作外，古代文献之搜集亦甚可观。曾任北大、中央大学教授的徐子明先生于一九四八年来台时，就曾说：此地“草木葱青，山水清幽，颇堪怡悦。而图书蕴藏之富，尤内地所难方。苟志在进修，则东西典籍大都皆备。不尔，则历朝笔记饶衍盈阁，往往为书肆所罕见，亦足于陶写”。嗣后政府迁台，带来大批文物，就更不用说了。故如今台湾所藏文献，往往可补大陆之阙。

文献乃人文成果之一端，举此为例，乃是希望大陆朋友在游观山川之际，亦能同样关注台湾的人文发展。

2008.07.27

繁简由之

开放直航及大陆人民赴台旅游之后，经济上的互惠互动虽还言之过早，尚看不出成效（就是最简单的省钱省时，目前都达不到，因仍要绕经香港飞航情报区），文化上扩大交流影响之迹象却十分明显。台湾各景区为了迎接大陆游客，已大幅更新了简化字的广告牌、招牌、广告、文宣，包括产品的包装和相关说明文书。昔年反共抗俄时代遗留下来的口号标语，也尽量拆除，以降低误解、促进沟通。

在此之前，大陆出版品早已可在台湾公开流通了。在台北采购大陆图书，可说比在大陆任何地方都要便利，且服务周到、价格低廉，故简化字之阅读，在知识界已毫无问题。社会上，则开放大陆探亲以来，廿余年间去大陆探亲、旅游、经商，就学者不计其数。这些人对简化字亦是早就熟稔的。因此，为因应直航及大陆人民来台旅游而大幅增加的这些简化字，可单纯视为体贴和生意经。犹如在大陆各旅游区过去除了英文之外，往往加注日文说明。近年因韩国旅客大增，便也加标韩文。这属于一种功能性语言，旨在提供对方的方便，以利营销我方的产品。对于本地人之文字使用及文化认同，大抵不致造成混淆或形成重大影响。例如没有人会觉得大陆各地竞相标示韩文、各城市遍布韩文烤肉店的招牌，将影响到中国人对汉字的使用。

不过，简化字毕竟不同于韩文和日本汉字，它大体与传统汉字相同，虽局部简化，但并不能说就体系迥异了。其中若干简化字的写法，本出于古代之俗体字、异体字或民间已通用之简体字。民国廿四年“教育部”所公布之简体字表中本来就已纳入，至今台湾人在手写文字时也普遍通用。因此简化字与正体字差异大的，其实只有那些一九五六以后的新造字，如萧变成了肖、葉变成了叶、幣变成了币、聖变成了圣、衛变成了卫之类。英文、韩文与中文，体系不一样，不会造成混殽；日文也体系不同，故虽里面夹杂了汉字，但亦不会混殽，那偶尔碰上的汉字，反而担任着他乡故知的角色，可带领我们去意会异乡的风光。唯独简化字，体系大同，其小异之处反而令人弥增疑惑。孔子说“恶紫之夺朱也”，正是由于紫近似朱而却不是朱之故。

台湾学界的共识，即是恶紫之夺朱的。对正体字情有所钟，均不以简化字为然。认为条理紊乱、推类妄谬，不利辨识，也不利学习。但尊重大陆民众只受过简化字教育，对正体字不熟悉，故亦不想强令大陆改行正体字。对台湾内部简体字、简化字之流通，亦以为文字流通，取便功能，没必要强制规范；且社会日趋多元，规范既不必要也不会有效果。因此一九九〇年“教育部”即表示：招牌、广告、报章杂志使用简体字，乃个人自由，政府无权干涉。反观大陆，二〇〇六年上海市还规定招牌、广告、标志牌若出现繁体字时必须加标简化字。可见大陆对繁简字使用之政治顾虑仍然很多，情况跟对待日文、韩文并不一样。

但文化上的事，不能由政治来考虑。两岸交流互动愈密切，正简字的并存通行现象势必愈形扩大。如前所述，台湾过去简化字只流通于学界文化界，现在则将更扩及社会各领域：城市招牌广告、旅店说明文件、农场山庄，乃至原住民部落，都会有更多的简化字在使用着。

同理，大陆的正体字使用环境也在改变，目前已与八十年代截然不同了。正体字出现之频率，越来越高。我在珠海一学校看学生张贴的海报，竟有80%是正体字，虽然因繁简转换不熟悉而常有错字，但已很令人惊异珠海与港澳文化互动影响之效了。其余可以类推。

例如过去大陆出版品虽也不乏采用正体字者，但基本上是古籍点校或专业古代文史研究才会如此。今年则随电影《色·戒》热潮而推出的抗战时期大学生活小说《未央歌》，却全采正体字印刷。此等畅销通俗读物，竟敢如此排印，正说明了出版人对正体字阅读市场充满了信心。至于网络这种新媒介，本以青少年使用者占大多数，可是正体字的网站或部落格也并不罕见。我自己在新浪网的网志，即采用正体字。早期常有人上来恶诟，说看不懂，要求改用简化字。但渐渐此类人就少了。

或许他们看不懂便懒得再来光顾，可是愿意费神来读的人仍然不少。“总统”选举后，我贴一短文，点阅者便多达四十余万，足证正体字未必就无市场。网上一些作传统诗词、写辞赋的朋友，当然更常使用正体字。而这些作者也不同于过去那些老干部老学究，都是年轻人。

大陆的正体字使用环境已然如此，今再因直航及赴台旅游，人人都可到台湾这个以正体字为主的环境中去体会一番。过去已熟悉正体字者，当会愈感亲切；过去不熟悉的，则蓬生麻中，不扶而直，玩一趟下来也就熟悉了，将来“识繁写简”，殆无困滞。所以说交流促进了解、增强文化互动，对两岸的人文环境总是好的！

2008.08.30

行　脚

散文自选集《多情怀酒伴》，已由上海人民出版社出版了，品相还不错，三三一页。前此，台湾九歌出版社刚出《台湾文学三十年菁英选》，其中《散文三十家》由阿盛主编，也收了我，视为三十家之一。如今散文自选集能在大陆出版，自然很是高兴。

上海人民出版社另亦出版了我编的《读经有什么用？》。以一九三四年《教育杂志》所载有关读经的争论文章为主，供新时代的朋友参考，有四六九页呢！

在北京，生活无非如此编书写书，平淡无奇；倒是奥运期间，台湾友人来往较多，除辉诚等人之外，还得见黄维梁夫妇、陈锦钊等人。二十一日才南下金陵，参加第三届两岸中华文化发展论坛。

本论坛系江苏省社科联主办，台湾则由《文讯》月刊组织，王邦雄、颜昆阳、李瑞腾、陈昌明、高柏园、王荣文、封德屏诸君皆来与会。可是会议安排行程十分紧凑，抵南京后即赴连云港，然后经徐州、淮安、扬州、镇江，再回到南京，累得不行。

会议主题是“文学名著与区域发展”。这当然是因连云港想以《西游记》孙猴子来促进该市发展而设计的题目，故会议内容也就不必说了。我提供了些药石之言，但想来该市难以消受，是以更不必说啦！唯王震彩先生父子来领我去游孔望山看石刻、去将军岩看岩画；李建华来谈他如何收集有关《西游记》的资料等等，聊可一述。

会后往徐州，欲联络沙先一而未果。友人知我至，准备了狗肉相迎。我说：“上回还吃了狗爪子呢，此番不知还能吃着否？”至夜，果然找来，说可用以消夜下酒。我觉得太打扰了，乃自出觅一狗头，扭了一截狗脖子回来，并配以茶馓子回敬。地方人士皆大诧，说：“你怎么找得到这些东西？我们本地人都还不知道哪儿有哩！”我说：“觅食之道，通于治学，当然须找得着一般不经见之材料，才显本事！”

又经徐州往淮安，到扬州，仍住扬州大学。赵昌智先生夜间来访，赠我所著《中国篆刻史》等书，看来退职后甚不清闲，颇用功著述，瘦西湖则依然，唯大明寺新办鉴真学院，与扬州大学合作而已。平山堂却不供茶，有些辜负了第五泉的名声。

由扬州渡江至镇江金山寺，吃了一餐素、爬了一回山。昔友人蓝吉富曾戏言吃素会过敏，故游山访寺虽好，吃素实令人不敢领教。此非肉食者之偏见，无肉则不欢；实因素菜馆都做得难吃，吃饭等于修行，且是修苦行，所以欢也欢不起来。

金山寺畔正大兴土木。但不是建而是拆，把民房都拆迁了，准备辟为数千亩水域，重现水漫金山之胜景。扬子江心第一泉，届时可能就确有在江心之感了。可惜这次也没去泉畔芙蓉楼品茗，便匆匆赶去博物馆看文物。

继而由南山去句容，登茅山。茅山与金山同，虽皆古名山大道场，然皆毁败，八十年代才重建，故朴鄙可想。此次来，与十年前亦无大异，心甚伤之。

返南京，与高国藩先生、傅真法师晤面。法师拟办玄奘学术研究中心，故来相商。高先生则偕涂元晞父子来见。涂先生创办金陵国际语言进修学院，迄今已十七年，在学学生两万人，是台湾人在大陆办学的前辈，我愧弗如。

从南京回到北京，已是廿九日了。自台湾来大陆，匆匆忙忙间，便已半月。半个月来，行止大抵如此。流水般的生涯，记起来恰好也似流水账。过去程邃有印章曰“一身诗酒债，千里水云情”，差可移来作为我这样生活的写照。

2008.09.24

独自吊诗人

赴海宁，开金庸研讨会，先到无锡。

太湖鼋头渚三山仙岛改造工作，去岁因蓝藻肆虐，环湖生态均须重做整顿，改建工程兹事体大，当然也须暂缓。今则以小规模补强岛上原有道教元素为主，做了个规划草案，并请陈兴武兄撰写若干楹联，携去与园林局诸君商量，只一宿，便转上海，抵海宁。夜里乘船在湖上看放烟火，倒是不错，忽风忽雨忽出月光又忽见焰火，尤妙！

去年才来海宁开过王国维会议，记忆犹新，一切似乎亦如旧。唯大推地方名人之风，如今盛行于江浙。海宁袁花镇本已有金庸旧居，顷又要在硖石镇市区再建一座金庸书院，趁会议之便，举行破土，我辈皆成站角助威者矣！

大陆地方上仰慕金庸、南怀瑾之状况，学界殊不以为然。但没办法，社会上之一般认识即是如此，家乡尤其要借此炒作。余姚尚且要建余秋雨故居呢，海宁捧金庸，又何足怪哉！我辈成人之美，自然也就只能笑笑。且地方上开学术会议，是项庄舞剑，意在沛公，本意真是崇仰文人、尊敬学者吗？哈哈，未必！更多的恐怕还是想借名人招商引资，带动旅游观光。因此，不但我们是道具，金庸也是道具。开会，只是官员们作业绩、搞宣传之一法。北京来的朋友，有人感叹道："嘿！想不到这小地方开会，官气比北京还重。"道理其实在此。

会议本身，开起来也令人颇生感慨。原因之一，是武侠文学研究，看起来热闹，实甚寂寥，神州之大，每次会议，来来去去，却就这么些人。也许是圈子太小，也许是学界仍未真正认可这是个值得研究或具学术价值之领域。原因二，是研究者既少，水平又甚参差，许多根本是人情、凑数、凑热闹而来。年年如此，难有提升。论点重重复复，数十年间，亦苦乏进展。原因三，是整个武侠文学研究，集中在金庸上，其他作家作品没什么讨论。而论金庸，又因不相干、无意义之杂文闲谈数量太大，纵有真知灼见，辄遭淹没。故令人在真正研究还没进行前，就已心生烦厌，懒得凑此虚热闹了。对此困局，我是没办法施救的，因而只能感慨。

会议期间，去看了钱塘潮、徐志摩墓、钱君匋纪念馆，还去了趟桐乡。在徐志摩墓边，一时心血来潮，有了两句诗："且与看潮水，独自吊诗人。"正准备足成一首五律，不料墓畔有一水景，名白水泉，泉壁上刻字谓"痴男怨女泪不干"云云。盖古井无波，昔人以喻贞妇；此则反用其意，谓泉如爱欲，难以止竭。取义如此，当然也就不乏痴男怨女来此致意。所以泉前两条木柱，一边写着"花花爱大肚猪"，一边写道"饭饭我爱你"，代替了诗词楹联。我看了哈哈大笑，诗也不用再作，亦懒得循山路转回，便翻墙从白水泉上走了。

2008.09.28

游　嬉

在海宁开完金庸研讨会后，又转往桃花岛继续开武侠节的会。

桃花岛上的人都信誓旦旦，说此岛自古就名为桃花岛，但我尚存疑。岛在舟山群岛中，旁边的岛，取的名字都很土俗，什么蚂蚁岛啦、朱家尖啦、虾峙岛啦，没几个雅的，没道理独独这个岛偏锡此佳名。且此岛过去名不见经传，近年才附会金庸《射雕英雄传》黄药师住在东海上桃花岛之说，大兴旅游，办武侠文化节、建桃花寨，益发令人疑其岛名也是附会来的。但毕竟没去过，又无暇查考文献，不好妄下断语，故此次海宁会后即顺便转去瞧瞧。

谁知从海宁去桃花岛，坐了一天车，才到舟山，人人都累得说不出话来。夜已无船，只得在舟山住一夜。海气腾蒸，燠热无比，渔市又咸腥扑鼻，令人难耐。与林保淳、张富钧、韩猛叫了两辆三轮车坐出去逛。夜中亦无甚景观，唯粉红发廊保健按摩鳞次栉比，殊教人疑其法禁之宽。

第二日早起坐船，又折腾至近午才抵桃花岛。时在秋老虎肆虐期间，岛上只有骄阳，不见桃花。午后去桃花峪，绕着海，循栈道稍走走，便人人如泡了热水浴般，若欲虚脱。只觉海景尚可，黄药师故居却可哂：八卦楼的八卦居然有五个是坎卦；张纪中所题门匾，稚拙如幼童学书；内则供弥勒佛，辅以财神，一解签人在此租地取财。过桃花潭，潭无桃杏，唯睡莲铺水而已。

因觉此等武侠产业不甚足观，又在杭州有事，遂于次日一早就搭船转宁波赴杭州了。仍与林、张、韩诸君同行。一路甘苦备尝，舟车劳顿，傍晚才到杭州，又皆几乎面无人色。

晚上他们去看张艺谋的“印象西湖”，我先去唐云艺术馆商量十一月在此办书法展的事，再赶回工商大学，与张仁寿、徐斌、吴光、吴炫、王晓华诸君见面。西湖仅匆匆一瞥，未能游观，隔宿就又赶到上海，再返北京。

十几天在江南乱转了一大圈，既没干出什么大事，也没有什么心得。增益新知，愧乎未能；游以摅怀，好似也没有做到。虽会燕不少，但仿佛亦没太可记挂的饮食；日日高谈，然又无足豁神思之快语。这样游嬉度日，看来是不行的，吾知过矣，而今而后，将稍节制之！

2008.10.01

知老底

柏杨先生故世时，我在北京，有几家媒体来找我略述其行谊。柏老在大陆，自然是名声震耀的文化斗士，但说起他以郭衣洞本名写的小说、他做的东南亚文学研究，却是听者茫然，不知他还有这一面。讲到他在影响台湾最大的《异域》一书，更是闻所未闻。原因无他，《异域》描写反共孤军在滇缅边区出生入死之经历，折射出一个大时代的悲剧，这种题材与感情，迄今尚不能在大陆上公然表现，故大陆的朋友无缘知之。

《异域》，在一九九〇年台湾中国时报开卷版举办的“我们都是看这些书长大的：票选四十年来影响我们时深的书”活动中，得票仅次于郑丰喜的《汪洋中的一条船》。两书均对那几代人心智成长及人生观有重大影响，也均曾搬上银幕，赚人热泪。

可是现今若对大陆文化界的朋友谈郑丰喜，相信大部分人也是不知道的。

同样，一九九九年云南人民出版社为了编一套《读好书文库》，收集了一份中国人推荐的外国文学名著，排名第一的是《莎士比亚全集》，第二名却是一本台湾人恐怕绝少听闻的《钢铁是怎样炼成的》，这本书系苏联尼古拉·奥斯特洛夫斯基所作，一九四九年以后，一度成为大陆销量最大的外国小说，塑造了那个革命年代人对生命、对国家的热爱。直到一九九七年清华大学编印该校学生必读书目时，仍以此书为首选。云南人民出版社当然一样把它列入好书名单去了。但有趣的是，此书在外国人所推荐的外国名著中，乃是名不见经传，没人推荐的。情况略同于台湾人对此书之陌生。

类似的例子可还不少，例如赵树理的《小二黑结婚》、贺敬之的《白毛女》、李季的《王贵与李香香》、艾思奇的《大众哲学》，都列名南京大学所编《中国读书大辞典》的近现代名著中，而台湾人极罕听闻。一九九八年北大为庆祝百年校庆，推出了北大学生应读书目三十种，其中包括《毛泽东选集》、《邓小平选集》；一九九七年中国青年出版社编的《青年必读书手册》，认为青年应读中国文学首选书廿种，亦包含《毛泽东诗词》。毛邓著作，当然曾深刻影响过无数人的灵魂，以致到了廿一世纪以来，北大等校仍认为现代青年还是要仔细读他们的东西。而这个道理，台湾人却是极难体会的。

当然，十年前的社会环境和思想状态，与现代颇不相同。一九九七年武汉大学所编《大学生文化素质教育百部名著导读》推荐的一百部古今中外名著中，《共产党宣言》《资本论》《社会主义从空想到科学的发展》《家庭、私有制和国家的起源》《帝国主义论》《国家与革命》《毛泽东著作选读》《邓小平文选》《论一元论历史观之发展》《论个人在历史上的作用问题》等均赫然居首，再加上周立波的《暴风骤雨》、梁斌的《红旗谱》、杨沫的《青春之歌》等。选书风格，跟同时期的北大差不太多，明显带有时代之印记。现在，那些推荐书单的教授，若再要举荐，恐怕未必会再要求青年必读那些书了。

但事情之有趣，恰在这儿。许多书，当年风靡一时（不管是为什么风靡），人人耳熟能详，伴他度过了春青、度过了苦涩。如今时过境迁，也许此等书早已在市面绝了迹，自己也可能久已忘怀，不再为书中故事、人物、思想所悸动。有时说起来，或许还要为那个枯涩困窘的年代感到愤懑。因为当年之所以读这些如今看来或许价值可疑的书，而且一时风靡，人人精熟，正显示着时代的荒芜。但这些少年时期即已熟稔的东西，终究在我们知识结构、感性经验之各方面，形塑了我们的生命，其影响其实是深邃且难以磨灭的。

我常在大陆各城市的公园里游嬉。每于花木扶疏之处，辄会遇见一群群中年人集合了练唱，也有人带了乐器来伴奏。他们或有组织或非固定之合唱团体，但唱起来无不酣畅尽兴、热情洋溢。我谛听之，或近前访视其谱，发现基本上都是革命歌曲，即“毛主席用兵真如神哪”这一类的。现在什么时代了，还讲革命斗争，不是神经病吗？可是我晓得这些陶醉在老歌里的人既不准备恢复旧生活，也不是想扛起步枪啜着小米粥去打仗。他们唱这些歌，跟台湾中年人喜欢哼哼“快乐的出航”“宝岛曼波”“安平追想曲”、收集叶宏甲《四郎真平》漫画的心情其实相差不远。怀旧，通常不是在追怀那个时代，而是在忆念自己的青春年少。而这样的年少，只有当年唱的歌、读的书、一齐疯过野过的死党才能体会。可惜昔年死党大抵友谊早已褪色，或鹏飞星散不知去向。故此时唯有再唱唱老歌、再温一温旧书，才能稍慰中年哀乐之情。

由于那些老歌所显示的价值观及人生态度，跟现实世界颇有距离，因此他们平时并不能经常把它唱出来。只有到公园里找着同样准备倾诉这类感情的人，才有机会大声宣泄，因而唱得特别忘我、特别热切。相较之下，他们读过的书，就不易找人倾谈了，只能在替年轻人开必读书目时才能热情推荐之，希望他们也能参与属于那一代人的感性生命与知识结构。

新时代的年轻人，未必需要读或愿意再读这些书，因为自有属于他们这个时代的书可看。但两岸之间则不然。

两岸中国人分隔的历史，使得两岸人各自读着自己的书，各自拥有自己的梦想。如今在现实世界上，台湾人和大陆人虽觌面相亲，在社会经济各领域走到一起，但在知识结构、生命形态、感性经验这些地方却仍难以理解、不易沟通。原因固然很多，但彼此读过的书、唱过的歌对方都没听过，未始不是其中之一。这种隔阂，是灵魂深处的陌生感所造成。因此，理解彼此的历史，似为当务之急。而理解的方法，则不妨从了解对方过去都读了些什么开始。

2008.10.29

孔德成与马一浮

国学小院的活动，已于十二月十五日办过《经典阅读与文化思想传承》主题交流讲座，邀周志文教授主讲。陈兴武来信曰："燕鸣诗社诸友拟请周先生于本周六（11 月 1 日 15：00）挥麈续谈，拟以"茶话"为旨，附题：'一壶清茗话平生：从张岱《陶庵梦忆 · 闵老子茶》谈起'。竹声茶色，窗冷瓯香；诗案琴尊，遐心胜赏。尤希鹤侣鸿俦，风期相许；濠梁山岳，情味两忘云尔。"文情甚美，可见师友讲论甚是愉快。也欢迎朋友们再去雅聚。

在台湾则有不好的消息，孔德成先生物故了。老成凋谢，恰似这深秋的季节，无可奈何！

二日到杭州，参加马一浮的研讨会。对于大学者，我们常是在他生前不重视他，甚或还常要轻藐他、揶揄他，待他死后才来开会纪念他、讨论他。对马一浮如此，对孔先生乃至其他所有值得讨论的人，可能也都是如此，这也是无可奈何的。

2008.11.23

文化认同

熟悉海外华人社会发展状况的人都知道，华人的国族认同，在二十世纪五十年代有一个巨大的转变过程。

早先华人移居海外，皆自视为侨民。侨居客乡，自己当然就还是中国人。因此他们所办的报纸，或曰中国或曰中华，或要光华或要建国，还有神州、振铎、民声、警世等等，其国与其民，指的都不是所居地之国与民，而仍是中国。

这种国族认同，促进了中国的反帝制改革，孙中山革命，颇仰赖海外华侨之力。后来抗战，华侨之捐输也起了很大的作用。但一九四九年大陆建立新政后，海外华人社会便出现国族认同的分裂。华人所欲效忠者，仍是中国，但到底是哪一个中国呢？左派右派，乃为此争哄不休，裂痕迄今未已。

由于大陆和台湾之统治事实上都不能及于海外华人社会，因此海外的左派右派之争主要表现于非政治性事务的文化领域中。例如办报刊、办学校、办社团，以旗帜、歌曲、文字、思想来辨别敌我。

至今两岸政权的斗争趋缓，两岸人民来往频繁，可是文化意识上留下的鸿沟还在。例如海外华文教育，各地的中文学校，就无不在为到底该教小朋友汉语拼音还是注音符号、该教正体字抑或简体字伤脑筋，各有选择、各有折中，也各有坚持。

某些国家，华人在入籍时，法律形式上宣誓效忠于该国便罢，不会想进一步清查或清算华人脑子里的中国意识，某些地区则不然。像六十年代泰国、印度尼西亚、马来西亚之排华，就都具有这类性质。觉得华人是潜在的叛国者，不认同于所居国而仍然心向中国，因此非予清理或改造不可。

方法之一是政治经济上的压迫，令华人丧失抗衡优势；一则是文化上的，如禁止使用华语华文、不支持华文教育、不承认台湾大陆的学历、不让华人舞龙舞狮过传统节日等等，欲以此斩断华人的文化根子。

二者其实又是互为关联的，因为如果华文华教都遭了压抑，华人的知识结构自然产生变化，对中国的感情日益淡薄之外，华人整体知识水平也同时下降，政经优势便亦不复存。像马来西亚，官方认可的教学语言乃是英文马来文，马来人上大学又有保障名额，读独立中学、学习华语者入大学之几率当然就远不及马来人。长此以往，华人社群的知识水平就大抵停留在高中阶段。在知识经济之新时代，这还能有什么竞争力？华人若不再使用华文，径习英文或该地主流语言，如泰国、新加坡那样，当然也不会比土著或印度人差，可是民族的优势丧失了、民族文化无法传承了、讲华文的华人和使用英文的华人或使用土著语的华人之间又生出隔阂了，无论怎么说，都是不幸的处境。

对于华人在国族认同上的歧异，目前恐怕谁也不要忙着批评谁、指责谁，应视为华人在现在这个世界上艰难的处境。一方面彼此谅解、相互宽容其选择，一方面共同协调努力，看看能否改善不利的环境，促进对中国的认同。即或不认同政治，也可认同文化。在文化上寻求认同，毕竟还是符合最大公约数的，怕就怕又走回老路，为了争政治认同而拿文化当牺牲品！

2008.12.18

杭城食事

这几个月，奔波益甚于以往。十一月间杭州便去了三次。一是把书法展的材料带赴杭州，二是书法展开幕，三是收拾善后并参与“相约西子湖论坛”。

第一次到杭州，住在浙大灵峰山庄，楼含松介绍我认识了老总楼可程。楼先生说他们这个旅馆本是浙大专家招待所，故以浙大于抗战时间西迁江西、贵州、广西为线索，做成主题餐厅。凡西迁沿途的饮食，他都亲履其地，一一考察，做成食谱笔记，并采用当地食材，反复试验而得。例如江西泰和乃乌骨鸡之原产地，乌鸡非他处所能替代；贵州酸汤鱼则是酸皆由番茄煮熬所致，不能放醋。这些食材和烹饪手法之特殊处，均不能轻忽，才能原味复现。该餐厅的酒，也是他从贵州访来，酒性类如茅台，取名“东方剑桥”，专供浙大使用。

我说:“昔年我就读淡江，淡江大学亦尝欲成就为东方之哈佛。但无其时地机遇，我们有些学生就开玩笑，谑称恐怕只能办成东方的哈哈。故东方哈佛、东方剑桥等名目，做为大学之发展目标，大抵皆堪商榷，不过酒是好的，楼老总之用心于经营，精于饮膳调理，亦深可敬佩！”乃为浮数大白，相与纵论饮馔之道。

据楼先生说，他老家台州乡下有种吃羊肉的办法，能把羊肉熬成如稀饭一般。我甚以为奇，说我们台湾马祖岛上也有种做法，是用马祖老酒，把羊宰割后，去头去内脏，塞入马祖老酒的酒瓮里，灌酒淹满，然后封起来，堆上稻谷，闷烧它廿四小时，烧得那羊筋骨酥烂，酒气透肉，当然异常好吃。可惜当年在马祖虽听闻有此一法，却因行程不凑巧，无法吃到。回台后，在嘉义办南华大学，校区内常有一老者来牧羊，我向他请教，他也跃跃欲试，说手边的羊尽可取用，只是没那种大酒瓮。于是大家设法去找。一天，我由大林高速公路下来，瞥见路旁一家店铺，招牌上写着卖陶瓮。乃急喊司机停车，跑过去问。不想老板头也不抬，问："买瓮干什么。"我说："煮东西呀！"老板挥挥手道："不卖，不卖！你别处买去！"我觉得很奇怪，抬头又把招牌看了一眼。这才发现此店是做墓碑及骨灰坛生意的，他的陶瓮只用来做捡骨用。害我的焖醉羊计划竟以此笑话告终。现在楼先生既有此餐厅，何不把这两种吃羊肉的新奇办法都复制起来？下次我们聚会，便专吃这两种羊肉！

楼先生一听，也兴致勃勃起来，说好下回定要试试。

我萍飘浪走，每次聚谈，说到下次该做的事或好玩的主意，其实均如画饼描梦，真有下次相见之时吗？下次相见又在什么时候？说时意兴风发，煞有介事，实则很难当真。

第二次抵杭，办书法展。早上在唐云艺术馆开幕，冠盖云集。下午去浙大座谈，谈毕与楼含松、胡志毅、江弱水、于锺华诸君仍回唐云馆。馆长陈京怀说："今天开幕很成功，来庆祝一下吧！龚先生既谈文人书法，我们也就该来个文人雅集；外头饭店又没啥吃的，就在馆里吃湖蟹好了！"乃备了两大瓮绍兴老酒，把菊花都搬上楼去，又蒸了两大铁盘螃蟹，大家据坐楼头一张酸枝木大画桌旁，傍着西湖月景，持螯剧谈起来，又朗诵诗、又谈掌故。桌无杂菜，唯老酒、花生、腌鱼、熏鸡各一小碟而已。时际深秋，湖蟹腴美，膏腻肉重，伴以姜醋，对此丛菊十数本，且在西湖水畔、夜凉无哗之时，清韵可谓独绝矣！明人于西湖畔开菊花席，料亦不过如此，或竟逊于此呢！

因饮绍兴老酒，谈起上回在灵峰山庄说到的老酒事，又谈到灵峰山庄的东方剑桥。我说国人办学，都想办成剑桥牛津，而皆不能企及，原因甚多，而不知其酒文化或许亦为其中之一端。当年我曾邀剑桥一院士来佛光讲学，他就介绍剑桥各书院皆由其学术委员会主导，权力甚大，教授治校。但最受敬重、最为众人所关心之一职，却非学术委员会委员，而是品酒委员会委员。因学院例须举行高桌晚宴（如电影“哈利波特”中书院聚餐情景），宴又例须饮酒，故葡萄酒需要量甚大。学院每年总要推举德劭且年辈高的教授来选定该年用哪个酒庄的什么酒。各酒庄也会派人送酒来供品鉴。一旦被选定，皆视为荣宠，会在酒瓶上注明该酒曾做为某校某学院特供佳酿，以为招徕。每学院又都有大酒窖，藏有历年需用的酒及各地酒庄送来的酒，沉沉伙颐，蔚为大观。跟各书院的藏书一样重要。此为剑桥牛津精神世界之精髓所在，吾国办学者哪得知？不知此而欲学之，又焉得似？

大家听了都觉得好玩，说校方知不知，我们不管，品酒委员会我们且先行成立起来。老兄倡议，便当创会名誉会长；楼含松、胡志毅、江弱水执行会务；于锺华任秘书长。至于陈馆长，嘿，楼含松说该封为“坛主”。因为他抱着酒坛来，我们才有这场菊花蟹酒会呀！

酒后我先返北京，书法展闭幕亦不能到场，直到月底，杭州市府为了西湖“申遗”，举办“相约西子湖论坛”时才再抵临西湖，住在玉皇山。于锺华来通知我说夜里准备去章太炎故居吃羊肉。太炎先生故居就在唐云馆旁边，它们编制本来也就在一起，大概上回菊花蟹酒会太精彩了，因此这次诸君便安排了在太炎故居也办一次。

谁知我完全想岔了，他们是约了出城去吃。而杭州目前交通紊乱，傍晚根本搭不上车。在旅馆等了个把小时，实在无奈，只好到处拉夫，找得朋友开车来载。上了路，再用手机联络，与楼含松、胡志毅、江弱水、王音洁诸君相约碰头。可是越开越荒僻，冻云四合，夜幕深垂，走上城郊，不辨西东。手机喊来喊去，忽焉在前忽焉在后，直折腾到七八点才会合。原来是到仓前镇太炎先生故里去吃羊肉。又冷又饿，令我坐在车中好生嘀咕，不知为何跑这大老远。

渐近仓前，乃见镇畔农庄野厝家家挂起红灯笼，贴出大字报，都卖着羊肉。黑夜寒风中，食客之轿车吉普等，鳞次栉比，排满路肩。各家蒸煮烧烤，羊气腾炽，令人叹为观止。原来竟是打着太炎故里做招牌，大办羊锅节哩！这已是第三届。我孤陋寡闻，不知南方吃羊居然有此大阵仗，其阵仗或更胜于北京蒙古，亦未可知。

我等找了一家，于瑟瑟寒风中窜入，羊汤大骨，猛吃了一通。据江弱水诸君言，滋味不如他们上次去的一户农家。因那更土俗些，羊锅远大于此。我则以为不妨。上次诗酒菊蟹宴，业已尽雅；此番羊锅土菜，饮于荒郊，亦已尽俗。何况诸君知我因烤羊而丢了佛光大学校长一职，认为我必甚爱吃羊，故特意做此安排，盛情尤其可感，世事贵其遇合，如此即已大佳，何必再做苛求？

饮毕返杭州，开始开会。蔡浪涯兄在上海，知我到了杭州，偕嫂夫人专程南来，定要请我一顿。我说："请吃饭，自然甚好，但一般菜馆倒也无味。老兄乃知味者，曾开过'蔡家小馆'等中西餐厅，我们若胡乱果腹就辜负了这次聚会，不如我来联系楼可程先生，请他把上次说的羊肉做了，我们一道尝尝！"浪涯甚以为然，我便转请楼先生张罗，并邀王翼奇、徐岱、楼含松、黄宝忠诸先生同来。当日戏谈，不料竟能成真，颇觉兴奋。

但瓮焖醉羊并没成功。毕竟绍兴酒与马祖老酒酒性不同，杭城觅无马祖老酒，只能以绍兴代替，故焖后酒气太过，未甚可口，只好放弃。独治一羊腿，脔切细条，伴饰极盛。另外就是那糊烂如粥的羊肉了。

楼先生特意打了电话回老家，询问其尊翁做这道菜的细节，再指挥厨师庖治。据云要用新鲜甘蔗头下水一起煮。羊肉煮起，切细，再放红糖，文火慢熬。近日市场所售之糖，多以化学工艺去色素，故不中用，仍应用乡下老红糖，东阳红糖尤佳。熬时则须不断以勺翻搅之，勿使羊肉沉底黏滞，如是渐至糜烂。以小碗盛出，乃如血糯甜粥也。不能多吃，人只一碗。以其善能补益，小儿多食则易流鼻血故。

吃毕，大家胡乱写了些毛笔字，题咏而归。胡志毅江弱水因该晚另有诗歌朗诵会，未至，乃另约了一天聚会。

越明日，我去唐云馆打包，把展出的作品都收拾起来，邮递到厦门，准备正月初在厦门张宏兄的宏宝斋展出。志毅来接我。暮色中开车去，开开开，竟开到了动物园。由动物园畔小路窜入。抵一精舍，原来是虎跑泉侧一小楼，动物园养老虎处也即在旁。虎跑泉傍晚即关门，旅客不能进入，初不料夜间居然能来此赏泉。

我以为此番竟是要来吃老虎，不过没有。此馔以雅致为主，虎跑夜色，足以赏心，并不在食材之稀罕。何况老虎我亦常吃，亦正不必多吃也！杭州食事，姑记其略如此，以补游志之阙。

2008.12.21

吉安行

一、庐陵文化

十二月十四日由北京飞井冈山机场，抵吉安。吉安业已十余年未回了，此次回来，机缘却甚巧。原来吉安市准备推展庐陵文化，该市副书记蒋斌在南昌新华书店读到我的《国学入门》，知我祖籍江西吉安，乃命社科联任建瑞主席与我联络。我亦甚愿借此机会回乡探亲，故约了成行。

吉安古称庐陵，除欧阳修、文天祥以外，宋元明清时期人才辈出。进士就有三千人左右，居全国之冠。状元二十人。也有状元、榜眼、探花三者皆由吉安人囊括之例（明建文二年、永乐二年）。但科举人才之盛，其实只是地方整体文教水平高了以后的自然表现，吉安文教之特点不在科举利禄，而在文章节义。文天祥不用说了，朱熹王阳明的理学盛行于乡野村户之间，书院就有两百多所，可见其一斑。

但如此鼎盛之文化，在清末迅速衰落。至今吉安经济落后，人才寥寥，远不能与古代相比。该市领导阶层覃思重振古风，恢复庐陵文化之荣光，正基于此一巨大落差。

可是，庐陵文化之核心或基石是什么呢？不就是儒家文化及教育吗？近代江西，成了四战之地，战争当然摧毁了交通与经济，后来的思想及意识形态更是反儒反文教的。故浩劫之来，吉安被祸最酷，文采风流，扫地以尽。如今改弦更张，想重新发扬庐陵文化，自然是好事，但对其红色记忆迄今尚乏反省，仍视为荣宠，这就难办了。我应党政机关之邀来演讲，对此自然只能虚泛一点，说说庐陵文化与现代管理的关系，聊以塞责而已。

二、青原山

抵吉安次日即往青原山净居寺。大雾封山中登大殿、拜七祖塔、摩挲碑碣，感慨系之。此七祖青原行思之旧地也，宗风犹存，在大陆各寺院中特见俭素清修之意。老和尚体光禅师戒行甚高，我读其语录《空谷足音》，甚为感佩。现任住持妙安禅师则与我为旧识，曾来我佛光大学参访，我亦曾去庐山东林寺找过他，如今来此地任住持，宏阐曹溪法脉，颇有作为。彼此相见均甚忻喜。

净居寺旁的阳明书院，情况就大不如净居寺了。王阳明曾任庐陵县令，在青原山讲学。阳明去世后，弟子仍聚集于此讲学，每年春秋两季且在青原山举办“讲会”。邻省响应，舟楫云从于青原赣水之间。可是如今阳明书院仅剩一处废墟、几堆瓦砾，令人不胜欷歔。

观此，我乃向地方政府建议重建阳明书院。如明年能建成，我就号召海内外同道，一齐到青原山来重开讲会。

三、白鹭洲书院

江西书院之古者，莫古于白鹿洞。南宋嘉熙四年，白鹿洞书院出身的江万里出知吉州，次年便在赣江江心白鹭洲上建书院，祀周敦颐、程颢、程颐、张载、邵雍、朱熹，并用《白鹿洞书院揭示》教示子弟。因此这个书院乃是白鹿洞书院直接的衍生物，文天祥即出身于此。明嘉靖间，王阳明弟子黄宗明重建白鹭洲书院，王门健者罗钦顺、邹守益、聂双江、欧阳德、罗洪先、胡直等均讲学于此。民国后改为学校，至今仍为白鹭洲中学所在地。旧址则仅存清代建筑云章阁、风月楼，民国建筑中山楼、文山楼。七百余年，弦歌不辍，现今大陆的书院大约仅有这一所了。其余的，都归入古迹园林旅游部门啦！

四、井冈山大学

在井冈山大学演讲了一场。井冈山大学其实并不在井冈山，乃吉安师院升格改制而成。现有生员万余人，校地二千余亩，气象峥嵘，校长张泰诚尤为干练。虽然目前尚无硕士点，但引进人才不遗余力。

可是昔年改制时也许欠了考虑，以为名叫井冈山大学可获国家较多的支持，而实质上中央只管其直属院校，井大这类地方院校，中央不可能另有政策或经费之支助，一切仍须靠地方。这样，井冈山大学的名称便不利于发展了，国际交流、社会印象、学界观感，均不无影响。但既然叫作井冈山大学了，似乎目前谁也不敢提议说要改，只好仍旧这么办着吧。

五、古村

因近代经济落后，古村古民居反得而以保存。这次我去看了吉州区的钓源村及我老家值夏镇的渼陂。钓源为欧阳家族、渼陂为梁氏家族。

前者有明清古建一百五十余栋，部分毁于太平军之乱，文物尚存米芾所书“昼锦堂记”碑石等，长廊及旗杆石之复建则不合古制。老村长欧阳德麟介绍本地掌故很热情，如戏台上唱戏一般；说得兴起，手舞足蹈，手上燃着的香烟头，把我的衣服烧了一个洞。

后者就在我老家永乐村旁，建筑与我村十分类似，祠堂甚且几乎一模一样，据说是依同一张图纸建的。此村有旧居三百余幢，有商铺、寺庙、教堂等，结构与层次较钓源丰富，只是红色更甚，红军基地的意义已掩盖了古村的文化意义。

图书在版编目（CIP）数据

四海游思录（上）/ 龚鹏程 著. — 北京：东方出版社，2014. 10
ISBN 978-7-5060-7806-1

Ⅰ. ①四… Ⅱ. ①龚… Ⅲ. ①社会科学—文集 Ⅳ. ① C53

中国版本图书馆 CIP 数据核字（2015）第 128701 号

四海游思录（上）
SI HAI YOU SI LU（SHANG）

作　　者： 龚鹏程
责任编辑： 简以宁
出　　版： 东方出版社
发　　行： 人民东方出版传媒有限公司
地　　址： 北京市东城区朝阳门内大街 166 号
邮政编码： 100706
印　　刷： 北京市大兴县新魏印刷厂
版　　次： 2015 年 8 月第 1 版
印　　次： 2015 年 8 月第 1 次印刷
开　　本： 660 毫米 ×960 毫米　1/16
印　　张： 32.5
字　　数： 490 千字
书　　号： ISBN 978-7-5060-7806-1
定　　价： 68.00 元
发行电话：（010）64258117　64258115　64258112